规避“中等收入陷阱”风险的包容性体制构建研究

李中建　著

经济科学出版社

图书在版编目（CIP）数据

规避“中等收入陷阱”风险的包容性体制构建研究／李中建著．—北京：经济科学出版社，2013.9
ISBN 978－7－5141－3853－5

Ⅰ.①规…　Ⅱ.①李…　Ⅲ.①中国经济－经济体制改革－研究　Ⅳ.①F121

中国版本图书馆CIP数据核字（2013）第232288号

责任编辑：白留杰　凌　敏　程辛宁
责任校对：杨　海
责任印制：李　鹏

规避“中等收入陷阱”风险的包容性体制构建研究
李中建　著
经济科学出版社出版、发行　新华书店经销
社址：北京市海淀区阜成路甲28号　邮编：100142
教材分社电话：010－88191354　发行部电话：010－88191522
网址：www.esp.com.cn
电子邮件：bailiujie518@126.com
天猫网店：经济科学出版社旗舰店
网址：http://jjkxcbs.tmall.com
北京密兴印刷有限公司印装
710×1000　16开　21.25印张　420000字
2013年9月第1版　2013年9月第1次印刷
ISBN 978－7－5141－3853－5　定价：42.00元
（图书出现印装问题，本社负责调换。电话：010－88191502）

目　录

第一章　“中等收入陷阱”风险的提出

第一节　“中等收入陷阱”问题的国际背景

据世界银行统计，2010 年底中国人均国民收入已超过 4 000 美元，进入上中等收入国家行列，标志着中国经济发展上了一个新台阶。但与此同时，由于自身发展过程中积累的矛盾逐渐显露，经济发展方式转变、经济体制改革、城市化过程中暴露出一些局部的问题和矛盾，以及国际经济危机的深化对我国经济产生的负面影响，中国经济增长的速度也出现了下滑，国外对中国经济的发展前景非常关注。“中等收入陷阱”的风险成为近一段时间学术界讨论的一个热点话题：中国是否会落入类似于其他发展中国家的“中等收入陷阱”，中国应该怎样应对“中等收入陷阱”的挑战，如何吸取国际上跨越“中等收入陷阱”国家的有益经验与教训，等等。正如有学者指出的，中等收入陷阱之所以成为目前中国社会广为关注的一个热点问题，一方面反映出社会各界对于中国经济持续增长和社会稳定运行的强烈渴望，同时也表达了对于长期积累的经济风险与社会矛盾埋伏下潜在危机的深切担忧。

从国际案例来看，一些国家或地区在跨越贫困阶段达到中等收入水平之后，并不必然迈入高收入水平国家，相反却出现了原有竞争优势丧失、经济停滞甚至社会动荡的局面。换言之，一个国家进入中等收入水平之后并非会自动地迅速向高收入阶段迈进，而恰恰是进入了一个易分化点，我们把“中等收入陷阱”界定为当一个国家长期徘徊在中等收入区间，或陷入增长与回落的循环之中，或在较长时期增长缓慢甚至停滞的状态。其特征一般表现为：经济增长回落或停滞、贫富分化、腐败多发、过度城市化造成畸形发展、社会公共服务短缺、就业困难、社会动荡、金融体系脆弱，等等①。

经济发展是一个循序渐进的过程，每一阶段都会有特定的困难和问题。客观地说，经济发展的陷阱问题，并非是新近才出现的提法。“马尔萨斯陷阱”揭示

---

① 贾凤兰．中等收入陷阱［J］．求是，2010（20）．

了人类在较低发展水平时期，生活资料增长受土地收益递减规律支配只能以算术级数增长，而在食物充足的条件下人口增长则呈几何级数增长，过快的人口增长必然消耗掉人类已经积累的财富，除非人类通过积极的道德抑制，否则就是战争和瘟疫。马尔萨斯的悲观增长预言可以归结为任何超过最低水平的人均收入的增长，最终都将被人口增长所抵消。与马尔萨斯模型具有类似结论的是美国发展经济学家纳尔逊提出的“低水平均衡陷阱”，他认为发展中国家人口的过快增长是阻碍人均收入迅速提高的陷阱，因而必须大规模增加投资，使投资和产出超过人口增长，才能实现人均收入的大幅度提高和经济增长①。

中等收入阶段是任何经济体实现经济发展的必经阶段，但并非必然会落入“中等收入陷阱”。根据学者的研究，有的经济体实现中等收入阶段的跨越较为顺利，在经济持续增长和经济结构不断优化中进入了高收入国家，人均 GDP 从 1000 美元左右增长到 10000 美元左右，日本用了十五年（1966 ~ 1981 年），韩国用了十八年（1977 ~ 1995 年），中国台湾地区也只用了十六年（1976 ~ 1992 年）②。根据世界银行的划分，人均 GDP 在 975 美元以下的国家为低收入国家，976 ~ 3855 美元为中等偏下收入国家，3856 ~ 11905 美元为中等偏上收入国家，11906 美元以上为高收入国家③。世界银行的报告认为落入“中等收入陷阱”的国家主要集中在拉美、中东地区，这些国家自进入中等收入水平后，由于缺乏持续的竞争优势，大部分长期滞留在中等收入水平。特征较明显的国家如巴西，在 20 世纪 50 年代经济开始高速增长，以推行“进口替代”战略而独树一帜，在大量外商直接投资的带动下，出口工业快速发展，该国自 20 世纪 60 年代人均国民收入（GNI）已超过 1000 美元，进入下中等收入国家行列，进入 20 世纪 70 年代，受石油危机和美元利率大幅提高的两次外部冲击，该国经济陷入高负债和高通胀的长期停滞局面，1981 ~ 1985 年该国的 GNI 分别为 2080 美元、2000 美元、1710 美元、1620 美元、1570 美元，而在 1986 ~ 1989 年分别为 1790 美元、2040 美元、2250 美元、2750 美元，人均国民收入增长处于长期波动甚至停滞状态，进入 20 世纪 90 年代开始出现缓慢上升，2010 年 GNI 为 9090 美元，仍处于中等收入国家水平。根据科劳弟·卢瑟和安尼尔·索德（Claudio Loser & Anil Sood，2011）的估计，拉美国家 1870 ~ 1950 年人均 GDP 增速均高于世界平均水平，进入 20 世纪 50 年代后，增速逐渐与世界拉开差距，1950 ~ 1973 年、1974 ~ 1998 年、1999 ~ 2008 年世界人均 GDP 年增速分别为 2.9%、1.3% 和 2.8%，而同期拉美国家则分别为 2.6%、1.0% 和 2.1%，经济增速长期下滑甚至出现徘徊情况

---

① 彭刚、彭忆欧．中等收入陷阱的国际视角与中国对策［J］．重庆社会科学，2011（10）．

② 全毅．跨越“中等收入陷阱”：东亚的经验及启示［J］．世界经济研究，2012（2）．

③ 全毅．东亚模式转型与中国发展道路［J］．新东方，2009（12）．

可见一斑①。

为什么一些国家会落入“中等收入陷阱”？学术界对此的解释主要有以下四种观点：

第一，比较优势的丧失。世界银行报告（2006）认为，一些低收入国家在进入中等收入水平后，原有的低劳动力成本优势面临来自其他低收入国家的激烈竞争，从而其低劳动力成本优势不复存在；而在价值链高端上，又无法与发达国家展开知识、技术创新和服务上的有效竞争。蔡昉（2011）从参与国际市场分工的角度分析了其中的原因，认为相对于发达国家的技术创新和贫穷国家的低劳动力成本，中等收入国家均不具有比较优势，从而在全球化趋势加快的背景下经济发展的后劲匮乏。姚洋（2011）从产业升级受阻的角度，认为相关国家的居民之间的能力差距拉大，尤其是产业工人的技能提升慢，从而对来自国外技术、装备的适应、学习和创新能力不强，未能实现产业升级，无法应对新的竞争环境。这一观点突出了全球化背景下一国参与国际产业分工与协作的重要性，强调了技术进步缓慢并与劳动力、资源价格持续上涨从而在激烈的全球竞争中失去原有竞争优势是相关国家落入陷阱的主要因素。

第二，收入差距加大引发了一系列的经济和社会问题。进入中等收入阶段后，一些国家出现了收入差距加大，并因此引发了社会矛盾加剧、犯罪问题丛生。其中拉美国家最为典型，其基尼系数普遍超过0.4，而巴西的基尼系数基本上都在0.6的水平。从人口中收入最高的10%人口在总体收入中所占有的收入份额来看，世界银行数据显示，20世纪80年代末，巴西为49.1%（1988年），智利为45.4%（1987年），墨西哥为16.9%（1989年），哥伦比亚为41.2%（1988年）；经过20年的演化，这些国家的收入分配状况继续呈两极分化态势，仍以人口中收入最高的10%人口占份额来看，巴西为42.9%（2009年），智利为42.8%（2009年），墨西哥为38.7.%（2008年），哥伦比亚为45.2%（2008年）②。从以农村贫困线衡量的贫困人口占总人口的比例来看，哥伦比亚为46.1%（2011年），玻利维亚为66.4%（2009年），巴拉圭为49.8%（2010年），秘鲁为56.5%（2011年），墨西哥为60.8%（2010年），智利为10.8%（2011年）③。

过大的收入差距造成社会的稳定性极差、改革与调整进程放缓、社会各阶层分化加剧和对立情绪增强，群众抗议日益增多、政权更迭频繁和政治局势动荡。

---

① Claudio Loser & Anil Sood. Breaking away from mediocre complacency to a prosperous future. Global Journal of Emerging Market Economies, 2011（3）: 5.

② 资料来源：世界银行：http：//data. worldbank. org. cn/indicator/SI. DST. 10TH. 10？page = 4.

③ 资料来源：世界银行：http：//data. worldbank. org. cn/indicator/SI. POV. NAHC/countries.

同时，强势利益集团必然会寻求对经济的垄断，通过限制其他主体竞争的途径以稳定地获取高额利润，从而使社会失去了发展的动力。既得利益者通过不断谋求其集团利益，固化甚至加剧了原有的不公平，并使财富、能力、身份等固化和代际继承化，作为下层的普通民众失去了向上流动的能力和机会，社会丧失了公正和正义的基础。

第三，政府治理失灵导致的宏观环境不稳定。中等收入国家在全球化的过程中，必须面对汇率、能源、原材料价格变动等带来的冲击，保持宏观经济稳定就显得尤为重要，对政府治理的能力和水平的要求更高了，不幸的是，有许多国家陆续出现了严重的通货膨胀和债务危机。以巴西为例，进入20世纪80年代以后，巴西的通货膨胀率就像脱缰的野马，几乎每年都在三位数以上，甚至高达四位数：1980～1985年的年均通胀率为343%，1986～1989年的年均通胀率为585.9%，严重的通胀对经济发展造成了恶劣的影响，整个20世纪80年代的国内生产总值增长率仅为2.2%，其中有五年出现了负增长。不仅如此，许多中等收入国家的腐败问题较为突出，腐败不仅加大了外商直接投资（FDI）的成本，加大了国内企业的生产经营成本，而且加剧了国内收入分配不平等，有学者对非洲、亚洲、拉美和经合组织成员国的61个国家的实证研究表明，腐败行为对人均国民收入增长率和收入公平均具有显著的副作用，非洲国家的腐败行为对国民收入的副作用最强烈，而拉美国家的腐败行为对收入分配的影响最大，腐败指数每增加10%，会使人均国民收入减少1.7～2.8个百分点，而腐败指数每增加一个标准差，会使收入不平等程度（用基尼系数衡量）增加0.05或0.33①，严重的腐败导致了政府公信力下降，收入分配两极分化则加剧了阶级矛盾，拉美国家政府频繁更迭、社会缺乏稳定性是其经济起起伏伏的重要根源。这一观点突出了丧失稳定的宏观经济和政治稳定是造成经济社会发展停滞和动荡的主要根源。

第四，受外部因素的干扰。发达国家无论是出于在全球确保自己的垄断地位与利益的需要，还是地缘政治的需要，都不太情愿看到发展中国家的迅速崛起，在与发展中国家的贸易、投资上附加政治条件，干预和误导相关国家的发展进程。杜传忠、刘英基（2011）认为自由主义加剧了拉美“中等收入陷阱”的程度，美国在20世纪80年代对拉美债务国进行继续投资时，附加了“贝克计划”的条件，要求援助对象推进私有化、减少政府干预，实行金融自由化和贸易自由化，这些政策脱离了拉美国家的国情，不仅加剧了这些国家的债务危机，还直接导致了20世纪90年代中后期墨西哥金融危机和阿根廷的高失业率与通胀率，标志着新自由主义在拉美的失败。杨承训（2011）分析了拉美国家受新自由主义

① Kwabena Gyimah-Brempong, Samaria Munoz de Camacho. Corruption, Growth, and Income Distribution: Are there Regional Differences? *Economics of Governance* 2006 (7): 245-269.

模式（所谓的华盛顿共识）影响陷入政治危机，而东南亚国家受美国金融巨头直接插手爆发了20世纪末的亚洲金融危机。

第二节 我国“中等收入陷阱”的隐忧

我国在经历了较长时期的快速发展后，也面临着一些来自国内外的各种风险，进入了一个各种矛盾的凸显期，如果不保持高度的警惕性，政策上不及时调整，则很有可能积聚达到其临界点而爆发社会危机。当前我国虽然出现了增速下滑、增长方式转变慢、收入分配差距拉大、社会矛盾凸显等问题。我们不必因为经济发展取得了巨大成就反而滋生悲观情绪，“中等收入陷阱”并非是一个必然的规律，我国具有规避所谓“中等收入陷阱”风险的基础和条件，中国特色的社会主义经济和政治制度为经济的协调可持续发展提供了稳健的制度框架，从国内外形势看，我国仍处在可以大有作为的重大战略机遇期，具有应对“中等收入陷阱”挑战的制度和国情基础，具体体现在如下四个方面：

第一，从国际上看，国际经济危机的深化为中国提供了技术跟进和赶超的机会。以虚拟经济泡沫破灭为导火索的金融危机已经蔓延为全球性的经济危机，虽然美国经济在逐步复苏，但前途仍不明朗，而欧洲发达资本主义的债务危机却不断发酵。国际经济危机固然会给中国的出口造成不利影响，但当前的国际经济形势也有诸多对我国有利之处：一方面，外需的萎缩所产生的倒逼机制则有助于粗放经济增长方式的转型，促进我国的产业结构升级，逐步降低对经济增长对低端产品出口的依赖；另一方面，发达国家经济结构的空心化为我国抓紧引进资本、技术和管理经验提供了较好的机会，有助于提升我国产业在全球价值链中的地位。

第二，从国情上看，“大国经济”能够为我国经济持续增长提供较大空间。作为一个发展中大国，我国不仅拥有丰富的自然、矿产资源，还拥有世界上最为丰富的劳动力，过去一段时间人们将人口视为包袱，而一系列的市场化改革和外向型经济的蓬勃发展证明了人口也已转化为人力资源优势，如果再加以持续的教育培训上的投资，我国的人才优势将逐步显现，能够为现代化建设提供强大的人力和智力支持。同时，随着城乡居民收入的持续增长，国内市场容量不断扩大，能够为我国制造业和服务业提供较大的增长空间。更为重要的是，我国幅员辽阔，区域间发展不平衡，可以为产业转移和梯度发展提供机会，正如蔡昉（2010）所指出的，中国东部与中西部之间的发展不平衡，中国可以独立完成若干产业周期的“雁阵模型”产业转移，先发展起来的东部地区的成熟产业可以逐步向中西部地区实现梯度转移，从而实践“雁阵模型”的国内版本，随着中部崛起和西部大开发战略的进一步实施，区域间协作与产业继起转移完全可以使大国经济获得长足的发展。

第三，从所处的发展阶段看，持续的工业化和城镇化提供了巨大的经济发展潜力。英、美等国完成近代意义上的工业化经历了一百年左右的时间，而在新技术不断涌现、经济全球化的格局下，党的十六大报告确立了以信息化带动工业化，以工业化促进信息化，走出一条科技含量高、经济效益好、资源消耗低、环境污染少、人力资源优势得到充分发挥的新型工业化道路，我们仍有很长的道路要走，期间必然会对劳动力、自然资源、资本产生巨大的需求，成为经济增长强大引擎。我国的城镇化进程滞后，不仅低于发展中国家平均水平，而且城镇化很不彻底，我们至少有约 1.2 亿的农民工及家属在城镇务工居住，但并不享有与城市居民等同的社会保障和公共服务，要逐步将稳定转移的农民工转化为市民，必然会对城市基础设施和公共服务产生巨大需求，农民工逐步转化为市民和城市人口的大幅度增加，其对消费的贡献将大幅度增加，对扩大内需形成强有力的支撑作用。

第四，从制度上看，中国特色的社会主义经济和政治制度为经济的协调可持续发展提供了稳健的制度框架。以公有制为主体多种经济成分共同发展的经济制度，既能充分保持宏观经济的稳定，防止经济发展速度的大起大落和恶性通货膨胀的出现，又提供了各种非公有制经济成分竞争发展的稳定宏观经济环境，有助于不断增强中国经济的整体竞争力。从政治制度上，中国共产党领导下的多党合作制度、人民代表大会制度、民族区域自治制度等，不仅能够有效地保证经济社会发展的稳定大局，而且能够及时反映和调整各区域、各民族、各行业之间的利益结构，而反观一些国家陷入动荡的根源，则不仅有收入分配两极化加剧的因素，发达国家助推的“民主运动”、“颜色革命”也起到了推波助澜的作用。

从最近几年经济发展的态势、结构、动力及改革与发展的分歧来看，目前中国经济发展面临一些突出性的困难和问题，如果不能保持高度的清醒与警惕，政策调整不及时，则很有可能使各种矛盾积聚达到其临界点从而爆发经济和社会风险。这些风险突出地体现在如下四个方面：

一是，经济增速放缓，经济质量低下，赶超型经济增长难以持续的风险。改革开放三十多年来，中国经济保持了年均高于 9% 的长期增长，但随着传统经济发展的支撑要素消耗殆尽，因经济体制改革释放出的后发优势逐渐趋于消失，尤其是自 2008 年以来国际经济危机对中国经济的负面影响不断扩大，传统的以经济赶超为特征的经济增长方式已经难以持续。从国际经验看，大多数经济体经历了或将会经历“结构性增速”和“结构性减速”两个阶段。而前三十年的高速增长，来源于要素结构和产业结构的变迁，正如有学者分析的，无论从要素结构还是从产业结构来看，存量意义上的经济增长潜力已经基本用尽：劳动投入和劳动参与率趋于下降，劳动力成本明显上升；资源资本化基本结束，资本报酬递减导致资本投入增速呈下降趋势，第二产业的技术创新面临瓶颈；从产业结构看，随着生产要素向第三产业转移，但第三产业中的技术创新以及传统行业的效率提高都面临动力不足的挑战，这些因素导致我国经济进入“结构性减速”阶段[①]。从经济增长的动力来看，在世界经济低迷的情况下，发达国家的贸易保护主义盛行，与中国的贸易纠纷与贸易摩擦不断增长，预示着外需拉动的经济增长模式已经难以为继；内需增长尤其是消费需求增长缓慢，消费需求对经济增长拉动作用较相近发展水平经济体贡献度低，而长期以投资拉动的经济增长模式已经造成了极大的产能过剩，如果不能有效扩大国内需求，赶超型的经济增长正面临难以持续的风险。

二是，收入分配两极分化加剧和社会阶层固化风险。我国的城乡、地区、行业之间的收入差距并没有随着改革开放的深化而缩小，反而有不断加剧的趋势，目前的基尼系数已经在0.5左右，已经超过了国际上公认的警戒线。近年来，我国城乡之间，地区之间、行业之间、不同群体之间收入差距持续扩大。从城乡看，1979年城乡居民收入差距为2.53倍，1983年降到1.82倍，之后持续扩大，2009年扩大到3.33倍；从不同收入群体看，2000年城镇20%的高收入户收入是20%低收入户收入的2.1倍，2009年扩大到5.7倍，农村由同期的6.5倍扩大到7.5倍。[②] 收入差距的持续拉大，破坏着人们对下一步改革与发展方向的共识，削弱了社会的凝聚力和向心力。在收入分配格局中，政府、企业占比过高，居民收入占比较小；资本所有者获得的利润收入较高，而劳动者收入较低。我国的中产阶层比例相对较低，低收入群体过大，而在近十几年的改革过程中，机会和资源已经明显呈向少部分人倾斜和集中的趋势，中低层人群向上流动的空间受阻，社会阶层固化和“阶层复制”的特征日益突出。以高等教育为例，有人对清华大学和北京大学的入学生源进行调查，发现2010年高考中全国六成考生来自农村，而在被录取的生源中，清华的农村学生比例只为17%，北大也不足两成[③]。如果说收入差距拉大是过去积累结果的话，而阶层固化和复制则凸显出中下阶层已经很难向上层社会流动的现实，此种格局一旦固定下来则中下阶层对社会进步的理想将趋于消失，由此造成的社会各阶层之间断裂，孙立平等学者提出，这种社会断裂对社会氛围和社会心态造成了极大的负面影响，首先，社会活力大大下降，社会氛围变得日益压抑和沉闷，其次，阶层之间的对立情绪凸显，“仇富”与“嫌贫”的集体意识在蔓延，最后，普遍的不公平感为部分人的绝望

---

① 裴长洪．遵循经济规律，实现稳中求进［N］．人民日报，2013-8-7，第7版．

② 邱月整理：我们如何跨越“中等收入陷阱”［N］．光明日报，2013-7-20，第10版．

③ 王斯敏等．超级中学正在垄断一流大学入学资源［N］．中国青年报，2011-6-16，第7版．

感所取代①，所有这些负面情况的积累都会对未来的社会稳定产生冲击作用，近年来我国日益增多的群体性事件也凸显出了社会断裂所蕴藏的风险。

三是，改革滞后的风险。从拉美国家经济社会转型的过程来看，一旦改革中的既得利益构筑起稳定的利益集团，必然在政策制定、实施过程中寻求特殊的利益保护，阻挠甚至利用改革的名义增进自己的利益，导致改革变形扭曲，影响社会公正。我国从市场经济向市场经济的改革遵循了渐进式的道路，较为容易的改革已经基本完成，而攻坚领域的改革进展缓慢，改革的边际收益递减，面临着“高处摘果子”的攻坚困难。从改革的效果和动力来看，前期的改革更多的是一种帕累托改进，各经济主体都会从制度变迁中获取一定的利益增量，而进入攻坚阶段的改革更多地具有利益调整性质，必然要触及甚至要损害局部利益才能推进社会公正，改革中的阻力明显增大，甚至人们对改革的信心在减弱。从实践上看，近年来我们在垄断行业改革、公用事业体制改革、房地产调控等问题上措施不少，但进度缓慢、收效不显著，其中就有强烈的既得利益集团干预和阻挠影子。如果攻坚性质的改革推进慢，社会底层的利益诉求无法被重视和尊重，社会凝聚力就会下降，社会稳定堪忧。

四是，“国际捧杀风险”。随着中国在2010年经济总量跃至世界第二以及中国在此次国际金融危机中的杰出表现，世界银行等国际组织将中国经济发展视为引领世界走出经济危机的重要引擎，一些陷入债务危机的国家寻求中国政府的支持，而一些发展中国家纷纷效仿中国走独立自主的发展道路，在国际上形成一种有意无意地捧杀风气。一方面，国家编造和推销“新兴经济体责任论”、“中国责任论”、“中国环境威胁论”等，要求中国承担起不合理的顺差、汇率、碳排放等过度的国际责任。另一方面，西方国家又开始利用民主、人权、民族、宗教问题来“妖魔化”中国，企图干扰和影响中国现代化的过程。如果我们不能保持清醒的头脑，忽视经济增长中的结构、方式和改革滞后等问题，沉迷于经济总量上世界第二大国地位，极容易因盲目自大而步入困局。

第三节 以包容性体制构建规避“中等收入陷阱”风险

通过分析进入中等收入阶段后我国面临的主要挑战和风险，可以发现，这些挑战和风险在根本上体现为经济社会发展的诸多不协调、不可持续上，体现为经济发展中的诸多割裂上。传统的经济发展方式导致了人与人、人与自然之间的不协调和不可持续；收入分配风险则易导致社会各阶层割裂和对立；改革滞后风险

---

① 孙立平．“中等收入陷阱”还是“转型陷阱”？[J]．开放时代，2012（3）．

体现为经济发展与体制改革不配套；国际捧杀风险则源于割裂中国实际的发展阶段与国际义务的匹配关系。我们认为，由亚洲开发银行提出的包容性增长为应对这些挑战提供了极为有益的启发。胡锦涛总书记在2010年对包容性增长做了进一步阐释，强调要坚持社会公平正义，着力促进人人平等获得发展机会，努力做到发展为了人民、发展依靠人民、发展成果由人民共享。我们应积极研究如何将包容性增长的理念转化为实质性的体制构建，通过完善包容性体制以应对未来可能的挑战。

首先是大力推进改革攻坚，形成更具有包容性的社会主义市场经济体制。要针对前期遗留下来的“硬骨头”，大力推进改革攻坚，防止市场经济向“权贵式市场经济”的演化，实现公有制与市场经济的有效结合。进一步放宽准入限制，消除各种限制非公经济进入的各种“玻璃幕墙”，使国有经济在与其他经济成分竞争协作中提高国民经济的效率和效益。继续推进垄断行业改革，将垄断行业的产品和服务标准、产量、价格纳入到政府经济规制的框架中，构建合理的公共物品价格形成机制。对土地、能源、资源等生产要素，要依据市场价格进行开发利用，对于资源开采、能源利用要通过征收社会成本的方式纠正其负的外部性，抑制对自然资源的低成本过度开发，使资源价格能全面反映其成本。通过包容性的社会主义市场经济体制构建，为各类主体提供平等的发展机会与公平的发展环境，是进一步提高资源配置效率、实现经济社会可持续发展的前提。

其次是促进社会公平正义，完善更具包容性的收入分配体制。收入分配体制决定了政府、企业、劳动者及其他要素所有者的利益分享程度。要按照民富国强的先后原则，清理和废止不合理甚至重复性的税费，有效降低中小企业经济和社会负担，逐步提高居民收入占国民收入中的比重。积极构建具有中国特色的完善劳动者维权机制，保障劳动权益和劳动报酬的实现，构建实质性的工资集体协商机制，形成合理的工资增长机制，使普通劳动者能共享经济发展的成果，从而提高劳动报酬占居民收入的比重。完善政府公共财政支出结构，更多地向教育、社会保障、医疗和基本住房等民生事业倾斜，积极有为地推进流动人口的服务和管理工作，将更多的人口纳入到政府公共服务对象中，逐步推进农民工市民化。通过包容性的收入分配体制构建，使普通群众能更多分享经济发展的成果，促进收入分配结构的优化。

再其次是加大人力资源投资力度，完善更具包容性的人力资源投资体系。教育、培训上的人力资本投资，是普通人群向上流动的关键因素，为更多的穷人提供教育和培训机会，使其获得就业和致富能力，是包容性增长理念在教育和培训体系上的具体体现。在基础教育环节，政府公共支出和教育资源要进一步向农村、边远地区倾斜，提高毛入学率和教育质量。促进高等教育布局的合理化，增加对中西部地区高等教育资金、政策支持，减缓中西部地区中等教育的升学压力。大幅度增加中等职业技能培训经费，为更多的适龄青年提供适应市场需求的技能培训。在企业层面，在确保企业职工培训经费落实到位的前提下，进一步提高税收减免中职工培训经费的比例，引导企业更加重视职工的职业技能培训。通过持续的人力资源开发，为我国的产业升级提供充足的知识和人才保障，将经济发展方式转向以劳动者素质提高的轨道上来，为产业结构升级奠定坚实的人才基础。

最后是建设法治政府、廉洁政府，完善更具包容性的公共服务和管理机制。政府的公共管理和服务职能的状况，直接决定了发展环境的公正与效率，一个法治的、廉洁的和透明的政府，能够最大限度消除社会不公，减少社会摩擦和冲突，有利于实现社会资源利用效率最大化。建设法治政府，要从立法、公共事务决策、执法和政务公开、行政监督体系与问责等方面完善法治型政府建设，将政府行为纳入到法律法规范围内。建设廉洁、透明政府，始终将党的建设与廉洁型政府建设紧密结合起来，在土地征用、城市市容管理、司法判决与执行等方面严格依法办事，大力促进人性化执法，保护弱势群体利益，建设亲民政府，和谐党群关系、干群关系，从源头上防范群体性事件的发生。

第二章　包容性所有制结构是构筑效率与公平的制度基础

所有制是生产关系的中心环节，决定了生产资料归谁所有、支配和收益归属问题，构成了一个社会的经济基础。包容性的所有制结构，为各类经济主体平等参与经济发展、分享经济发展成果、促进社会公正和国民经济整体效率提高，奠定了制度基础。本章从所有制结构入手，分析包容性所有制结构对规避中等收入陷阱的意义，并结合国际上的经验教训提出完善我国所有制结构的对策建议。

第一节　现阶段我国生产资料的所有制结构

生产资料的所有制结构包含内生结构和外生结构。内生结构是指生产资料的所有权、经营权、使用权和收益权，这些权利既可以统一起来，也可以相互分离；外生结构是指在一个社会中各种所有制之间的相互关系：是单一所有制，还是多种所有制并存或混合发展。

一、生产资料所有制是社会经济制度的基础

一个社会的经济制度构成社会制度的基础，而生产资料所有制则是经济制度的基础。在我国所有制结构中占主导地位的公有制经济是我国社会主义制度的基础，是国家引导、推动、调控经济和社会发展的基本力量，是实现最广大人民群众根本利益和共同富裕的重要保证。

马克思主义所有制理论认为，所有制是生产关系的总和。在《哲学的贫困》中马克思有这样的表述，“在每个历史时代中所有制以各种不同的方式，在完全不同的社会关系下面发展着。因此，给资产阶级的所有制下定义，不外乎是把资产阶级生产的全部社会关系描述一番。”由此可见，所有制不仅是人和物的关系，更重要的是人与人的经济关系。在一个社会中，同时存在的不同所有制形式的相互关系构成了该社会的所有制结构。每一个社会形态总有一种所有制形式处

于优势地位，这种所有制就决定了该社会的性质，决定了它的经济制度和上层建筑，构成了整个社会的基础。

马克思的所有制理论是一个完整的体系，其概念内涵包括所有、占有、支配和使用的完整关系。这四种权益既可以分离，又可以组合。例如土地所有者将土地使用权出让给农民，而自己获得地租；经营资本家将企业的指挥监督权让渡给管理人员而自己获得利润。

在马克思的所有制理论中最为重要的一点是生产力决定生产关系，生产关系对生产力具有反作用力。所有制形式不是一成不变的，随着生产力的发展，要求发生相应的变革。恩格斯曾经说过，“社会制度中的任何变化，所有制关系中的每一次变革，都是同旧的所有制关系不再相适应的新的生产力的必然结果。”① 在人类漫长的历史发展过程中，封建社会私有制取代了奴隶社会私有制，又被资本主义私有制所取代，都发挥了解放生产力和发展生产力的进步作用。

二、社会主义市场经济条件下的生产资料所有制

社会主义市场经济是在社会主义条件下的市场经济，是同社会主义初级阶段基本经济制度结合在一起的。1992 年 10 月，中共十四大提出了我国经济体制改革的目标是建立社会主义市场经济体制，科学地界定了社会主义市场经济体制的内涵：“就是要使市场在社会主义国家宏观调控下对资源配置起基础性作用，使经济活动遵循价值规律的要求，适应供求关系的变化；通过价格的杠杆和竞争机制的功能，把资源配置到效益较好的环节中去，并给企业以压力和动力，实现优胜劣汰；运用市场对各种经济信号反映比较灵敏的优点，促进生产和需求的及时协调。”② 此后，一系列突飞猛进的改革推动经济发展不断进入新的阶段，并形成了现阶段我国的生产资料所有制结构，即以公有制为主体，多种所有制经济共同发展的所有制结构。这样的所有制结构是将马克思主义基本原理同中国的具体实际相结合的产物，充分发挥了各种所有制的作用和对国民经济的共同促进作用。

我国社会主义经济制度的基础是生产资料的社会主义公有制，即全民所有制和劳动群众集体所有制。我国现阶段的所有制结构是由我国社会主义性质和初级阶段基本国情决定的。我国的社会主义性质要求必须实行以公有制为主体的制度，这既是社会公平的保证，又是防止两极分化的必要前提。我国仍处于社会主义初级阶段，这是我国目前的基本国情，社会主义初级阶段生产力发展水平的制

① 马克思，恩格斯．马克思恩格斯选集（第 1 卷）［M］．北京：人民出版社，1995：238.

② 十四大以来重要文献选编（上）［M］．北京：人民出版社，1996：19.

约要求必须有与之相适应的所有制结构。所有制变革和调整的目的也是为了促进生产力的发展，而不是单纯追求所有制的公或私。过去我们曾经追求过“一大二公”，历史和实践的证明，不仅不符合社会生产力的发展，并且给社会生产力带来了极大的破坏。后来我们坚持了邓小平的“三个有利于”标准，在公有制为主体的基础上引入多种所有制成分，使多种所有制经济共同发展。多种所有制成分从作为有益的补充到成为初级阶段的基本经济制度，共同促进了社会主义市场经济的发展。

社会主义的公有制经济是归劳动人民公共所有的经济，不同于封建社会的官办经济和资本主义国家的国有经济或国营经济。封建社会的官办经济是为皇室和官僚阶级服务的，而不是为劳动人民服务，因此不能称为公有制经济。至于资本主义国家的国有经济是国家垄断资本主义经济，是为资产阶级服务的。社会主义国家不再是地主、资产阶级掌权，因而公有制经济就是归人民所有的社会主义经济。公有制经济既是社会主义经济运行层面的需要，更是实现社会主义本质要求的制度安排。马克思和列宁指出，社会主义的本质要求是快速发展生产力，而这是以“所有人的富裕为目的”，即邓小平说的“共同富裕”。实现共同富裕既要有物质条件，还要有社会条件。这里的社会条件就是实行生产资料公有制，消灭剥削和两极分化。

（一）国有经济

公有制经济不仅包括国有经济和集体经济，还包括混合所有制经济中的国有成分和集体成分。国有经济是社会主义公有制经济中的最重要的组成成分。国有经济是由国家政权拥有、掌握并控制的经济。从1954年我国第一部宪法到2004年修正后的宪法，始终把国营经济和国有经济定性为社会主义全民所有制经济。2004年《宪法》规定：“国有经济，即社会主义全民所有制经济，是国民经济的主导力量。国家保障国有经济的巩固和发展。”宪法是我国根本大法，宪法明确提出保障国有经济的主导地位，保障国有经济的巩固和发展。在《中共中央关于国有企业的改革和发展若干重大问题的决定》中对国有企业的定性如下：“国有企业是我国国民经济的支柱，发展社会主义社会的生产力，实现国家的工业化和现代化，始终要依靠和发挥国有企业的重要作用。要增强国家的经济实力、国防实力和民族凝聚力，就必须不断促进国有经济的发展壮大。”

在我国所有制结构中，处于主体地位的是公有制经济，而国有经济又在公有制经济中居于主导地位。这一地位决定了国有经济的重要性和对经济发展的巨大作用。改革开放以来党和国家许多重要文献都明确指出这一点。中共十六大报告指出，“发展壮大国有经济，国有经济控制国民经济命脉，对于发挥社会主义制度的优越性，增强我国的经济实力、国防实力和民族凝聚力，具有关键性作用。”中共十七大报告指出要“深化国有企业公司制股份制改革，健全现代企业制度，优化国有经济布局和结构，增强国有经济活力、控制力、影响力”。中共十八大报告继续指明应“深化国有企业改革，完善各类国有资产管理体制，推动国有资本更多投向关系国家安全和国民经济命脉的重要行业和关键领域，不断增强国有经济活力、控制力、影响力。”

国有经济在世界各国都广泛存在，对于国有经济功能的界定，不同社会性质国家的结论也不尽相同，根据不同国家的社会性质，我们将所有制的功能划分为一般功能和核心功能。一般功能是指对于资本主义市场经济国家来说，国有经济发挥的功能。资本主义市场经济国家认为，国有经济只有在市场失灵时发挥作用。如公共产品的提供应交由政府来做。政府既可以提供资金给私有企业，由私有企业来提供公共物品，也可以直接创办国有企业进行公共物品的提供。而在社会主义市场经济国家看来，国有经济是为了实现劳动平等，包括地位平等、分工平等、决策平等和分配平等。这最本质的表现就是现阶段的按劳分配。即在生产资料公有制的前提下，人们平等地占有生产资料，只凭劳动的多寡获得收入，即避免了收入分配的两极分化和有效需求的不足，才能使得消费和生产协调发展的良性循环，进而促进国民经济的发展。

在一般的市场经济国家，国有经济的作用是弥补市场失灵，提供公共物品。当出现经济危机时国家作为政策性工具进行宏观调控，干预市场经济。为了保障国家安全，在某些特殊产业实施国有经济控制。由此看来，国有经济的一般功能有如下三方面：

1. 弥补市场失灵，提供公共物品。现代西方经济学的“混合经济”理论认为，国有企业的存在是为了弥补“市场缺陷”，在一些关系人民基本生活和社会全面发展的方面，如基础设施、教育、医疗卫生和科研事业，投资大，资金回收周期长，私人不愿意进行投资。西方国家把它看做是公共产品，放在市场失灵领域，大多由政府投资。

2. 干预国家经济，宏观调控工具。在西方资本主义国家进行的为了抑制金融危机蔓延而采取国有化措施就是这一功能的体现，如 2008 年金融危机爆发之后美、英、德等国采取的一系列国有化改革。虽然私有化具有发挥市场作用，促进竞争的优势，但是政府信誉高，抗风险能力大大高于私有企业，金融危机来临时政府可以采取一系列行政措施更快地走出危机。

3. 保障国家安全，发展特殊产业。在一些特殊产业比如印钞、武器制造和稀有资源开采等关系国家经济安全、军事安全和战略安全的产业，资本主义国家和社会主义国家都采取国有经济控制，以保障国家安全，维护民族利益，

作为社会主义市场经济国家的国有经济具有核心功能，不能局限于拾遗补缺的地位，而应处于主导地位。社会主义市场经济国家的国有经济既要体现社会主

义性质，还要体现出对国民经济命脉的控制。

首先，体现在社会主义性质上。发挥国有经济的主导作用是巩固和完善社会主义制度的保障。没有国有经济的主导作用就不能实现消除两极分化、实现共同富裕的社会主义目标，就不能实现财产占有平等基础上的相对公平的分配制度和相对和谐的劳资关系。因此在社会主义市场经济中，国有经济不仅是补充私人企业和市场机制的不足，更重要的是为了实现国民经济的持续稳定协调发展，巩固和完善社会主义制度，发挥公有制经济在稳定宏观经济、调整经济结构、保障社会公平、维护经济安全、推动自主创新以及实现科学发展和促进社会和谐等方面的关键作用。①

其次，体现在对国民经济命脉的控制上，即发挥国有经济对国民经济的主导作用。中共十五大报告中提出“国有经济起主导作用，主要体现在控制力上。对关系国民经济命脉的重要行业和关键领域，国有经济必须占支配地位”。党的十五届四中全会又进一步明确指出了国有经济需要控制的行业和领域。

国有经济控制国民经济命脉的思想来源于列宁关于控制经济“制高点”的论述。1922 年 11 月的共产国际第二次代表大会的提纲中指出，在实行新经济政策的苏维埃俄国，由于还不能实行全面的国有化，因此需要控制经济命脉。我国在计划经济时期通过建立起数量庞大的国有企业，控制了国民经济中几乎所有的工业部门。把国有经济的功能确定为控制国民经济命脉是保证公有制经济在国民经济占主体地位，进而保证市场经济的社会主义性质的必要前提。也就是说只有保证了国有经济的主导地位才能体现社会主义的性质，没有国有经济的主导作用，就不可能实现消除两极分化、实现共同富裕的社会主义目标。

（二）集体经济

社会主义公有制经济中另一种重要的成分是社会主义劳动群众集体所有制经济，包括农村集体经济和城镇合作经济。农村集体经济组织实行家庭承包经营为基础、统分结合的双层经营体制。国家保护城乡集体经济组织的合法的权利和利益，鼓励、指导和帮助集体经济的发展。中共十五大进一步阐述了集体经济的地位与作用：“集体所有制经济是公有制经济的重要组成部分。”中共十五大总结了历史的教训和改革开放的实践，指出集体经济可以体现共同致富的原则，可以广泛吸收社会分散资金，缓解就业压力，增加公共积累和国家税收。要支持、鼓励和帮助城乡多种形式集体经济的发展。这对发挥公有制经济的主体作用具有重大意义。

---

① 张宇．正确认识国有经济在社会主义市场经济中的地位和作用——兼评否定国有经济主导作用的若干片面认识［J］．毛泽东邓小平理论研究，2010（1）．

（三）个体、私营经济

非公有制经济就是私有制经济，主要包括个体经济和有雇佣劳动关系的私营经济，此外还有外资经济。私营经济也可称为民营经济。但民营经济的概念不等于私有制经济概念。民营经济的概念范围更广，只要不是国有国营，都可称为民营经济。私营经济只是民营经济中最重要的组成部分。

民营经济的发展经过了一个漫长而曲折的过程，由于在所有制方面的歧视，民营经济发展受到了限制。从新中国成立初期的允许存在到三大改造之后的彻底消失，又经过了改革开放以来的鼓励发展，最终形成了现在的民营经济的发展现状。随着改革开放以来我国经济发展的实践证明，民营经济的发展为我国经济注入了新的活力源，充分发挥了在活跃市场、增加税收和促进就业方面的重大作用。

1. 个体经济。个体经济是一国经济结构的有机组成部分，个体经济以自我生产资料和自我劳动为基础，并且受经济发展水平、就业政策、制度环境以及文化传统等多种因素的影响。我国个体经济的发展过程是一个曲折的过程。在新中国成立初期允许个体经济存在，社会主义生产资料的三大改造完成后个体经济逐渐衰减。随着改革开放的进程个体经济发生了根本性变化。

1982 年 12 月，第五届人大第五次会议把发展和保护个体经济写入《宪法》。“在法律规定范围内的城乡劳动者个体经济，是社会主义公有制经济的补充。国家保护“个体经济的合法的权利和利益”。此后，一系列鼓励个体经济发展的政策文件出台，个体经济的地位不断得到提升。1999 年 3 月通过的《中华人民共和国宪法修正案》，把个体经济的地位提高到了新的高度：“在法律规定范围内的个体经济、私营经济等非公有经济，是社会主义市场经济的重要组成部分”。江泽民同志在中共十六大报告中再次强调：“个体、私营等各种形式的非公有制经济是社会主义市场经济的重要组成部分，对充分调动社会各方面的积极性、加快生产力发展具有重要作用”。改革开放以来的实践已经证明，个体经济在促进经济增长、拉动社会投资、解决就业、增加政府税收等方面的确发挥了积极的作用。

2. 私营经济。私营经济是存在雇佣劳动关系的经济成分。1987 年中共十三大报告正式提出私营经济的概念。所谓“雇佣劳动关系”就是资本主义关系，它与个体经济、外资经济一样，都是非社会主义经济，是公有制经济即我国社会主义经济的有益的补充。

在农村和城市都出现了个体工商户后，一些个体工商户为了扩大经营规模而扩大雇工数量，私营经济才得以发展起来。1987 年，中央一号文件中明确提出了“允许存在，加强管理，兴利抑弊，逐步引导”的十六字方针。1987 年中共十三大报告中，第一次明确指出，“这部分经济成分不是发展得多了，而是还很不够。这部分经济的存在和发展，有利于促进生产，活跃市场，扩大就业，更好地满足人民多方面的生活需要，是公有制经济的必要的和有益的补充。”之后全国人大开会修改宪法，增加了一条：“国家允许私营经济在法律规定的范围内存在和发展。私营经济是社会主义公有制经济的补充。国家保护私营经济的合法的权利和利益，对私营经济实行引导监督和管理。”这样，有雇佣劳动关系的私营企业在我国才取得了合法地位。

（四）外资经济

党的十一届三中全会以来，在我国改革开放的政策格局基本确定的大背景下，中国对外开放政策的内涵之一是允许外资进入中国，这就催生了我国外资经济的生成和发展。外资经济是指国外投资者根据我国有关涉外经济的法律、法规，在大陆境内开办企业而形成的一种经济类型。我国外资经济有三种企业组织形式，即中外合资、中外合作和外商独资。从所有制经济角度提出外资经济的概念是在中共十四大报告和党的十四届三中全会的决议中。这是在倡导多种所有制经济并存的背景下提出来的，而之前只是从企业角度倡导中外合资企业、中外合作企业、外商独资企业三种企业组织形式。

（五）混合经济

混合所有制是由两种或两种以上的原生所有制结合而成的次生所有制。① 即由基本的所有制形式结合而成的一种所有制。这种所有制形式是在改革开放后，提倡相互投资、联合，鼓励吸引外资的情况下逐渐发展起来的。后来，农村集体企业出现的个人直接投资形成了合作股份制，城市国有企业也普遍开展起股份制改革，混合所有制概念逐渐形成。

混合所有制和单一的所有制比较，优点是显而易见的。一是，混合所有制有利于所有权和经营权的分离，提高了企业和资本的运作效率。在股份制中，资本的所有者出让资本，可以获得股利收益，并且只对企业负有限责任。而企业作为独立的法人，自负盈亏，有权支配、使用和处置企业资产。这种结构可以说是目前为止最合理最科学的结构。二是，混合所有制还有利于扩大资本来源，把企业做强做大。股份制可以办单个资本办不了的事情，有利于发挥不同投资者的优势，实现优势互补。

非公有制经济的作用突出表现在促进地方经济的发展上，它们是我国经济发展的活力之源。首先，从长远来看，我国经济的活力、源泉和动力主要来自于民

---

① 晓亮．论混合所有制［J］．学术月刊，1998（6）．

营经济，国有经济的发展需要国家注资，而民营经济则不同，它依靠民间资本自我积累。其次，非公有制经济是我国经济的增长点。哪个地方非公有制经济发展快，发展多，哪个地方的社会经济发展就突飞猛进，哪个地方人民的生活水平提高也迅速，这一点可以从改革开放后我国沿海地区的经济发展情况看出。再次，从微观层面看，非公有制经济产权明晰，有利于调动所有者、经营者的积极性和创造性，提高自主创新能力，降低管理成本，进而提升我国企业的竞争力和整体实力。最后，非公有制企业主要是中小企业、劳动密集型企业，这可以有效调节我国产业结构，促进所有制结构调整，并在满足就业需求上具有积极意义。

非公有制经济是社会主义市场经济的重要组成部分，它和公有制经济共同促进了社会主义市场经济体制的建设，为建设有中国特色的社会主义贡献了自己的力量。对于发展非公有制经济，2005 年 2 月 24 日出台的《国务院关于鼓励支持和引导个体私营等非公有制经济发展的若干意见》的 36 条指出，“发展非公有制经济是完善社会主义市场经济体制、建设中国特色社会主义的必然要求。改革开放以来，我国个体、私营等非公有制经济不断发展壮大，已经成为社会主义市场经济的重要组成部分和促进社会生产力发展的重要力量。积极发展个体、私营等非公有制经济，有利于繁荣城乡经济、增加财政收入，有利于扩大社会就业、改善人民生活，有利于优化经济结构、促进经济发展，对全面建设小康社会和加快社会主义现代化进程具有重大的战略意义”。2010 年 5 月 7 日，国务院又出台“新 36 条”，即《国务院关于鼓励和引导民间投资健康发展的若干意见》规定，“要求各部门、各地区把民间投资摆在更加重要位置，解放思想，转变观念，深化改革，创新求实，根据本意见的要求，抓紧研究制定具体实施办法，加快将有关措施落到实处”。明确提出对民间投资在 6 大领域共 18 个行业要鼓励、引导和支持。

今后，随着经济体制改革的深化和社会主义市场经济体制的完善，私营经济会有更大的发展空间，不仅可以进入民用产品行业，而且可以进入公共产品行业、金融业、自然垄断行业等，既可以购买垄断行业的股权，也可以参与经营，从而形成一种新的所有制形式——混合所有制，使我国的所有制更具有活力，更具有完善性。

第二节 我国所有制的演变脉络及包容性所有制结构的形成

一个社会的所有制结构不是一成不变的，它会随着经济发展的不同阶段而发生相应的变化。从我国改革的历程来看，所有制结构的调整和改革是我国经济体制改革的中心环节和主要线索。自新中国成立以来，党对所有制的实现形式进行了不断探索，最终确立了公有制为主体的，多种所有制经济共同发展的基本经济制度，这是对所有制理论的重大突破，实现了在社会主义国家建立市场经济体制的设想。其实，早在20世纪50年代，毛泽东就曾经设想过可以以公有制为主体，多种所有制成分共存。在所有制结构问题上，毛泽东于1956年年底同工商界人士谈话时提出，对于我国的自由市场，因为社会有需要，就发展起来。要使它合法化，可以雇工，可以开私营工厂，可以开投资公司，可以消灭了资本主义又搞资本主义。他把这称作“新经济政策”。[①] 遗憾的是这只是存在于设想之中，后来很快就被“左倾”的理论和实践覆盖，使得社会主义市场经济的探索受挫，严重地束缚了社会经济的发展。

归纳说来，我国所有制演变脉络是从新中国成立初期的多种经济成分共存到三大改造完成之后的单一公有制再到党的十一届三中全会之后逐步完善发展的以公有制为主体的，多种所有制经济共同发展的所有制结构。这经过了一个由多元到一元再到多元的否定之否定的变化过程。改革是深刻而广泛的，同时也是渐进而不断深化的。回顾历史发展的道路，可以清晰地看到我国所有制结构的变迁是和历史的发展一致的，是为了实现和生产力发展水平相一致而进行的。我们大体上把所有制结构的变迁划分为以下三个阶段，这样可以清楚地看到我国所有制结构的演变过程。

一、从新中国成立到社会主义生产资料的社会主义改造完成之前国民经济恢复时期的多种经济成分并存的阶段（1949~1952年）

在这一阶段是以国有经济为主导，非公有制占主体的多种经济成分并存的所有制结构。主要包括国有经济、集体经济、公私合营经济、私营经济和个体经济。

在旧中国经济极端落后的情况下，生产资料掌握在外国资本、封建地主和官僚资本的手中，生产关系与生产力之间产生了巨大的矛盾。因此新中国成立后首先要解决的就是生产资料的所有制问题。早在1947年12月，中共中央明确提出新民主主义革命的三大经济纲领：“没收封建阶级的土地归农民所有，没收蒋介石、宋子文、孔祥熙、陈立夫为首的垄断资本归新民主主义的国家所有，保护民族工商业。”[②] 刘少奇分析在推翻帝国主义和国民党统治之后新中国经济所应包

① 毛泽东文集（第7卷）[M]. 北京：人民出版社，1999：170.

② 毛泽东选集（第4卷）[M]. 北京：人民出版社，1991：1253.

含的五种经济成分：国营经济、合作社经济、国家资本主义经济、私人资本主义经济、小商品经济和半自然经济，并且指出：“除开那些投机操纵的经营及有害于新民主主义的国计民生的经营而外，都应加以鼓励，使其发展。”[①] 他还在新中国成立初期进一步提出了确立新民主主义新秩序的重要思想。这些思想在国民经济恢复时期得到了很好的贯彻。

新中国成立时我国经济的现状是底子薄、基础弱、发展极不平衡。全国只有10%左右的近代工业经济，90%左右是分散的个体的农业经济和手工业经济。《共同纲领》规定：“中华人民共和国经济建设的根本方针，是以公私兼顾，劳资两利，内外交流的政策，达到发展生产、繁荣经济之目的”。国家应调剂国营经济、合作社经济、农业和手工业者的个体经济、私人资本主义经济和国家资本主义经济，“使各种社会经济成分在国营经济领导之下，分工合作，各得其所，以促进整个社会经济的发展。”这些政策调动了多种所有制成分的积极因素，促进了多种经济成分的共同发展和国民经济迅速恢复。

二、从生产资料私有制的社会主义改造完成之后到党的十一届三中全会召开之前的高度集中的计划经济时期（1953～1978年）

这一时期我国所有制结构为单一的公有制结构。国民经济恢复任务已经基本完成，已开始考虑向社会主义过渡的问题并于1952年底提出了过渡时期总路线。即在一个相当长的时间内，逐步实现国家的社会主义工业化，并逐步实现国家对农业、手工业和资本主义工商业的社会主义改造。从1953年开始，对农业、手工业和资本主义工商业的社会主义改造成为贯彻过渡时期总路线的重要组成部分。

当时认为，总路线的实质就是使得生产资料的社会主义公有制成为我国国家和社会的唯一的经济基础[②]。这种使公有制成为唯一的经济基础的说法，显然是与社会主义初级阶段的生产力发展状况不相适应。然而，从后来的实践看，把向社会主义过渡的着眼点主要放在了生产关系的变革，也就是生产资料私有制的社会主义改造上，由此导致了我国所有制结构由多种经济成分并存向单一公有制的过渡。

党和国家领导人于1956年对这些问题有所认识，之后制定了有关政策设法

① 刘少奇选集（上卷）[M]. 北京：人民出版社，1981：428.

② 毛泽东. 社会主义革命的目的是解放生产力 [A]. 见毛泽东著作选读（下册）[M]. 北京：人民出版社，1986：717.

纠正，试图“以苏为鉴”，建立适合中国国情的经济管理制度。但是这一探索很快就被中断了，相反在1958年又对个体工商业者采取更加严厉的限制和改造措施。一是组织入社，对个体手工业户，除极个别的特种工艺手工业户外，都要组织加入手工业合作社：二是把集体工商业并入或转入国营企业。1958年和1959年两年中，绝大部分的集体工商业都已经转为国营，留下的少量合作店、合作组基本上只保留了形式，实际上也都归口国营企业统一核算，或按照国营企业的管理办法统付盈亏。在农业方面，到1956年底，参加农业合作社的农户已达96%，其中土地等主要生产资料归集体公有的高级社占88%。1957年，参加农业合作社的农户占97.5%，其中高级社占96.2%，个体农户不足3%。到1959年，农业合作化后保留下来的3%的个体农户也都强令加入比高级社规模更大、公有化程度更高的农村人民公社。经过“大跃进”和农村人民公社化运动，非公有制经济已所剩无几。1961年，全国个体经济从业人员大约只有100万人左右①。

“文化大革命”期间更加盲目和片面地追求纯之又纯的公有制形式。排斥公有制以外的其他经济成分，片面强调全民所有制的优越性，低估集体所有制存在和发展的必要性，混淆全民所有制和集体所有制的界限，将“一大二公”作为判断所有制形式先进与否的标准。到了1978年，在全国工业总产值中，全民所有制企业占77.6%，集体经济占22.4%，个体私营经济几乎不存在。生产资料所有制结构已成为单一的公有制。事实证明这种单一的公有制结构的情况不仅不适合我国生产力水平的多层次性和发展不平衡的状态，而且严重地阻碍了社会经济发展。

这种情况的出现并不是偶然的，而是由当时的主客观历史条件所决定的。从客观条件来看，这是由我国国民经济发展的要求决定的。我国当时各方面的基础都十分薄弱，而要开展大规模的经济建设，决定了我国必然要优先选择发展重工业。由于各类物资紧缺使得以市场调节为主的私人资本主义、个体经济等非公有制经济无法满足资源配置的集中化和计划化要求。为此，进行生产资料私有制的社会主义改造将各种所有制经济成分转变成社会主义的公有制经济，成为大规模开展经济建设的必要前提。从主观条件来看，这与党对社会主义的认识是分不开的。在当时的历史条件下，中国共产党未能突破苏联的传统社会主义理论模式，即认为生产资料的公有制体现了社会主义生产关系的本质要求，是判断是否过渡到社会主义的最直观标准。认为“只有完成了由生产资料的私人所有制到社会主义所有制的过渡，才有利于社会生产力的迅速向前发展，才有利于在技术上引

① 刘国光，董志凯．新中国50年所有制结构的变迁［J］．当代中国史研究，1999（5，6）．

起一个革命"。[①] 到了1978年，几种经济成分在国民经济所占的比重分别为：国有经济56%，集体经济43%，非公有经济1%。可以看出在这个阶段非公有经济已经基本消失，国有经济和集体经济之和占了国民经济的99%，形成了单一的社会主义公有制结构。这种所有制结构严重脱离了我国生产力落后、社会化生产水平低的实际，必然会使得生产力与生产关系发生矛盾，甚至会破坏原有的生产力。

三、从十一届三中全会召开之后逐步完善并发展的以公有制为主体的，多种所有制经济共同发展的时期（1978年至今）

党的十一届三中全会以后，我国进入了改革开放和社会主义建设的新时期。作为社会经济制度的基础和核心，生产资料所有制的改革问题自然成了经济体制改革工作的重中之重。三十多年来，我们认真吸取了过去的经验和教训，立足我国基本国情，适应最大限度发展生产力的需要，不断探索所有制的实现形式，突破传统所有制理论的束缚，对所有制成分和形式问题逐步取得了一系列新的认识：在所有制形式选择上，突破了唯生产关系论和唯意志论，确立了由生产力发展水平及发展生产力的客观要求所决定的历史唯物史观；在所有制结构上，突破了单一公有制的观念，确立了以公有制为主体，多种经济成分共同发展的思想。经过多年的探索，最终确立了以公有制为主体，多种所有制经济共同发展的基本经济制度，并在实践中不断发展完善。这一过程大体上可以分为以下三个阶段。

（一）1978～1988年：公有制经济为主体，非公有制经济为补充的所有制结构形成时期

新时期以增量改革为基本特征，所谓增量，是指在原国有经济中逐步发展新的非国有的经济成分。通过资本投入来调整所有制结构，同时盘活现有资产存量。这些逐步发展起来的经济成分，极大地活跃了国民经济，最终形成了以公有制为主体，非公有制经济为补充的所有制结构。这一时期主要有以下4个方面的显著变化：

1. 农村乡镇企业异军突起。党的十一届三中全会以后，农村普遍实行家庭联产承包责任制，农村改革的成功使得农村生产力得到极大解放，大批的剩余劳动力从土地中解放了出来，农村经济开始了与市场的密切联系。广大农民开始将剩余劳动力、资金转向加工业、商业、运输业和服务业。这使得原来的社队企业和农民自办或合办的企业都得到了迅速的发展，成为了农村企业的主力。乡镇企业异军突起的作用是显而易见的，一方面是创造了大量产值，另一方面促进了农

① 毛泽东文集（第6卷）[M]. 北京：人民出版社，1999：316－317.

村劳动力就业，提高了农民收入并且对于加速农村城市化进程也起到了推动作用。借用改革开放总设计师邓小平的一句话，“农村改革中，我们完全没有预料到的最大的收获，就是乡镇企业发展起来了。”①

2. 城镇集体和个体经济的新发展。城镇集体和个体经济新发展的直接动因是为了解决当时严峻的就业问题。1979 年，全国城市待业人员达 2000 多万，面对如此巨大的就业需求，1980 年 8 月，全国劳动就业工作会议提出“在国家统筹规划和指导下，劳动部门介绍就业、自愿组织起来就业和自谋职业相结合”的新思路。于是，全国许多地方纷纷解放思想，扩大就业门路，放宽对发展城镇集体和个体经济的政策。1979 年 9 月，在庆祝中华人民共和国成立 30 周年的讲话中，叶剑英指出；“目前在有限范围内继续存在的城乡劳动者的个体经济，是社会主义公有制经济的附属和补充”② 这是个体经济在政治上被否定多年后第一次在党的正式文献中得到肯定。此后，在 1981 年 6 月党的十一届六中全会通过的《关于建国以来党的若干历史问题的决议》中明确提出“一定范围的劳动者个体经济是公有制经济的必要补充。”1982 年 12 月，这个论断又被正式写入宪法之中，个体经济获得了合法地位，在国家大力支持下如雨后春笋般迅速发展起来。

3. 外资经济的兴起。外资经济是伴随对外开放政策实施而出现的引人注目的新的经济成分。党的十一届三中全会要求公有制企业“在自力更生的基础上积极发展同世界各国平等互利的经济合作”。邓小平在 1979 年初同工商界人士谈话时更加明确提出：“现在搞建设，门路要多一些，可以利用外国的资金和技术，华侨、华裔也可以回来办工厂。”③ 此后，大批中外合资、中外合作和外商独资企业陆续涌现。终于在 1984 年 10 月，党的十二届三中全会作出了《中共中央关于经济体制改革的决定》，首次就外资经济的地位和作用给予明确定位，“利用外资，吸引外商来我国举办合资经营企业、合作经营企业和独资企业，也是对我国社会主义经济必要的有益的补充”，进一步强调要扩大对外和国内的经济技术交流。

4. 私营经济获得合法地位。作为一种雇工经营形式的私营经济，我们党采取的是十分谨慎的态度。从“看一看”到“不宜提倡、不要公开宣传、也不要急于取缔”的“三不政策”。1984 年，邓小平明确提出了“放两年再看”的意见。④ 这一方针为私营经济的发展营造了宽松的政策空间，在客观上起到了保护

---

① 邓小平文选（第 3 卷）［M］. 北京：人民出版社，1993：238.

② 三中全会以来重要文献选编（上）［M］. 北京：人民出版社，1982：211.

③ 邓小平思想年谱［M］. 北京：中央文献出版社，1998：107.

④ 邓小平文选（第 3 卷）［M］. 北京：人民出版社，1993：91.

私营经济发展的作用。在中共十三大上，明确使用“私营经济”的概念，指出“私营经济是公有制经济必要的和有益的补充”，强调“目前全民所有制以外的其他经济成分，不是发展得太多了，而是还很不够。对于城乡合作经济、个体经济和私营经济，都要鼓励他们发展”①。

经过几年的改革和发展，我国开始形成以公有制为主体，非公有制经济为补充的新的格局。在坚持公有制经济的主体地位的前提下，国有经济主导地位继续加强；集体经济迅速发展；个体经济、私营经济和外资经济等非公有制成分取得了令人瞩目的发展。

（二）1989～1997年：公有制经济为主体，多种所有制经济共同发展的基本经济制度确立时期

随着各种新兴经济力量的出现，单一公有制结构的逐渐突破，计划经济体制的备受冲击，人们在思想领域开始了激烈的争论。20世纪90年代初期，一些人提出了姓“资”还是姓“社”的问题，他们坚持以传统的社会主义模式衡量现实，把非公有制经济说成是资产阶级自由化思潮产生和泛滥的根源。这一思潮使得个体、私营等非公有制经济发展受到了重创。

如何针对这股思潮作出回应政策成为了一个紧迫的问题。1992年初，邓小平发表南方谈话，尖锐地指出：改革开放迈不开步子，不敢闯，说来说去就是怕资本主义的东西多了，走了资本主义道路。要害是姓“资”还是姓“社”的问题。他明确提出“三个有利于”标准，精辟概括了社会主义的本质，指出计划和市场都是经济手段，强调大胆吸收和借鉴人类社会创造的一切文明成果，包括当今资本主义发达国家的一切反映现代社会化生产规律的先进经营方式和管理方法等，从而深刻回答了长期以来困扰和束缚人们思想的许多重大认识问题，扫清了改革所有制问题上的思想障碍。

1992年10月，中共十四大确立了我国经济体制改革的目标是建立社会主义市场经济体制，并从理论上阐述了这一体制的各项重大原则，在所有制结构上鲜明地提出了多种经济成分“长期共同发展”的方针。于是我国以市场经济体制为目标的改革逐步推行开来。

然而，随着改革的不断深入，相当一些人在所有制问题上仍然存在种种疑惑。他们担心市场经济体制的建立，国有经济比重的降低、非公有制经济的迅速发展会动摇公有制经济的主体地位，进而改变社会主义的性质。对这个问题的不同认识，再次引发了一场姓“公”姓“私”的论争，在社会上引起了不小的震动。如何解决这一困惑的责任就落在了中共十五大上。

① 十三大以来重要文献选编（上）[M]．北京：人民出版社，1991：31.

中共十五大对所有制的突破表现在以下几个方面：一是提出了社会主义公有制为主体，多种所有制经济共同发展是一项基本经济制度。过去的提法是方针，现在上升到了基本经济制度的高度，而且是跟初级阶段长期共存的；二是提出公有制的实现形式应该而且可以是多样化的。对于这一点可以看到：过去是单一化，只有一种形式，现在是多样化；三是非公有制经济是社会主义市场经济的重要组成部分。从过去的有益的补充到是重要的组成部分，是理论上的提升；四是提出国有经济的主导作用主要体现在控制力上；五是提出国有经济比重减少一些，不会影响社会主义性质；六是各种所有制经济都是平等竞争的，一视同仁。

继冲破了“两个凡是”束缚、摆脱姓“资”姓“社”羁绊后，以公有制为主体，多种所有制经济共同发展的基本经济制度的确立是思想领域的又一次重大解放，为加快社会主义市场经济体制的建立，完善所有制结构指明了前进的方向。

（三）1998年至今：公有制经济为主体，多种所有制经济共同发展的基本经济制度继续完善时期

从中共十五大之后，按照“一切符合‘三个有利于的所有制形式都可以而且应该用来为社会主义服务”的原则，我国坚持公有制经济为主体，继续深化国有企业改革，积极探索公有制的有效实现形式；坚持多种所有制经济共同发展，鼓励、支持和引导非公有制经济发展。公有制为主体、多种所有制经济共同发展的基本经济制度得到了进一步完善和发展。

对于国有经济而言，继续深化国有企业改革是发展公有制经济的必然要求。中共十五大以后，对国有经济实行“抓大放小”的战略性调整。国有经济和国有资本逐步向关系国民经济命脉的重要行业和关键领域集中，国有经济布局趋向优化，整体素质有所提高，活力、控制力和影响力都得到增强。1998年以后，按照建立现代企业制度的要求，大批国有企业进行了公司制和股份制改革。许多大型企业进行资产重组，在境内或境外的资本市场成功上市，不仅募集了大量社会资金，改善了资产结构和经营状况，而且在建立现代企业制度、促进多元化的投融资体系形成、扩大国家财政收入渠道、提高经济运行效率方面都发挥了重要作用。通过调整和改革，虽然国有企业的数量有所减少，但国有经济的总体实力进一步增强，公有制经济的主体地位更加巩固。

对于非公有制经济，1997年以后，各级党委和政府制定了一系列切实可行的政策措施，非公有制经济由此进入改革开放以来发展最快的时期，显示出蓬勃生机。东南亚金融危机爆发后，非公有制经济在抗击经济衰退、促进经济回升中大显身手，担当了城市下岗职工再就业的主渠道，成为国家财政收入的重要来源，为化解农村贫困、提高农民收入开辟了道路，并推动我国经济进一步向纵深发展。

公有制经济和非公有制经济在社会主义市场经济条件下的共同发展，使社会主义初级阶段基本经济制度的优越性得到充分体现。2002 年 11 月，在中共十六大报告中，将坚持和完善公有制为主体、多种所有制经济共同发展的基本经济制度与全面建设小康社会的现实目标紧密联系起来，提出了“两个毫不动摇”和“一个统一”的思想。即“必须毫不动摇地巩固和发展公有制经济，必须毫不动摇地鼓励、支持和引导非公有制经济发展。坚持公有制为主体，促进非公有制经济发展，统一于社会主义现代化建设的进程中。”2007 年 10 月，中共十七大在坚持“两个毫不动摇”思想的基础上，又提出了“两个平等”，即坚持平等保护物权，形成各种所有制经济平等竞争、相互促进的新格局，为各种经济成分的健康发展提供了更加可靠的制度保证，为不断完善社会主义基本经济制度提供了更加坚实的理论基础。

2005 年 2 月，国务院颁布了第一部全面促进非公有制经济发展的重要政策性文件《关于鼓励支持和引导个体私营等非公有制经济发展的若干意见》，之后又出台 35 个配套文件，奠定了非公有制经济政策体系的基本框架。个体、私营等非公有制经济发展迅猛并开始进入金融、石油、铁路、民航等国有经济控制和垄断的部门，有力地推动了所有制结构的合理调整。

回顾改革开放三十多年来，我国所有制结构发生的历史性变化是由公有制一统天下到多种所有制经济共同发展。随着所有制结构不断调整与完善，随着公有制经济在规模上缩小、在质量上提高、国有经济在控制力上不断增强，随着非公有制经济不断发展壮大，中国特色社会主义必将更加充满生机与活力。

第三节 当前所有制结构中的问题及国际案例

作为整个社会经济体制运行的微观基础，所有制结构对于经济发展的影响是不言而喻的。所有制结构如果出现了问题，必然会对社会经济运行产生根本性的影响。这一点只要回顾我国经济体制改革的历程就可以看到，不合理的所有制结构对国民经济发展产生了严重的制约。改革就是要改掉不适应社会生产力性质和发展要求的制约因素，为经济健康可持续发展提供可靠的环境保障。经过改革开放三十多年的努力，我们已经建立了以公有制为主体，多种所有制经济共同发展的初级阶段基本经济制度，这是为了适应生产力的性质和发展的要求。但是不能否认的是目前我国的所有制结构确实存在许多有待改进的地方，这一现象的出现既有历史的原因，也不排除那些在改革过程中不断产生的原因。

一、当前所有制结构中的问题

（一）国有经济控制力下降和垄断现象突出

国有经济的一些问题是伴随在对国有企业的改革中产生的。在改革过程中出现了国有经济控制力下降，国有经济整体实力不足和国有企业垄断现象严重的一系列问题。

1. 控制力下降。对国有企业的改革一直是经济体制改革中的重中之重，这一点对于保证国有经济的主导地位十分重要。然而不得不指出的是随着国有企业的有进有退，出现了国有企业控制力下降的局面。

宗寒（2012）指出国有经济的控制力下降表现在以下方面：在 38 个工业部门中，国有经济仅在 6 个部门（石油、天然气开采、烟草、石油加工、电力供应、煤炭采选和水供应）居控制地位，其余 32 个行业已失去控制地位。在许多重要原材料工业和劳动手段制造业，国有经济比重下降到低于 1/5，国有经济在通用机械制造专业中占的比重仅有 21.5%，专用设备制造业为 26.3%，电气机械及器械制造业为 5.9%，通讯设备、计算机制造业为 7.6%，仪器仪表制造业为 9.3%，化学及化学制品制造业为 29.1%，医药制造业为 19.8%。有些部门看起来不是国民经济关键部门，但关系到广大人民生活和农业发展，公有制经济几乎已完全退出。像农副产加工业 2008 年总产值为 12973 亿元，国有工业仅有 1069 亿元，仅占 8.2%；集体工业产值为 355 亿元，仅占 2.7%。

2. 整体经济实力不足。新中国成立以来，我国国有经济有了很大的发展，但是不管从现代化建设的需要看，还是从与西方发达国家的对比中看，我国国有经济的确面临着整体实力不足的缺陷，这与保证国有经济主导地位的要求是不相称的。

从资产总量上看，与西方资本比较，2010 年我国拥有的全部国有资本总量不到 2006 年英美日等发达国家前 30 家企业资产总额的 80%。[①] 至于资产质量、竞争能力和创造能力就更加落后。从科技创新方面来看，重大科技创新很少，科学技术更多的是利用别人的成果而不是自主创造。从企业经济结构上看，我国国有企业普遍面临着经济结构不合理、设备落后、缺乏竞争力的困境。从企业管理水平上看，缺乏科学管理和制约激励机制，许多企业的经营管理与社会主义市场经济和经济全球化的要求不相适应，这些都会影响国有经济的主导作用的发挥。

---

① 宗寒．论进一步发展壮大国有企业［J］．求是，2011（4）．

3. 垄断现象严重。虽然国家对于国有企业垄断现象制定了一系列改革垄断的相关法规[①]，但是从国有企业改革实践的过程来看，有些国有企业没有真正按照中央的要求，在控制“三个行业和两类重要骨干产业”以外的行业退出，有的效率低下的国有企业仍困守阵地。还有一些国有企业为了“做强做大”、“保值增值”和应对国际金融危机的冲击和影响，在非“三个行业和两类重要骨干企业”的行业追逐利润最大化，没有实现真正的退出，而且地方政府也会出于短期利益的追逐，以保 GDP 的增长、保就业、保稳定为由拖延或不支持对垄断国有企业改革，也就不能为民营经济的发展腾出空间，在一定程度上对民营经济的发展造成了障碍。还有一些垄断行业对民营企业的进入设置了很高的门槛，这也不利于社会资源的优化配置。此外还有既得利益阶层的阻挠，为了维护他们已经获得的利益，以各种借口，阻挠国有企业改革继续进行。

在一些特殊行业，由于市场竞争机制不完善，导致石油、金融、电力、烟草、铁路、航空和电信等垄断行业景气指数居高不下。而这些企业掌握了垄断权力和垄断性资源，获得了垄断高额利润。这些高额利润又造就了行业的普遍高薪或变相地转化为职工的高收入和高福利，造成行业间收入差距过大。

今后，国有企业改革的主要方向是提高国有经济的控制力，增强国有经济的实力，打破国有企业的垄断，要使民营经济能够和国有经济平等竞争，共同发展，融合发展。

（二）个体、私营经济可持续发展能力不足

由于一些内在的原因和外部环境的制约，个体、私营经济的发展仍有待完善。

首先，生产盲目性、短视性。从单个企业来看，生产是按照市场需求有目的进行的，能满足市场的需要。但是从私营企业整体来看，由于自身经济实力的局限无法了解市场全局，进而无法按社会全局的需要进行生产，由此导致盲目投资现象和低水平重复建设。一些行业投资少、赚钱快，企业大举进入。而另一些投资大、回收慢的必需品产业却发展缓慢，供应不足。这种现象会使得我国宏观经济比例失调，长此以往必然会制约我国经济持续增长。

其次，自主创新能力不强。个体私营经济在初创阶段为技术要求不高且劳动密集型行业。主要靠劳动力投入和投资拉动获得竞争优势，管理水平低，产品科

---

① 党的十五届四中全会的《中共中央关于国有企业改革和发展若干重大问题的决定》中指出：“国有经济需要控制的行业和领域主要包括：涉及国家安全的行业、自然垄断的行业、提供重要公共产品和服务的行业以及支柱产业和高新技术产业中的重要骨干产业。”党中央对国有经济控制的范围缩小到“三个行业和两类重要骨干产业”之内，腾出空间发展民营经济。

技含量低。随着国际市场国内化、国内竞争国际化越来越要求私营企业具有自主创新的能力，才能不断应对激烈的市场竞争。

最后，经营管理模式落后。在2012年12月12日由国家工商局发布《中国家族企业发展报告》中显示，全国85.4%的私营企业是家族企业。家族企业典型特征是家族掌握了企业的所有权和经营权。由于家族内部互相信任，在真正的实权部门如财务和采购部门大多都由家族成员负责。在企业初创期，家族企业借助血缘关系，低成本地聚集所需的人力资本，家族成员之间高度的信任和对企业发展的共同目标促进了企业的成功。但是随着企业的发展，家族企业面临着融合外部资源、外延式扩张和企业传承的约束。家族企业对权力的高度集中表现在实际的管理和决策中。当家族利益与企业利益不一致时，企业为了满足家族利益会导致企业决策的非制度化。在我国多数家族企业保持所有权和经营权合一，在日常管理中也大多由企业主亲力亲为。在企业的人才安排上，即使企业主希望能招到适合企业发展的人才；但由于来自家族内部的要求，企业主不得不为不符合企业发展要求的家族成员提供就业机会。

从外部环境来看，制约非公有制经济发展的因素主要有行业准入门槛高，融资渠道不通畅和税费负担过重。

一是，行业准入门槛高。在一些垄断行业如电力、电信、铁路、航空和石油等，政府和国企掌握了大量资源，个体私营企业很难进入。即这些行业会以资本实力、技术水平和从业资历等理由抬高行业准入门槛，使个体私营经济实际上很难进入，或进入后因门槛的提高而被迫退出，即现实中普遍存在的“玻璃门”和“弹簧门”情况。虽然各级政府都提出了发展非公有制经济的相关法规，但是更多的是停留在法规层面，而没有开展具体的实际行动。此外，国有企业还享有国家政策、税收上的支持，使得民营企业面临更加不公平的市场环境。

二是，融资渠道不畅通。在金融政策方面，由于我国经济发展尚处于转轨时期，金融体系尚不健全，私营经济一方面获得的信贷支持较少，另一方面直接融资的渠道较窄。又由于观念和体制上的原因，银行主要为国有企业提供政策上的贷款，大部分个体私营企业缺乏获得银行贷款的正规渠道。而且即使有一些渠道，也因贷款审批程序、信用等级和贷款担保方面不符合要求而无法获得贷款。对于一些个体经营者，由于自身管理水平低下，财务报表失真，个人征信制度不完善，银行为规避风险，大多会拒绝个体经济的贷款要求。贷款对中小企业的限制较大，这些企业只能靠自有资金发展，获得的银行融资比例很小，无法满足这些企业扩大规模的要求。

三是，税费负担过重。改革开放以来的实践证明，民营企业始终是我国经济发展中充满活力的力量，但是不容忽视的一点是中小企业的生存环境不断恶化。如税费过高，部分小型企业税费高过利润，个别税种不尽合理，增值税、营业税并存，形成了重复征收，缴费项目多，征收随意性大等问题。此外，中小企业享受不到国有企业那些优惠税收待遇。如部分国有企业连房产税、土地使用税都可以免收，而中小民营企业反而有增无减，存在着极不合理市场竞争环境。

尽管国家对中小企业税收问题十分重视并出台了相关政策，但是总体看效果并不显著。据中国企业家调查系统发布的《企业经营者对宏观形势及企业经营状况的判断、问题和建议——2011·中国企业经营者问卷跟踪调查报告》显示，80.6%的企业经营者对企业税收负担情况的评价是“很重”或“较重”。报告中“关于企业一年来向各级政府交纳国家规定以外的收费、集资、摊派占企业销售收入比重”的调查结果显示，选择“5%以上”的企业经营占3.7%，选择“1%～5%”的占17.2%，两者合计比重比2010年提高了4.6个百分点，比2009年提高了9.4个百分点。

随着经济体制改革的进展，社会主义市场经济要求市场公平竞争，降低某些行业的准入门槛，放手发展民营经济，同时降低中小企业的税费负担，解决中小企业融资难的问题，让民营经济在国民经济发展中发挥更大的功能，在解决就业和自主创新方面作出更大的贡献。

（三）外资对国内经济转型升级支持较弱

作为我国非公有制经济的一种重要组成形式，外资经济有利于引进国外先进的技术和管理经验，增加产品出口，增大国际融资规模和发展国际合作。但是也要看到的一点是，我们引进的外资企业大多是科技含量较低、附加值较低、资源消耗较大的劳动密集型企业。改革开放三十多年来，我国承接全球化产业转移成为“世界工厂”，核心竞争力在于劳动力低成本、土地和环境资源低成本、人民币汇率低估。但是现在随着我国人口红利拐点出现，土地低成本面临18亿亩耕地红线严峻挑战和人们环境保护意识的逐步增强，这种发展模式注定要进行改变，否则就不能适应发展的要求。

此外，外资并购所带来的产业安全问题令人担忧。据统计，在全国最重要的28个产业中，外企有控股权的产业有21个，而像计算机操作系统行业，95%由外资控制。还有一些地区重引进、轻规则，重资本利得、轻劳动利益，造成外资企业高利润、低工资，收入差距过大。在不少私企和外企，工人劳动时间长而工资低，侵犯工人合法利益的事件时有发生。今后在经济全球化的大背景下，应继续引进外资扩大国际合作，但要坚持互利共赢的原则，在不损害我国主权和环境的前提下，重点发展区域性组织合作，既欢迎外资对华投资，也要走出国门，求和平，谋发展，促合作。

二、国际上应对所有制结构问题的相关案例

对于陷入“中等收入陷阱”的国家来说，其原因是多方面的。既有自身发展过程中产生的与发展不协调的因素，又有来自外部环境的因素，这些因素共同导致了陷入“中等收入陷阱”国家的一切现实问题。当然，还有一些国家因及时调整了战略，积极应对发展过程中出现的问题，从而成功跨越了“中等收入陷阱”。我们既要借鉴成功的经验，又要吸取失败的教训。在一个国家发展的过程中，经济体制直接制约着经济的发展，好的经济体制会促进经济的发展。而如果两者不相匹配，发展就会很快停滞，甚至出现倒退。经济的每一步发展，都需要经济体制改革立即跟上，否则体制就会立即成为发展的阻碍。进入中等收入阶段之后，经济本身的复杂性迅速提高，如果不能迅速进行经济体制调整与改革，很快适应新的发展环境，不断提高宏观和微观管理的能力，经济的发展必然会受到约束。我们可以看到，在许多发展中国家，由于种种原因未能做到及时实现经济体制改革的快速有效转型，而使得经济体制与经济发展越来越不匹配，因此只能在“中等”收入阶段止步不前。在这些国家中，我们试图从经济体制方面寻找一些可以借鉴的经验，来不断完善我国的所有制结构，构建包容性所有制结构，以应对可能出现的“中等收入陷阱”。

（一）拉美国家的失败教训

作为世界上收入水平差距最大的地区，拉丁美洲的情况可以用这样的数据来表示，最富有的20%人口的平均收入是最贫穷的20%人口平均收入的20倍。若使用基尼系数来衡量，拉丁美洲各国的基尼系数都在0.45以上，其中阿根廷0.53，智利0.54，巴西和玻利维亚更是高达0.61。而根据联合国有关组织的划分，基尼系数在0.4~0.5的属于收入差距较大，0.5以上则属于收入差距悬殊。中国的基尼系数虽然低于拉美地区的中等收入国家，但却高于许多亚洲发展中国家，而且呈逐渐攀高的趋势，因此有必要借鉴拉美国家的失败教训，避免重蹈覆辙。

大多数拉美国家在20世纪60年代末至70年代初跨入中等收入国家行列，但在时隔四十年后的今天仍在原地徘徊，成为有增长而无发展的典型例子，而且自身还出现严重的经济和社会问题，“拉美陷阱”由此而来。所谓“拉美陷阱”主要是指分配不公，进而导致社会两极分化等一系列社会经济问题。收入差距过大，不仅造成国内居民消费不足，而且引发社会矛盾激化，制约了经济、社会可持续发展。我们试图从体制上找出原因，即是什么导致拉美国家经济、社会发展失衡的体制原因主要是体制变革严重滞后，相关配套制度不完善。

在20世纪80年代，由于国际经济发展的变化已经有了很大不同，但拉美国家未能作出有效快速调整，使得经济体制成为了制约经济发展的重要因素。虽然公开宣称实行市场经济，但是他们拒绝进行根本性的制度改革，对市场经济的发展浅尝辄止，或以种种理由对市场经济发展加以限制。市场经济的发展依赖于它特有的制度基础，即产权规则。如果不能有效地界定和保护产权，或对不同的产权实行差别对待，进行不同的保护，产权规则实际上就已经遭到了破坏，进而导致市场经济无法健康可持续发展，必然会在经过一段时间初步发展后停顿下来，徘徊不前，甚至出现倒退。这就是吴敬琏所说的“坏的市场经济”①。这也是拉美国家陷入“中等收入陷阱”的根本原因。

在较低的发展水平下，即使社会体制变革滞后，一个国家也可以维持一定的经济增长速度。但在经济发展到一定阶段后，经济活动和社会活动中矛盾冲突越来越大，要保持经济增长就要求建立起一个健全的制度基础，以保持经济生产的活力并且赋予经济、社会抵御各种冲击的能力。当一国经济发展到了一定的阶段，如果没有制度质量的提升，就难以进一步增长难以进入高收入国家的行列。

在拉美国家，体制变革严重滞后于经济发展。精英集团片面追求经济增长和财富积累，反对在社会结构、价值观念和权力分配等领域进行变革。经济财富过度集中，利益集团势力强大，造成寻租、投机和腐败现象蔓延，市场配置资源的功能受到严重扭曲。腐败问题已经从权力周边扩展到一切涉及垄断和具有“寻租”空间的领域。权力与资本的结合使得既得利益集团为了维护自己的利益而侵害社会整体利益，并阻挠改革，成为改革进程中的顽疾。特权因素会直接导致两方面的社会经济后果：一是社会和经济机会的不平等，二是收入分配不公和社会贫富悬殊。这导致拉美国家的工业化、现代化进程始终伴随着社会财富占有的不断集中，进而导致政治权力的集中和中产阶级的流失。“中等收入陷阱”正是由于不进行彻底和根本的改革，在特权基础上形成的病态市场经济的结果。而作为制度改革的重要制定者，国家干预要么发挥到极致，降低了市场运行效率，催生了腐败行为；要么在经济改革中被极度削弱，没有能力通过公共政策来弥补市场失灵。拉美国家的教训表明，在制定经济政策时必须考虑社会公正和公平，促使社会各部门、阶层积极参与，特别是要重视贫困者和弱势群体的声音。

（二）韩国、日本的成功经验

韩国、日本进入中上等收入国家后，经济发展平稳，没有出现停滞或者倒退，较为顺利地跨过“中等收入陷阱”，成功地进入高收入国家行列。其中韩国

① 2003年10月30日，吴敬琏在为纪念中国改革开放二十五周年举行的中国改革论坛演讲中提出，市场经济有好坏之分，“要建一个好的市场经济”。

1988 年人均 GDP 超过 4230 美元，1996 年达到 12070 美元，仅用 8 年时间即成功突破“中等收入陷阱”。日本 1973 年人均 GDP 达到 3580 美元，1985 年达到 11360 美元，跨越“中等收入陷阱”历时 12 年。相关数据如表 2.1 所示。

表 2.1　　韩国、日本跨越上中等收入阶段情况

国家	中低收入国家		中高收入国家		跨越中等收入阶段的时间（年）
	实现年份（年）	人均 GDP（美元）	实现年份（年）	人均 GDP（美元）	
韩国	1988	4230	1996	12070	8
日本	1973	3540	1985	11360	12

注：按世界银行的统计指标，中低收入国家人均 GDP 为 1006 ~ 3975 美元，中高收入国家人均 GDP 为 3976 ~ 12275 美元，高收入国家人均 GDP 在 12276 美元以上。

资料来源：世界银行数据库，http：//data. worldbank. org. cn/。

在韩国经济、社会转型的关键时期，韩国采取“出口导向”和“政府主导”的发展模式，政府在推动经济发展方面发挥主导作用，使韩国在国际贸易中逐渐形成了比较优势，推动了国内产业结构升级，促进了经济全面发展，创造了“汉江奇迹”。随着 WTO 的建立，韩国并没有迅速调整自己的经济发展模式，许多问题在政府主导模式中逐渐积累加剧。

然而不得不指出的是在有的方面韩国的一些改革措施对韩国经济发展产生了制约。由于韩国政府推行“大企业偏好政策”，中小企业发展受到了严重制约。韩国政府积极扶持大企业的行为却造成了大企业“大而不倒”，盲目扩张。而中小企业却由于得不到政策支持和资金融通而发展缓慢。自 20 世纪 50 年代后期，韩国形成了三星、乐喜、东洋、金星等较大的垄断集团，在之后的三十多年时间里，财阀逐渐形成了与政府、银行之间的三角关系，大多数企业举债经营并滋生了腐败问题，尤其是大企业债台高筑、中小企业发展滞后、腐败滋生、竞争力下降等问题。为此，韩国政府从 20 世纪 60 年代开始，及时开展了大规模市场改革，重新确立了公平竞争的市场规则，尤其是政府削减了韩国财阀的权力，改变了大公司的垄断地位，保证了社会公正和公平。而且对中小企业开展一系列“振兴中小企业对策”，做大、做强中小企业，提高其自主能力，建立大企业与中小企业公平协作互惠关系，使韩国大型企业与中小企业之间形成共生机制，实现“共生协作”可持续发展。

此外，韩国政府从转变政府职能角度出发，制定一系列改革举措，消除经济发展的体制制约。1985 年，韩国通过了《产业发展法》，从法律层面强调市场的作用，减少政府对产业政策的干扰。1987 ~ 1992 年韩国先后实施第六、第七个五年计划，其中主要内容就是积极转变政府职能，政府由经济发展的参与者转变成政策制定者和协调者，减少政府对经济的直接干预，把重点放到规范市场竞争和依靠市场机制上来。1993 年金泳三政府上台后推行“新经济五年计划”，放弃政府主导模式，促使国民参与。这一系列改变政府职能、强化市场职能的措施顺利地帮助韩国跨越了“中等收入陷阱”的体制制约。

日本是国际上公认的跨越“中等收入陷阱”最成功的典范，日本政府很早就意识到中小企业的发展对社会经济的稳定性所起的作用。日本工业化伊始就重视扶持中小企业的发展，使中小企业成为其经济发展的重要力量。中小企业对日本经济的巨大影响是和政府对中小企业的政策分不开的。

值得注意的一点是在日本和韩国经济发展过程中，均出现了势力强大的财阀集团。随着这些财阀垄断的范围的增大，逐渐成为经济自由发展的障碍，而中小企业的发展也举步维艰。对此，日本政府均采取了强大打压措施。第二次世界大战之后，日本政府冻结了三井、三菱、住友、安田等 15 家大财阀的财产。之后又确定 56 个家族为财阀家族，625 个公司为“限制公司”。为防止财阀复活公布了《关于禁止垄断和保证公平交易的法律》和《经济力量过度集中排除法》，并按此法律分割了 325 家被确定为经济力量过度集中的企业。①

此外，日本政府还逐步完善中小企业法律法规体系，为中小企业的发展提供法律保障。日本 1963 年颁布的《中小企业基本法》在中小企业的政策体系中处于核心地位，是制定各项中小企业政策法规的基本依据。此外，还颁布了《中小企业指导法》、《中小企业现代化促进法》、《中小企业振兴事业团法》、《防止中小企业倒闭破产法》以及其他一些行业性的法律法规，如《中小企业金融公库法》、《国民金融公库法》、《商工组合中央金库法》、《中小企业现代化资金助成法》。到 20 世纪 90 年代初为止，日本先后制订了 50 多部有关中小企业的专门法律，形成了极具日本特色的较为完备的中小企业法律保障体系。

在资金问题上，日本通过国家出资建立“中小企业金融公库”和“国民金融公库”，向中小企业发放利率比民间银行低 2% ~3% 的长期贷款。“中小企业金融公库”主要为中小企业提供设备资金贷款，“国民金融公库”向需要少量资金的中小企业贷款。另外由政府和各种“组合”共同出资的商工组合中央金库，主要向各中小企业的团体贷款。这些举措有效地解决了资金难的问题，满足了中小企业对资金的需求。

这些经济立法和政策措施有效地改善了中小企业在市场经济中的不利地位，促进了中小企业的健康发展，进而使中小企业成为日本经济发展的重要力量，使日本在短时间内成为世界经济强国变为可能。

---

① 共同富裕可借鉴日韩经验［EB/OL］. 2011 - 12 - 02［2013 - 06 - 14］, http://www.chinadaily.com.cn/hqgj/jryw/2011 - 12 - 03/content_4567162.html。

第四节　健全包容性所有制结构　夯实效率与公平的制度基础

现有的所有制结构是在改革与发展中不断形成的，进入中等收入阶段后，随着各种所有制成分的利益诉求不断提高，如何在继续保持公有制的主体地位的前提下不断提高国民经济整体效率，如何在保持经济活力的前提下充分保障公平竞争的市场秩序以及在不断扩大开放条件下实现我国经济安全问题，成为完成所有制结构必须面临的问题。

一、深化国有企业改革，增强国有经济总体实力

充分发挥国有经济的主导作用，应对世界金融和经济危机。国有经济的主导作用使我们有条件在应对危机中实施大规模的政府投资、大力度的结构调整和大范围的社会保障。以公有制为主体、多种所有制经济共同发展的社会主义初级阶段基本经济制度为我们战胜危机提供了可靠的制度保障。

（一）遵循现代企业制度改革

国有企业改革进行的不彻底，必须严格遵循现代企业制度进行改革。在国有大中型企业产权结构方面改变过去“一股独大”的局面。“一股独大”会造成决策层在制定决策上受到压力，无法制定出科学合理的决策，但多股制衡就可以听取各种不同的意见，综合各方意见进行合理分析最终作出科学决策。在产权结构封闭的国有大中型企业，不仅民营资本和外商资本难以进入，而且本企业内经营管理层和员工股本进入也不顺畅。应充分发挥员工个人、职代会和工会在各级管理中的参与、决策和监督作用。在实践中还要注意既要实现股权分散，形成多股制衡，又要防止股权过于分散。因为股权过于分散的话必然会使决策效率低下，执行力不够。因此，对于国有企业来说，在实践中要把握好这个度，严格按照现代企业制度的要求进行改革。中国加入 WTO 十几年了，面对不断涌入的跨国公司，如何提高国有企业的竞争力是摆在我们面前的一个难题。

（二）打破国有企业垄断局面

国有企业控制国民经济命脉，但控制不是垄断，除了国家特殊的几个行业，国有企业行业垄断的局面必须打破，要逐步形成市场准入的格局，使多种经济成分平等地参与竞争，促进市场效率的提高。行业垄断的现象会给社会经济带来一

系列的问题，一方面造成社会不公平，我们社会主义社会的本质就是社会公平，这是社会主义实现的保证。另一方面垄断产生的利润会掩盖国有企业生产经营中可能存在的一些问题。

对于国有企业的垄断问题，不是要民营企业接管国有企业，而是要破除垄断，通过资本多元化，实现公平竞争。而且现在一些国有企业当中存在高投入、高消耗、高污染、低效益的情况，引入民间资本有助于解决这样的问题。应该改变一切拿在手里的家长式管理理念，树立科学的管理理念。

（三）加强对国有企业的监督管理

要加强对国有企业的监督管理，针对垄断行业的国有企业，国有企业的员工的工资可以参照社会平均工资和福利水平制定，随经营绩效升降。对竞争性行业的国有企业员工工资可以参照同行业私营企业员工平均工资和福利水平，也可随经营绩效升降。

在国有企业改革过程中要充分发挥行业协会的作用，因为自从政府不再直接接管企业后，国有企业的经营活动要受到一定的监管，要有制定规则的人，这里行业协会可以发挥很大的作用，国家相关部门要充分发挥行业协会的作用，这不仅对国有企业有利，而且有利于民营企业，有利于大家平等地参与竞争，促进发展。对于一些关系到大多数人民利益的行业还是要保障一定程度的公益性质。

对垄断国有企业的改革有利于改革的进一步深化，保证市场公平，调整经济结构，转变经济发展方式，提高国际竞争力，有利于发展民营经济，扩大就业。总之，改革国有垄断企业是从根本上改革我国的经济体制、促进经济发展、缓解社会矛盾的需要。

二、创造宽松良好环境，鼓励民营经济发展

发展民营经济、私营经济，关键的一点就是要创造一个宽松的、良好的环境，包括软环境和硬环境。国家要完善和调整社会基础，使非公有制经济的发展有良好的外部环境。当社会基础不好的时候，民营企业的自身努力是无法提高整体素质的。而整体素质无法提高又进一步制约了民营企业的发展，降低了民营企业的竞争力，也就会限制民营企业在发挥其促进经济增长、扩大就业和活跃市场等方面的重要作用。为此，需要我们在思想上要破除障碍，放宽政策，采取支持态度。消除非公有制经济发展的体制性障碍。

（一）放宽非公有制经济的市场准入

在市场准入方面，要切实维护民营企业的合法权益，落实国家相关法规，在

允许民间投资的行业和部门要鼓励、支持和引导民营企业的发展。避免出现对民营企业的隐形门槛，打破垄断、放宽非公有制经济的市场准入，在垄断行业、基础设施、社会事业等非公有制经济发展不够的领域，鼓励、支持和引导非公有制经济的发展，形成有效竞争格局。为此，在制定政策上要放宽国内民间资本的市场准入领域，在投融资、税收、土地使用和对外贸易等方面采取措施，使各种经济成分平等地享有生产资料，实现公平竞争。要依法加强监督和管理，即在规范行业协会、加强政府监管方面作出改善。

（二）完善非公有制经济的融资渠道

对投融资渠道不通畅的现状要作出调整和改善，对不同规模的民营企业可以实施针对性的投融资标准。个体经济由于规模较小、信用较弱、抗风险能力较差，一般难以在目前的国有金融体系中获得贷款，政府可以通过建立个体经济信用担保体系、发展中小金融机构和非国有金融机构等金融深化措施为个体经济开辟融资渠道。

此外，对个体、私营等非公有制经济自己来说，要注重自身素质的提高，不断增强自身的竞争力，才能够健康可持续发展。在这里有两个因素会直接影响民营企业的自身素质的提高。第一，民营企业存在和发展的社会基础。当社会基础不好的时候，只是通过自身的努力很难实现整体素质的提高，这就需要大家努力去完善和调整社会基础。为此要健全现代市场体系，加强和完善宏观调控。在更大程度上发挥市场在资源配置中的基础性作用，健全统一、开放、竞争、有序的现代市场体系。第二，民营企业所处的宏观经济状况，要进行总量上的控制和结构调整。在总量上要注意控制资本金和债务资金比例，提升自己的竞争力，如果不控制好这个比例，一旦遇上宏观性的信贷收缩会导致企业出现严重的资金问题。对于调整结构，要进行产业结构升级，增强自身的竞争力。

（三）增强自主创新能力，建设创新型企业

提高自主创新能力，促进科技成果向现实生产力转化。企业要发展又必须要提升自己的竞争力，这样才不会被市场机制所淘汰。建设创新型企业是企业发展战略的核心，更是提高企业综合实力的关键。对非公有制经济来说只有依靠技术创新和制度创新，不断提升自己的科技创新能力，才能适应瞬息万变的市场变化。自主创新的主体是企业，但政府要给予一定的鼓励，如税收和政策优惠。同时要鼓励优秀的科研人员进入企业，进一步开展企业和科研机构高等学校的合作，共同促进企业的创新能力，增强我国企业的综合实力和国际竞争力。

三、完善外商投资环境，谨防外资并购风险

作为我国非公有制经济的一种重要组成形式，外资经济发挥着其特有的作用，有利于引进国外资金、技术、机器设备和先进的管理经验，为促进我国经济更好更快发展提供条件。但要注意的一点是，我国引进的外资企业大多是属于低科技含量、低附加值、高污染、高能耗的劳动密集型企业。因此，政府在利用外资上要发挥主导作用，从一开始就要尽量避免高污染、高能耗、低技术、低附加值的外资企业进入。这是由于经济全球化背景下产业结构在世界范围内重新配置的结果。外资并购带来的产业安全问题令人担忧，在认清外资并购现状的基础上，采取有效措施维护我国的产业安全。以维护经济安全与主权为外资监管标准，借鉴发达国家经验，以外资准入及其经营活动进行监管，协调好投资自由化与外资监管政策，使外资更好地为我国改革开放和经济建设服务。

完善投资环境，应该从法律层面、制度层面、政策层面、管理层面、服务层面为继续积极有效利用外资创造良好的条件，通过量的增长和质的提高，使外资在提升中国开放型经济水平、激励自主创新、推动产业升级、促进区域协调发展及构建和谐社会等方面发挥积极作用。但是，伴随着我国人口红利拐点的出现，面对来自其他发展中国家更为廉价的劳动力的低端挤出，以往的外资利用模式难以为继，这一点也要引起我们的足够重视。

四、推动政府职能转变，加强政府监管水平

转变政府职能，建立服务型政府，是我国经济发展新阶段的客观要求。经过改革开放三十多年来的发展，我国经济得到了很好的发展，已经由过去的生存型阶段转向了发展型阶段，社会需求结构也发生了相应的转变。居民的消费需求从生活必需品转向了耐用消费品，从私人产品升级为公共产品，并更多地追求个人的自身发展。于是，为适应我国发展阶段性变化，政府应转变职能，更多地服务于社会的需要。这样也能使国有经济从一般竞争性领域退出，让位于民营经济。而与之相连国有经济的发展也会从以往更多依赖投资、出口转到依靠国内消费需求上来。

拉美国家的教训表明，政府应发挥积极有效的资源配置功能，完善经济和社会权力部门的协调机制，通过公共政策引导和促进经济、社会的协调发展。首先，政府应正确把握当前发展阶段所需要的理念与价值观，如科学发展观与和谐社会的理念以及对环保的重视、对公平的追求等，这些理念为整个经济、社会发展提供了基础性支持，并为政府决策提供了原则性指引。其次，要打击各种扰乱

市场秩序的非法行为，破除地方保护主义，加快社会信用体系建设，完善市场法规和监管体制。其目的不仅在于使政府机构变得更有效率，还在于政府机构能更好地为市场服务，这是我国经济可持续增长的基础。再其次，还需要加大与社会互动的反应速度，这包括政府对一些突发的重大经济问题能及时拿出方案，与社会民众形成良性互动。最后，政府需要建立新的体制和机制，提升应对外界挑战的能力，保证公共产品的有效性和利益最大化。

政府在经济体制方面应该由管制走向监管，政府的改革重在朝市场经济方向进行，削减政府对经济的直接干预，解决政府职能越位，把能由市场解决的问题交给市场去解决。政府要放松行政性管理，减少行政审批，打破行政性垄断，在市场机制难以发挥有效作用的领域，增加和强化政府新的职能，加强政府对市场的监督、维护市场秩序、提供信息服务。

五、完善经济体制改革，健全公平竞争的市场环境

完善基本经济制度，健全现代市场体系。这要求我们始终坚持和完善公有制为主体、多种所有制经济共同发展的基本经济制度，毫不动摇地巩固和发展公有制经济，毫不动摇地鼓励、支持、引导非公有制经济发展，坚持平等保护物权，形成各种所有制经济平等竞争、相互促进的新格局。推进公平准入，改善融资条件，破除体制障碍，促进个体、私营经济和中小企业发展。以现代产权制度为基础，发展混合所有制经济。加快形成统一开放竞争有序的现代市场体系，保证各类市场主体能够依法平等使用生产要素、公平参与市场竞争、同等受到法律保护。清理有碍公平竞争的政策法规，为各类企业营造公平竞争的市场和制度环境，最大程度激发企业投资创业的积极性。

六、完善政策法律体系，创造公平正义的社会环境

中国经济发展最根本的是体制问题。一个经济体的运作是基础，法律是保障，只有做到有法可依、有法必依。杜绝腐败，才能实现经济的发展。市场经济本质上是法制经济，没有法制的保障就无法实现真正的市场经济，也就无法实现各种经济成分在市场上平等竞争，最终会成为影响我国经济发展的制约因素。市场经济的法制精神的基本原则是：凡是现行法律法规没有禁止做的事，都是可以做的，不违法的；而当人们发明出各种新的做法和交易方式后，社会若认为这些创新行为有损他人或整个社会的利益，可以通过立法程序规定这些行为为非法。可以看到，这种法治理念是鼓励创新的，这对于我们现在的非公有制经济的发展是很有好处的。因此，我们应该遵循市场经济的法治精神，在政府管理经济的法

治原则方面要做到：一方面是法律没有"禁止"的领域，明确各种经济主体享有自由活动的合法权利；另一方面，对于政府规定"禁止做什么"，不能只由政府一个部门说了算，而应建立一整套民主与法律程序，严格按程序走。总之，在市场经济法制条件下，既要约束经济主体和个人的行为，也要约束政府对经济行为的任意干预。这样，才能保证我国的经济在法制的约束下健康持久地发展。

第三章　构建包容性的收入分配制度

中国经济三十余年的持续快速增长创造了世界经济史上的一个奇迹，国家经济实力大幅提升，人民生活水平显著改善，国际竞争力不断增强。然而，在经济蒸蒸日上、国家日益富强的背后，与经济增长相伴随的各种矛盾也随之凸显，其中，收入差距拉大和分配体制不完善成为当前亟待解决的问题。

当前我国已进入上中等收入国家行列，收入分配问题将是未来一段时间内需要解决的主要问题之一。胡锦涛同志在中共十八大报告中指出："实现发展成果由人民共享，必须深化收入分配制度改革，努力实现居民收入增长和经济发展同步、劳动报酬增长和劳动生产率提高同步，提高居民收入在国民收入分配中的比重，提高劳动报酬在初次分配中的比重。初次分配和再分配都要兼顾效率和公平，再分配更加注重公平。完善劳动、资本、技术、管理等要素按贡献参与分配的初次分配机制，加快健全以税收、社会保障、转移支付为主要手段的再分配调节机制。深化企业和机关事业单位工资制度改革，推行企业工资集体协商制度，保护劳动所得。多渠道增加居民财产性收入。规范收入分配秩序，保护合法收入，增加低收入者收入，调节过高收入，取缔非法收入。"①

本章将在综述以往收入分配理论的基础上，考察收入分配与"中等收入陷阱"之间的内在机理关系，重点分析收入分配不平等是如何导致"中等收入陷阱"出现的。之后，本章将结合我国目前收入分配的现状，分析我国收入差距拉大和分配制度不完善的形成机制和具体原因，在此基础上探讨通过建立包容性的收入分配制度，以使我国规避"中等收入陷阱"风险。

---

①　胡锦涛：《坚定不移沿着中国特色社会主义道路前进　为全面建成小康社会而奋斗——在中国共产党第十八次全国代表大会上的报告》，详见新华网 http：//www. xj. xinhuanet. com/2012 - 11/19/c_113722546. htm。

第一节 收入分配理论的回顾与思考

长期以来，学术界关于收入分配的争论一直不断。这是因为，对收入分配问题的研究往往带有强烈的价值观色彩，很难成为令人信服的科学研究。1875年马克思在《哥达纲领批判》中批判拉萨尔等人时曾说：“什么是公平的分配呢？难道资产者不是断定今天的分配是‘公平’的吗？”[①] 因此，从某种程度上可以说，经济学的收入分配理论是价值理论的逻辑延伸，一定的收入分配理论必然伴随着相应的价值判断标准。就价值立场的对立而言，经典收入分配理论长期以来形成了两大流派：一是马克思建立在劳动价值论基础上的收入分配理论，二是西方经济学建立在效用价值论和要素分配理论上的收入分配理论。

一、马克思的收入分配理论

以亚当·斯密、威廉·配第、大卫·李嘉图等为代表的古典政治经济学是马克思政治经济学的重要来源，马克思的经济学是建立在对古典政治经济理论的扬弃和批判性重建基础之上的。在马克思的收入分配理论中，古典政治经济学的传统仍然清晰可见。马克思批判性地继承了古典政治经济学的劳动价值论和“剩余”思想，通过引入“劳动二重性”和“劳动力商品”概念，将古典“剩余”思想发展成为了科学的“剩余价值理论”。剩余价值理论是马克思收入分配理论的基石，其着重阐明的是剩余价值和财富的分配。总的来说，马克思关于收入分配的理论可以归结为以下几个方面：

（一）剩余价值分配理论

马克思劳动价值论认为商品的价值是由劳动创造的，收入分配是对劳动所创造的价值进行分配。在此基础上，马克思提出了“劳动二重性”学说，认为“一切劳动，一方面是人类劳动力在生理学意义上的耗费；就相同的或抽象的人类劳动这个属性来说，它形成商品价值。一切劳动，另一方面是人类劳动力在特殊的有一定目的的形式上的耗费；就具体的有用的劳动这个属性来说，它生产使用价值。”[②] 作为一种特殊商品的劳动力能够创造出比其本身价值更大的新价值，这个新价值可分解为劳动力价值和剩余价值。劳动力价值取

---

① 马克思恩格斯全集（第19卷）[M]. 北京：人民出版社，1963：18－19.

② 马克思．资本论（第1卷）[M]. 北京：人民出版社，2004：60.

决于再生产这一劳动力所需花费的社会必要劳动，也就是生产工人必要生活资料所需的劳动。在资本主义社会里，工人得到的价值表现为工资；剩余价值则被资本家无偿占有，被进一步分解为利润、利息和地租，以利润和地租的形式赋予资本和地产的所有者。因此，工资、利润、地租等是收入的表现形式。资本主义的分配就是产业资本家和土地所有者共同瓜分雇佣工人创造的剩余价值。

（二）生产与分配的关系理论

在生产与分配的关系上，马克思认为，生产决定分配，分配反作用于生产。

1. 生产决定分配。马克思指出："分配的结构完全取决于生产的结构。分配本身是生产的产物，不仅就对象说是如此，而且就形式说也是如此。就对象说，能分配的只是生产的成果；就形式说，参与生产的一定方式决定分配的特殊形式，决定参与分配的形式。"① 因此，他认为，不仅生产出的产品构成了分配的对象，而且劳动者与生产资料在生产过程中的结合方式决定了收入分配的特定形式。

2. 分配反作用于生产。马克思曾指出："在分配是产品的分配之前，它是（1）生产工具的分配；（2）社会成员在各类生产之间的分配。这种分配包含在生产过程本身中并且决定生产的结构，产品的分配显然是这种分配的结果。"② 所以，在马克思的理论中，首先是生产条件占有的分配决定了生产和再生产过程，其次才是生产条件的分配最终决定了产品的分配。

（三）未来社会分配方式理论

马克思首先指出了未来社会（社会主义社会和共产主义社会）分配制度的具体形式，前者是各尽所能，按劳分配，后者则为共同创造，按需分配。

在社会主义阶段，由于生产力的发展水平尚不充分，劳动依然是谋生的手段，所以只能实行按劳分配。按劳分配的首要前提是实行生产资料的社会主义公有制，对生产出来的产品进行必要的扣除之后根据劳动多少进行分配。到了共产主义阶段，"迫使个人奴隶般地服从分工的情形已经消失，从而脑力劳动和体力劳动的对立也随之消失"，"劳动已经不仅仅是谋生的手段，而且本身成了生活的第一需要"，"随着个人的全面发展，他们的生产力也增长起来，

---

① 马克思恩格斯选集（第2卷）[M]. 北京：人民出版社，1995：13.

② 同上，14.

而集体财富的一切源泉都充分涌流”①，在这种情况下的分配方式将是按需分配。

二、西方经济学的收入分配理论

早期的西方收入分配理论都是从微观角度对收入分配进行分析的，主要的代表就是古典学派和新古典学派，他们都是对生产要素是否应该取得收入及生产要素应取得收入的数量进行分析的。凯恩斯革命出现后，西方收入分配理论开始主要从宏观经济角度对收入分配的决定以及收入分配对经济运行的影响进行分析，从而使收入分配理论更加实际化、广泛化。实际上，根据西方经济学的效用价值论和要素分配论，西方的收入分配理论主要包括以下几个方面：

（一）要素收入分配理论

1. 古典学派的收入分配理论。古典学派的代表人物主要是亚当·斯密和大卫·李嘉图，其收入分配理论主要源自价值分析。斯密根据人们占有生产资料和取得收入的形式，将社会划分为三个阶级：工人阶级、资本家阶级和地主阶级，并认为这三大阶级的收入是社会的基本收入，其他收入都是由这三种收入派生出来的。在三个阶级划分的基础上，斯密将这三种基本收入分别界定为工资、利润和地租。李嘉图（1817）在斯密的基础上认为社会产品是在工人、资本家和地主之间进行分配的，工资、利润和地租分别是工人、资本家和地主的基本收入。他说：“土地产品——即将劳动、机器和资本联合运用在地面上所取得的一切产品，要在土地所有者、耕种所需的资本的所有者，以及进行耕种工作的劳动者这三个阶级之间进行分配。……确立这种分配的法则乃是政治经济学的核心问题。”② 因此，古典学派的收入分配理论实际上是剩余价值的产生及其分割问题，这与马克思的收入分配理论是有共通之处的。

2. 边际生产力分配理论。19 世纪末至 20 世纪初，美国经济学家克拉克以边际生产力理论③为基础，认为在自由竞争条件下，生产要素的价格就是要素所有者依据其所拥有的要素在生产中的贡献大小所要求的收入。社会总收入依

---

① 马克思恩格斯选集（第 3 卷）［M］. 北京：人民出版社，1995：303.

② 大卫·李嘉图. 政治经济学及赋税原理［M］. 北京：商务印书馆，1976：2.

③ 19 世纪 70 年代边际效用学派的出现被认为是经济学中爆发了一场全面革命的标志，这场革命被称为边际革命。边际革命使经济学从古典经济学强调的生产、供给和成本，转向现代经济学关注的消费、需求和效用。边际革命从 19 世纪 70 年代初开始持续到 20 世纪初，主要代表人物有英国经济学家杰文斯、法国经济学家瓦尔拉和奥地利经济学家门格尔。他们在 19 世纪 70 年代初先后出版了各自的代表作，并不约而同地讨论了同一个问题，即价值由什么决定。

然分为工资、利息和地租三部分。克拉克认为，工资等于劳动力的边际生产力，利息等于资本的边际生产力，而地租等于土地的边际生产力。因此，克拉克的收入分配理论实际上是从边际效用的角度关于劳动、资本和土地这三大要素的价格决定问题的理论。

3. 均衡价格分配理论。均衡价格分配理论的创始人是英国经济学家马歇尔。在萨伊“生产三要素说”① 的基础上，马歇尔提出生产要素除了劳动、资本、土地之外，还应加上“企业家能力”这第四个要素。他认为，分配的份额大小实际上是各生产要素的价格问题；并且“国民收益愈大，它们各自的份额也愈大。”②“市场经济中的收入分配决定于各生产要素在联合生产的技术条件下而产生的实际贡献，各要素在分配过程中取得的收入总和恒等于各自要素在生产中对总产出的实际贡献的总和。”③

（二）国民收入分配理论

1. 福利经济学的收入分配理论。福利经济学认为经济增长和国民收入增加的最终目标是促进经济和社会福利，促使这一目标实现的途径之一就是收入分配均等化。根据福利经济学的理论，由于货币的边际效用也是递减的，一个人的收入越多，货币的边际效用就越小；收入越少，货币的边际效用就越大。因此，将富人的货币收入向穷人转移，可以增加货币的边际效用，从而使收入分配趋于合理，社会总福利增加。④ 为此，福利经济学在政策上主张实行福利化管理，如医疗补贴、公共卫生服务等，并认为这些政策是促进收入分配均等化和经济社会稳定的必要条件。

2. 库兹涅茨的“倒U假说”。1955年，美国经济学家西蒙·库兹涅茨通过对18个国家经济增长与收入差距实证资料的分析，得出“收入分配的长期变动轨迹呈现出先恶化后改善”的结论，据此提出了著名的“倒U假说”。⑤这一理论指出，在经济发展的早期，国民收入总体水平在由低向高上升过程中，国民的收入差距会扩大；随着经济发展，到经济增长的后期，国民收入差距逐渐缩小，达到比较公平的状态（见图3.1）。

---

① 萨伊的“生产三要素说”即认为商品价值是由劳动、资本和土地三要素“协同创造”的，是由三要素在创造效用中各自提供的“生产性服务”所决定的。

② 马歇尔．经济学原理（下卷）［M］．北京：商务印书馆，1965：208.

③ 张衔．马克思对“斯密教条”的批评及现实意义［J］．教学与研究，2004（2）.

④ 关于如何使社会福利增加的问题，福利经济学的代表人物之一英国经济学家卡尔多曾指出，社会福利的增加必须满足三个条件：（1）在充分补偿受损者后，受益者自身的福利状态是否得到改善；（2）受损者能否促使受益者反对某项经济变动；（3）再分配的方法是否有利于社会福利的增加。

⑤ Kuznets S. 1955, Economic Growth and Income Inequality, American Economic Review, 45（1）.

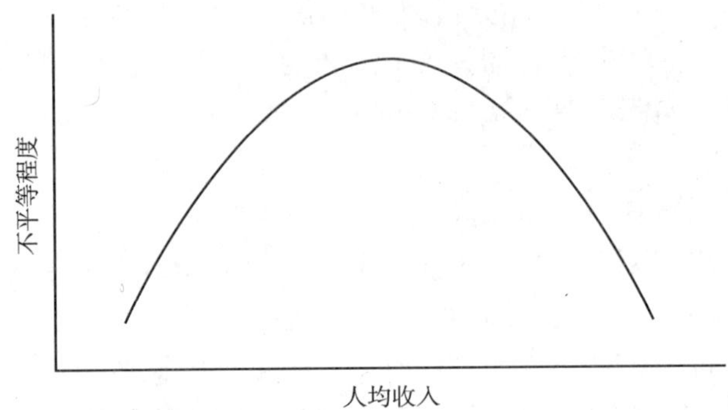

图 3.1 库兹涅茨“倒 U 曲线”

（三）宏观收入分配理论

1. 凯恩斯学派的收入分配理论。凯恩斯主义认为，经济增长取决于国民收入的分配，充分就业均衡只是经济中的特殊情况，通常有效需求不足才是经济的常态。凯恩斯认为，由于利润存在下降的刚性，收入分配不公成为产生有效需求不足的重要原因，要想实现充分就业均衡，必须解决分配不公问题。在这个问题上，凯恩斯认为完全依靠市场进行要素收入分配是不够的，主张国家进行干预，建立宏观调节收入分配差异的体制。正如凯恩斯所言，“我们生存其中的经济社会，其显著特点乃在于不能提供充分就业，以及财富与所得之分配有欠公平合理。”① 可见，凯恩斯对收入分配的研究是放在宏观经济运行之中的。

2. 新剑桥学派的收入分配理论。新剑桥学派的收入分配理论也承认分配中的阶级关系，但将国民收入分为利润和工资两部分，两者份额的大小在一定的收入水平下取决于利润率水平的高低：利润所占份额与利润率呈正相关，工资所占份额与利润率呈负相关。新剑桥学派的代表人物以哈罗德—多马模式为基础，把收入分配理论与经济增长理论结合起来，着重研究收入分配对经济增长的影响，通过建立基于收入分配的经济增长模型，认为经济增长的过程中本身存在有利于资本收入不利于工资收入的分配机制，经济增长加剧了收入分配的比例失调，收入分配的比例失调反过来又会影响经济增长。以卡尔多模型为例：设 Y 为国民收入，W 为工资，P 为利润，则：

$$Y = W + P$$

设两种收入的储蓄倾向分别为 S_W 和 S_P，社会总储蓄额为 S，则：

① 凯恩斯．就业、利息和货币通论［M］．北京：商务印书馆，1981：317.

$$S = S_W^{*} \times W + S_P \times P = S_W \times (Y - P) + S_P \times P = P(S_P - S_W) + Y \times S_W$$

在均衡增长的条件下，投资等于储蓄，即由 $I = S$ 得：

$$I = P(S_P - S_W) + Y \times S_W$$

对上式进行调整可得卡尔多经济增长模型：

$$\frac{P}{Y} = \frac{I}{Y} \times \frac{I}{S_P - S_W} - S_W \times \frac{I}{S_P - S_W}$$

由上式可以看出，$\frac{P}{Y}$是$\frac{I}{Y}$的函数，伴随着经济增长的收入分配趋势是：利润在国民收入中的比重越来越大，工资在国民收入中的比重越来越小，也就是说，经济增长加剧了收入分配的比例失调。

（四）收入分配标准理论

对收入分配标准的确定实质上是采取何种分配方式的问题。同收入分配本身一样，收入分配的标准确定同样掺杂着人们的价值判断和利益立场，不同的人有不同的判定标准。因此，对什么样的收入分配才是公平合理的判断也就会出现很大的差异。一般来说，西方关于收入分配标准的理论主要分为四大流派。

1. 古典自由主义的收入分配标准。古典自由主义强调分配秩序的公平，某种分配方式必须能够保证人们的各种基本权利不受侵犯。任何试图对社会经济发展所形成的分配结果进行评判的企图都是无法令人接受的。因此，从这个意义上而言，古典自由主义是从秩序而不是结果来论证收入分配标准的。在古典自由主义者看来，以产权为基础的市场秩序是支配分配的标准，任何个人或团体试图凭借理性而构建出比经由经济社会体系当中逐渐演化出来的更具效力的规则都是不可能的。

2. 功利主义的收入分配标准。功利主义认为，收入分配的标准只能是社会中个人福利总和的大小，一个好的收入分配方式应该能够提高个人福利的总和。美国经济学家约翰·海萨尼（1976）证明，如果每个人对自己在未来社会中的角色一无所知，为了在将来的社会中和睦相处，他们要预先签订一项契约，对未来社会的收入分配原则进行约定，最终的收入分配原则必定是功利主义的。

功利主义的分配标准强调效率，认为如果现实的经济活动人们都能够奉行功利主义原则，就可以提高经济效率，进而实现福利最大化。但由于功利主义是以人际间效用可比较为前提的，而效用可比较又是存在很大的不确定性的，因此，现实中是很难做到使各种行为活动真正符合社会整体利益的。

3. 平均主义的收入分配标准。平均主义的收入分配思想可以追溯到封建社会时期，中国传统思想中即有“不患寡，而患不均”的理念，历史上许多农民运动基本上都是在均贫富的旗号下发动的。

西方平均主义认为，只有将所有的社会产品在社会成员之间平均分配，才最有利于社会福利水平的提高。广义地讲，平均主义包括个人在权利、财产、机会、教育、收入等各方面的均等化。个人在权利方面的平等的意义是不言而喻的，因为它是任何民主社会的基石。除此之外，个人在其他方面的平等具有如下道德方面的理由：第一，平等在某些情况下是公平分配所必需的，如果超过个人劳动所得的收入或负担需要在社会中进行分配，那么唯一公平的分配方式就是均等的分配；第二，某种程度的平等是建立个人自信所必需的，对于处于社会最底层的人来说，自信是无法企及的非分之想；第三，不平等妨碍相互之间的尊重，“相互尊重无可置疑地是道德的一个基本信念”（Hausman，1998）①；第四，平等是表现人类感情所必需的，一个国家的人民、乃至全球的人类没有理由不表现出对他们的同类的某种认同和同情心，同时，一个被边缘化的贫困阶层的存在不仅关乎贫困者本身，而且也是社会无能的表现。

平均主义从现实来看是很难实现的，但是在特定情况下，这一分配标准还是有一定的积极意义的。著名经济学家托宾（1970）提出过“待定平均主义”的分配理论，该理论认为，一个社会不仅仅需要关心一般意义上的不平等和分配原则，还需要关心特定物品的分配问题。对于战时基本食品、医疗等特殊物品应该实行严格的平均分配；而对于非战时食品、教育、住房等的分配应该实行有限的平均分配，即“平均主义的目标是片面的，这里所需要的不是严格的平均分配，而是一种有保证的、普遍接受的最低量。”②

4. 罗尔斯主义的收入分配标准。罗尔斯主义的分配标准由美国政治哲学家罗尔斯提出，他试图将洛克、卢梭等倡导的契约传统推向一个更为抽象的层次，以论述分配权利、自由和物品的公正原则。其价值在于将经济的合理性与道德的公正性相结合，并且使用了一种思想实验方法，按照这种方法，每个人都可以思考自己的选择问题。

罗尔斯（1971）对收入分配标准的划分包含两大原则：第一原则是自由和权力有限原则，即对自由与权利的要求优先于对福利与效率的要求。自由作为人类社会的一种“基本善”，优先于人类社会所有其他价值，只有在最大平等自由得到保证之后，才能自由地争取满足差别原则和机会平等原则的要求。第二原则

---

① Hausman, Daniel, Problems with Supply-side Egalitarianism. In Samuel Bowles and Herbert Gintis, Recasting Egalitarianism, London and New York: Verso, 1998.

② Tobin J, On Limiting the Domain of Inequality, Journal of Law and Economics, 1970 (13).

是向不利者倾斜原则，即收入分配要更多地关注那些天赋最低和社会地位最低的人，要以不损害这些人的利益为原则。依据这一原则，政府和社会必须更多地关注那些弱势群体，只要有不平等的政府安排能够改善这种状况，那么这种政策安排就是正义的。

从上述两大原则不难看出，罗尔斯主义的分配标准实际上是古典自由主义和平均主义融合的产物。第一原则源自于古典自由主义的秩序公平原则，而从第二原则中可以看到平均主义的影子。

三、对以往收入分配理论的评价

马克思的收入分配理论明确坚持劳动价值论，认为只有劳动者的活劳动才能创造价值，资本、土地等非劳动要素尽管是价值创造过程中不可或缺的，但本质上并不创造价值。因此，资本主义分配关系体现剥削与被剥削。在消灭生产资料的资本主义私有制后，进入社会主义阶段，应该实行按劳分配，最终走向按需分配。从马克思科学的劳动价值论的理论基础出发，我们可以认为马克思关于收入分配的理论是科学的。但是，就我国目前的情况来看，我们依然处于社会主义初级阶段，生产力还没有发展到马克思所说的实行彻底的按劳分配的条件，并且处于转轨时期的我国，制度安排尚不满足这些条件，但这一科学理论依然对我国未来的收入分配改革具有重要的指导意义。

作为目前主流的收入分配理论，西方经济学的收入分配理论有其合理性。古典学派在收入分配理论上开创了阶级划分和要素划分的先河，为后来收入分配理论的进一步发展奠定了基础。但古典学派的理论却是混乱的，既包含劳动价值论，又混合了效用价值论，这很难使其成为一种纯粹的收入分配理论。

在国民收入分配理论上，库兹涅茨的“倒U假说”具有很大的影响，并且得到了大量实证研究的支持。但也有很多研究否定了这一假说，典型例子就是日本和“亚洲四小龙”的经济发展过程中，收入不平等不仅没有恶化，反而改善了。

相对于之前的西方收入分配理论，凯恩斯和新剑桥学派的收入分配理论可能更具有政策操作性。凯恩斯学派和新剑桥学派站在国家宏观调控的立场上对收入分配进行研究，认为收入分配对国民收入和国家经济增长具有紧密联系，主张国家对收入分配进行宏观干预，以实现收入分配的公平合理。从实际情况来看，我国的收入分配问题依然严峻，收入差距持续扩大，分配体制不够完善，凯恩斯和新剑桥学派的收入分配理论虽然是以资本主义社会经济发展为背景的，但对我国在今后市场经济条件下改革收入分配体制具有一定的指导意义。

关于收入分配的标准理论，古典自由主义更多的是站在哲学和社会学的立场上，强调自由权利的重要性；而功利主义则认为理性人的个体行为是经济效率提高的保证，进而使社会福利增加的前提；平均主义更多地考虑了收入分配的公正合理性，认为实现社会公平和经济发展的收入分配必须是均等化的收入分配方式，但这一理论很难取得实践的支持，只有在特定条件下才有其存在的意义；罗尔斯主义的分配标准可以说是古典自由主义和平均主义的整合，既要求保障自由权利的实现，又注重分配的公平合理性。目前我国的收入分配采取按劳分配为主体，多种分配方式并存，既强调效率又强调公平，实质上是坚持马克思的收入分配方式和西方收入分配方式并行的原则，起主导作用的价值标准实际上是功利主义和罗尔斯主义。

第二节 收入分配差距拉大对“中等收入陷阱”的经济社会效应

当一个经济体从低收入阶段进入中等收入阶段以后，可能出现经济增长动力不足，以致长期无法突破，进入高收入阶段，即陷入所谓的“中等收入陷阱”。导致一个国家或地区经济发展落入“中等收入陷阱”的原因多种多样，目前理论界主要的观点包括创新与产业升级说①、收入分配说②、发展战略说③、路径依

---

① 这一理论认为，中等收入国家由于自身创新能力有限，很难实现战略整合，这必然出现资本边际报酬递减导致的生产率增长放缓和经济停滞现象。参见北京大学中国国民经济核算与经济增长研究中心.2011 年中国经济增长报告——克服中等收入陷阱的关键在于转变发展方式［M］. 中国发展出版社，2011。

② 这一理论认为，收入分配不平等对经济增长主要有两方面的负面影响可能导致“中等收入陷阱”产生：首先，发展中国家存在大量的市场失灵和市场缺陷领域。当市场失灵出现时，财富和权力的分配不均便会导致机会分配的不均；收入分配的不平等对制度的形成有重要影响。“如果经济和政治的不平等程度高，在经济制度和社会安排上会系统性地偏向于既得利益者”，而收入分配不平等通常存在代际复制现象，从而带来“不平等陷阱”。参见世界银行 . 2006 年世界发展报告：公平与发展［M］. 清华大学出版社，2006。

③ 关于发展战略说比较有影响的是克鲁格曼和林毅夫的理论。克鲁格曼认为，拉美国家采取的进口替代战略扭曲了市场体系，导致资源配置错乱、收入分配不公、社会矛盾激化等一系列问题，形成了一个恶性循环。参见 Krueger，Anne O，1993，Virtuous and Vicious Circles in Economic Development，American Economic Review，83。林毅夫又进一步把这种战略和当时的社会思潮与时代趋势相结合，认为这是一种在时代无形推力作用下的战略，但在这些国家身上出现了扭曲。参见林毅夫 . 发展与转型：思潮、战略和自生能力［M］. 北京大学出版社，2008。

赖说[①]、精英垄断说[②]等。汤敏（2007）也认为，在由中等收入向高收入迈进的过程中，一个经济体通常可能遇到四个“陷阱”[③]：第一个“陷阱”是收入分配问题。中等收入国家长期徘徊不前，一个重要原因就是收入分配差距过大，造成社会分化。第二个“陷阱”是城市化问题。中等收入国家向高收入国家迈进过程中，必然要走提高城市化水平这条路径，但城市化本身存在的问题就是一个巨大的陷阱。第三个“陷阱”是资本市场开放问题。随着经济全球化和市场开放程度的加强，中等收入国家如果无法合理处理资本市场问题，在这一领域将最容易产生陷阱和危机。第四个“陷阱”是产业升级问题。中等收入国家期望通过优化经济结构和产业升级换代实现跨越，但通常面临着技术瓶颈而无法突破，从而导致经济长期徘徊。

虽然导致“中等收入陷阱”的原因很多，但其中许多因素的作用效果，在一定程度上都与收入分配的作用状况有很大的相关程度。以汤敏所涉及的四个“陷阱”来说，城市化过程中出现问题源于收入分配不平等导致的农村人口转移困难和农民市民化的迟缓；收入分配的不平等使占国民大多数人口的中低收入者收入难以提高，压抑其投资积极性，资本市场很难快速发展和完善，一旦被动开放，就会出现种种问题和危机；由于收入分配不平等导致第一产业比重居高不下，农业将长期成为产业升级的瓶颈，使得国民经济结构和产业结构升级转换进程迟缓。收入分配的不平等在中等收入国家最为突出地表现为收入分配差距拉大，因此，本节将从消费疲软、阶层固化、财政负担和治安恶化四个角度以理论分析和案例探讨的形式，主要通过拉美国家的发展教训，研究收入分配差距拉大是如何导致“中等收入陷阱”的。

一、收入分配差距拉大的消费疲软效应

“中等收入陷阱”的一大典型特征即经济增长停滞甚至衰退。消费是驱动中等收入国家经济增长的主要动力，如果一国消费疲软，势必导致经济停滞甚至衰退，从而增加落入“中等收入陷阱”的风险。

---

① 路径依赖说认为，典型“中等收入陷阱”国家出现这一状况的主要原因在于历史上殖民统治所形成的制度结构的遗留作用。参见 Nathan，Nunn，2009，The Importance of History for Economic Development，Annual Review of Economic，1。

② 精英垄断说认为，进入中等收入阶段后，这些陷入“中等收入陷阱”国家的精英阶层掌握了一国绝大部分的经济和政治资源，二者的相互联合通过寻租、游说等手段会严重干预政府决策，导致资源配置不合理和社会不公，削弱经济增长的动力，使经济长期停滞。参加 Habor，Stephen，2000，Crony Capitalism and Economic Growth in Latin America，Hoover Press。

③ 《ZT：汤敏，“中等收入陷阱”》，http：//blog. sina. com. cn。

收入分配不平等意味着有大部分本应分配给低收入阶层的财富被分配给了高收入阶层，导致收入分配差距拉大，社会呈现两极分化的趋势。收入分配差距的拉大对消费需求的影响主要有以下两种分析机制：一是，边际消费倾向说。陆万军（2012）认为收入分配差距拉大引起贫富分化，作为巨大财富拥有者的高收入阶层通常边际消费倾向较低，不愿意消费，从而导致国内消费需求下降。刘伟（2010）认为当收入分配差距过大时，穷人由于收入水平低下，出于对未来预期的担忧，通常会选择当期储蓄以期未来消费，这也导致了国内消费需求的疲软。二是，消费需求层次说。随着收入分配差距的拉大，由于收入水平决定的消费能力不同，富人通常对高档奢侈品有较大的需求；而穷人由于购买力不足主要消费普通生活必需品，对工业品和耐用消费品的需求有限。由于作为社会大部分人口的“穷人”引致的消费不足远远大于少数“富人”引致的消费增加，这就极有可能导致国内市场对工业制成品的消费需求不足，制约国内工业化进程和经济发展（Murphy et al. , 1989）。

其实，实证分析中可以将这两种机制相结合。高收入阶层的边际消费倾向虽然较小，但主要体现在对生活必需品的消费，并不构成其消费的主体部分，并且与广大低收入阶层的生活必需品消费需求相比微不足道。实际上，高收入阶层对高档奢侈品的大量消费是可以增加国内总体消费需求水平的（李子联，2011）。低收入阶层在收入分配差距拉大的情况下，不论是从边际消费倾向来说，还是就消费需求层次而言，都会使国内消费需求下降。因此，只要我们以一国平均消费水平为基准，比较富人阶层和穷人阶层的相对消费需求量，即可分析一国收入分配差距拉大是否使消费需求疲软，经济停滞，进而导致“中等收入陷阱”的。

设 y_1 为高收入阶层的收入份额，y_2 为低收入阶层的收入份额，y 为全国平均水平收入份额。用 β_1、β_2 和 β 分别代表高收入阶层、低收入阶层和全国平均水平的边际消费倾向。假定不存在自发性消费，则：

高收入阶层的消费函数可以表示为：$c_1 = \beta_1 y_1$ (3.1)

低收入阶层的消费函数可以表示为：$c_2 = \beta_2 y_2$ (3.2)

全国平均水平的消费函数可以表示为：$c = \beta y$ (3.3)

我们选取巴西 1980 ~ 2010 年的时间序列数据为样本（见表 3.1），以最高 20% 收入者代表高收入阶层，最低 20% 收入者代表低收入阶层，而全国平均水平的收入份额则应该是高低收入阶层收入份额的加权平均，则：

高收入阶层引致的消费需求增加量可以表示为：$\Delta c_1 = c_1 - c > 0$ (3.4)

低收入阶层引致的消费需求减少量可以表示为：$\Delta c_2 = c_2 - c < 0$ (3.5)

比较 $|\Delta c_1|$ 和 $|\Delta c_2|$，如果 $|\Delta c_1| < |\Delta c_2|$，说明国内总的消费需求是下降的，即一国收入分配差距拉大导致了消费疲软，进而导致经济发展迟缓甚至停止，从而陷入“中等收入陷阱”。

表 3.1　巴西 1980～2010 年各阶层收入情况统计

年份	最低 20% 人口占有的收入份额 y_2（%）	最低 20% 人口数（万人）	最高 20% 人口占有的收入份额 y_1（%）	最高 20% 人口数（万人）	全国平均水平的收入份额 y（%）	中间 20% 人口数（万人）
1980	—	2434	—	2434	—	2434
1981	2.7	2492	62.1	2492	32.4	2492
1982	2.6	2550	62.7	2550	32.7	2550
1983	2.6	2610	63.4	2610	33.0	2610
1984	2.7	2668	62.9	2668	32.8	2668
1985	2.9	2725	60.0	2725	31.5	2725
1986	2.7	2781	62.8	2781	32.8	2781
1987	2.4	2836	63.7	2836	33.1	2836
1988	2.1	2889	65.5	2889	33.8	2889
1989	2.0	2942	67.3	2942	34.7	2942
1990	2.2	2993	65.0	2993	33.6	2993
1991	—	3043	—	3043	—	3043
1992	2.5	3092	57.6	3092	30.1	3092
1993	2.1	3140	64.7	3140	33.4	3140
1994	—	3188	—	3188	—	3188
1995	2.2	3237	64.3	3237	33.3	3237
1996	2.0	3287	63.8	3287	32.9	3287
1997	2.1	3337	64.3	3337	33.2	3337
1998	2.2	3388	64.3	3388	33.3	3388
1999	2.2	3439	63.8	3439	33.0	3439
2000	—	3489	—	3489	—	3489
2001	2.1	3538	63.9	3538	33.0	3538
2002	2.3	3586	63.4	3586	32.9	3586
2003	2.3	3633	62.4	3633	32.4	3633
2004	2.5	3677	60.9	3677	31.7	3677
2005	2.8	3720	61.4	3720	32.1	3720
2006	2.6	3759	60.9	3759	31.8	3759
2007	2.8	3796	59.8	3796	31.3	3796
2008	2.9	3831	59.0	3831	31.0	3831
2009	2.9	3865	58.6	3865	30.8	3865
2010	—	3899	—	3899	—	3899

资料来源：根据世界银行数据库整理所得，http：//data. worldbank. org. cn/。

我们知道，高收入阶层的边际消费倾向通常大大低于低收入阶层。根据经验数据，侯炬凯（2012）认为中等收入国家各阶层的边际消费倾向通常取值情况为：高收入阶层 0.554，低收入阶层 0.942，中间阶层（平均水平）0.745[①]。假定这一期间各阶层的边际消费倾向无大幅变动，剔除表格中的无关数据，根据公式（3.1）至公式（3.5）我们可以得出巴西在 1980～2010 年的消费情况（见表 3.2）。

表 3.2　巴西 1980～2010 年各阶层消费情况及相对量比较

年份	$c_1=\beta_1 y_1$	$c_2=\beta_2 y_2$	$c=\beta y$	$\Delta c_1=c_1-c$	$\Delta c_2=c_2-c$	$\|\Delta c_1\|-\|\Delta c_2\|$
1981	34.40	2.54	24.14	10.27	-21.59	<0
1982	34.74	2.45	24.32	10.41	-21.88	<0
1983	35.12	2.45	24.59	10.54	-22.14	<0
1984	34.85	2.54	24.44	10.41	-21.89	<0
1985	33.24	2.73	23.43	9.81	-20.70	<0
1986	34.79	2.54	24.40	10.39	-21.86	<0
1987	35.29	2.26	24.62	10.67	-22.36	<0
1988	36.29	1.98	25.18	11.11	-23.20	<0
1989	37.28	1.88	25.81	11.47	-23.93	<0
1990	36.01	2.07	25.03	10.98	-22.96	<0
1992	31.91	2.36	22.39	9.52	-20.03	<0
1993	35.84	1.98	24.88	10.96	-22.90	<0
1995	35.62	2.07	24.77	10.85	-22.70	<0
1996	35.35	1.88	24.51	10.83	-22.63	<0
1997	35.62	1.98	24.73	10.89	-22.76	<0
1998	35.62	2.07	24.77	10.85	-22.70	<0
1999	35.35	2.07	24.59	10.76	-22.51	<0
2001	35.40	1.98	24.59	10.82	-22.61	<0
2002	35.12	2.17	24.47	10.65	-22.31	<0
2003	34.57	2.17	24.10	10.47	-21.93	<0
2004	33.74	2.36	23.62	10.12	-21.26	<0

① 这里的边际消费倾向数据取值是借用不同收入水平国家的整体边际消费倾向数据，因为我们认为，中等收入国家的高收入阶层通常与高收入国家收入水平相当，低收入阶层通常与低收入国家收入水平相当，中间阶层通常与中等收入国家水平相当。其中，中间阶层（平均水平）的边际消费倾向取值为上中等收入国家和下中等收入国家边际消费倾向的均值。

续表

年份	$c_1=\beta_1 y_1$	$c_2=\beta_2 y_2$	$c=\beta y$	$\Delta c_1=c_1-c$	$\Delta c_2=c_2-c$	$\|\Delta c_1\|-\|\Delta c_2\|$
2005	34.02	2.64	23.91	10.10	-21.28	<0
2006	33.74	2.45	23.65	10.08	-21.20	<0
2007	33.13	2.64	23.32	9.81	-20.68	<0
2008	32.69	2.73	23.06	9.63	-20.33	<0
2009	32.46	2.73	22.91	9.56	-20.18	<0

从表3.2得出的结果我们可以看出，在这一时期内，巴西由于收入分配差距拉大导致的各阶层消费状况是：在边际消费倾向和消费需求层次机制的作用下，高收入阶层引起的国内消费增加量小于广大中低收入阶层引起的国内消费减少量，从而国家消费持续疲软，经济增长长期停滞，这也是巴西陷入“中等收入陷阱”的一大原因。

二、收入分配差距拉大的阶层固化效应

阶层固化即社会阶层代际之间的利益相关程度很大，上一代人的利益水平很大程度地传导复制给了下一代，富人阶层和穷人阶层之间缺乏社会流动性，造成长期的动态不平等，这也成为“中等收入陷阱”的重要表现。

收入分配差距的不断拉大是一个时间序列式的发展趋势。陷入“中等收入陷阱”的国家，收入分配通常具有代际复制效应，即上一代人既有的利益水平通常被深刻复制给了下一代，富人继续富裕，穷人仍然贫穷。这其中的关键实现机制是社会流动性，因为收入分配差距拉大，既得利益集团为维护自身利益通常会人为设置很多社会壁垒，造成社会流动性低，阶层之间难以顺利流动和更替。蔡洪滨（2011）认为，所谓社会流动性即“上一代人的收入、教育和地位对下一代人的收入、教育和地位的影响程度，通常的测度方式是收入、教育在代际之间的相关系数。”①

在代际收入分配研究中，代际收入相关系数通常是一个重要的指标，它可以用来衡量收入分配的代际相关程度。根据阿特金森（Atkinson，1980）给出的方法，我们建立如下回归方程，以计算代际收入相关系数。

设第 t 代人在一定时期内每年的收入水平为 Y_t^i，第 $t-1$ 代人在一定时期内每年的收入水平为 Y_{t-1}^i，于是有：

---

① 蔡洪滨．避免陷入中等收入陷阱关键是增加社会流动性［J/OL］．http：//finance.ifeng.com.

$$\ln Y_t^i = \beta \ln Y_{t-1}^j + \mu \tag{3.6}$$

假设 Y_t^i 服从标准正态分布，则 Y_t^i 的均值为0；同时认为随机量 μ 满足 $\mu \sim (0, \sigma^2)$。在方程（3.6）中，参数 β 就表示代际收入相关系数。由于代际间的收入是对数线性关系，参数 β 也可以表示代际间的收入弹性。

仍然以典型的“中等收入陷阱”国家巴西为例，我们通过计算其代际收入相关系数，来验证收入分配差距拉大是如何通过社会流动性导致阶层固化，造成经济发展的长期动态不平等，从而陷入“中等收入陷阱”的。我们选取巴西1980～2011年这32年的人均收入数据为样本（见表3.3）。

表3.3　巴西1980～2011年人均收入水平

年份	人均收入（美元）	年份	人均收入（美元）
1980	2190	1996	4460
1981	2080	1997	5050
1982	2000	1998	4870
1983	1710	1999	4130
1984	1620	2000	3860
1985	1570	2001	3290
1986	1790	2002	3050
1987	2040	2003	2950
1988	2250	2004	3310
1989	2750	2005	3960
1990	2700	2006	4800
1991	2870	2007	6110
1992	2780	2008	7490
1993	2740	2009	8150
1994	3050	2010	9540
1995	3730	2011	10720

资料来源：世界银行数据库，http：//data. worldbank. org. cn/。

假定上一代人从1980年开始取得收入，以16年为一代，即下一代人从1996年开始取得收入。以最简单的分析模式考虑，我们认为上一代人的总收入对下一代人第一年的收入影响最大；剔除上一代人第一年后的收入对下一代人第二年的收入影响较大。以此类推，我们可以得出解释变量 Y_{t-1}^j 与被解释变量 Y_t^i 之间的对应关系（见表3.4）。

表 3.4　巴西 1980～2011 年两代人之间的收入对应关系　单位：美元

Y_t^i	Y_{t-1}^j	$\ln Y_t^i$	$\ln Y_{t-1}^j$
4460	37870	8.4029	10.5419
5050	35680	8.5271	10.4823
4870	33600	8.4908	10.4223
4130	31600	8.3260	10.3609
3860	29890	8.2584	10.3053
3290	28270	8.0986	10.2496
3050	26700	8.0229	10.1924
2950	24910	7.9896	10.1230
3310	22870	8.1047	10.0376
3960	20620	8.2840	9.9340
4800	17870	8.4764	9.7909
6110	15170	8.7177	9.6271
7490	12300	8.9213	9.4174
8150	6780	9.0058	8.8217
9540	3730	9.1632	8.2242

将表 3.4 中的数据进行回归估计，我们可以得出如下结果：

$$\ln Y_t^i = 0.85 \ln Y_{t-1}^j$$

即巴西 1980～2011 年两代人之间的代际收入相关系数 $\beta = 0.85$，而大多数发达国家的代际收入相关系数普遍比较低，一般都在 0.5 以下。以美国为例，索伦（Solon，2002）基于父女代际收入流动的证据得出的代际收入相关系数介于 0.35～0.49。

根据我们计算所得，巴西的代际收入相关系数高达 0.85，这表明巴西代际之间的收入相关程度很高，下一代人的收入水平在很大程度上受制于上一代人的收入水平，社会流动性水平很低，造成阶层之间的固化，很大程度上成为巴西陷入“中等收入陷阱”的关键因素之一。

三、收入分配差距拉大的财政负担效应

收入分配差距拉大，社会居民的生活水平必然呈现两极分化的趋势。中等收入国家为了维持居民的基本生活水准，不得不依靠财政支出扩大福利，造成财政负担沉重，从而使经济发展坠入“中等收入陷阱”。

财政政策是政府干预经济和社会发展的主要手段之一，政策调整不仅对市场各微观主体有一定影响，也会对国家宏观经济运行产生重大影响。

拉美国家在进入中等收入阶段后，收入差距的不断扩大早已成为不争的事实。各国政府为了应对收入差距拉大的趋势，纷纷通过财政政策进行了干预，但结果却是财政负担日益沉重，寅吃卯粮，债台高筑，而收入分配差距拉大的趋势并未得到有效遏制。

总体来说，拉美国家收入分配差距不断拉大使其财政负担不断沉重主要是通过民粹主义的福利赶超思想（樊纲，2008）起作用的。进入中等收入阶段以后，由于收入分配差距的不断扩大，拉美各国政府希望借鉴欧洲福利国家的经验，扩大社会福利支出，改善居民生活水平，以期在“经济赶超”的同时实现“福利赶超”。各国政府纷纷加大财政对社会福利支出的力度（见表3.5），而中等收入的国家财力水平不足以支撑如此巨额且超前的社会支出。由于社会福利支出具有向下的刚性，这就迫使各国政府通过借债或增发国债的方式维持高水平的福利支出。这样做的后果就是，政府债台高筑，财政赤字过大，负担沉重，并且无法拿出必要的财政支持经济发展，从而国家出现经济增长停滞，收入无法持续提高，坠入“中等收入陷阱”。

表3.5　　1980～2001年拉美国家社会支出占GDP的比重　　单位：%

国家（区域）＼年份	1980	1990～1991	1992～1993	1994～1995	1996～1997	1998～1999	2000～2001
阿根廷	10	19.3	20.1	21.1	20	20.8	21.6
玻利维亚	3	—	—	12.4	14.6	16.3	17.9
巴西	5	18.1	17.7	19.3	17.3	19.3	18.8
智利	11	11.7	12.4	12.3	13	14.7	16
哥伦比亚	4	6.8	8.1	11.5	15.3	14	13.6
哥斯达黎加	9	15.6	15.2	15.8	16.8	16.4	18.2
多米尼加	2	4.3	5.9	6.1	6	6.6	7.6
厄瓜多尔	3	5.5	5.8	7.4	8.2	8.1	8.8
萨尔瓦多	2	—	3.1	3.4	3.8	4.1	4.2
危地马拉	—	3.4	4.1	4.1	4.3	6	6.2
洪都拉斯	3	7.9	8.1	7.8	7.2	7.5	10
墨西哥	3	6.5	8.1	8.8	8.5	9.2	9.8
尼加拉瓜	2	11.1	10.9	12.2	11.3	13	13.2
巴拿马	7	18.6	19.5	19.8	20.9	21.6	25.5

续表

国家（区域）\年份	1980	1990~1991	1992~1993	1994~1995	1996~1997	1998~1999	2000~2001
巴拉圭	2	3. 1	6. 2	7	8	8. 5	8. 5
秘鲁	3	4	5. 3	6. 7	7. 1	7. 7	8
乌拉圭	11	16. 9	18. 9	20. 3	21. 3	22. 8	23. 5
委内瑞拉	3	8. 5	8. 9	7. 6	8. 3	8. 4	11. 3
拉美平均	4. 9	10. 1	10. 9	11. 7	12. 1	12. 8	13. 8

资料来源：1980 年数据来自《国际经济与社会统计资料》（1950~1982）以及 Mesa-Lago（1991）；1990~2001 年数据来自 ECLAC，Social Expenditure Database。

四、收入分配差距拉大的治安恶化效应

收入分配差距拉大往往造成社会公平感降低，部分低收入者可能出现报复社会的现象，导致治安恶化，社会矛盾丛生，这也是“中等收入陷阱”的典型特征之一。

长期以来，作为中等收入国家的拉美诸国收入分配差距不断扩大，社会下层特别是土著印第安居民被边缘化，难以分享社会经济发展的成果。“收入分配差距拉大的一个直接结果是贫困人口增加，部分民众可能丧失公平感，对社会和政治的不满程度上升，表现为犯罪率上升，社会骚乱和罢工事件增加，对经济增长产生负面影响。”① Kelly（2002）的研究发现，拉美国家由收入分配差距拉大所形成的贫困阶层是暴力犯罪和引发社会骚乱的高危人群。如表 3. 6 所示，拉美国家在 20 世纪 90 年代收入分配差距持续扩大期间，犯罪率普遍较高，社会治安恶化，成为危及社会和谐稳定的主要因素。

表 3. 6　　20 世纪 90 年代拉美部分国家的犯罪率

国家	年份	杀人犯罪率（十万分之）		
		总体	男性	女性
阿根廷	1996	5. 2	8. 7	1. 6
巴西	1995	32. 5	59. 6	5. 2
墨西哥	1997	15. 3	27. 8	2. 8
哥伦比亚	1997	84. 4	156. 3	11. 9

资料来源：WHO. World Report on Violence and Health，2002。

① 陆万军．收入分配对经济增长的影响机理与传导机制［J］．经济学家，2012（5）．

因为收入分配差距的扩大，同时交织着失业、腐败等多种社会问题，长期深陷“中等收入陷阱”的拉美诸国社会治安形势严重恶化，各种形式的犯罪和骚乱居高不下，我们可以通过以下两则材料进行印证①。

【材料1】厄瓜多尔东部亚马孙地区与哥伦比亚游击队控制区接壤，该地区是两国主要的贫困人口聚集区之一，社会治安形势极其复杂，在当地从事石油开采的外国公司工作人员经常遭到袭击，生命财产难以得到保障。2006年11月，我国驻委内瑞拉使馆商务处也一度遭到抢劫。在与哥伦比亚交界的边境地区，绑架案司空见惯，受害者主要是当地高收入阶层的农场主和外国人。根据委内瑞拉一个非政府组织的统计，2005年该国共发生9964起谋杀案，比1991年的约2000起高出近5倍，而犯罪的动因多是出于对社会收入两极分化和经济政治不平等的不满。

【材料2】虽然拉美地区不是恐怖主义活动的重灾区，但是一些恐怖主义组织在拉美部分国家也时常活动，其中秘鲁的“光辉道路”② 和图帕克·阿玛鲁革命运动受人瞩目，引起了不小的社会震动。20世纪80年代，“光辉道路”对秘鲁的社会治安造成了极为恶劣的影响，时常制造社会暴力事端，使很多外国公司不敢前往秘鲁投资。1992年，“光辉道路”开始瓦解，但是目前仍有数百名残余分子在阿亚库乔林区和瓦利亚河谷一带活动，成为一股不安定的社会力量。另一个组织阿玛鲁革命运动主要活跃于秘鲁东部热带林区，并于1996年在秘鲁日本大使馆制造了举世震惊的“人质危机”。2007年墨西哥国家石油天然气输气管道接连遭到其国内革命游击队的破坏袭击。该游击队成立于1996年，主要由社会中下层人群构成，对外公开宣称“推翻现政府”、“解决人民最急需解决的问题”、“实现社会公平公正”等。

从上述两则材料我们可以看出，拉美各国社会治安出现严重恶化，犯罪和社会矛盾层出不穷，根源就在于其收入分配差距严重扩大，社会下层贫苦民众的自身权益难以得到保证，对社会公平丧失信心，长期积累的对社会的不满爆发。显然，由于收入差距拉大造成的社会治安恶化和诸多矛盾成了阻碍各国经济持续发展的一大重要原因，从而造成这些国家难以走出“中等收入陷阱”的泥潭。

根据我们之前的分析和佐证，收入分配差距的扩大不仅通过边际消费倾向和消费需求层次两大机制造成国内消费疲软，从而抑制经济持续增长；而且造成社会流动性严重下降，导致阶层利益固化，使经济增长丧失生机和活力。同时，由

① 资料整理自孙洪波，张娟一．正规拉美社会风险［J］．中国石油石化，2007（12）．

② “光辉道路”是秘鲁一个极左的毛派反政府游击队组织，自称为秘鲁共产党，主要组成人员为社会下层贫苦人民。该组织认为社会收入分配严重不平等，广大贫苦农民和工人处于社会底层，无法享受经济发展的利益，因此要求社会和急剧改革。其目标是实行共产主义，以工农阶级取代精英阶层和富人垄断的国家政权。

于各国的“福利赶超”思想，导致收入分配差距不仅没能缩小，反而使其财政负担沉重，难以支持国内经济建设活动。另外，严重恶化的社会治安和丛生的社会矛盾也源于收入差距的持续扩大，从而阻碍经济增长，抑制收入提高。我们可以用简图来清晰地表示出收入分配差距拉大对“中等收入陷阱”的各种经济社会效应（见图3.2）。

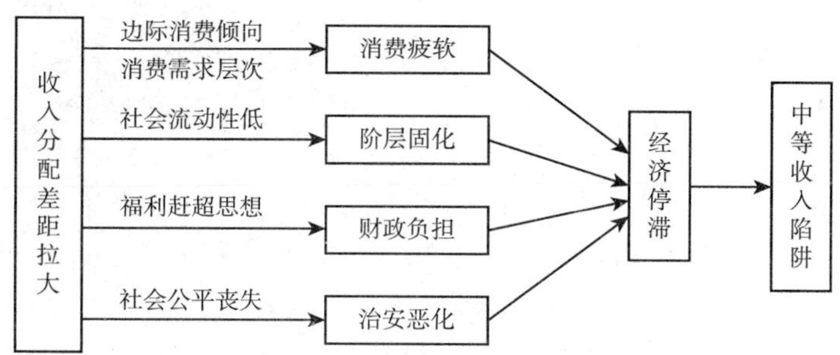

图3.2　收入分配差距拉大对“中等收入陷阱”的经济社会效应

第三节　中国收入分配的现状与形成原因

2011年中国人均GDP达到5445美元，已经突破世界银行最新调整的上中等收入国家标准3945美元，正式跻身于上中等收入国家行列。然而，近年来中国的收入差距却呈现出逐年拉大的趋势，基尼系数从1978年的0.31提高到2002年的0.45；根据联合国2010年数据，中国当年的基尼系数已经达到了0.52，大大超过0.44的全球水平。中国能否处理好收入分配与经济增长的关系，实现两者的动态均衡发展，从而打破“中等收入陷阱”的魔咒，成功实现从中等收入国家向高收入国家的跨越已成为国内学界、政界广泛关注的焦点。

2012年11月8日，胡锦涛同志在中共十八大报告中，就收入分配改革问题作出安排：发展成果由人民共享，必须深化收入分配制度改革，努力实现居民收入增长和经济发展同步、劳动报酬增长和劳动生产率提高同步，提高居民收入在国民收入分配中的比重，提高劳动报酬在初次分配中的比重。这也显示了党和政府在解决收入分配问题上的决心和意志。本节将讨论我国当前收入分配的现状，揭示其中存在的矛盾与问题，并分析造成目前我国收入分配现状的内在机制与原因。

一、中国收入分配的现状

社会财富分配机制不完善、居民收入呈现两极分化已经成为近年来我国经济社会发展中面临的突出问题。就目前我国的收入分配状况而言，主要表现为两大方面：收入差距的扩大和分配体制不完善。

（一）收入差距呈扩大趋势

改革开放以来，我国居民的收入水平有了大幅度的提高。根据国家统计局的数据，从 1978～2011 年全国农民年人均纯收入由 134 元增加到 6977 元，增加了 51 倍；全国城镇居民人均可支配收入由 343 元增加到 21810 元，增加逾 63 倍。从这一系列光鲜数据的背后，我们也应当看出，虽然中国居民总体的收入水平提高了，但是收入差距却扩大了（见图 3.3①）。

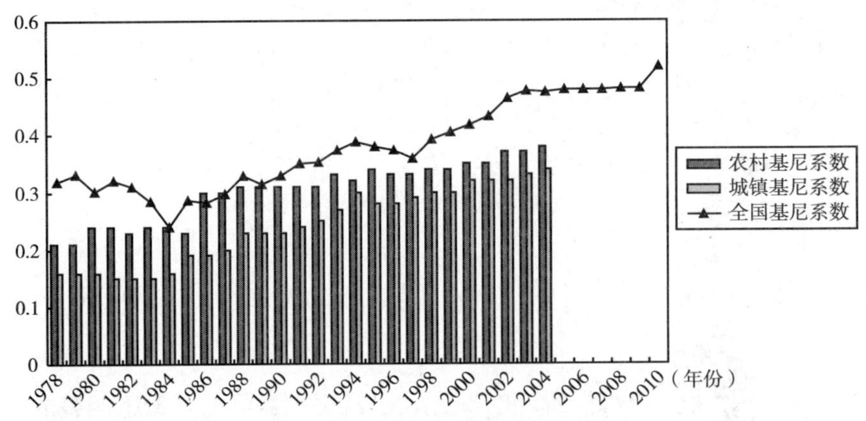

图 3.3 改革开放以来我国基尼系数变化趋势

资料来源：全国基尼系数 1978 年的数据引自雷朴实、吴敬琏：《论中国经济体制改革的进程》，经济科学出版社 1998 年版，第 48 页；1979 年的数据引自世界银行：《中国：社会主义经济的发展》，中国财政经济出版社 1982 年版，第 3 页；1980～1999 年的数据引自尹成远：《中国人身保费收入的实证分析与预测》，载《保险研究》2008 年第 1 期；2000～2009 年的数据引自尹虹潘、刘姝伶：《中国总体基尼系数的变化趋势——基于 2000～2009 年数据的全国人口细分算法》，载《中国社会科学》2011 年第 4 期；2010 年的数据引自联合国数据库。农村和城镇基尼系数的数据引自孔泾源：《中国居民收入分配年度报告》，经济科学出版社 2005 年版，第 97－98 页。

就全国而言，1978 年中国的基尼系数为 0.32②，1979 年为 0.33③，而到 1998 年时就已经达到了 0.4④。世界银行 2003 年的经济报告认为，2002 年我国的基尼系数为 0.45，并认为如果按照这个趋势发展，中国 2020 年的基尼系数将达到 0.47。而实际上，根据联合国 2010 年的数据，当年中国的基尼系数高达

① 由于国内城镇和农村基尼系数 2005～2010 年的数据缺失，故图 3.3 中未能反映出来。

② 雷朴实，吴敬琏．论中国经济体制改革的进程［M］．北京：经济科学出版社，1998：48.

③ 世界银行．中国：社会主义经济的发展［M］．北京：中国财政经济出版社，1982：3.

④ 赵人伟，李实．中国居民收入分配再研究［M］．北京：中国财政经济出版社，1999：44.

0.52。这些都显示出我国近年来的收入差距呈现不断扩大的趋势。

1. 城乡居民收入差距的扩大。改革开放以来，我国城乡收入差距经历了一个先缩小，随后再扩大并日益严重的过程（见表3.7和图3.4）。

表3.7　改革开放后我国城乡收入差距发展趋势

年份	城镇居民人均可支配收入（元）	农村居民人均纯收入（元）	城乡居民收入差额（元）	城乡居民收入之比（元）
1978	343.4	133.6	209.8	2.57
1980	477.6	191.3	286.3	2.50
1985	739.1	397.6	341.5	1.86
1986	899.6	423.8	475.8	2.12
1987	1002.2	462.6	539.6	2.17
1988	1181.4	544.9	636.5	2.17
1989	1375.7	601.5	774.2	2.29
1990	1501.2	686.3	814.9	2.19
1991	1700.6	708.6	992.0	2.40
1992	2026.6	784.0	1242.6	2.58
1993	2577.4	921.6	1655.8	2.80
1994	3496.2	1221.0	2275.2	2.86
1995	4283.0	1577.7	2705.3	2.71
1996	4377.2	1926.1	2451.1	2.27
1997	5160.3	2090.1	3070.2	2.47
1998	5425.1	2162.0	3263.1	2.51
1999	5854.0	2210.3	3643.7	2.65
2000	6280.0	2253.4	4026.6	2.79
2001	6859.6	2366.4	4493.2	2.90
2002	7702.8	2475.6	5227.2	3.11
2003	8472.2	2622.2	5850.0	3.23
2004	9421.6	2936.4	6485.2	3.21
2005	10493.0	3154.9	7338.1	3.33
2006	11759.5	3587.0	8172.5	3.28
2007	13785.8	4140.4	9645.4	3.33
2008	15780.8	4760.6	11020.2	3.31
2009	17174.7	5153.2	12021.5	3.33
2010	19109.4	5919.0	13190.4	3.23

资料来源：国家统计局数据库《中国统计年鉴2011》，http：//www.stats.gov.cn/tjsj/ndsj/2011/indexch.htm。

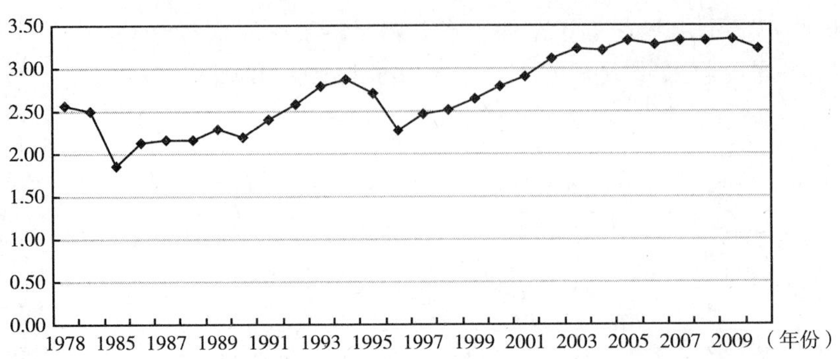

图 3.4　改革开放以来我国城乡收入差距的演变

从表 3.7 中我们可以看出，1978～1985 年我国城乡居民收入差距逐渐缩小，城乡收入比由 2.57 下降到 1.86。这一时期农民的实际人均收入年均增长 17.7%，城镇居民的人均收入年均增长 7.9%。[①] 而从 1986 年至今，虽然中间有个别年份城乡居民收入比略有下降，但总体上城乡收入差距呈现出逐渐加速扩大的趋势，城乡收入比由 1986 年的 1.86 一度扩大为 2009 年的 3.33，在 2010 年才稍有小幅回落。

2. 城乡内部收入差距的扩大。就城乡内部的收入差距来看，由图 3.3 可知，1978 年以来，农村和城镇的基尼系数均呈现出扩大的趋势，特别是进入 21 世纪以后，城乡内部收入差距扩大的趋势在加剧。

根据国家统计局的数据（见表 3.8 和表 3.9），城镇居民收入最高的 10% 家庭与收入最低的 10% 家庭的人均可支配收入之比在 2000 年为 5.02：1，到 2008 年一度上升到 9.17：1，2010 年有小幅回落，但也达到了 8.65：1。从绝对值来看，2000 年城镇收入最低的 10% 家庭的人均可支配收入比全国平均收入水平低 3627 元，到 2010 年这一差距则拉大到了 13161 元。在农村，2002 年收入最低的 20% 农户人均纯收入为 857.13 元，同期收入最高的 20% 农户人均纯收入为 5895.63 元，收入差距为 6.88 倍；到 2009 年这一差距一度扩大到 7.95 倍，2010 年稍有回落，但也达到了 7.51 倍。

表 3.8　　2000 年以来我国城镇居民内部收入差距变动情况　　单位：元

年份	收入最高 10% 家庭人均可支配收入	收入最低 10% 家庭人均可支配收入	人均可支配收入差额	人均可支配收入之比	全国平均收入水平	基尼系数
2000	13311.02	2653.02	10658.00	5.02	6280.02	0.32
2001	15114.85	2802.83	12312.02	5.39	6859.64	0.32
2002	17353.27	3003.14	14350.13	5.78	7702.86	0.32

① 蔡昉．城乡收入差距与制度变革的临界点［J］．中国社会科学，2003（5）．

续表

年份	收入最高 10% 家庭人均可支配收入	收入最低 10% 家庭人均可支配收入	人均可支配收入差额	人均可支配收入之比	全国平均收入水平	基尼系数
2003	21837.32	2590.17	19247.15	8.43	8472.20	0.33
2004	25377.17	2862.39	22514.78	8.87	9421.61	0.34
2005	28773.11	3134.88	25638.23	9.18	10493.03	—
2006	31967.34	3568.73	28398.61	8.96	11759.14	—
2007	36784.51	4210.06	32574.45	8.74	13785.81	—
2008	43613.75	4753.59	38860.16	9.17	15780.76	—
2009	46826.05	5253.23	41572.82	8.91	17174.65	—
2010	51431.57	5948.11	45483.46	8.65	19109.44	—

资料来源：国家统计局数据库《中国统计年鉴》（2001～2011），http：//www.stats.gov.cn。

表 3.9　2002 年以来我国农村居民内部收入差距变动情况　单位：元

年份	收入最高 20% 农户人均纯收入	收入最低 20% 农户人均纯收入	人均纯收入差额	人均纯收入之比	全国平均收入水平	基尼系数
2002	5895.63	857.13	5038.50	6.88	7702.86	0.37
2003	6364.86	865.90	5498.96	7.35	8472.20	0.37
2004	6930.65	1006.87	5923.78	6.88	9421.61	0.38
2005	7747.35	1067.22	6680.13	7.26	10493.03	—
2006	8474.79	1182.46	7292.33	7.17	11759.14	—
2007	9790.68	1346.89	8443.79	7.27	13785.81	—
2008	11290.20	1499.81	9790.39	7.53	15780.76	—
2009	12319.05	1549.30	10769.75	7.95	17174.65	—
2010	14049.69	1869.80	12179.89	7.51	19109.44	—

资料来源：国家统计局数据库《中国统计年鉴》（2001～2011），http：//www.stats.gov.cn。

3. 区域收入差距的波动①。1978 年以后，特别是 20 世纪 90 年代以来，我国实施区域优先发展战略，率先支持发展东部沿海地区，由此区域之间的发展态势日趋不均衡，区域之间的收入差距也越来越大。

首先从我国东、中、西部三大区人均收入水平来看（见表 3.10），1978 年收入最高的东部地区农民年人均纯收入水平是收入水平最低的西部地区的 1.37 倍，到 2000 年这一比值扩大为 2.27 倍，最近十年间这一比值基本保持在 2 倍左

① 这里采用“波动”一词是因为在本书研究时期内区域之间的收入差距并非呈现出逐年扩大的趋势，例如东、中、西三大区农村居民人均纯收入差距在最近十年里有小幅的缩小。

右，相比之前差距有小幅缩小；大致在同一时期，收入最高的东部地区城镇居民年人均可支配收入水平是最低的中部地区城镇人均可支配收入1.20倍，到2010年收入最高的东部地区城镇居民年人均可支配收入水平是最低的西部地区城镇人均可支配收入的1.47倍。

表3.10　改革开放以来我国东、中、西部城乡居民收入差距变化情况　单位：元

年份	东部地区		中部地区		西部地区		农村收入比（东：中：西）	城镇收入比（东：中：西）
	农村人均收入	城镇人均收入	农村人均收入	城镇人均收入	农村人均收入	城镇人均收入		
1978	164	—	132	—	120	—	1.37：1.10：1	—
1980	242	—	188	—	172	—	1.41：1.09：1	—
1981	—	476	—	397	—	468	—	1.02：0.85：1
1985	513	767	380	610	323	671	1.59：1.18：1	1.14：0.91：1
1989	865	1441	534	1084	462	1200	1.87：1.16：1	1.20：0.90：1
1990	968	—	649	—	559	—	1.73：1.16：1	—
1992	1156	—	712	—	619	—	1.87：1.15：1	—
1993	1399	3140	810	2118	678	2287	2.06：1.19：1	1.37：0.93：1
1994	1813	4286	1122	2879	858	3036	2.11：1.31：1	1.41：0.95：1
1995	2346	5281	1422	3558	1052	3669	2.23：1.35：1	1.42：0.97：1
1996	2776	5871	1798	4019	1271	4118	2.18：1.41：1	1.43：0.98：1
1997	3005	6277	1978	4318	1399	4484	2.15：1.41：1	1.40：0.96：1
1998	3151	6574	2054	4492	1501	4754	2.10：1.35：1	1.38：0.94：1
1999	3237	7146	2058	4837	1520	5302	2.13：1.35：1	1.35：0.91：1
2000	3649	7849.88	2171	5169.21	1606	5647.88	2.27：1.35：1	1.39：0.92：1
2001	3686.74	8609.98	2177.46	5654.52	1692.96	6171.79	2.18：1.29：1	1.40：0.92：1
2002	3916.27	9355.58	2292.22	6369.45	1806.73	6674.9	2.17：1.27：1	1.40：0.95：1
2003	4160.42	10365.8	2407.36	7036.36	1920.95	7235.39	2.17：1.25：1	1.43：0.97：1
2004	4564.78	11522.87	2770.18	7828.8	2135.78	7996.08	2.14：1.30：1	1.44：0.98：1
2005	4720.28	13374.88	2956.6	8808.52	2378.91	8783.17	1.98：1.24：1	1.52：1.00：1
2006	5188.23	14967.38	3283.16	9902.28	2588.37	9728.45	2.00：1.27：1	1.54：1.02：1
2007	5854.98	16974.22	3844.37	11634.37	3028.38	11309.45	1.93：1.27：1	1.50：1.03：1
2008	6598.24	19203.46	4453.38	13225.88	3517.75	12971.18	1.88：1.27：1	1.48：1.02：1
2009	7155.53	20953.21	4792.75	14367.11	3816.47	14213.47	1.87：1.26：1	1.47：1.01：1
2010	8142.81	23272.83	5509.62	15962.02	4417.94	15806.49	1.84：1.25：1	1.47：1.01：1

资料来源：2000年之前的数据引自高发：《中国居民收入差距——基于制度变迁视角的分析》，知识产权出版社2008年版，第114、116页；2001～2004年的数据是作者根据《中国统计年鉴》（2002～2005）整理计算所得；2005～2010年的数据来源于国家统计局数据库《中国统计年鉴》（2006～2011），http://www.stats.gov.cn。

再从各省区人均收入水平来看（见表3.11），1980年农村居民人均纯收入最高的地区（上海）是最低地区（陕西）的2.78倍；到2000年这一差距扩大为4.20倍（上海VS西藏），最近十年来这一差距呈现先扩大后小幅回落的趋势，但仍保持在4倍以上。1986年，城镇居民人均可支配收入最高的地区（上海）是最低地区（河南）的1.79倍；到2010年这一差距则达到了2.41倍（上海VS甘肃）。

表3.11 改革开放以来我国各地区城乡收入差距变化情况 单位：元

年份	收入最高地区		收入最低地区		收入之比	
	农村人均收入	城镇人均收入	农村人均收入	城镇人均收入	农村	城镇
1980	397.00（上海）	—	143.00（陕西）	—	2.78：1	—
1985	803.00（上海）	—	255.00（甘肃）	—	3.15：1	—
1990	1907.00（上海）	2303.00（广东）	431.00（甘肃）	1149.00（内蒙古）	4.42：1	2.00：1
1995	4253.00（上海）	7439.00（广东）	880.00（甘肃）	2863.00（内蒙古）	4.83：1	2.60：1
1999	5409.00（上海）	10932.00（上海）	1309.00（西藏）	4343.00（山西）	4.13：1	2.52：1
2000	5596.00（上海）	—	1331.00（西藏）	—	4.20：1	—
2002	6224.00（上海）	13250.00（上海）	1462.00（西藏）	5944.00（贵州）	4.26：1	2.23：1
2003	6653.00（上海）	14867.00（上海）	1565.00（贵州）	6530.00（宁夏）	4.25：1	2.28：1
2004	7066.33（上海）	16682.82（上海）	1721.55（贵州）	7217.87（宁夏）	4.10：1	2.31：1
2005	8247.77（上海）	18645.03（上海）	1876.96（贵州）	7990.15（新疆）	4.39：1	2.33：1
2006	9138.65（上海）	20667.91（上海）	1984.62（贵州）	8871.27（新疆）	4.60：1	2.33：1
2007	10144.62（上海）	23622.73（上海）	2328.92（贵州）	10012.34（甘肃）	4.36：1	2.36：1
2008	11440.26（上海）	26674.90（上海）	2723.79（贵州）	10969.41（甘肃）	4.20：1	2.43：1
2009	12482.94（上海）	28837.78（上海）	2980.10（甘肃）	11929.78（甘肃）	4.19：1	2.42：1
2010	13977.96（上海）	31838.08（上海）	3424.65（甘肃）	13188.55（甘肃）	4.08：1	2.41：1

资料来源：2003年之前的数据引自高发：《中国居民收入差距——基于制度变迁视角的分析》，知识产权出版社2008年版，第115、117页；2004～2010年的数据来源于国家统计局数据库《中国统计年鉴》（2005～2011），http：//www.stats.gov.cn。

4. 行业收入差距的扩大。根据国家统计局的数据，改革开放以来，我国不同行业之间的收入差距总体上呈现出逐渐扩大的趋势。1978年全国职工平均工资最低的农林牧渔业职工年平均工资为470元，职工平均工资最高的电力、煤气及水的生产和供应业职工年平均工资为850元，最高与最低行业年平均工资比仅为1.81：1。到2000年全国职工平均工资最高的科技服务业职工年平均工资为13620元，职工平均工资最低的行业仍为农林牧渔业，仅为5184元，最高与最低行业的年平均工资差距扩大为2.63：1。截止到2010年，全国职工平均工资最高的金融业职工年平均工资为 70146 元，最低的依然是农林牧渔业，仅仅达到 16717 元，最高与最低行业的收入差距进一步扩大到了 4.20：1。

衡量行业收入差距的指标主要是行业工资水平。根据最高行业工资、最低行业工资、行业间工资极值差、行业间工资极值比等指标，我们可以清晰地看出行业之间收入差距的变动趋势。表 3.12 反映了 1978 年以来我国行业收入差距的整体变化情况，从中也可以看出改革开放以来我国行业收入差距的扩大。

表 3.12　改革开放以来我国行业收入差距情况

年份	平均工资（元）	最高工资（元）	最低工资（元）	工资极值差（元）	工资极值比
1978	615	850	470	380	1.81
1979	668	941	421	520	2.24
1980	762	1035（水电业）	475（社会服务业）	560	2.18
1981	772	1045	478	567	2.19
1982	798	1067	484	583	2.20
1983	826	1104	508	596	2.17
1984	974	1321	588	733	2.25
1985	1148	1406（水利管理业）	777（社会服务业）	629	1.81
1986	1329	1604（水利管理业）	980（社会服务业）	624	1.64
1987	1459	1768（水利管理业）	1085（社会服务业）	683	1.63
1988	1847	2025（水利管理业）	1280（农林牧渔业）	745	1.58
1989	1935	2378（采掘业）	1389（农林牧渔业）	989	1.71
1990	2140	2718（采掘业）	1541（农林牧渔业）	1177	1.76
1991	2340	2942（采掘业）	1652（农林牧渔业）	1290	1.78
1992	2711	3392（水电业）	1828（农林牧渔业）	1564	1.86
1993	3371	4320（房地产业）	2042（农林牧渔业）	2278	2.12
1994	4538	6712（金融业）	2819（农林牧渔业）	3893	2.38
1995	5500	7843（水电业）	3522（农林牧渔业）	4321	2.23
1996	6210	8816（水电业）	4050（农林牧渔业）	4766	2.18
1997	6470	9734（金融业）	4311（农林牧渔业）	5423	2.26
1998	7479	10633（金融业）	4528（农林牧渔业）	6105	2.35
1999	8346	12046（金融业）	4832（农林牧渔业）	7214	2.49
2000	9371	13620（科技服务业）	5184（农林牧渔业）	8436	2.63
2001	10870	16437（科技服务业）	5741（农林牧渔业）	10696	2.86

续表

年份	平均工资（元）	最高工资（元）	最低工资（元）	工资极值差（元）	工资极值比
2002	12422	19135（金融业）	6398（农林牧渔业）	12737	2.99
2003	14040	32244	6969	25275	4.63
2004	16024	34988	7611	27377	4.60
2005	18364	40558（科技服务业）	8309（农林牧渔业）	32249	4.88
2006	21001	44763（科技服务业）	9430（农林牧渔业）	35333	4.75
2007	24932	49435（金融业）	11086（农林牧渔业）	38349	4.46
2008	29229	61841（金融业）	12958（农林牧渔业）	48883	4.77
2009	32244	60398（金融业）	14356（农林牧渔业）	46042	4.21
2010	36539	70146（金融业）	16717（农林牧渔业）	53429	4.20

注：相关年份的最高工资行业和最低工资行业数据缺失，故表3.12中未反映出来。

资料来源：2005年以前的数据引自刘永军，梁泳梅等：《中国居民收入分配差距研究》，经济科学出版社2009年版，第145～146页；2006～2010年数据来源于国家统计局《中国统计年鉴》（2007～2011），http：//www.stats.gov.cn。

5. 部门收入差距的扩大。在我国，这里所说的“部门”是就政府机关、事业单位和企业组织的划分而言的。从目前的总体情况来看，我国三大部门之间的收入差距在日益扩大。“1995年，政府机关、事业单位和企业职工的年平均工资分别为5542元、5499元和5345元，比值为1.04：1.03：1。到2000年政府机关、事业单位和企业职工的年平均工资分别为11020元、9634元和9189元，比值上升为1.20：1.05：1。截至2008年，三大部门职工的年平均工资分别为33869元、29758元和28359元，比值为1.20：1.04：1。如果考虑到政府机关大量的灰色收入和极高的福利待遇，政府部门的职工平均收入将大大超过事业单位和企业职工的平均收入。”① 而就目前情况来看，三大部门收入差距扩大的趋势还在继续。

（二）分配体制不完善

改革开放以来，我国收入分配制度发生了深刻的变化。经过三十余年的发展，逐步确立了以按劳分配为主体，多种分配方式并存的分配制度。实践证明，这一制度符合我国现阶段的基本国情，激发和调动了广大人民群众的积极性，促进了社会财富的积累和人民收入的增加。但是也应清楚地看到，在人民生活水平

① 龙其玉．中国收入分配制度的演变、收入差距与改革思考［J］．东南学术，2011（1）．

整体提高的同时，这一体制的不足和弊端也日益显露出来，具体主要表现在以下几个方面：

1. 初次分配不合理，利润挤占工资，劳动报酬在初次分配中所占比重和居民收入在国民收入中所占比重偏低。从 1990 ~ 2011 年，我国劳动者报酬占 GDP 的比重由 53.4% 下降到 44.9%；而居民收入占国民收入的比重则从 1988 年的 70.2% 下降到 2007 年的 57.5%。

2. 分配秩序比较混乱，一些不合理的收入没有得到规范。很多用人单位经常出现拖欠克扣劳动者工资、同工不同酬的现象，致使收入分配差异明显。在事业单位和部分国有企业中，制度外的灰色收入和隐性收入大大超过制度内的分配所得，津贴补贴名目繁杂，渠道混乱。特别是一些国有垄断行业，不仅收入大大高于其他行业导致行业收入差距扩大，而且发放名目繁多的福利待遇。“根据财政部的调查，单位之间最高福利与最低福利竟然相差数百倍。”①

3. 再次分配体制不完善。改革开放初期，在扩权让利思路指导下的分权式改革，曾一度导致国家财政收入比重下降，宏观调控能力削弱。因此，1994 年的分税制改革后，我国收入分配格局也发生了变化，国家财政收入比重迅速上升。在微观领域，各级政府以税收形式拿走国民收入的“大头”，占到 GDP 的 35% ~40%，企业高层也拿到 45% ~50%，由此职工工资偏低。反映到整个分配体制上，就表现为居民收入增长速度在再分配的调节下远远低于财政收入增长速度和 GDP 增长速度。

二、中国收入差距扩大的原因

在我国收入差距表现在多方面，城乡差距、城乡内部差距、区域差距、行业差距、部门差距都很明显，其中，城乡居民收入差距和区域收入差距是我国收入差距中最为重要的两个方面。关于城乡内部收入差距的原因，主要在于劳动力要素的流动和转移，这在农村内部表现得尤为突出，而行业收入差距和部门收入差距的成因主要在于政策导向和垄断行为的存在。在此我们对这三方面不做详细论述，重点剖析城乡收入差距和区域收入差距的形成原因和机制。

（一）城乡收入差距的原因

导致我国城乡收入差距存在和扩大的原因是多方面的。从历史发展来看，新中国成立初期我国采取的重工业优先发展战略是导致城乡收入差距扩大的历史因素。但在现在，城乡分割的二元体制才是导致城乡收入差距存在和扩大的关键因

---

① 谢禹．解决我国收入分配不合理问题的思考［J］．经济研究参考，2011（65）．

素，本节将从这一角度进行深入分析。①

城乡分割的二元体制突出地表现在对城乡机会水平和福利水平的不同影响。一般来说，当某个主体所拥有的机会越多，其越有可能获得较高的收入；当某个主体所享受的福利越高，越能降低其生活的成本，相对增加其实际收入水平。

假定收入水平仅取决于机会水平和福利水平，即 $I=f(O, W)$，其中 O 代表机会水平，W 代表福利水平。显然，I 与 O 和 W 均呈正相关。在城乡分割的二元体制下，农村所拥有的机会水平和享受的福利水平均远远低于城镇，从而造成城乡收入差距。

运用矩阵分析法，根据城乡机会水平拥有量和福利水平享受量，我们可以将城镇和农村置于如下矩阵中（见图 3.5），来表明城乡收入差距的形成原因。

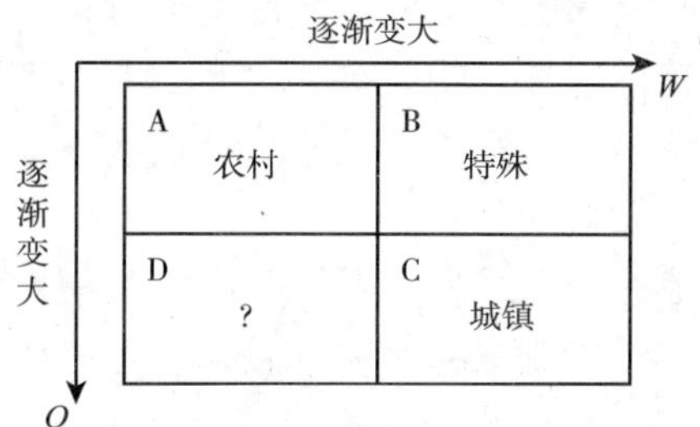

图 3.5　城乡收入差距的矩阵分析

在图 3.5 中，两条分割线将矩阵分为四个模块 A、B、C 和 D。显然，模块 A 机会水平和福利水平均处于分割下以下，代表农村。模块 C 机会水平和福利水平均处于分割线以上，代表城镇。在模块 B 中，机会水平相对较低，但却享受较高的福利水平，这种现象是存在的，比如我国的南街村；出现此类现象的原因主要在于当地乡镇企业的发展推动了高福利水平的实现。模块 D 标为问号，我们认为高机会水平与低福利水平共存是相悖的，因为高机会水平通常意味着社会民主程度高，而低福利水平通常意味着社会高集权程度，这二者是彼此相悖的，因此模块 D 通常是不存在的。

显然，典型模块 A 和模块 C 由于机会拥有量和福利享受量的差异，使得农村和城镇居民在二元分割体制下造成收入差距存在和扩大成为必然。

（二）区域收入差距的原因

不同地区间存在资源初始占有、区位相对优势、经济基础、劳动力素质、地

① 关于城乡收入差距存在和扩大的其他相关原因可以参见李明强等．中国城乡收入差距原因分析[J]．农村·农业·农民，2011（1）．

区政策倾斜等方面的差异，这些差异导致经济发展水平和收入分配的差异，然后导致进一步获取所需资源能力的差异，进而又导致发展水平和收入分配的差异，产生循环累积因果效应（缪尔达尔，1957）。在此，我们将从缪尔达尔的循环累积因果原理出发，以他的“扩散—回波效应”理论来解释我国区域收入差距形成和波动的一般机制。

缪尔达尔 1957 年提出的“扩散—回波效应”理论在解释区域不平衡发展反面作出了很大贡献。虽然其原始理论主要解释了区域间相对经济水平的发展不平衡，但由于收入水平主要取决于经济发展水平，我们仍然可以据此分析区域收入差距的形成机制。

按照“扩散—回波效应”的原理，区域收入差距的形成主要在于经济要素的流动导致对两个地区产生的影响不同：当经济要素由落后地区流向发达地区而造成区域收入差距扩大时，这种影响就称为“回波效应”；当发达地区对落后地区初级产品和要素需求增加时，便会刺激落后地区的发展，从而缩小区域收入差距，这种影响就称为“扩散效应”。

如果以 A 代表发达地区，B 代表落后地区，那么根据我们的分析，扩散效应将使区域收入差距缩小，回波效应将使区域收入差距扩大（见图 3.6）。

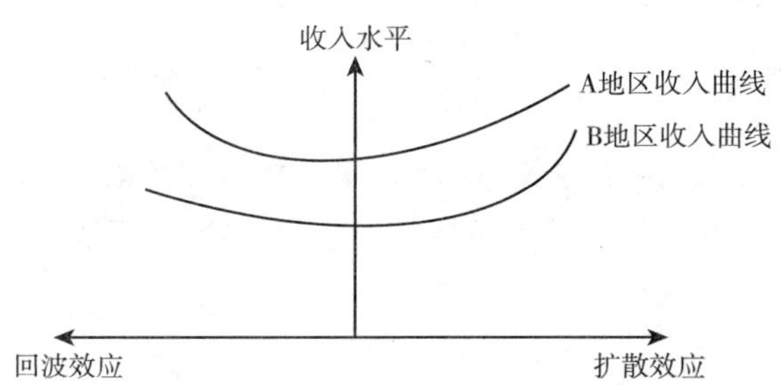

图 3.6 扩散效应和回波效应对区域收入差距的影响

随着扩散效应的增强，落后地区的收入增加将大于发达地区的收入增加；相反，随着回波效应的增强，落后地区的收入增加将小于发达地区的收入增加。再进一步，当扩散效应大于回波效应时，落后地区将比发达地区发展得更快，落后地区状况相对改善，区域收入差距缩小；相反，当回波效应大于扩散效应时，发达地区将比落后地区发展得更快，落后地区状况更加恶化，区域收入差距扩大。

仍然以 A 代表发达地区，B 代表落后地区，再用 SE 和 BE 分别表示扩散效应和回波效应。ΔA 和 ΔB 分别表示区域 A、B 的收入变动量。借鉴埃奇沃思的“盒子原理”，我们可以清晰地看出扩散效应和回波效应力量强弱不同时对区域收入差距的影响（见图 3.7）。

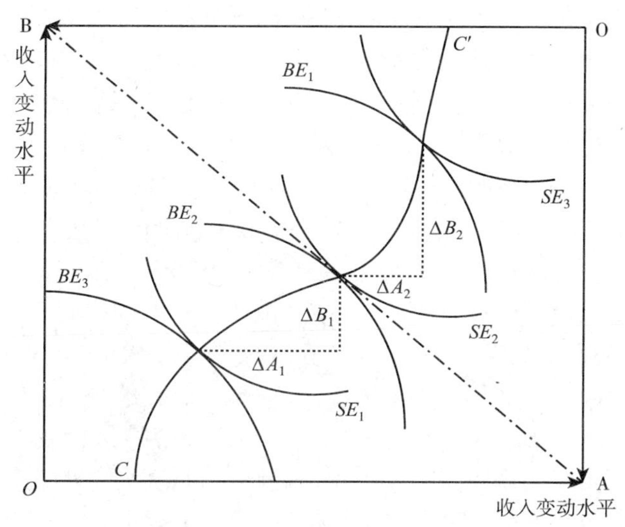

图 3.7　扩散效应和回波效应强弱不同对区域收入差距的影响

在图 3.7 中，*AB* 连线将扩散效应和回波效应等量起来。在 *AB* 左下方，扩散效应小于回波效应；在 *AB* 右上方，扩散效应大于回波效应。随着扩散效应由 SE_1 向 SE_2 移动，即扩散效应增强，但总体上扩散效应仍小于回波效应，因此，发达地区的收入变动量将大于落后地区，即 $\Delta A_1 > \Delta B_1$。当扩散效应由 SE_2 向 SE_3 移动，即扩散效应继续增强，并超过回波效应，那么落后地区的收入变动量将超过发达地区，即 $\Delta A_2 < \Delta B_2$。如果将图中各 *SE* 曲线和 *BE* 曲线的切点相连，可以得到一条从左下方向右上方倾斜的曲线 *CC′*，且 *CC′* 在 *AB* 以下相对平缓，在 *AB* 以上比较陡峭。这条曲线就称为区域 *A* 和区域 *B* 的收入相对变动曲线，反映两区域的收入相对变动水平，间接可以表示出两区域的收入差距状况。

三、中国分配体制的不完善

关于我国分配体制不完善的原因，可以从多方面、多角度进行分析。在此，我们根据孙浩进（2009）关于我国收入分配不公平根源的视角，从政府、企业和个人三者之间冲突博弈的角度进行论述。

1. 政府与企业的冲突博弈。政府的经济目标是保证其财政收入的稳定增长，以实施必要的宏观调控，为此就要求对一些关键领域和重要行业进行国家垄断。而市场经济中的非垄断性企业的经济目标则是利润最大化，这必然要求打破行业垄断和行政控制，以实现行业的均衡发展。二者的冲突博弈在收入分配领域突出地表现在政府目标使得垄断行业和企业取得超额利润，挤占非垄断行业和企业的利润空间，造成分配不公。

假定市场中的利润总和为10，在政府实行垄断控制的情况下，垄断行业与非垄断行业的利润分成为7∶3。如果非垄断行业的企业选择接受这一事实，那么分配领域将长期形成分配格局的行业不公；如果非垄断行业的企业选择与之抗衡，在短期内政府考虑到行业的均衡发展会适当控制垄断的程度，再分配中给予其他企业更多的机会，从而分配体制在短期内会出现波动。但由于政府掌握国家权力，其对垄断行业和企业的垄断具有一定的权威性，长期中其他企业只能选择接受这一事实，从而两者之间的冲突是反复的，分配体制也随之体现出不断的波动调整，但始终难以摆脱这一冲突博弈的束缚。

2. 企业与个人的冲突博弈。企业进行生产经营的目标是实现成本最小化和利润最大化，而职工个人为企业工作的目标则是实现个人收入最大化。企业要实现成本最小和利润最大，在当前及之前很长一段时期内主要是依靠压缩工人工资和提高企业利润率，这样两者之间的目标就会出现冲突。

“企业组织和职工个人在企业中的分配上是利益对立关系，一方所得即是另一方所失，这种利益对立关系体现在各自分得企业利润的多少。”① 如果企业和职工在分配中不能获得各自满意的收入，两者之间发生冲突，那么居于主导地位的企业在分配中通常会采取策略，通过各种“不公”方式挤占职工工资，以保证自身目标的实现。由于企业在内部分配中掌握主导权力，并对职工具有强制性，使得职工个人不得不接受这种分配结果，从而导致在现行分配体制下利润挤占工资，劳动者报酬比重偏低问题持续恶化。

3. 政府与个人的冲突博弈。分配制度上政府与个人的冲突博弈主要围绕着税收问题展开。政府的经济目标之一就是税收收入最大化，而税收主要来自居民收入，这必然与个人追求收入最大化的目标相冲突，从而造成现行分配体制下居民收入占比持续偏低。

在我国，政府掌握公共权力，个人收入最大化目标在与政府税收收入最大化目标冲突时只能服从政府目标，这也是由我国的政治制度和国家利益所决定的。但现实中，大多数高收入阶层通常具有一定的特权，他们往往利用手中的权力将本应自己承担的税负转嫁给低收入者，这样就形成了税收的“逆调节”。而这种现象的存在也成为我国分配体制弊端显露的关键原因之一。

---

① 孙浩进．中国收入分配不公平问题分析及制度思考［J］．学习与探索，2009（1）．

第四节　构建包容性的收入分配制度

前面两节我们分析了收入分配差距拉大对“中等收入陷阱”的各种经济社会效应和我国收入分配当前的状况，从中我们知道我国收入差距的扩大和分配体制的弊端已经成为我国今后将要面临的主要经济社会问题之一。目前，我国已经进入中等收入国家的行列，基于之前诸多国家在收入分配问题上的教训，我们需要对我国的收入分配制度进行改革和完善，以规避可能面临的“中等收入陷阱”风险。基于本书倡导的包容性增长理念，我们认为构建包容性的收入分配制度将对我国今后经济社会的长远发展和规避“中等收入陷阱”风险具有重大的战略意义。本章将首先介绍包容性增长的理念和收入分配制度包容性的测度标准，在此基础上提出构建包容性收入分配制度的政策建议。

一、收入分配制度包容性的内涵

（一）包容性增长理念的提出

2010 年 9 月 16 日，中国国家主席胡锦涛在出席第五届亚太经合组织（APEC）人力资源开发部长级会议上发表的题为《深化交流合作，实现包容性增长》的致辞中指出：“实现包容性增长，切实解决经济发展中出现的社会问题，为推进贸易和投资自由化、实现经济长远发展奠定坚实社会基础，这是亚太经合组织各成员需要共同研究和着力解决的重大课题”。这是中国官方第一次在正式场合提出“包容性增长”这一概念，由此促使了学术界对“包容性增长”展开细致的探讨。

包容性增长又译为“共享型增长”，在学术界提出的时间并不长。2005 年由亚洲开发银行赞助支持，亚行经济研究局和其驻中国代表处联合开展了“以共享式增长促进社会和谐”的研究课题，我国著名经济学家林毅夫、樊纲等一起参与了该课题的研究，该课题可以被认为是包容性增长理论的初步探索。世界银行 2006 年关于印度的报告中使用了包容性增长这一概念，2007 年亚洲开发银行的经济学家对这个概念进行了深入的阐述。后来经世界银行、亚洲开发银行等国际组织的进一步完善，现在包容性增长不仅仅是一个概念，更重要的是成为一个发展理念，受到包括中国在内的许多发展中国家的重视。

（二）收入分配制度的包容性

改革开放以后，我国经济保持了连续三十多年的高速增长。与此同时，经济社会也出现了很多的不协调和不包容，尤其是在关系民生的收入分配等诸多领域，现有分配体制的弊端日益凸显。根据之前我们对我国收入分配现状和原因的分析以及对收入差距拉大影响“中等收入陷阱”的机制讨论，我们认为在包容性增长理念下构建我国的收入分配制度是十分必要和迫切的。

我国现行的收入分配制度总体上来说是和谐的，即能充分调动各方面的积极性，但亦有诸多排斥和不相容方面，即无法满足广大人民群众在收入分配方面的诉求。制度的排斥还是一个新兴的词汇，尚无统一的定义，但社会学领域早已有关于“社会排斥”的定义，认为“社会排斥是指部分社会成员长期被排斥在主流社会之外，不能分享主流社会政治、经济、文化等方面的发展成果，与社会其他成员处于相对隔离状态。”① 据此，我们可以类比说现行的收入分配制度使得我国绝大多数居民在收入分配领域被排斥在主流社会之外，无法广泛地分享经济社会发展的成果，在分配机会上与主流上层社会阶层处于相对隔离的状态，信息闭塞。总之，我们认为收入分配制度的包容性内涵主要体现在以下三个方面：一是对人民获得收入机会均等化的保障；二是控制合理的收入差距和经济增长速度，以满足大多数人对经济社会发展成果分享的要求；三是解决广大群众后顾之忧的社会保障。

二、包容性收入分配制度的测度指标体系

收入分配制度到底是包容还是排斥，通过我们上文的界定，下面我们将从收入分配制度包容性内涵的三个方面深入剖析具体满足什么条件和指标的收入分配制度才是我们所需要的包容性收入分配制度。

（一）机会流动指标

包容性的收入分配制度强调在收入分配领域如何使大多数人获益，并且使弱势群体的状况得到改善。基于此，我们将从社会成员中的机会流动来判定包容性收入分配制度：如果收入分配领域的机会流动使得社会总效用②增加，那么我们认为这样的收入分配制度就是包容的。在这里，我们需要提出以下三条假设：第一，假设社会中只有两类人——穷人与非穷人，这里的非穷人是泛指高收入阶层，而穷人泛指低收入阶层。第二，假设穷人与非穷人自身的先天禀赋资质相

① Berkel, Rik Van, Iver Hornemann Moller and Colin C., 2002, Williams. The Concept of Inclusion/Exclusion and the Concept of Work [A]. In Rik Van Berkel and Iver Hornemann Moller ed. Active Social Policies in the EU [C]. Bristol: The Policy Press.

② 因为所产生的效应是由机会流动所导致的，所以这里的社会总效应的具体量化指标为“机会效用”，下文均采用“机会效用”这一术语。

同，唯一的差别就是机会的获得不同，因而导致了两者的收入和阶层差异。第三，设定机会分布函数和机会效用的概念，前者是对社会在收入分配领域中总机会量的约束，后者反映机会流动所造成的社会总效用的变动。

社会机会效用的增加主要由两个要素决定：一是人群可获得的平均机会，二是有多少机会在人群中包容性分布。机会分布函数必须能够保证赋予穷人享有的机会有更大的权重，即一个人越穷，他所应享有的机会权重应该越大。这类权重计划将保证为穷人创造的机会比为那些非穷人创造的机会重要，即如果一个人在分配上享有的机会被转移给社会中更穷的人，那么社会机会效用将增加，进而使收入分配具有包容性。

设穷人拥有的机会量为 X，非穷人拥有的机会量为 Y。根据社会通常的情况可知，$X \leqslant Y$。如果假定收入分配领域的机会约束条件为线性函数，用 O 表示机会约束，则有：

$$O = X + Y \tag{3.7}$$

假设机会的转移量为 t（$t > 0$）。在此特别要注意的是，分配中的机会只是发生了转移而总量并未变化。下面我们分析当机会量在社会不同收入阶层之间发生转移时，社会机会效用是如何变化的。在此，我们需要讨论社会机会效用线性与非线性两种可能的情况。

当社会机会效用为线性时，不妨表示如下：.

$$U = \alpha X + \beta Y \tag{3.8}$$

式（3.8）中，α，β 称为机会效用系数，且 $\alpha > 0$，$\beta > 0$。

如果 t 量的机会从非穷人转移到穷人，则新的社会机会效用为：

$$U' = \alpha(X + t) + \beta(Y - t) = \alpha X + \beta Y + (\alpha - \beta)t \tag{3.9}$$

反之，如果 t 量的机会从穷人转移到非穷人，则新的社会机会效用为：

$$U'' = \alpha(X - t) + \beta(Y + t) = \alpha X + \beta Y + (\beta - \alpha)t \tag{3.10}$$

根据包容性增长的理念，只有当收入分配的机会分布从非穷人向穷人转移时，收入分配制度才是包容的。这样，当机会从非穷人转移到穷人时，社会机会效用必然是增加的；反之，当机会从穷人转移到非穷人时，社会机会效用则是减少的。所以，由式（3.8），式（3.9），式（3.10）可得：

$$U'' < U < U'$$

进而可得：$\alpha > \beta$。这表明，社会中越是低收入阶层在分配中拥有的机会越少，他们的机会效用系数就必须越大，也就是说，社会应该赋予他们在分配中的机会权重就必须越大，这才满足包容性收入分配制度的要求。

当社会机会效用为非线性时，不妨表示为如下形式：

$$U = X^{\alpha} Y^{\beta} \tag{3.11}$$

式（3.11）中，α，β 仍称为机会效用系数，且 $\alpha>0$，$\beta>0$。

如果 t 量的机会从非穷人转移到穷人，则新的社会机会效用为：

$$U' = (X+t)^{\alpha}(Y-t)^{\beta} \tag{3.12}$$

两边同时取自然对数，得：

$$\ln U' = \alpha\ln(X+t) + \beta\ln(Y-t) \tag{3.13}$$

再分别对 X 与 Y 求偏导数，得：

$$\frac{\partial U'}{\partial X} = \frac{U'\alpha}{X+t} \qquad \frac{\partial U'}{\partial Y} = \frac{U'\beta}{Y-t} \tag{3.14}$$

反之，如果 t 量的机会从穷人转移到非穷人，则新的社会机会效用为：

$$U'' = (X-t)^{\alpha}(Y+t)^{\beta} \tag{3.15}$$

两边同时取自然对数，得：

$$\ln U'' = \alpha\ln(X-t) + \beta\ln(Y+t) \tag{3.16}$$

再分别对 X 与 Y 求偏导数，得：

$$\frac{\partial U''}{\partial X} = \frac{U''\alpha}{X-t} \qquad \frac{\partial U''}{\partial Y} = \frac{U''\beta}{Y+t} \tag{3.17}$$

对式（3.14）而言，由于 $X\leqslant Y$，所以当机会从非穷人转移到穷人时，这种情况是合乎均衡条件的。同时，要实现包容分布，则对穷人的机会效用偏导必须大于对非穷人的机会效用偏导。

令 $X+t=Y-t$，表示机会分布在穷人与非穷人之间均衡，则可得：

$$\frac{\partial U'}{\partial X} > \frac{\partial U'}{\partial Y}$$

进而可得：$\alpha>\beta$。这一结论表明在非线性条件下，当机会从非穷人转移到穷人时，穷人的机会效用系数同样大于非穷人，此时收入分配制度才是包容的。

对式（3.17）而言，令 $X-t=Y+t$，表示机会分布均衡。但是，根据 $X\leqslant Y$ 且 $t>0$，显然这一均衡条件是无法成立的，故此时的机会转移是无法满足包容增长理念要求的，也就是说此时收入分配制度是不包容的。

有了对上述线性与非线性条件下的收入分配机会转移对社会机会效用的影响的分析，我们关于收入分配领域中机会包容性分布的结论已是显而易见了。为了更清晰地显示这一结论，我们可以用简图进行表示（见图 3.8）。

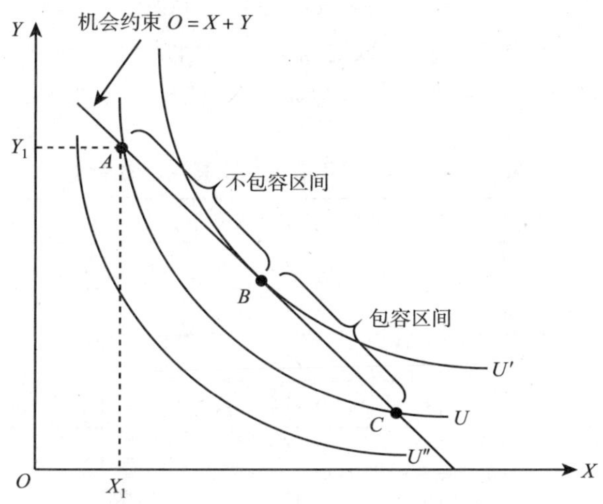

图 3.8　机会转移与机会效用变动

（二）合理界限假说

包容性的收入分配制度必然要求收入差距保持在一定限度之内，这样社会才能感受到收入分配的相对包容。实际上，一国在经济发展过程中收入差距的变动与其经济增长率的变动和人均收入水平的变化是存在一定的相关关系的。①

正如我们在本章第二节中分析的那样，收入差距会对经济增长产生一定程度的影响。当一国收入差距偏大时，经济增长很可能出现停滞或衰退；当一国收入差距较小，处于合理限度内时，社会相对公平，经济增长速度通常较快。另一方面，在经济发展过程中，初期人均收入水平相对较低，随后人均收入水平逐渐提高，达到一定水平便会保持相对平稳；但发展过程中存在库兹涅茨的“倒 U 现象”，也就是说，人均收入水平会随着收入差距的扩大而逐渐上升，当收入差距达到一定限度之后，人均收入水平增长缓慢甚至停滞，落入所谓的“中等收入陷阱”。基于此，我们提出结合一国 GDP 增长率、人均收入水平（人均 GNI）和基尼系数的合理界限假说②来说明包容性的收入分配制度在经济和收入方面量的测度。

---

① 也有学者研究认为居民收入差距与经济增长之间并没有直接的因果关系。洪丽（2008）曾分析战后美国居民收入差距与经济增长的关系，发现两者之间并无直接因果关系。同样，通过对英国 60 年代以来经济增长和居民收入差距的变化分析，也认为两者之间的关系复杂而不确定。参见洪丽．20 世纪 30 年代末以来英国居民收入差距的历史变迁及现状评价［J］．湖北经济学院学报，2008（5）。

② 之所以说是“假说”，是因为我们的模型建立仅仅选取了部分国家的经验数据，还需要更多的实证检验。

根据之前我们对收入差距和经济增长关系的认识，我们发现英国在20世纪60年代至21世纪初的发展历程大致符合我们分析所得出的猜想。于是，我们选取英国1961～2003年的相关数据作为分析的样本之一（见表3.13）。

表3.13　英国1961～2003年GDP增长率和基尼系数变动情况

年份	GDP增长率（%）	基尼系数
1961	5.53	0.26
1962	4.73	0.24
1963	5.91	0.26
1964	9.27	0.26
1965	8.01	0.24
1966	6.41	0.26
1967	5.48	0.24
1968	8.38	0.24
1969	7.71	0.25
1970	9.94	0.25
1971	11.56	0.26
1972	12.05	0.26
1974	13.37	0.25
1981	9.90	0.26
1982	9.66	0.26
1983	9.32	0.26
1984	7.39	0.26
1985	9.65	0.28
1986	7.57	0.28
1987	10.15	0.30
1988	11.63	0.32
1989	9.77	0.32
1990	8.57	0.34
1991	4.98	0.34
1992	3.91	0.34
1993	5.16	0.34
1994	5.93	0.33

续表

年份	GDP 增长率（%）	基尼系数
1995	5.81	0.33
1996	6.61	0.33
1997	6.19	0.34
1998	5.90	0.34
1999	5.65	0.34
2000	5.15	0.35
2001	4.64	0.34
2002	5.26	0.34
2003	5.97	0.35

资料来源：世界银行数据库，http：//data. worldbank. org. cn/。

从表 3. 13 我们可以看出，20 世纪 60 年代初到 70 年代末英国基尼系数水平整体是下降的，同期英国的 GDP 增长率相对较高；20 世纪 70 年代末到 90 年代初，英国基尼系数逐年上升，收入差距拉大，同期英国 GDP 增长率相对前一期则大幅回落；20 世纪 90 年代以来，基尼系数基本稳定，GDP 增长率也相对稳定。根据表 3. 13 的数据，以基尼系数为自变量，GDP 增长率为因变量，我们可以得出二者之间关系的散点图（见图 3. 9）。

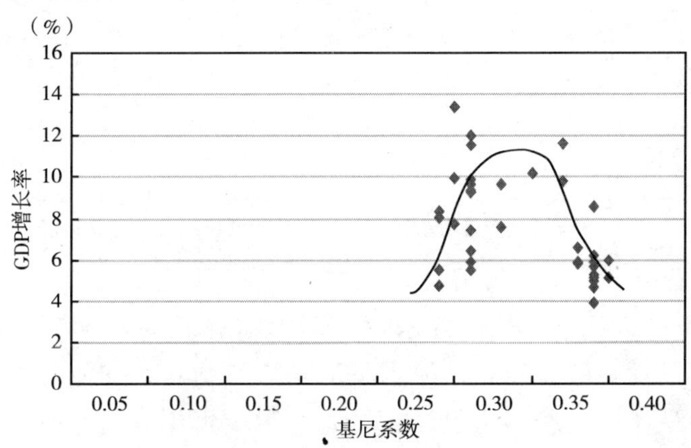

图 3. 9　经济增长与基尼系数的相关关系

关于收入差距和人均收入水平之间关系的判断，我们发现巴西在 1970 ~ 1985 年和 1990 ~ 2003 年两个时期的发展历程与我们的分析大致吻合。于是，我们选取巴西这两个时期的相关数据作为另一分析样本（见表 3. 14）。

表 3.14　巴西 1970 ~ 1985 年和 1990 ~ 2003 年人均 GNI 和基尼系数变动情况

年　份	人均收入	基尼系数
1970	360	0.58
1972	495	0.61
1974	857	0.55
1976	1130	0.60
1977	1280	0.54
1978	1415	0.56
1979	1518	0.59
1980	2190	0.58
1981	2080	0.57
1982	2000	0.58
1983	1710	0.58
1984	1620	0.58
1985	1570	0.59
1990	2700	0.61
1992	2780	0.57
1993	2740	0.60
1995	3730	0.59
2001	3290	0.59
2002	3050	0.58
2003	2950	0.58

资料来源：1970 ~ 1979 年的数据为笔者根据联合国统计司国民经济核算数据库数据整理所得，1980 年以后的数据来源于世界银行数据库，http：//data. worldbank. org. cn/。

从表 3.14 可以看出，巴西在给定期间内随着基尼系数的上升，人均 GNI 基本上呈现出逐年上升的趋势，但当基尼系数达到 0.59 时，人均 GNI 上升的趋势减缓，基本保持不变，偶有波动甚至下滑。根据表 3.14 的数据，以基尼系数为自变量，人均 GNI 为因变量，我们可以得出两者之间关系的散点图（见图 3.10）。

我们对图 3.9 和图 3.10 中集中趋势较大的散点进行拟合并将二者结合，便可以得出由 GDP 增长率、人均 GNI 水平和基尼系数决定的收入分配合理界限模型（见图 3.11），其中 l_1 和 l_2 分别代表 GDP 与基尼系数的关系曲线和人均 GNI 与基尼系数的关系曲线。

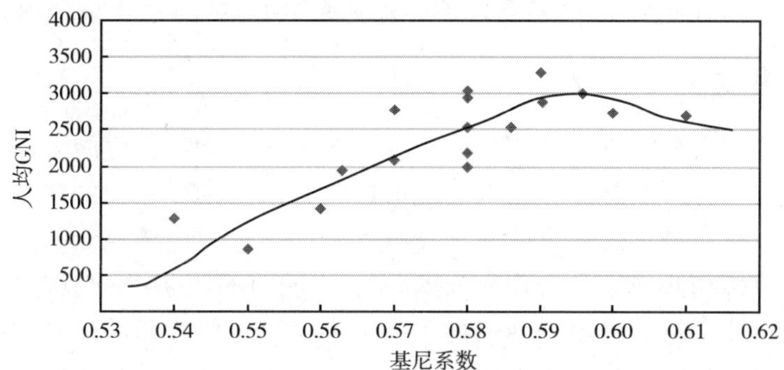

图 3.10 人均收入与基尼系数的相关关系

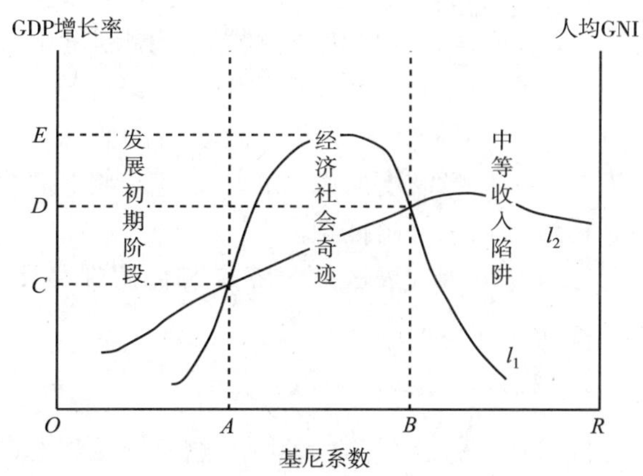

图 3.11 包容性收入分配制度的合理界限模型

根据图 3.11，结合我们之前关于三者关系的分析，我们得出包容性收入分配的合理界限模型结论是：包容性的收入分配制度就是要使收入差距保持在区间（A，B）内，使 GDP 增长率保持在区间（C，E）内，最优区间是（D，E）。即 GDP 必须保证一定的增长速度，基尼系数必须控制在一定限度内，这样的收入分配制度才是包容的。

关于这一结论，我们还需要做以下四点说明：第一，在图 3.11 中，当 GDP 增长率在 C 以前，同时基尼系数小于 A 时，这一时期属于国家发展的初期阶段（OA 阶段），在工业化国家它属于收入分配制度的初期探索阶段。第二，当 GDP 增长率达到 D 以后并逐渐下降，而收入差距达到 B 以后还有扩大的趋势，我们认为一国就陷入了“中等收入陷阱”（BR 阶段）。第三，图 3.11 中的前后两个阶段都不是包容性的收入分配制度所要求的，只有阶段 AB 才是最“合理包容”的。第四，根据国际发展经验，我们结论中的合理区间通常被认为，GDP 增长率在 4% ~8% 是合理的，基尼系数在 0.3 ~0.4 是合理的。

（三）社保三角框架

包容性的收入分配制度不仅仅体现在人民收入的增加，更应该体现对人民享受社会保障的包容。实际上，收入分配可以分开来解读：收入的包容性主要体现为低收入阶层收入增加的幅度应大于高收入阶层，这主要依靠低收入阶层在机会拥有上得到转移和倾斜以及合理收入差距的保持；分配的包容性则主要体现在广大人民群众在社会资源分享方面的均等和包容，这主要依靠的就是健全的社会保障制度。因此，我们认为在构建包容性的收入分配制度中，社会保障也是不可或缺的一环。

在我们的理论分析中，结合当下我国面临的社会保障交点和难题，我们从医疗、养老和住房保障①三方面构建我们包容性收入分配制度中关于社会保障的测度指标体系。具体地说，医疗、养老和住房保障的建设都是解决人民群众后顾之忧的社会建设，没有这些"服务"的保障，包容性的收入分配制度无从谈起。我们认为，政府在进行社会保障制度建设过程中，应当将各种资源在三个领域均等化配置，即本书所构建的社保三角框架。

假设我们用 x_1，x_2，x_3 分别代表医疗、养老和住房保障所获得的资源数量，那么我们可以定义社会保障的资源配置函数：

$$R = R(x_1, x_2, x_3)$$

如果政府能够将各种用于社会保障的资源在这三方面进行均衡配置，即能将 x_1，x_2，x_3 进行均衡分配，我们就说社会保障均等化发展。对这三者的资源配置，我们可以用下面的社保三角进行描述。

建立一个三维坐标（见图 3.12），三角形的三边分别代表医疗、养老、和住房保障的资源分配百分比。在研究中，我们假定社会（政府）在实现保障时的目标是最优的，即实现各种社保资源在三方面都最优化配置。在图 3.12 中，要想实现 x_1，x_2，x_3 都达到最大化，只有三个焦点，分别用 A、B、C 标注，我们把三角形 ABC 称作社会保障资源配置的最优三角。

我们先从 x_1 轴来分析。当 x_1 对应的值在该轴上由小变大时，与之相对应的 x_2，x_3 的值都是在变小的。只有当它变化到 A 点时，x_1，x_2，x_3 所对应的值才能达到均等。类似地，对 x_2 轴和 x_3 轴做相同的分析可以在 B、C 两点得到相同的

---

① 在我国目前的社会保障体系中是没有关于住房保障的明确条款的，但现实中城市工薪阶层和外来人员的住房缺乏保障早已成为我国当前面临的一大难题，因此，我们将住房保障的建设列入我们的指标体系中，以说明包容性的收入分配制度应该在这一领域有所体现，并在本书后面内容中提出相应的政策建议。

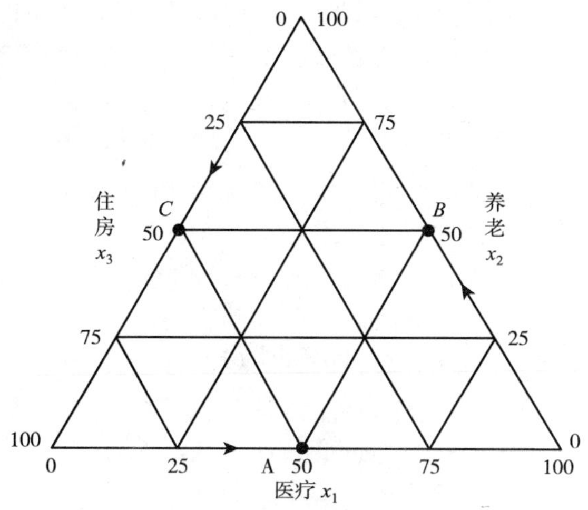

图 3.12 社会保障资源配置三角框架

结论。因此，当社会（政府）将资源配置为 A、B、C 三点时，我们就认为社会保障在三个领域都实现了最优化。

我们这里仅仅勾画出了社会保障在三个领域的大致努力方向和指导原则，目的是说明包容性的收入分配制度其中一个测度指标需要通过这个三角框架进行描述，至于如何实现社会保障在构建包容性的收入分配制度中的三角框架，将是我们下文中在政策建议中将要讨论的主要议题之一。

三、构建包容性收入分配制度的政策建议

从我国收入分配领域的现状和原因分析来看，我国目前的收入分配制度在很多方面是不包容的，突出的表现就是收入差距拉大和分配体制不完善。基于上文对包容性收入分配制度内涵的界定，我们将针对我国的现状从促进社会流动、缩小收入差距和完善社会保障三大方面分以下四点提出相应的政策建议。

（一）积极促进社会流动

在收入分配领域促进社会流动关键是要提高社会流动性，实现收入分配的机会均等分布。从对拉美的收入分配阶层固化效应的分析可以知道，社会流动性的下降正是导致收入差距拉大，社会不公，从而陷入“中等收入陷阱”的关键原因之一。因此，我们倡导在构建包容性的收入分配制度中必须促进社会流动，实现分配机会均等化。在此，我们认为应该主要从以下三个方面展开努力：

第一，进一步改革户籍制度，打破城乡二元体制。户籍制度的限制和二元体

制仍是目前我国收入差距持续扩大的主要因素。以时下正热的异地高考方案为例，各地对外来人员，尤其是农村和落后地区外来人员在本地参加高考和录取的限制依然严格，目前已出台的异地高考方案也仅仅规定了外来人员只能“借考”或参加非本科类招生考试。此举无疑是变相的限制，这种方案当然无法提高社会流动性，促进机会公平分布。因此，进一步改革户籍制度，打破城乡二元体制需要继续努力。

第二，进一步增加教育投入，提高人力资本水平。从长期来看，人力资本水平的提高对社会流动性的增强具有巨大的推动作用。实现人力资本水平提高的途径关键在于教育，因此，增加教育投入，实现教育机会公平是促进分配领域社会流动的重要渠道。以日本为例，日本全国的学校设施和师资要尽可能统一标准，东京最好的小学人均教育经费不超过最偏远山区小学人均经费的 2 倍，而目前北京等大城市最好的小学和我国偏远山区小学的差距何止 20 倍。[①]

第三，进一步维护公平竞争，完善市场竞争机制。就我国行业和区域收入差距扩大的现状而言，公平竞争机制的缺失和漏洞是造成这一状况的原因之一。要促进行业和区域的社会流动性，建立和维护完善的市场竞争机制，使市场主体能够有均等的机会参与竞争当和分配，将是我们今后需要努力的重点。

（二）实施收入倍增计划

胡锦涛同志在中共十八大报告中，针对 2020 年全面建成小康社会的宏伟目标，就收入分配制度的改革作出安排：发展成果由人民共享，必须深化收入分配制度改革，努力实现居民收入增长和经济发展同步、劳动报酬增长和劳动生产率提高同步，提高居民收入在国民收入分配中的比重，提高劳动报酬在初次分配中的比重。其中更是首次提出“实现国内生产总值和城乡居民人均收入比 2010 年翻一番”的新指标。这实际上就是针对收入分配制度改革和完善国民收入倍增计划。但具体要如何实施这样的收入倍增计划，还有待于我们进一步探讨。

国民收入倍增计划意指在一个相对确定、较短的时期内，通过提高国民经济各部门生产效率和效益、显著提升居民实际收入水平、建立健全政府收入分配和社会保障机制等方式，实现居民收入翻番目标和社会收入分配公平正义的一种经济社会发展方案。20 世纪 60 年代日本曾通过这样的倍增计划成功实现了由中等收入国家向高收入国家的过渡。日本的国民收入倍增计划主要内容是引入最低工资制，扩展社会保障，完善养老保险金，提高健康保险付给率。这一计划实施的结果是，日本国民生产总值和国民收入的实际年平均增长率达到了 11.6% 和 11.5%，超过计划规定的目标；实施计划的第七年，便实现了国民收入增长 1

① 蔡洪滨．避免陷入中等收入陷阱关键是增加社会流动性［J/OL］．http：//finance. ifeng. com.

倍；人均国民收入按市场价格计算，从1960年的395美元，增加到1970年的1592美元；十年间实际工资平均增长83%；到1970年该计划完成之时，日本的国民生产总值已先后超过法国和德国，仅次于美国跃居世界第二位。但是，通货膨胀、大都市人口过密化和农村人口过疏化等问题却日益严重。

针对我国国情和日本的经验教训，笔者认为在收入分配领域实施我国的收入倍增计划可以从以下四个方面入手：

第一，政策倾斜弱势阶层，努力缩小收入差距。收入倍增计划一定要与缩小贫富差距联系起来，坚决有效地缩小收入差距。在实施国民收入倍增计划时，主要对象应该是农民、企业普通职工等中低收入阶层。对于高收入人群，应通过政策和税收安排，如中央通过对国有企业高管与一般职工的薪酬倍数关系作出制度性的安排，地方根据中央精神和自身情况，制定出台本地区的相关政策规范国有企业高管收入。同时，进一步改进完善税收调节作用：一是个人所得税由分项增收向分项增收与综合增收相结合的方向转变，除了工薪收入以外，把一些财产性收入等等都囊括进来，发挥税收对于调节过高收入的作用；二是个人所得税制度应建立根据家庭人均生活负担的情况给予税收费用扣除的制度，对收入不多，家庭负担又重的人，就少交税或者不交税。

第二，合理确定工资标准，确保国民收入增长。中央可以对工资收入增长确定一个量化的指导目标，各地根据自身情况，制定经济发展以及居民收入劳动报酬增长计划。对于非公有制企业，引导劳资双方通过工资集体协商来争取工资按照相关的指标安排来合理地增长。同时，各地的最低工资标准也要根据倍增计划的相关指标作出适当的、适时的、适度的调整和提高，从而促进低收入者工资水平得到相应的提高。对于国有企业，按照相关的增长计划的安排，合理地安排国企员工的工资增长。另外，对于公务员，要建立公务员与企业可比较人员的工资进行调查、分析、比较的制度，把社会平均工资水平及其变动的情况作为公务员工资的增长的一个充分的依据。

第三，降低民众生存成本，提高公共服务水平。目前我国房价、学费、医疗费用居高不下，居民生活成本长期保持在高水平，劳动者的实际生活支付能力下降，因此，设法降低民众的生存成本也就理所当然地成为了国民收入倍增计划的一个重要内容。政府应该从社会保障、公共服务等总体水平及其合理结构入手，大力进行廉租房和经济适用房建设，加大公共医疗资源和教育资源的投入，使老百姓住得起、病得起、养得起；同时，统筹城乡协调发展，通过土地流转抵押、入股、融资，逐步调整城乡收入分配二元格局，大幅提升农民收入。另外，进一步降低国民税负，提高个税起征点，提高居民的长期收入预期，降低民众生存成本。

第四，努力控制通货膨胀。日本当年的国民收入倍增计划在带来日本经济高速增长和国民收入迅速提高的同时，也伴随着越来越严重的通货膨胀。因此，国民收入倍增计划在实施过程中更须真正落到实处，避免“通胀与工资齐飞”导致“收入翻番，物价翻番”的尴尬局面。国民收入倍增是对国民收入分配结构进行调整，把政府、企业手中的一部分钱调整到老百姓手中来，因此计划的实施不能简单地增加货币的发行总量，要保持货币总量相对稳定，处理调整好国家、企业、居民三者的分配关系。

（三）完善三次分配体制

目前我国的收入分配制度主要包括初次分配和再次分配，前者是对国民收入在物质领域进行的分配，后者则是国民收入在各种经济形式企业和居民之间的分配。中共十七大报告中强调初次分配和再次分配都要重视公平，再次分配更加注重公平，这也凸显了我国政府希望通过分配秩序的完善也解决我国的收入分配问题。但在当前贫富差距拉大的情况下，仅仅通过初次分配和再分配的调节显然已经不能满足广大人民群众的需求了，因此，强调第三次分配成为必要。第三次分配是指动员社会力量，建立在社会救助、民间捐赠、慈善事业、志愿者行动等多种形式之上的制度和机制，是社会互助对于政府收入分配调控的补充。笔者认为完善三次分配体制重点是发挥第三次分配的调节作用，为此应该着重从以下两点努力：

第一，倡导发展慈善事业，鼓励富人“慷慨解囊”。政府可以鼓励高收入者从事慈善事业，资助失学儿童、建立希望小学或者建立敬老院等，还可以鼓励高收入者拿出部分收入成立非盈利性基金，完成一些针对低收入者的资助项目，对于从事这些捐钱方式的高收入者，政府可以考虑适当的减免税收。这些方式在发达国家是非常常见的，而在我国还比较少见。我们应该吸收和借鉴其中比较好的方式，鼓励高收入者参与到慈善中来。

第二，广泛动员社会力量，鼓励公民“助人为乐”（叶万普等，2009）。首先，培育公民自愿助人的意识。第三次分配的主体是慈善公益组织，其最大的特征又是自愿性，因此，积极培育民众的公民意识，支持公民权利和社会关怀的表达，有利于民众自觉主动的参与慈善事业。其次，动员新阶层力量，主要是各类经济精英、技术精英、知识精英等。新阶层经济上掌握着社会上的大量财富，文化上大都接受了较高的教育水平，有着关注民生的政治意识和强烈的社会责任感，他们不仅关注本行业的利益，而且更关注社会公共利益。政府要重视并动员他们更多的关注中国的慈善事业。最后，发挥民众的监督作用。政府和社会要建立一个由捐赠者、媒体和其他志愿者组成的监督机制。慈善机构必须对每一笔捐款合理安排，捐赠者有权对自己的捐款流向进行查询，媒体发挥舆论监督作用，其他志愿者也要积极参与捐款的安排和使用。为了保证每一笔捐款合理利用，民政部门等相关政府部门要积极提供需要获得捐助帮扶人员的详细资料，以减少慈善机构的运行成本。

（四）建立健全社会保障体系

根据我们的分析，社会保障体系的建设在包容性的收入分配制度构建过程中是不可或缺的一环。建立健全社会保障体系对实现收入差距缩小和分配体制的发展完善具有重要意义。我国的社会保障体系建设和发展的时间还不长，目前依然存在诸多问题，需要发展完善。在构建包容性的收入分配制度过程中，建立健全社会保障体系可以重点抓住以下三点：

第一，拓展社保资金筹措渠道，建立多样有效保障模式。大致看来，各个国家的社会保障筹资方式主要有三种：一是征收社会保障税，即通过立法形式，以政府为主体筹集社会保障基金；二是缴纳社会保险费，即由雇主和雇员以缴费形式来筹集社会保障基金，并由政府专门的部门对此进行管理和运作；三是强制储蓄形式，即将雇主为雇员缴纳的保障基金及雇员按规定缴纳的保障基金，都统一存入个人专门的社会保障账户，此笔基金及相应的利息收入均归个人所有，政府通常保留少部分的税收调节权。当前，我国缴纳社会保险基金所依据的是部门或地方性的法规，缺少法律的强制性和约束力，也不利于国家职能部门集中运作和监管，不利于社会保障基金的统一征缴。因此，需要在以上三种筹资模式之外，另行拓展我国的社保资金筹措渠道。

第二，加强社保基金监管运营，切实服务社会弱势阶层。政府是推进社会保障事业的主体，必须及时高效监管社会保障基金运行，保证社会保障基金稳健运营的作用，使社会保障基金依法运营和安全运营。社会保障基金应该主要用于扶持社会弱势群体，以保障他们的基本生存和发展，降低生存成本，从而促进收入分配的包容性。

第三，完善养老医疗保障制度，健全社会住房保障体系。随着我国老年人口的日益增加和公民健康意识的增强，养老保障和医疗保险机制的健全和完善已成为大势所趋。目前农村养老和基本医疗保险制度依然存在很多问题，今后社保体系完善的重点应该包括对农村基本养老和医疗体系完善的关注。另外，随着我国人口流动和迁徙及城市化的加快，农村进城务工人员和外来迁徙人员的住房保障也将成为今后改革和完善的重点。政府要健全多层次的住房保障体系，特别是增加对廉租房建设和棚户区改造的资金投入，健全和完善经适房、限价房、廉租房制度，重点解决城市低收入家庭和农民工的住房困难。

第四章　构建包容性的就业体制

就业和失业是困扰各个国家的重大问题，已成为国之大事、民之根本。就业是民生之本，实现充分就业已经成为各个政府经济发展的主要目标之一。对中国而言，既存在严重的总量问题，又存在结构性问题，还存在融入世界经济的开放性问题。[①] 胡锦涛在中共十八大报告中明确提出："要推动实现更高质量的就业。就业是民生之本。要贯彻劳动者自主就业、市场调节就业、政府促进就业和鼓励创业的方针，实施就业优先战略和更加积极的就业政策。"

就业问题关系到人文发展和社会和谐，为规避"中等收入陷阱"的风险，就业体制更要突出地体现科学发展观和包容性增长的发展理念，包容性的增长不仅要求保持经济的高速增长，同时要求每个人都能参与经济发展的过程并分享经济发展的成果，即每一个人都能拥有平等的就业机会和就业质量。

本章将在深入分析包容性就业体制的重要性的基础上，介绍中国当前就业体制的现状及出现的问题，并提出对症的政策建议。

第一节　包容性的就业体制的民生意义

包容性的就业体制具有重大的民生意义和社会意义。提高劳动者的就业素质，促进农业劳动力顺利转移和推进城市化进程，参与经济建设，稳步提高就业质量，让每一个劳动者都能分享到经济发展和改革的成果，以维持经济的快速增长。

一、就业是维持个人及其家庭成员生活的根本保障

社会中的大多数成员是劳动者，依靠劳动能力的使用获得工资收入，以维持自身及其家庭的生存及劳动力再生产。获得工作才意味着拥有生存的经济基础。

① 郜风涛，张小建．中国就业制度［M］．北京：中国法制出版社，2009：22－23.

相反，一旦社会上出现大量的失业人员，必定会威胁着家庭的稳定，没有工作没有收入，家庭的要求和需求得不到应有的满足，家庭关系将因此受到损害，失业者及其子女的自身发展面临着许多障碍。西方学者研究发现，高失业率常常与高离婚率、高犯罪率等联系在一起。

构建包容性的就业体制，让所有具有劳动意愿的劳动力参与到经济发展的过程中，不仅对就业者本身至关重要，而且对于其子女的健康成长、顺利完成学业进行人力资本的投资也是十分重要的。之所以这样讲，是因为一个正常的家庭在人的社会化过程中具有不可替代的重要影响，而就业又是一个家庭得以正常维系的重要因素。[①] 一方面，正常的家庭有利于子女身心的健康发展。对于子女的社会化来说，家庭几乎是最重要的影响因素。父母是孩子的第一任教师。父母的言传身教对子女的成长具有重大的影响。良好的家庭有利于子女情感的培育、正常生活技能的掌握、健康行为规范的形成。一旦家长失业，家庭关系很有可能受到威胁，从而对子女的社会化过程产生很多不利的影响。父母失业后的悲观消极的心态会直接传递给子女，或多或少地给予子女负能量，从而对其成长过程中的心理状态产生不利影响。另一方面，就业是大多数家庭获得收入的途径之一。因而也是子女接受正规教育缴纳学费的基础。如果父母失去了工作，其子女能否顺利完成正规教育变成了问题。

二、就业是财富创造和经济增长的源泉

按照新古典经济增长理论的分析框架，由经济的生产函数 $Y=AF(N, K)$ 得到经济增长的核算公式：

$$\frac{\Delta Y}{Y}=\partial\frac{\Delta N}{N}+\beta\frac{\Delta K}{K}+\frac{\Delta A}{A}$$

即产出增长 = 劳动份额 × 劳动增长 + 资本份额 × 资本增长 + 技术进步。索洛模型表明，经济的增长由三种因素来解释，即劳动量变动、资本量变动和技术进步。因此，在资本和技术保持不变的情况下，产出增长率和劳动量增长率（即就业增长率）的变动趋势一致。加大劳动力这一生产要素的投入会增加产出，即就业的增加会促进经济的较快增长。

美国经济学家丹尼森（E. F. Denison）在分析影响经济增长的因素时，把所有因素分为两大类：生产要素投入量和生产要素生产率。而生产要素投入量包括劳动、资本和土地投入，生产要素生产率则主要取决于资源配置状况、规模经济和知识运用。丹尼森通过利用美国国民收入 1929 ~ 1982 年的历史数据，发现劳

① 吴忠民. 论就业的社会意义［J］. 中国党政干部论坛，2012（11）.

动力增加对经济增长的贡献最大。其中，2.92%的年实际产量增长率中的1.34%要归功于就业的增加。同时，由于实现了充分就业，劳动者能够自由地从劳动生产率低的部门流动到劳动生产率高的部门，同时农村剩余劳动力实现了就业，提高了劳动力资源的配置效率，促进了经济的增长。

蒲艳萍（2006）从有效就业视角对1985年以来我国就业与经济增长之间关系研究，“得出我国经济增长和有效就业之间存在双向格兰杰因果关系：经济增长是引起有效就业增加的格兰杰原因，经济增长带来了就业的增长；有效就业增长也是经济增长的格兰杰原因，有效就业的增加促进了经济增长。”[①]

蔡昉（2008）认为就业的增长意味着普通劳动者的收入总体来看是不断提高的，有利于缩小居民收入分配差距，收入分配的改善则可以提高城乡居民的消费，扩大国内需求，而强劲的内需则是构成经济增长源泉中的一个重要组成部分。因此，要通过扩大就业，提高居民收入在国民收入分配中的比重和劳动报酬在初次分配中的比重，从而保持经济增长源泉的可持续性。[②] 赖德胜（2011）认为就业质量高低关系到中国发展方式的转变，就业质量不高则可能低消费，只能靠投资出口驱动增长，导致资源关系的破坏和经济的波动，这样的经济增长是不利的。相反，就业质量高能促进我国的消费需求，能够减少对投资和出口对经济增长的驱动依赖，带来更好的经济发展。[③]

三、包容性的就业体制能实现人的社会化

每个人都是无法离开社会的，脱离了社会群体，人就不能正常生活。就业在人的社会化过程中也起着非常重要的作用。人的社会化，是个人进入社会，通过学习群体和社会的文化，掌握社会生活知识和技能，不断适应社会环境，发展自己的社会性，逐渐在社会活动中认同一定文化、遵从一定社会规范，成为社会成员及社会人的过程。个人要真正实现社会化，就必须通过就业这一途径。

随着现代化进程的推进，经济发展的迅速膨胀，社会分工体系也越来越复杂和细密，每一个劳动者在社会分工体系中都有一个特定的角色，通过特定的工作、特定的工作环境，劳动者进入正常的社会工作环境。通过就业，劳动者在工作单位的各种职业活动中学习职业技能，学会如何更好地在职场中扮演好自己的职业角色，学会如何与人相处，取得自己的社会地位。所以，拥有一份工作，是人

---

① 蒲艳萍．有效就业与经济增长的关系——基于时间序列数据的协整检验［J］．人口与经济，2010（1）．

② 蔡昉．如何通过扩大就业保持经济可持续增长［J］．探索与争鸣，2008（2）．

③ 《2011中国劳动力市场报告》发布会暨包容性增长下的就业质量研讨会，http://www.csstoday.net/Item.aspx?id=7676。

们进入、融入一个正常的社会工作环境、实现社会化的一个途径，就业是就业者自身实现社会地位、满足自我实现需求的过程。相反，失业则意味着一个人脱离社会组织，与主流社会生活边缘化，而不得不进入一个狭小、封闭的个人生活环境。

"失业造成了忧虑和不安定，由于失业而中断了工作以后，随着也就停止了参加社会生活。他们没有勇气或者意愿去重新建立新的社会联系。"① 失业会损害失业者的自尊，削弱其自信心，对自身的心理健康造成一定程度的影响。"一个失业者在就业的人员当中失去了自尊和影响。最终，失业者在情感上受到严重打击。"② 因此，就业是人们进入正常的社会生活环境所不可缺少的必要条件。构建包容性的就业体制，实现充分就业，让每一个有劳动意愿的劳动者都能拥有就业岗位，使其参与到社会大分工的体系当中，参与社会财富的创造过程，是一项意义重大且深远的过程。

四、公平竞争的劳动力市场能促进劳动力资源的合理利用

竞争性的市场是发挥经济效率和实现资源有效配置的前提。劳动力市场也不例外，其竞争性是实现充分就业的基础条件，也是有效利用劳动力资源的基本条件③。公平竞争的劳动力市场能促进劳动力的自由流动，对劳动力市场的运行和劳动力资源的合理利用具有重要意义。

公平竞争的劳动力市场可以降低交易成本。新制度经济学家科斯认为，当交易成本为零时，资源的配置效率最高而市场作为资源配置的一种有效机制，其主要原因是降低了交易成本。构建公平竞争的劳动力市场，打破固化的劳动力市场分割格局，有利于减少劳动力市场的交易成本。与其他要素市场有所不同，劳动力市场的交易成本又取决于很多制度性因素。而中国目前正处于剧烈的经济体制转型之中，同时又是一个经济持续高速增长的国家，面临"中等收入陷阱"的危险。在这种阶段下，影响劳动力市场竞争性的因素尤其复杂。植根于计划经济体制时期的城乡分割、行业分割因素，以及劳动力市场上的性别歧视、年龄歧视等现象，已经成为损害劳动力市场竞争性的重要根源。劳动力只能在特定的区域和特定的劳动力市场提供劳动力供给，企业也只能在特定的区域和特定的劳动力市场寻找相应的劳动力。次级劳动力市场和一级劳动力市场存在严重的分割，劳动力不能在不同的劳动力市场和不同的区域之间实现自由流动，若要实现自由流动需要付出高昂的交易费用，例如就业成本、交通成本、心理成本、风险成本

---

① 弗·斯卡皮蒂．美国社会问题［M］．北京：中国社会科学出版社，1986：437.

② 夏普等．社会问题经济学［M］．北京：中国人民大学出版社，2000：282.

③ 蔡昉等．中国劳动力市场转型与发育［M］．北京：商务印书馆，2005：205.

等。交易成本偏高的状况不仅会影响到参与流动的劳动者自身的个人收益，也损害了劳动力市场的竞争性，影响到全国统一开放的劳动力市场的形成。

公平竞争的劳动力市场能使在劳动力供给与需求之间建立匹配关系，使人力资源得到充分利用。劳动力的自由流动是劳动者选择职业、企业选择合适劳动力的重要途径，能够使劳动者和工作岗位及时地在一定程度上接近于最优状态，从而使企业内部劳动力资源得到充分合理的利用。李建民（2002）提出在多重劳动力市场的分割条件下，劳动力的供给者和需求者进入劳动力市场的路径（如图 4.1 所示）。劳动力进入市场的途径由于户籍制度的限制，农村户口的劳动者可以进入农村的从事市场和城市的从属市场，城市户口的劳动者则可以进入城乡正规的劳动力市场和从属劳动力市场。劳动力需求者进入市场的途径为其所有制性质所限，公有制企业进入正规劳动力市场，其他所有制形式的企业进入从属劳动力市场。劳动力市场的多重分割加剧了社会不公平，那些可以进入从属劳动力市场的企业比那些不能进入从属劳动力市场的企业能获得更加廉价的劳动力，进而增强企业的竞争力。但是，乡镇企业由于只能在鲜有高质量人才供给的从属劳动力市场上雇佣劳动力，而面临着越来越严重的人才危机①。所以，打破现有劳动力市场的制度性障碍，建立统一、公平竞争的劳动力市场，才能实现我国劳动力资源的高效利用，成为中国经济持续发展的重要基础。

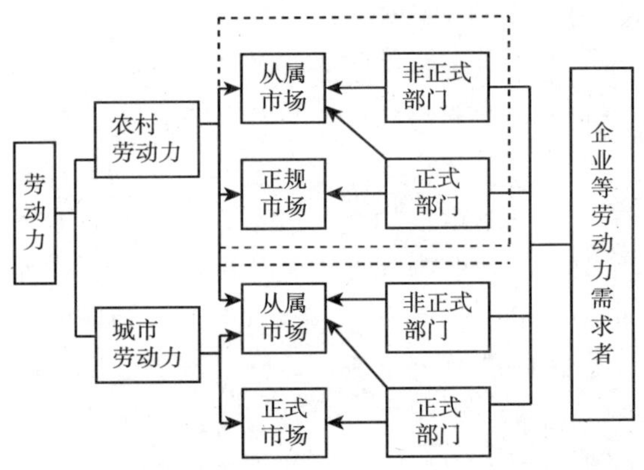

图 4.1　劳动力市场多重分割条件下劳动力供给者和需求者进入劳动力市场的路径

公平竞争的劳动力市场能够保证劳动力市场的活力和效率。公平竞争的劳动力市场能促进劳动力自由、合理地流动，使得劳动力市场上的各种岗位工作具有竞争性。对于劳动者，面对竞争激烈的工作岗位，“适者生存，劣者淘汰”，劳动者会采取各种方式提高职业技能、综合素质以获得更大的人力资本，提高工作积极

① 李建民．中国劳动力市场多重分割及其对劳动力供求的影响［J］．中国人口科学，2002（2）．

性，提高劳动生产率，争取在竞争中处于有利的地位。对于企业，为引进更多的高素质人才，企业致力于改善工作环境、调整薪酬制度，以优惠条件作为激励方式，在劳动力市场上展开复杂的“人才争夺战”，在一定程度上提高了劳动者的地位，有利于构建和谐劳动关系。公平竞争的劳动力市场不仅形成了对劳动者的竞争压力，同时也对企业形成倒逼机制，在很大程度上保证了劳动力市场的活力与效率。

五、多层次、立体化的就业支持体系有利于社会公平与稳定

党的十六届四中全会指出要“形成全体人民各尽其能、各得其所而又和谐相处的社会”。国内一些学者认为，所谓各得其能，就是人尽其才、才尽其用；所谓各得其所，就是人位相适、按劳取酬。林嘉和扬飞（2005）认为，人尽其才，才尽其用，就是要把每一个人安排到适合其发挥、发展的岗位上，这就是我们通常所讲的充分就业。由于各尽其能是社会充满创造活力的前提，各得其所是社会利益关系得到有效协调的基础，而只有利益关心得到有效协调才能实现社会的稳定有序、安定团结，社会的各种矛盾才能得到妥善处理，因此，实现全社会的充分就业既是社会主义和谐社会的标志之一，也是实现社会主义和谐社会的基本前提。① 我国是世界上人口最多的国家，在相当长的时期内劳动力都将处于供给大于需求的局面。我国劳动力供求总量矛盾和结构矛盾并存，就业形势日益严峻，农村富余劳动力规模大，就业结构矛盾也来越突出，高素质人才供不应求，低素质劳动力就业不稳定。图 4.2 表示了中国 1991 年以来的城镇登记失业率。虽然失业率是逐年波动的，但是还没有哪一年接近于零，二十年以来的平均失业率为 3.5%，这就是说，每 28 个想找工作的具有非农户口的人中大约有 1 个人没有工作。就业问题成为社会关注的一个焦点话题，解决就业问题刻不容缓。

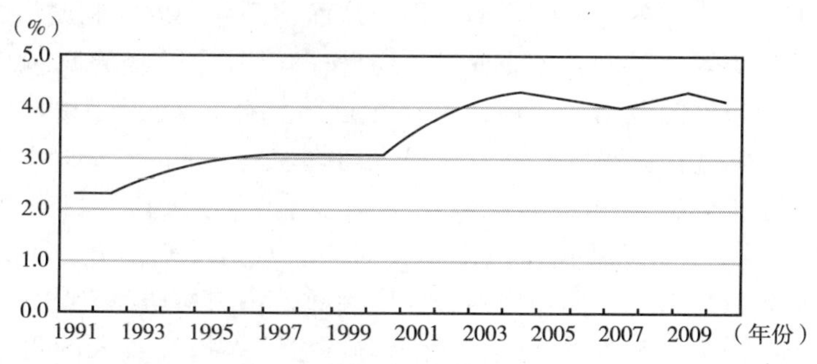

图 4.2　中国的城镇登记失业率

资料来源：根据历年的《中国统计年鉴》整理而来。

① 林嘉，杨飞．论和谐社会与劳动就业权的法律保障［J］．法学家，2005（5）．

目前我国正处于计划经济向市场经济转轨的时期，劳动者就业长期面临严峻形势，劳动力市场存在许多固化的不规范现象，主要表现为劳动力市场分割现象、性别歧视现象、农民工受到不公正待遇、就业培训得不到有效保证、工会力量缺失等等。例如，劳动力市场上的性别歧视现象，一方面损害了妇女的利益，另一方面是基于偏见而不是基于实际生产效率的经济活动，造成了人力资源的浪费和扭曲配置，成为了困扰许多女性求职者的一个重要社会问题。如果不及时解决这些就业问题，将会导致社会矛盾和冲突，威胁社会稳定。

构建多层次、立体化的就业支持体系，特别是针对城镇下岗、失业人员等城市弱势群体、外来农民工，他们的劳动能力和获取就业信息能力偏低，若无政府的就业支持体系援助和社会帮助，仅靠自己通过市场化途径是难以实现就业的。对于这部分就业群体，必须充分发挥政府的力量，构建多层次、立体化的就业支持体系，专项援助，运用更加优惠和更有力的政策措施帮助他们更快就业、更快摆脱失业困境。这对维护社会稳定，化解政治风险，构建社会主义和谐社会是有着重大的现实意义的。

六、包容性的就业体制是缓解贫富差距、消除贫困现象的有效途径

就业是劳动者及其家庭基本生活支出的主要来源。对于大多数社会成员，获得一份稳定的工作，就意味着拥有了一份稳定的收入，维持家庭生活的正常运行。严重的失业问题则会隔断一个家庭的经济收入来源，增加贫困群体的队伍，造成社会贫富差距过大。

理论认为，劳动力从边际劳动生产率近乎为零的农业部门转移到非农部门，可以通过缩小两个部门的劳动生产率差距，从而达到缩小农村和城镇之间的收入差距的目的。蔡昉等（2005）根据理论分析和世界各国的经验归纳总结出只有满足四个特定的条件的劳动力迁移，才有可能产生缩小地区差距的效果。图 4.3 显示了 20 世纪 90 年代以来我国城乡居民人均收入呈上涨的趋势，但是城乡收入差距却是不断地扩大，由 1993 年的城乡收入之比 2.8 增长到 2011 年的 3.44。图 4.4 中显示虽然 2000 年以来我国城镇居民人均总收入不断上升，但是工资性收入对其贡献率却越来越小，而在农村，工资性收入占农村居民人均纯收入的比重却呈上升趋势，说明工资性收入对上涨的农村居民人均纯收入的贡献率越来越大，越来越多的农村劳动力转移到非农产业获取工资性收入。上述现象说明，随着我国劳动力市场的改革，收入差距在扩大。蔡昉等（2005）认为，计划经济时期遗留至今的阻碍迁移的制度性障碍的存在，造成中国农村劳动力转移的一个非典型特征，即暂时性的劳动力流动替代了永久性的人口迁移，其结果是虽然迁

移规模扩大，却没有相应带来城乡收入差距的缩小，以户籍制度存在为典型的制度扭曲，是造成上述扭曲的根本原因。①

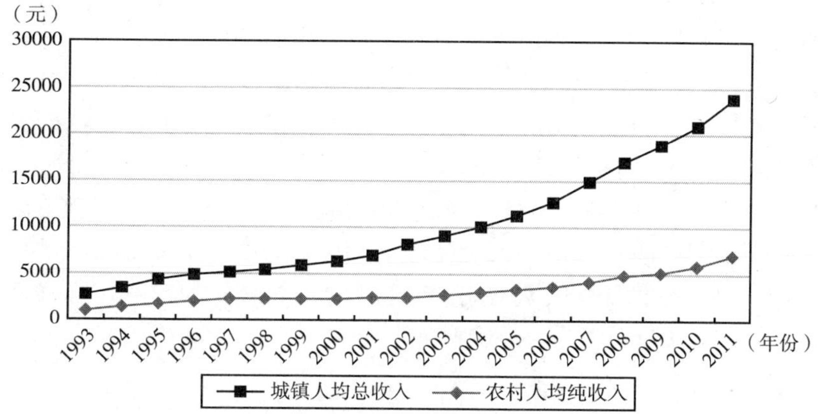

图 4.3　中国城乡人均年收入比较（1993～2011 年）

资料来源：根据历年的《中国统计年鉴》整理而来。

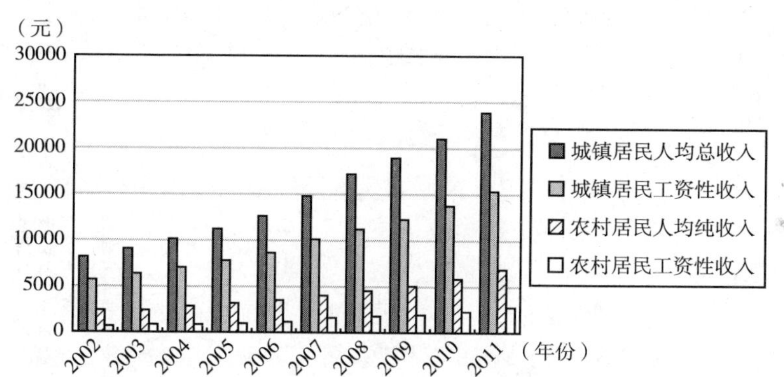

图 4.4　中国城乡工资性收入与总收入的比较（2002～2011 年）

资料来源：根据历年的《中国统计年鉴》整理而来。

陆铭（2007）认为，就业体制在三个方面会加剧收入差距的扩大：第一，全球化进程中资本和知识空前联合，在竞争性的劳动力市场、工会力量薄弱、地方政府间竞争的制度背景下，劳动者处于弱势环节，其权益缺乏完善的保护，而资本和知识的拥有者却在全球化进程中获得高回报，收入的差距的扩大几乎是必然。图 4.4 也说明了工资性收入在城镇收入中的重要性减弱，而财产性收入和经营性收入比重却增加；第二，劳动力市场分割现象固化，一些非价格机制——社

① 蔡昉等．中国劳动力市场转型与发育［M］．北京：商务印书馆，2005：189.

会资本、政治资本、就业单位的所有制类型，也影响着劳动者的收入。这些非价格机制不仅可能在劳动力市场直接产生不利的影响，而且还可能通过家庭背景出身使得受教育机会不均等（李春玲，2003），不利于劳动力的自由流动，造成居民收入差距的扩大；第三，在地方政府保护本地城镇居民利益的驱动下，外来劳动力在就业机会、社会保障、子女教育等方面面临着歧视性待遇，劳动力的流动成本被人为地提高，导致中国的城市化水平远落后于工业化水平，工业向经济发达地区集聚，造成地区间收入差距扩大。

因此，加快户籍制度改革，构建包容性的就业体制，有利于实现劳动力在不同地区、不同部门之间的自由转移，使流动的劳动力的工资仅受教育水平和工作努力的影响，而不受制度性因素的制约，使劳动者的人力资本和工作经验与报酬回报成正比，从而缩小城乡收入差距。

第二节　中国当前就业体制存在的问题

中国2012年国民经济和社会发展统计公报显示，2012年末中国就业人员达到76704万人，其中城镇就业人员37102万人。年末城镇登记失业率为4.1%，与2011年末持平。1991年至2012年间，城镇失业率始终保持在低于4.3%的较低水平。

改革开放以来，中国逐步由计划经济向社会主义市场经济转轨，虽然市场经济条件下形成了“以劳动者自主就业为主导、以市场机制调节就业为基础、以政府促进就业为动力”的就业制度新格局，但是由于计划经济时期实行对劳动力的计划配置、统包就业、行政调配等单一的统包统配的就业模式，遗留下很多历史性问题。我国长期以来公共就业服务缺失、劳动力市场分割、就业机会不平等、歧视现象、人力资源能力建设不足等问题日益突出。我国是一个人口大国，必须要充分认识到我国当前就业体制的问题和弊端，在整个社会主义初级阶段都要把就业工作摆在突出的位置，制定出适合中国特殊国情的就业政策。

一、公共就业服务不完善

就业服务是帮助劳动者实现就业的有效手段。在市场经济条件下，实现充分就业是政府的职责之一，政府促进就业的一个重要途径是通过人力资源市场为劳动者和用人单位提供公共就业服务来实现的。就业服务在帮助劳动者实现就业的过程中一直发挥着重要的作用，促进人力资源市场的健康发展和运行，促进劳动力自由、合理流动，实现劳动力资源的优化配置，帮助就业困难群体实现再就业，有利于维护社会稳定。但是，当前我国的就业服务却没有适应迅速变化的劳动力市场需要，存在服务效率低、服务质量不高等问题。

（一）就业介绍成功率偏低

1. 就业服务机构数量不足。随着我国新增就业人口、农村剩余劳动力的转移以及下岗人员再就业，就业压力不断增大，相对于劳动者不断增长的就业服务需求，我国公共就业服务机构的数量显得相对较为不足。截止到2010年，我国就业服务机构达到1.81万家，其中劳动就业服务企业2.05万家，社区就业实体1.60万家，本期职业指导人数248.65万人，本期介绍成功人数为255.20万人，远低于发达国家水平。就业服务机构数量的不足严重影响和制约了就业服务结构配置劳动力资源智能的充分发挥。另一方面，我国就业服务机构工作人员相对较少，社区等基层就业服务机构更加薄弱，难以向失业人员提供高质量的就业服务。

2. 劳动力市场信息传递功能不健全。在当今的信息社会，劳动力市场的信息传递功能对于健全劳动力市场有着至关重要的意义。劳动力市场信息网是把现代化、信息化手段融入到职业介绍工作，提高职业介绍服务质量、规模和档次的关键。2000年底，劳动保障部颁布的《劳动力市场管理规定》明确规定：公共就业服务机构应当收集、发布职业供求信息，对用人单位招聘人员和劳动者求职就业提供中介服务，为人力资源供求双方提供媒介服务以促进就业。实际上，我国就业服务机构缺乏现代化技术手段，不能建立完善的人力资源市场信息，没有把工作重心放在对劳务市场信息的收集和研究上。获取就业信息的渠道闭塞，未建立完备的人力资源市场信息库开展人力资源供求分析、预测，搜集、整理和定期发布劳动力市场信息。劳动力市场上供给与需求信息不完善，在公共就业服务机构登记求职的求职者，不能满足用人单位对人才的需求；在管理方法上，服务方式不灵活，服务态度和工作作风不人性化，管理手段落后，不能向求职者和用人单位提供高质量高效率的服务；同时，由于产业结构调整和企业经营机制转换等原因，新增劳动力与就业岗位之间存在着信息传递的需求，需要就业服务机构给予充分的信息服务，而就业服务机构提供的服务却与这种需要的服务不对称。

3. 隐性就业现象突出。在我国由计划经济向市场经济转轨的过程中，由于劳动力市场环境复杂、企业用工制度执行不规范、工作稳定性差等原因，我国的隐性就业问题越来越突出，所谓隐性就业是指在劳动保障部门登记失业而领取失业救济金，但是暗地里却受雇于其他雇主，或者自谋职业并没有办理用工手续的人员。我国的隐性就业现象繁多而复杂，一些人员通过摆地摊、开出租、倒买倒卖等方式自谋出路自食其力，越来越多的大学毕业生由于工作难找、薪酬待遇低于预期，纷纷选择找兼职、打零工等隐性就业方式自食其力。虽然这种隐性就业形式，在一定程度上提高了实际就业率，减少政府为实现充分就业目标的压力。但是，这种非正规就业却带来了一些弊端。第一，大量的隐性就业人群游离于官方的社会经济统计之外，影响官方劳动就业统计数据的真实性，进而严重影响到建立在这种统计数据不准确基础上的宏观就业理论的科学性和有效性，使政府依据统计数据推测的就业状况与现实生活中的实际就业现状出现偏差，从而误导到政府进行就业决策的方向；第二，隐性就业人员占用了原本属于真正的失业者的社会资源，造成了失业救济金的流失，使真正的失业者得不到足够的重视和政府援助，影响到政府有限的失业救济金的有效利用和高效发挥，损害就业制度的公平公正性。第三，由于隐性就业人员在从事兼职、短工等就业形式时，没有办理正式的用工手续，用人单位可能存在不规范不平等的雇佣条件，劳动标准不健全不合理，使得就业者的合法权益难以得到保护，劳动力市场秩序难以规范，和谐劳动关系难以构建。

（二）公共就业服务发展不平衡

我国的公共就业服务自改革开放之初起步，伴随着经济体制的转轨和人力资源市场的培育，不断发展并逐步形成体系。20 世纪 90 年代之后，各省、市和区县劳动保障部门相应成立了专门管理就业服务的机构，兴办了各类就业介绍中心、就业训练中心等服务实体，建立了针对登记失业人员的生活保障、就业介绍、就业指导、就业训练、职业培训的一整套制度环境和优惠政策，基本建成了以公共职业介绍结构为窗口的，覆盖省、市、区、街道和乡镇的四级公共就业服务网络。但是，由于我国经济发展不平衡，城乡二元经济突出，区域之间经济发展水平差距较大，导致公共就业服务也出现不平衡的发展现象。

1. 城乡公共就业服务差距较大。由于二元经济的制约，我国农村经济发展水平远远落后于城镇，因此，农村的公共服务体系建设起步较晚，城乡之间的公共服务水平还存在很大的差距。虽然，部门乡镇、行政村已经建立了一些公共就业服务机构，但是在公共就业服务经费、服务人员、管理方法等方面还存在很多问题。首先，就业机构的设置还不能满足乡村公共就业服务的需要，有的乡镇劳动保障管理站没有配备专职工作人员，机构有的是与乡镇企管办合署办公，有的与工业办联合办公，不能有效地发挥服务功能。其次，乡镇劳动保障管理机构经费缺乏，地方财政不愿承担，机构人员没有专门编制，工作流动性大，不能全心全意为广大农村劳动者提供高质量的公共就业服务。最后，我国乡镇劳动保障管理机构的服务手段落后，设施简陋，基础设施不健全，不能满足建立现代化、高科技的劳动力市场信息网络的要求。①

① 何英，王东升．财政投入支持公共就业服务的对策建议［J］．山东劳动保障，2009（11）．

2. 区域之间公共服务发展不均衡。何英和王东升（2009）指出，经济发展的不平衡导致公共就业服务投入的差异，是公共就业服务在区域间发展不均衡的一个重要方面。经济发展较快的地区，地方财政收入多，当地政府对公共就业服务的投入多。但是在一些经济欠发达地区、贫困地区，公共就业服务体系建设不健全，不能适应劳动力市场人力资源供需变化，公共就业服务质量不高。

（三）公共财政支持不足

公共就业服务作为一项由政府出资的公益性服务事业，其最重要的功能应当是为广大劳动者提供公益性的就业服务。《就业促进法》将公共就业服务经费纳入了同级财政预算，明确指出就业服务经费主要由地方财政承担，中央财经对困难地方给予适当补助。由财政部门依法审核和拨付，保证正常开展公共就业服务工作的需要，使公共就业服务经营的管理、运用和监督法制化、规范化。长期以来，在地方政府追求 GDP 至上的利益驱动下，地方财政投入的主要方向是建设投资，将大量的财政收入投入到基础设施建设等经济建设中以促进经济的繁荣发展，这种顾此失彼的财政投入必然导致政府对公共就业服务的重视不够，使公共就业服务机构经费不足。同时，由于缺乏公共财政对公共就业服务投入的绩效评估机制和考核监督机制，不仅使政府在公共就业产品和服务的财政职责模糊，导致财政投入在方向、领域、结构上出现重复或缺失现象。① 即使地方财政拨款，也不能满足公共就业服务结构开展各种就业服务所需要的各种资金费用，缺乏资金来为失业青年、妇女和残疾人等弱势群体开展就业援助、就业前训练，不得不采取收费服务，违背了公共就业服务机构的公益性。

（四）失业保险制度不健全

随着我国产业结构的调整和经济发展方式的转变，我国结构性失业问题日益突出。失业呈现出失业群体低龄化、结构多元化、时间长期化的特点，使得现行的失业保险制度的缺陷更加明显。孙洁和高博（2011）指出，我国失业保险制度在运行中存在以下问题：第一，缴费环节缺乏对用人单位和失业者积极就业的经济激励，制度的灵活性不够。具体来说，无差别的缴费率（城镇企事业单位按工资总额 2%，城镇企事业单位职工按工资 1%）忽视了企业之间在雇佣劳动力水平上的差异性。失业保险不能体现个人的所有权，无法对员工形成良好的激励作用；第二，失业保险政策未能有效覆盖失业人口的失业风险，政策执行力度不够。数据显示，2008 年和 2009 年全国城镇登记失业率分别达到 4.2% 和 4.3%，但年末领取失业保险金的人数却大幅下降，仅占登记失业人员的

① 何英，王东升．财政投入支持公共就业服务的对策建议［J］．山东劳动保障，2009（11）．

25.5%，领取失业保险金人数逆势减少；① 第三，在失业保险金的发放和领取方面，存在着有失公平、道德风险、缺乏灵活性等问题。隐性就业者依然享有领取失业保险金的权利，占用有限的社会资源。现行就业政策规定，逾期不领失业保险金视为主动放弃，这种缺乏人性化的制度设计无法满足现实需求；第四，跨省转移失业保险的渠道并不畅通，社会保险关系也已经户籍化，当地户籍只能在当地参保，相关失业津贴也只能到户口所在地领取。很多地方政府为了保护本地就业人员，规定劳动者应当正常缴纳失业保险费，但是一旦外地劳动力失业却无法享受到失业保险待遇。这种不合理的歧视性待遇违反了包容性增长的观念，有悖于构建和谐社会主义社会。

二、劳动力市场分割的固化

劳动力市场分割一直都是我国经济发展过程中劳动力市场上固有的现象。由于开放和经济改革进程的迅速推进与社会和政治领域中传统制度变革，中国的劳动力市场演变成了一种被多重分割的格局。②

（一）城乡二元劳动力市场分割

1954 年刘易斯发表了题为“劳动力无限供给条件下的经济发展”一文，提出了他的二元经济结构理论。在有别于新古典宏观经济学关于劳动供给是固定不变的假定下，刘易斯提出了无限劳动供给弹性说。刘易斯根据利润情况把整个经济分为两个部门：资本主义部门和生存部门。在生存部门中，劳动的边际生产率为零，劳动力无限供给；资本主义部门具有很高的劳动生产率，是接受生存部门剩余劳动力的部门。因此，在二元经济结构下，资本主义部门的工资只要高于生存部门的收入，就可以大量吸收从生存部门中转移出来的劳动力。当生存部门的剩余劳动力全部被转移时，生存部门的劳动边际生产率会提高，劳动者的收入也会随之增加，资本主义部门为得到更多的劳动力，不得不提高工资水平，其原先面对的水平的无限劳动供给曲线开始向右上方倾斜，水平与倾斜的劳动供给曲线之间的交点即为“刘易斯拐点”，整个经济就从古典学派世界进入了新古典学派的一元经济世界。刘易斯二元经济理论的核心是劳动力市场的二元性，资本主义部门和生存部门的工资决定机制是不同的，劳动力在两个部门之间是分割的。

在二元经济结构下，劳动力市场的城乡分割成为长期以来困扰我国劳动力

① 孙洁，高博．我国失业保险制度存在的问题和改革的思路［J］．西北师大学报，2011，48（1）．

② 李建民．中国劳动力市场多重分割及其对劳动力供求的影响［J］．中国人口科学，2002（2）．

市场改革的一种分割形式。在这种分割下，城乡之间的劳动力流动受到阻碍。图 4.5 中的（a）和（b）分别代表了城市劳动力市场和农村劳动力市场。当城乡劳动力市场严重分割时，城市和农村劳动力市场分别由各自的劳动力供给和需求决定，城市劳动力市场工资为 $W1$，就业人数为 $N1$，农村劳动力市场由于劳动力供给曲线具有无限弹性，供给曲线相对平坦，供需平衡决定的市场工资为 $W2$，就业人数为 $N2$。由图可知，农村工资远远低于城市工资。当农村劳动力向城市转移时，城市劳动力市场上的供给曲线向外移动，变得更加平坦，均衡工资由原先的 $W1$ 下降到 W，就业人数由 $N1$ 增加到 N，同时由于农民收入水平的提高，农村劳动力需求曲线向右上方移动，农村劳动力市场均衡工资上涨到 W。根据劳动力市场一体化的理论，当不存在阻碍劳动力自由流动的制度时，这种调整的结果是两个劳动力市场的均衡工资区域相等，都为 W。

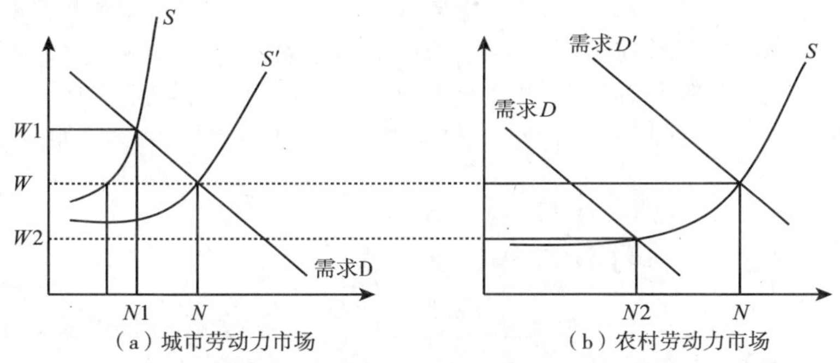

图 4.5　城乡劳动力市场的劳动力供给及工资比较

造成城乡劳动力市场分割的制度性障碍主要是户籍制度。自 1958 年《户口登记条例》以立法形式建立起来，一直是形成和固化城乡二元经济社会的重要阻碍性因素。1984 年国务院规定农民满足在县级以下集镇务工、经商、办服务业且在城镇有固定住所、有经营能力活在企事业单位长期服务的条件，就可以转为城镇常住户口。1997 年，在实行小城镇户籍制度改革试点的城镇，具备条件的农村人口可以办理城镇常住户口。2000 年中共中央、国务院《关于促进小城镇健康发展的若干意见》规定，满足条件的农民可以根据本人意愿转为城镇户口，并享有子女教育、参军、就业等方面与城镇居民同等的待遇。第六次人口普查显示，居住地与户口登记地所在的乡镇街道不一致且离开户口登记地半年以上的人口为 26138.6 万人，其中市辖区内人户分离的人口为 3996.0 人，不包括市辖区内人户分离的人口为 22142.7 万人。同 2000 年第五次全国人口普查相比，居住地与户口登记地所在的乡镇街道不一致且离开户口登记地半年以上的人口增加 11699.5 万人，增长 81.03%。这些政策措施虽然对小城镇户籍制度改革具有一定程度上的意义，增大了劳动力的迁移规模。但是，相比于其他方面的政策制度，户籍制度改革一直没有实质性的突破，成为制约劳动力市场改革的重大壁垒。

由于户籍制度的制约，农村劳动力在进入城市工作居住时，得不到在城市永久居住的法律认可，人口迁移只是暂时性，而不是永久性的，无法跟城市居民同等对待的社会保障、医疗保险、子女受教育机会等待遇，他们在城市的经济和社会生活中被“边缘化”。在寻找工作时，遇到行业和岗位的进入壁垒；即使进入某一行业或者获取某一岗位的工作，农民工继续在工资、福利、升迁、工作环境条件等方面受到不公正的待遇。这些歧视性的待遇增加了农民工迁移的成本，使得农村富余劳动力在向城市迁移的同时，最低补偿工资水平就会出现缓慢上升，并且在城乡平均工资水平仍存在一定差距情况下，劳动力迁移存在先期达到均衡的可能性。① 在图 4.5 中表现为，城市劳动力市场上供给曲线的转移并不是很明显，因此城市劳动力市场上的均衡工资下降幅度很小，同理，农村劳动力市场的市场工资上涨空间也有限。另外，由于农村劳动力不能充分流动，迁移模式以短期和非举家迁移为主，因此在农村形成了人口老龄化和养老问题，规模庞大的留守儿童问题以及农业土地利用效率低和环境破坏等问题。②

（二）行业、部门劳动力市场分割

20 世纪 90 年代以来，由于我国进行国有企业改革，非国有企业开始发展，建筑业、制造业等大批国有企业面临来自非国有企业的日益强大的竞争压力，营业状况不断恶化，员工纷纷失业，但是金融保险业、交通运输业、水电天然气供应、邮电通讯业等垄断性行业却凭借着行政垄断和自然垄断获得高额利润，劳动力市场的行业分割逐渐形成。由国有单位经营的、收入较高的垄断部门排斥外来劳动力，包括没有正式就业身份的农民工和有正式就业身份、来自其他行业和单位的劳动者的排斥，垄断行业从而成为阻碍城市劳动力市场整合的新“领地”③。图 4.6 为我国国有单位与其他就业人员平均工资对比关系，国有单位就业人员平均工资高于其他就业人员，且呈逐年上涨趋势，反映了我国国有经济在部门行业中的垄断地位。

① 姚先国，来君．二元社会结构中的工资决定模型与人口流动［J］．财经研究，2005（8）：68－75．

② 陆鸣．重构城市体系——论中国区域和城市可持续发展战略［J］．南京大学学报，2010（5）：15－26．

③ 王大鹏．我国劳动力市场行业分割问题研究［J］．现代管理科学，2006（11）．

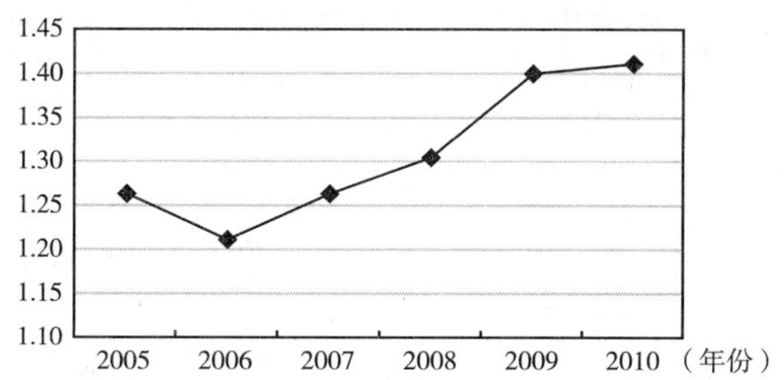

图 4.6 我国国有单位与其他就业人员平均工资比例变动趋势

资料来源：根据历年的《中国劳动统计年鉴》整理得到。

通过对我国 2005 ~2011 年分行业工资统计（见表 4.1）可以发现我国职工最高工资和最低工资行业具有一些显著性特征：第一，最低工资行业比较稳定。连续六年来，农、林、牧、渔业的工资最低，住宿和餐饮业为倒数第二，水利、环境和公共设施管理业连续五年第三，建筑业在 2005 年也位于最低工资行业之列；第二，最高工资行业也相对比较稳定。科学研究、技术服务和资质勘查业、金融业和信息传输、计算机服务和软件业连续七年一直位列最高工资行业前三名，金融业在 2008 年金融危机发生前在职工工资行业中排名第二，2008 年之后荣登第一名，金融业平均工资连续六年是全国职工总平均工资的 2 倍。在信息全球化和互联网充斥的社会，信息传输、计算机服务和软件业连续四年位于最高收入行业。而人力资本较高的科学研究、技术服务和地质勘查业也连续六年一直位于高收入行列。电力、煤气及水的生产供应业、文化体育业和交通运输和仓储业等不完全竞争行业的相对工资水平也位于前列；第三，最低行业工资和最高行业工资相差较大。根据历年的《中国劳动统计年鉴》，垄断性行业职工平均工资均高于全国平均工资，而竞争性行业职工平均工资几乎都低于全国水平。2011 年全国平均工资为 41799 元，金融业为 81109 元，而农、林、牧、渔业仅为 19469 元，不足全国平均水平的 1/2。2005 年全国平均水平为 18200 元，最高工资行业——信息传输、计算机服务和软件业平均工资为 38799 元，高于全国水平的 2 倍，而最低工资行业——农、林、牧、渔业人均工资仅为 8275 元，不及全国水平的一半。这表明我国在经济转轨的过程中，“行业工资差异的形成和增加与一些国有经济的垄断性质直接相关，一些国有经济长期处于垄断地位的行业，其工资水平的持续上升造成了工资行业差异的扩大。”①

① 蔡昉等．中国劳动力市场转型与发育［M］．北京：商务印书馆，2005：217.

表 4.1 我国 2005~2011 年最高工资行业和最低工资行业比较

年份	最高工资行业前三名	最低工资行业前三名
2005	信计软件业、金融、科技地质业	农林牧渔业、住宿餐饮、建筑业
2006	信计软件业、金融、科技地质业	农林牧渔业、住宿餐饮、水环公共业
2007	信计软件业、金融、科技地质业	农林牧渔业、住宿餐饮、水环公共业
2008	信计软件业、金融、科技地质业	农林牧渔业、住宿餐饮、水环公共业
2009	金融、信计软件业、科技地质业	农林牧渔业、住宿餐饮、水环公共业
2010	金融、信计软件业、科技地质业	农林牧渔业、住宿餐饮、水环公共业
2011	金融、信计软件业、科技地质业	农林牧渔业、住宿餐饮、水环公共业

注：行业简称为：信计软件业——信息传输、计算机服务和软件业；金融——金融业。科技地质业——科学研究、技术服务和地质勘查业；农林牧渔业——农、林、牧、渔业；住宿餐饮业——住宿和餐饮业；建筑业——建筑业；水环公共业——水利、环境和公共设施管理业。

资料来源：根据历年的《中国劳动统计年鉴》整理得到。

蔡昉等（2005）通过构建模型 Lr（w_{ij}）$= \partial + \rho_i + \pi_j + \varepsilon_{ij}$也判断工资变动较明显的行业与国有经济垄断性之间的关系，将里面的资料数据进行回归观察到，工资优势最明显的几个行业都是国有经济高度垄断的行业，如航空运输、邮电通信、铁路运输、金融和电、煤气生产。我国的行业垄断问题是由国家高度集中的行政权力和不彻底的所有制改革形成的①。“很显然，由于垄断经营所导致的行业工资差异，必然会损害劳动力市场的竞争性和运行效率”。②

（三）劳动力市场的地区分割

劳动力市场的地区分割是指各地方政府为了保护本地居民利益，实现本地充分就业的目标，通过行政管制手段限制外来劳动力进入本地劳动力市场或者限制本地劳动力流向外地的行为。李建民（2002）认为我国劳动力市场的地区分割主要表现在两个方面：一是农村地区之间的分割；二是城市地区之间的分割。而这两种分割的形成就有户籍制度方面的原因，也有其他制度安排方面的原因。第一种分割的制度性原因主要是土地使用制度，第二种则包括社会保障、住房及其他福利制度③。许经勇、曾芬钰（2000）认为劳动力市场分割表现在地区间居民个人收入差别上④。李晓宁、姚延婷（2012）认为我国劳动力市场的地区分割格

① 聂盛．我国经济转型时期间的劳动力市场分割：从所有制分割到行业分割［J］．当代经济科学，2004，26（6）．

② 蔡昉等．中国劳动力市场转型与发育［M］．北京：商务印书馆，2005：224.

③ 李建民．劳动力市场多重分隔及其对劳动力供求的影响［J］．中国人口科学，2002（2）．

④ 许经勇，曾芬钰．竞争性的劳动力市场与劳动力市场分割［J］．当代财经，2000（8）．

局与不同经济发展水平的区域经济格局相一致，由三方面原因引起：首先，不同区域经济发展政策的非一致性引起劳动力市场的地区分割；其次，不同区域产业集聚的就业效应引起劳动力市场分割；最后，地方政府限制劳动力流入的地方保护政策也导致了劳动力市场的地区分割，这些政策的制定是政治利益与经济利益权衡的结果。陆鸣（2011）指出，如果没有当地的城镇户籍，外来劳动力至少面临"三歧视一障碍"——就业、社会保障、公共服务歧视和土地制度障碍，这就加大了劳动力流动成本，从而阻碍了劳动力流动和城市化进程。①

表4.2反映了我国东、中、西部及东北地区城镇居民年收入的比较，数据表明我国区域间收入水平存在显著差异，东部居民年收入每年都远大于其他地区。因为劳动力市场缺乏流动性和开放性，劳动力市场的地区分割以及我国各个地区经济发展水平和劳动力市场竞争程度不同，劳动力不能自由流动，使得地区间的工资水平存在差异。

表4.2 我国城镇居民收入东、中、西部及东北地区比较 单位：元

年份 地区	2005	2006	2007	2008	2009	2010	2011
东部地区	14584.6	16380.39	18544.97	20965.49	23153.21	25773.29	29226.04
中部地区	9393.22	10572.94	12392.21	14061.73	15539.39	17302.96	19868.19
西部地区	9418.36	10443.01	12130.66	13917.01	15523.03	17309.03	19868.03
东北地区	9295.57	10489.81	12306.17	14162.02	15842.64	17688.18	20163.20

资料来源：根据历年的《中国劳动统计年鉴》整理得到。

劳动力市场的地区分割，在某种程度上有利于一部分本地人，增加了本地就业率，有助于维护本地社会稳定。地方政府提供的仅针对本地居民的社会保障项目、子女教育机会、公共服务体系等有助于提高本地居民的生活水平，维护本地户籍居民的需要（蔡昉，2005）。但是，地方政府这种为了本地利益加以行政保护的割裂全国统一劳动力市场的做法，阻碍了劳动力市场信息的流动，降低了劳动力市场的竞争性，使整个劳动力市场的运行受到影响，无法实现整个社会劳动力资源的优化配置，同时违背了包容性增长的理念，有损于整个社会的公平。对于当地而言，这种地区上的分割也不利于提高本地的资源配置效率。首先，外来的廉价的劳动力移入显然有利于对这类劳动的消费者。劳动力供给的增加将导致工资的减少和就业的增加，厂商将利用这一时机，扩大生产规模，提高商品和服务的供应量，一方面使企业获得更高的利润，另一方面，商品和服务数量增加引

① 陆鸣．玻璃幕墙下的劳动力流动——制度约束、社会互动与滞后的城市化［J］．南方经济，2011（6）．

起的价格下跌有利于本地的消费者；其次，外来劳动力移入本地之后，在该地区进行日常消费，这一附加的消费需求为更多的本地劳动力创造了更多的就业机会和更高的工资；再其次，劳动力的流入会提高本地就业人员的劳动生产率。与没有外来劳动力相比，本地劳动力面对更多的廉价竞争者，被解雇的机会增大，被解雇后寻找新工作的机会成本也将增加，因此，外来劳动力的流入会刺激本地员工提高工作积极性，有效地消除机会主义行为，从而提高生产效率；最后，劳动力流入利于资源得到充分利用，促进经济增长。更多的劳动力能够使企业在更大范围内按照企业发展目标的需要寻找合适劳动力，并且能够有效地保证所需劳动力的数量和质量，使工人和工作达到最佳选择。

付尧、赖德胜（2007）通过对上海和广东两个地区的劳动力市场分割以及经济发展状况的考察，表明劳动力市场的地区分割对区域的经济发展有显著的负面影响。因此，必须建立起统一、竞争的劳动力市场以打破牵绊经济发展的枷锁。

城乡间、行业间、地区间工资收入差距的存在有其合理的一面，不可能也不应该抹杀它们之间的合理差距。但由于劳动力市场分割固化造成的工资收入差距固化妨碍劳动力的合理流动。因此，构造包容性的就业体系，就要打破当前对劳动力的垄断，打破劳动力市场人为造成的分割局面。

三、就业机会不平等和歧视现象凸显

一个社会就业机会的多寡和均等程度，决定了城乡居民是否有机会通过劳动，比较均等地在经济增长过程中获益。[①] 包容性增长理念要求社会上每一个公民都要有平等的机会参与社会财富的创造过程，并且平等地参与社会财富的分配。这就要求居民在劳动力市场上面对公平的就业机会，平等地参与社会化大生产创造社会财富，并且劳动者的工资水平仅由教育水平、工作努力程度和工作经验等与劳动生产率有关的经济特征挂钩，不因一些非经济的个人特征遭受歧视性待遇。事实上，在中国经历从计划经济向市场经济的过渡过程中，劳动力市场不完善或者发育过程本身，造成了特殊的就业和工资歧视现象。《就业促进法》第27条规定：“用人单位招用人员、职业中介机构从事职业中介活动，应当向劳动者提供平等的就业机会和公平的就业条件，不得实施就业歧视。”但现实中就业歧视仍随处可见，性别歧视、学历歧视、外形歧视、血型歧视、星座歧视等多种歧视并存。这表现在不同的性别、不同身份、不同出身的劳动者之间的劳动报酬的不均等以及不同行业、不同工作岗位之间的待遇差距过大等方面。

---

① 蔡昉等．中国劳动力市场转型与发育［M］．北京：商务印书馆，2005：225.

（一）就业的性别歧视

性别歧视主要是指女性劳动者在招聘、劳动报酬、劳动条件等方面受到不平等的待遇。近年来，虽然我国女性的社会地位得到很大的提升，更多的女性接受了教育，获得工作岗位。但是性别差异在现实生活中依然存在，企业普遍认为雇用女性职工花费成本较高，如女性不能在条件艰苦的环境中工作，女性在经期、孕期、哺乳期会中断劳动，婚后较多的女性会把兴趣和责任的中心偏向家庭等。女性就业者仍然存在被歧视的现象，主要表现在以下几个方面。

首先，就业机会不平等。就业机会是指就业者进入劳动力市场，获取工作的机会。就业机会不平等主要表现在两个方面：一是应招机会不平等。在我国的现实经济运行中，女性劳动者的应招权被限制、剥夺、排斥和损害的现象却比较普遍。[①] 根据历年的《中国劳动统计年鉴》，我国城镇女性就业人数占就业总人数的比例逐年降低，2010 年下降到 37.25%，比男性低 20 多个百分点。根据麦可思对往届大学毕业生的抽样调查，截至 2 月底，2010 届女性大学毕业生签约率（21.0%）明显低于男性（29.5%），其中辽宁省 2010 届女性毕业生（15.0%）比男性（33.5%）低约 18.5 个百分点，为男女签约率差距最大省份。[②] 2012 年在对武汉 211 高校大学毕业生就业结果调查问卷中，显示有 45.86% 的女生在求职中遭不同程度的性别歧视，其中 43.63% 因性别遭用人单位拒绝，而这一数据在男生中只有 2.22%。[③] 统计表明，对高学历而言，重男轻女现象比比皆是，在上海浦东举办的一场人才招聘会上，三百余家企业提供了三万多个职位，但是 80% 的用人单位只聘用男生，而应聘者中 2/3 是女生。其中一家企业招聘八种岗位，需要二十多名员工，也不招聘一个女生，甚至一些像会计、贸易、人事等比较适合女性的工作，如今也明确只招聘男生。叶文振（2002）通过对 2002 年大学本科毕业生就业调查结果分析，也发现女大学生的就业机会数量不平等以及工作岗位或工资报酬与能力不相符。[④] 二是招聘录用条件不平等。据调查，以女性的不平等就业环境为基础，还产生了诸如对女性年龄、学历、身高、相貌的要求，而这些要求多数与应聘工作岗位职责无关，并不是工作岗位所必须。甚至有的企业在招聘女性时要求其 3 年之内不得怀孕。

① 傅静．从性别歧视的角度简析女大学生就业问题［J］．河海大学学报（哲学社会科学版），2009（3）．

② 麦可思研究．2010 年 3 月上旬刊（总第 33 期）．

③ 沈芙萱．武汉高校近半女大学生毕业求职遇性别歧视［N/OL］．楚天都市报，http://news.cnhubei.com/xw/kj/201212/t2373313．shtml。

④ 傅静．从性别歧视的角度简析女大学生就业问题［J］．河海大学学报（哲学社会科学版），2009（3）．

其次，就业薪酬不平等。在相同的职业中，在劳动生产率特征相同的情况下，雇主支付给女性劳动者的工资报酬大大低于男性。个人偏见模型指出，如果妇女劳动力成员的实际生产率价值遭到雇主的贬低，如果她们要同男性劳动力竞争工作岗位，就必须以一种比他们低的工资来争取工作岗位。谢嗣胜、姚先国（2005）根据 2002 年城市居民住户调查资料分析，在男女工资报酬差异中，54.4% 归结于个体特征差异的影响，45.6% 归结于歧视的影响。[①] 张世伟、郭凤鸣（2010）通过建立工资方程的固定效应模型，根据 1991 ~ 2006 年中国健康和营养调查数据对城市劳动力市场中性别工资差异的变动进行分解分析，发现 1991 ~ 1993 年和 1997 ~ 2004 年期间，性别工资差异呈缩小趋势，而在 1993 ~ 1997 和 2004 ~ 2006 年期间，性别工资差异呈扩大趋势[②]。根据麦可思对往届大学毕业生的抽样调查截至 2 月底，2010 届签约的大学毕业生中，男女生的平均签约月薪最大差距为 563 元，专业对口率女性低 12 个百分点。而北京不同性别高职高专毕业生签约月薪相差最大，女性高职高专毕业生 2010 元比男性 2622 元低 612 元。在当前签约民企的 2010 届大学毕业生女性月薪比男性低 370 元，专业对口率女性低 12 个百分点；国企女性月薪低 357 元，专业对口率女性低 14 个百分点。而且部分行业存在同工不同酬的薪资歧视。签约于电信及电子信息服务业的女性本科毕业生 2021 元与男性 2524 元薪资差距最大，平均月薪差距为 503 元；签约于交通、物流、仓储和邮政服务业的女性高职高专毕业生 1597 元与男性 2172 元薪资差距最大，平均月薪差距为 575 元。

最后，职业性别隔离。职业性别隔离是指人为地把某些工作鉴定为“男性工作”，另一些工作鉴定为“女性工作”。传统性别观念认为男主外、女主内，形成了男强女弱、男尊女卑、男主女次的角色定位和社会观念，形成了男女在职业隔离方面的不平等的待遇。同时，根据比较优势，男性具有外出工作的优势，女性由于生理特点更适合生育和抚养孩子，她们的比较优势是家务劳动和从属劳动。根据中国劳动统计年鉴统计数据，2010 年城镇单位就业人员中女性占比例为 37.2%，城镇单位女性就业人员占总就业人员比重在制造业为 41.3%，住宿和餐饮业为 54.1%，卫生、社会保障和社会福利业高达 60.0%，而在交通运输、仓储和邮政业仅为 26.8%，建筑业为 13.1%，由此可见，我国男女性在某些行业中的就业比例构成与其在全部就业人员中的比例不一致，反映我国存在职业性别隔离现象。女性往往更多地进入低层次的职业层次，而正是这些在技能要求不高的职业层次的岗位上对年龄和外形的要求更多，从而也间接表现为性别歧视。

---

① 谢嗣胜，姚先国．我国城市就业人员性别工资歧视的估计［J］．妇女研究论丛，2005（6）．

② 张世伟，郭凤鸣．城市劳动力市场中性别工资差异的变动——基于固定效应模型的研究途径［J］．经济评论，2010（4）．

另外，女性在进入职场后升迁的步伐往往要慢于男性。

就业中存在的性别歧视现象不仅严重影响到广大女性的自身发展，而且造成人力资源的严重浪费和不当配置。

（二）就业的年龄歧视

35 岁，原本是一个人最富激情、最富创造力的年龄。然而在我国现实生活中，相当多的单位设定 35 岁以下为招聘年龄的门槛，使得年龄稍大的一些人流动难、择业难。

我们发现，我国很多行业和部门在招聘员工时都对应聘者的年龄作出了限制，绝大多数要求年龄在 35 周岁以下。2010 年最新公布的湖南省直单位及省直垂直管理系统招考公务员计划，几乎所有岗位均与 35 岁以上人员无缘，即便是 35 岁以下可报考的职位也仅有 1/10；2010 年长沙市引进储备优秀人才 4000 余名，党政机关、事业单位职位绝大多数都要求 35 岁以下；湖南某高校招聘辅导员等岗位，要求硕士 28 岁以下，博士 32 周岁以下①；深圳衡平机构调查发现，在不考虑学历限制因素的前提下，仍旧有 868 家企业存在就业歧视现象，占被调查企业的近六成。在这 868 家企业中，67.86% 的招聘岗位对年龄进行了明确的要求，使得“35 岁以下”成为求职者最常面对的门槛②；《法制日报》2011 年披露深圳证券交易所在招聘启事中要求应聘者“年龄在 28 周岁以下”；在各种招聘广告、启事中，我们也可以看到有关年龄的限制性条件：招聘客户经理，要求年龄 22 ~ 30 岁；招聘前台行政文员要求 25 周岁以下；招聘服务员要求 18 ~ 28 岁。就业中年龄歧视已经成为我国劳动力市场上的一个普遍的现象。

孙劲悦（2004）通过问卷调查分析年龄歧视的原因：一是雇主关于求职者个体劳动生产率的信息严重缺失。因为劳动力市场上信息不对称，求职者有关个人劳动生产率特征并不明显，雇主无法通过招聘过程测试求职者的劳动生产率，主观上认为年龄大的求职者缺少活力、劳动生产率较低；二是雇主是追求效用最大化而非利润最大化。年龄歧视本身可以被看做能够满足其心理需求的一种效用，而且队伍年轻化可以体现企业“政绩”；三是雇用年龄大的求职者雇用成本较高。年龄稍大的求职者往往人力资本投资较多，工作经验丰富、受教育程度高，对薪酬待遇期待较高，增加了雇主的雇用成本。同时，年龄大的求职者更加接近退休年龄，退休后企业仍然得负担养老保险、医疗费用③。

---

① 欧阳志胜．大龄研究生就业遭遇年龄歧视 似一道无情的坎［N/OL］．中国新闻网，http：//www. edu. cn/gao_jiao_news_367/20100322/t20100322_458963. shtml。

② 深圳就业歧视状况调查报告．深圳衡平机构，2010 年 05 月．

③ 孙劲悦．关于就业年龄歧视原因的调查分析［J］．财经问题研究，2004（4）．

就业过程中的年龄歧视现象，不仅不能增加雇主的利润水平，反而会使被歧视者和雇主同时蒙受损失。对于歧视者，年龄歧视剥夺了公民的就业机会和就业权利。35岁之后的求职者正处于“上有老下有小”的压力时期，在此阶段失去了就业优势和机会，会使求职者丧失对生活的积极性、产生消极心态，威胁家庭稳定。大龄研究生在读研深造之后由于年龄歧视四处求职碰壁，使求职者感到自己是“被社会抛弃的一族”，投资的人力资本得不到回报。长久来看，会扭曲劳动力市场上的资源配置机制，降低经济运行效率。同时，精英失业者由于具有较高的教育背景，社会诉求强烈，一旦他们联合将会威胁社会稳定，给社会造成严重的危害。

（三）就业的学历歧视

随着我国整体教育水平的提高，用人单位的招聘条件也水涨船高。在现实就业市场上，“本科以上学历”、“统招全日制院校毕业”是招聘信息中最常见的字眼。在我国学历歧视现象相当普遍，愈演愈烈。如今的学历歧视不仅表现在对学历层次就业者的歧视，还表现在对同一学历层次但是不同院校毕业生的歧视。

首先，学历歧视表现为对毕业学校和教育程度的歧视。调查发现，12.8%的城镇居民表示在就业时遇到过就业歧视，而学历歧视则成为最司空见惯的就业歧视现象，74.4%的人表示遇到过学历歧视。各种新兴的就业歧视现象也在不断出现，如非名校歧视（14.1%）等①；就连在一些资格考试中，也存在着学历歧视。据深圳衡平机构对1560份招聘信息的研究，发现绝大多数的企业在招聘时对学历有着苛刻的要求（见表4.3）。由表4.3看出，近80%的企业都要求应聘者学历在“大专（专科）”或以上。从招聘岗位的行业及岗位性质来看，职位层次较低的岗位往往对学历要求比较低，如前台行政人员、促销员、餐饮服务员等用工需求较大的服务业。而对学历要求高的企业则多集中在国企、外企，且职务岗位层次相对较高。

表4.3　　学历要求分布比例

学历	数量（个）	百分比（%）	有效百分比（%）	累进百分比（%）
硕士及以上	21	1.35	1.50	1.50
本科	409	26.22	29.17	30.67
大专（专科）	655	41.99	46.72	77.39

① 学历歧视成为最常见的“就业歧视”，http：//edu.zjol.com.cn/05edu/system/2008/03/02/009258813.shtml。

续表

学历	数量（个）	百分比（%）	有效百分比（%）	累进百分比（%）
高中或中专	279	17.88	19.90	97.29
其他	38	2.44	2.71	100
合计	1402	89.97	100	
无要求	158	10.13		
总计	1560	100		

资料来源：《深圳就业歧视状况调查报告 2010 年》。

学历歧视另一个表现为对第一学历的歧视，即招聘单位在录用研究生的过程中，除了对研究生的学历进行审查外，还对研究生的本科大学学历情况进行审查。近些年，随着研究生教育规模的扩大，毕业生数量不断增加，教育部、国家发改委 2012 年 5 月联合下发的《2012 年全国研究生招生计划的通知》显示，2012 年我国研究生计划招生规模达 58.4416 万人，其中博士生 67216 人，硕士生 51.72 万人。与 9 年前的 2003 年相比，招生规模增长了 1.17 倍，其中博士生、硕士生的招生规模分别增长了 37.9% 和 135% 倍。在研究生供大于求的情况下，用人单位对人才更加挑剔，特别注重初始学历，高校更加如此，一些名牌高校的硕士、博士研究生如果本科不幸“沦落”到二类本科或非名牌院校，用人单位就会放弃录用。据透露，不少大型国企、研究所在招聘时，也会很注重毕业生的本科“出身”，比如像国家电网这种应聘人较多的热门单位，第一学历要求就比较高。

学历歧视还表现为对非全日制研究生的歧视。目前我国的研究生教育有全日制和非全日制两种形式。按照规定，我国成人高等教育毕业生与普通高等教育毕业生享受同等待遇。但在现实中，很多用人单位认为非全日制研究生培养方式不系统不全面，在招聘时特别强调要求全日制本科生，导致非全日制研究生虽然工作经验丰富但是毕业后仍面临就业难的问题。

随着我国高等教育的大众化，学历被认为在不断贬值，大众对高等教育的学历期望也在不断降低，这种“高材低用”的现象必然会一直存在，并且会愈演愈烈。现在是国企、外企、民营大企业要求高学历人员，随着人才供求不平衡、供大于求，越来越多的民营中小企业将加入，推动这种趋势的发展。而结果必然是导致更多的低学历就业者出现就业难，从而产生更深的学历歧视感。①

（四）就业的星座歧视

星相学原本是根据十二个星座的能量的不同表现的不同人格，分析人们的内

① 深圳就业歧视状况调查报告．深圳衡平机构，2010 年 5 月．

在动机、动力、思维方式和态度。如今，星座论在我国越来越流行，一些人开始按照星座挑选自己的最佳匹配恋人，甚至企业在招聘过程中也形成星座歧视。据西班牙《阿贝赛报》2012 年 1 月 10 日报道，一家英语培训机构在某地一所大学校园内张贴的招聘教师和文员的启事具体指明处女和天蝎星座不要，摩羯、天秤、双鱼三个星座优先，该报道称"星座歧视"让中国人求职更难；2012 年中南财经政法大学就业指导服务中心网站上，广州澳普利发门窗系统有限公司的招聘信息中赫然写着设计师仅限处女座，业务员不要双鱼座的，金牛座、天蝎座、处女座者优先①。类似的现象目前在我国职场上大量出现。大学生在就业市场上遇到的星座就业法则越来越多，主要是因为目前我国人力资源市场是"买方市场"，劳动力双方处于不对等的地位。这种出现在就业市场中的迷信"星座歧视"现象会对社会造成不良的影响，致使一些人宁肯相信自己的命运是先天注定，也不愿意自己自强奋斗拼搏。在当前用人单位和应聘者不对等的情况下，作为用人单位，应该抛弃这种"洋迷信"思想，星座歧视会使企业丢失优秀人才。作为人力资源市场主管部门，应该积极传播以人为本的理念，引导企业公平公正招聘，给所有应聘者营造一个公正平等的就业环境。

此外，在我国劳动力市场上还存在着身材胖瘦、个子高低、脸型长相的歧视、对残疾人的歧视等就业歧视现象。

（五）社会资本在求职过程中的作用增强

近年来，就业过程中的"拼爹"、"拼关系"行为，成为又一种突出的就业歧视，严重影响社会公平的实现。《人民日报》2010 年报道："调查显示，相比管理阶层子女，农民与农民工子女在'211'高校入学率、就业率方面都处于劣势。比如初次求职成功信息渠道，农民与农民工子女是参加大学组织的招聘会，而管理阶层子女则是通过朋友和亲戚得到招聘信息。'拼爹'等让人啼笑皆非的网络新词，都让人看到在社会的同场竞技中，不同'二代'面临的不同境遇。②

家庭的社会经济地位及其关系网络构成了大学生就业的社会资本。郑洁（2004）认为社会资本是一种个人通过拥有的社会网络关系而获得的资源，对这些网络关系的投资可以带来预期的收益。③ 李宏彬、孟岭生（2012）从家庭政治资本的角度观察社会资本对大学毕业生就业影响，通过采用清华大学中国经济社会数据中心 2010 年关于中国大学生就业追踪调查数据，建立一个计量模型，研

---

① 武汉企业招聘员工按星座分类 就业遭遇星座歧视，http：//hb. qq. com/a/20120313/001101. htm。

② 为"二代"构建公平的竞技场［N］. 人民日报，2010 －07 －01.

③ 郑洁．家庭社会经济地位与大学生就业——一个社会资本的视角［J］. 北京师范大学学报（社会科学版），2004（3）.

究发现父母的政治资本本身有助于提高大学生毕业生的工资，“官二代”学生的起薪比非“官二代”学生在劳动力市场上第一份工作的起薪平均高 13%（约 289 元/月），而且这一差异不能被学生家庭的收入、父母的教育程度、学生的高考成绩、就读大学的质量以及学生在大学期间积累的人力资本所解释。[①] 秦永、裴育（2011）从城乡背景的角度着手，利用 2009 年南京市某高校微观数据，采用 Probit 模型进行研究，结果证实农村背景的大学毕业生由于主要社会资本投资集中在农业和城市非正规部门就业人群，其就业概率比城镇背景的大学毕业生低。赖德胜、孟大虎（2012）通过研究大学生就业过程中人力资本和社会资本联合作用机制，发现决定能否进入国有部门工作的主要因素是社会资本而非人力资本。[②]

社会资本在个人求职中发挥着重要的作用。奈特和叶（Knight & Yueh，2004）发现社会关系网络越大，就业者越倾向于跳槽寻求更高的待遇。[③] 边延杰等（Bian，1994）认为在中国的就业市场中，“中国关系网”通过建立强有力的纽带对求职者就业过程产生重要作用。[④] 郑洁（2004）认为就业资本对就业的作用体现在三个方面：一是拓展信息渠道，创造更多的就业机会；二是提高可靠的经济后援，降低失业风险；三是减少工作搜寻成本，有助于人力资本价值的实现。[⑤] 徐晓军（2002）还认为社会资本起到协助推荐就业的作用，降低人际间的交易成本。[⑥]

基于家庭经济和社会地位存在的社会资本，拓展了就业者寻找就业信息的渠道，有助于减少工作搜寻成本，降低人与人之间的交易费用。但是，每一个大学毕业生所拥有的社会资本不均等，一些毕业生由于父母受教育程度高、政治地位高、经济条件好等因素享有丰厚的社会资本，在就业过程“拼爹”、暗箱操作，严重违反了劳动力市场上的公开、公平和公正的理念，不利于构建包容性就业体制。

---

① 李宏彬，孟岭生．父母的政治资本如何影响大学生在劳动力市场的表现［J］．经济学（季刊），2012（4）．

② 赖德胜，孟大虎．替代还是互补——大学生就业中的人力资本和社会资本联合作用机制［J］．北京大学教育评论，2012（1）．

③ Knight J. & Yueh. Job Mobility of Residents and Migrants in China［J］. Journal of Comparative Economics，2004，32（4）．

④ Bian，Yanjie，Ang，Soon. Guanxi Networks and Job Mobility in China and Singapore［J］. Social Forces. Mar. 97，Vol. 75 Issue 3，pp. 981－1005.

⑤ 郑洁．家庭社会经济地位与大学生就业——一个社会资本的视角［J］．北京师范大学学报（社会科学版），2004（3）．

⑥ 徐晓军．大学生就业过程中的双重机制：人力资本与社会资本［J］．青年研究，2002（6）．

第三节 构建包容性就业体制 跨越中等收入陷阱

胡锦涛在党的十八次代表大会中讲话：“就业是民生之本。要贯彻劳动者自主就业、市场调节就业、政府促进就业和鼓励创业的方针，实施就业优先战略和更加积极的就业政策。鼓励多渠道多形式就业，促进创业带动就业。加强职业技能培训，提升劳动者就业创业能力，增强就业稳定性。健全人力资源市场，完善就业服务体系。健全劳动标准体系和劳动关系协调机制，加强劳动保障监察和争议调解仲裁，构建和谐劳动关系。”2013 年国务院《政府工作报告》中明确指出要建立和完善促进社会公正的制度：推进就业公平。做好推进就业公平有关工作，逐步实现国有单位都能公平公开公正择优录取人员，促进劳动力合理流动，促进社会纵向流动。赵人伟（2011）认为跨越中等收入陷阱，关键在于提高劳动生产力问题，即提高劳动者素质。只有构建包容性就业体制，使有就业能力和就业愿望的劳动者都能享有平等的就业机会，实现充分就业，人民才会安居乐业、社会才会安定祥和，我国的经济社会才能和谐发展。

一、完善公共就业服务体系，提高就业服务质量

要建立高效、周到、便捷的公共就业服务体系，政府应该紧紧围绕服务对象的各种需求，加强就业服务机构内部专业化建设，提高就业服务的质量与效率，增强劳动者和用人单位的满意度。

1. 完善劳动力市场信息网的建立，促进就业信息的流动。目前我国就业服务机构缺乏现代化技术手段，不能建立完善的人力资源市场信息，劳动力市场信息网存在查询速度慢、信息量不足、使用不便捷等严重问题。我国公共就业服务结构应当加强信息化建设，完善就业服务信息系统，完善信息公开发布系统和职业供求状况分析制度，建立完备的劳动力市场信息库开展人力资源供求分析、预测，搜集、整理和定期发布劳动力市场信息，及时收集并发布职业供求信息，对用人单位招聘人员和劳动者求职就业提供中介服务，为人力资源供求双方提供媒介服务以促进就业。

2. 坚持“以人为本”的理念，提高就业服务质量。有针对性地培养一批职业指导员、人力资源市场管理人员和基层平台劳动保障协理员队伍，优中选优，培育一批师资骨干，加强队伍建设，实现队伍的专业化，带动整体队伍素质的提升。树立“以人为本”的理念，以方便用人单位和劳动者为目标，建立具有多种功能的就业指导中心，使其能够方便地提供失业登记、代发失业救济金、心理

咨询、就业指导、技能培训、查询职业供求信息等“一条龙服务”，全方位开展就业服务，提高就业服务的质量和效率。

3. 加大政府财政投入，保证公共就业服务机构的经费来源。公共就业服务作为政府调节劳动力市场、促进就业的重要方式，可以有效地消除市场失灵，弥补市场机制的不足。公共就业服务机构作为服务提供者，是政府在人力资源市场上从事公益性服务的代表。因此，在公共就业服务体系建设与完善的过程中必须加大财政投入和支持的力度。在政府财政对就业服务的投入中，要优化投入结构，加大对长期失业人员、农民工、残疾人等弱势群体的扶持与帮助，加大财政对基层公共就业服务平台建设的投入，扩大就业服务的覆盖面，建立城乡统筹的公共就业服务体系。

4. 加强相关的立法规范，提高就业服务的法制化程度。劳动力市场的有序运行依赖于完善的制度规则，美国在实施就业服务方面先后颁布了一系列法律，如《社会保障法》、《就业法》、《全国就业与培训法案》等，这些法案的实施更加完善了美国的就业服务，为实施就业服务提供了重要的保障。而我国尚未形成全国统一的劳动就业以及就业服务的管理法规体系，制约着我国公共就业服务的效率和质量。因此，我国需要加强在劳动力市场管理和就业服务方面的立法，规范公共就业服务的行为，维护就业者在劳动力市场上的主体地位，切实保障劳动者的合法权益。

二、推动产业结构调整，促进就业增长

党的十七大指出，要实施扩大就业的发展战略。必须要遵循产业发展规律，处理好资本密集型、技术密集型与劳动密集型产业的关系①，协调第一、二、三产业发展之间的关系，大力发展吸纳就业潜力大的经济领域，积极培育就业增长点。

1. 挖掘第一产业就业潜力，推动有就业需求的城镇化过程。② 刘易斯的城乡二元经济理论指出，农村富余劳动力向城镇非农产业转移是不可避免的。要解决农村劳动就业问题，必须放在整个农村经济发展以及城乡互动系统内加以考虑③。首先，大力扩展畜牧业、养殖业、种植业等劳动密集型产业，有序吸收农村剩余劳动力在本土的转移。其次，积极发展农业产业化经营，形成生产、加

① 吴敬琏．中国增长模式抉择［M］．上海：上海远东出版社，2006.

② 国家发改委宏观经济研究院课题组．产业结构调整对我国就业的影响研究［J］．经济学动态，2008（6）.

③ 郜风涛，张小建．中国就业制度［M］．北京：中国法制出版社，2009：147.

工、销售有机结合和相互促进的机制，推进农业向商品化、专业化、现代化的转变，延长农产品价值链。改变我国传统小农经济自给自足的封闭缺陷，实现农业的规模化经营。最后，加快城镇化进程，扩大就业需求。在遵循城镇化发展的客观规律上，以产业的发展带动就业岗位的增加，有序吸收农村劳动力。

2. 稳定巩固第二产业，保持就业吸纳能力。一方面，继续发挥我国在劳动密集型行业的比较优势，保持我国制造业吸纳就业能力。充分利用东部沿海发达地区劳动密集型产业向中西部地区转移的有利时机，大量吸收中西部劳动力资源。另一方面，加强自主创新，推动技术进步，增加社会总产出，提高社会人均收入水平改变社会消费结构，从而促进服务业等具有劳动密集型特征的第三产业的发展，进而带来就业增长效应。同时，科技的发展将开拓出一大批新的产业，将为人类提供更多的就业机会。依靠科技进步和创新，调控与优化就业结构，开拓新的就业空间，改变就业方式，提高劳动者广泛就业的能力[①]。

3. 大力发展第三产业，提升服务业的就业空间。为充分发挥第三产业的就业吸纳能力，应进一步加大投资力度，引入竞争机制，实现投资主体的多元化[②]。通过投资政策、税收政策和金融政策扶持，加强各方面的服务，促进服务业的发展，提高就业增长弹性，扩大就业规模。一方面，对于住宿和餐饮业、批发和零售业等传统服务业，要引导其向标准化、品牌化方向发展，提高就业活力；另一方面，推动社区服务产业化，促进下岗职工再就业[③]。大力开发我国旅游消费市场，充分发挥旅游业的就业辐射功能。扶持教育产业的发展，切实提高劳动者的综合素质。充分发掘有效利用服务业投入少、就业贡献大的产业。

三、改善中小企业经营环境，吸纳更多就业人员

根据世界各国的经验，只有中小企业才能大量创造新的工作岗位，发展中小企业是中国的大战略[④]。根据统计，任何国家不管是发达国家还是发展中国家，其全部企业的99.5%以上是中小企业，全部劳动力在灵活职业、微型和中小企业中的就业比率为65%～80%之间[⑤]。中小企业吸收了大量的国有企业下岗职工、农民工，近些年来中小企业也开始成为一些高校毕业生就业的重要渠道。周

---

① 杨承训．科学技术创造新产业核心的产业结构［J］．河北大学学报（哲学社会科学版），2006（4）．

② 国家发改委宏观经济研究院课题组．产业结构调整对我国就业的影响研究［J］．经济学动态，2008（6）．

③ 杨宜勇．城市社区就业发展前景巨大［J］．理论与改革，2002（1）．

④ 吴敬琏．发展中小企业是中国的大战略［J］．宏观经济研究，1999（7）．

⑤ 周天勇．结构转型缓慢、失业严重和分配不公的制度症结［J］．管理世界（月刊），2006（6）．

天勇（2006）指出每千人所拥有的微型和中小企业数量水平低是拉丁美洲一些国家比东亚一些国家和地区贫富差距较大、失业率高的最基础、最深层次的原因。因此，中国在发展中要避免“拉美陷阱”，就要改变当前重视特大和大型企业发展，忽视、歧视和抑制微型和中小企业发展的战略、体制和政策[①]。首先，消除对非公有制中小企业的歧视。政府部门必须端正行为，取缔来自各级政府和权力机构对私营企业的乱收费、乱集资、乱摊派的“三乱”和形形色色的“吃、拿、卡、要”等歧视行为；其次，降低中小企业的进入门槛，简化注册登记程序。政府对企业诞生准入的门槛低、环节少、时间短，则创业活跃，微型和中小企业数量就多，就业水平就高，失业率就低[②]。因此，有关政府部门应该适当减少企业准入的资本金金额，缩短注册登记时间，放宽中小企业经济范围，杜绝政府人员“寻租”行为；再其次，税费改革，减轻中小企业社会负担。制定中小企业税收的减免及宽限政策，实行中小企业雇用人员数量和优惠政策挂钩。减少乱收费、乱摊派，降低税负水平，提高中小企业利润水平，促进投资，从而增加就业。最后，向中小企业提供资金帮助。发达国家的成功经验表明，提供金融支持是解决中小企业融资问题、促进中小企业持续稳健发展的有效办法。因此，我国政府部门应高度重视中小企业融资难问题，通过制定协调、配套的政策、法律以及相关机构支持中小企业的生存与发展[③]。设立支持中小企业发展的政策性金融机构，优先投资就业吸收能力强的中小企业。

四、消除劳动力市场分割，建立统一的劳动力市场

1. 促进城乡统筹就业，推进农村富余劳动力转移。目前我国统一的城乡劳动力市场还未形成，成为影响我国人力资源有效配置的制约因素。大力推进我国农村富余劳动力向城镇转移，建立城乡统一的劳动力市场，实现城乡劳动者平等就业，对构建包容性的就业制度具有重大意义。第一，加快户籍制度改革。户籍制度改革按从小城镇、中等规模的城市，最后到大城市乃至北京、上海这些传统体制的最后堡垒的顺序进行，按照不同类别的情况和具体人群渐次开放户口进入，最终消除户口的含金量。[④] 第二，深化农地征用制度和农村集体建设用地制度改革，还土地权利于农民。明确界定土地产权，明晰农村承包地和集体建设用地的产权关系，阻碍强势力量随意侵蚀农民土地利益。通过土地流转，让转售土

① 周天勇．论实现社会公平的基础［J］．中共珠海市委党校珠海市行政学院学报，2006（3）．

② 周天勇．结构转型缓慢、失业严重和分配不公的制度症结［J］．管理世界（月刊），2006（6）．

③ 郭田勇．中小企业融资的国际比较与借鉴［J］．环球金融，2003（11）．

④ 蔡昉，都阳，王美艳．户籍制度与劳动力市场保护［J］．经济研究，2001（12）．

地所得收益成为农民工进行永久性迁移的物质基础。第三，建立城乡统筹的社会保障体系。从保障农民的实际利益出发，根据农民的现实需求，优先解决突出的、基本的保障问题。建立全国统一的工伤保险和基本受教育保障，建立与工作和地区条件相符合的最低生活保障，再逐步建立自愿性的、有弹性投保比例的医疗保险、失业保险和养老保险。① 第四，优先建立市场化的城镇就业网络和农民工就业扶助体系，发展城乡结合的分层次、网络型、综合性的劳动力市场。②

2. 消除人为的市场分割，实现劳动者的公平竞争。当前我国劳动力市场上存在城乡分割、地区分割、行业分割等劳动力市场分割现象和性别歧视、年龄歧视等歧视现象，阻碍劳动力自由流动，影响人力资源的效率。因此，必须要加强劳动力市场的建设，消除制度性不公，为保障公平就业促进公平分配提供有利条件。一方面，在制度层面上，要清除劳动力市场上的歧视现象和阻碍劳动力自由流动、自主择业的体制性障碍，真正落实全体劳动者的平等就业权。从立法上废除歧视性规定，建立劳动就业反歧视诉讼法律机制，明确规范劳动者求职、用人单位招聘的行为，加强劳动保障部门对就业市场行为的监控，将劳动力市场运行纳入法制化轨道，消除企业在招聘过程中的歧视性行为，贯彻执行劳动法、劳动合同法和劳动仲裁法等劳动法律制度，确保劳动者自主择业、自由流动，企业自主用人，劳动力市场主体在平等的基础上自由竞争。另一方面，在经济层面上，在区域发展政策、产业发展政策、所有制结构调整政策、城镇化政策等宏观决策过程中，都要把有利于形成统一的劳动力市场作为重要因素。③ 营造公平的市场环境，发挥市场机制的作用，使所有在劳动力市场上寻找工作并具有相同劳动生产率的劳动者都应该得到同等的待遇。打破不必要的行政垄断和行业垄断，建立规范的市场机制，加强对经济活动中垄断成分的限制和管理，逐步消除行业间工资差异。

五、鼓励大学毕业生创业，提高人力资源配置效率

中国大学生就业已经成为社会经济发展过程中越来越突出的热点问题，大学生就业形势也越来越严峻。2013 年全国普通高校毕业生 699 万人，比上年增加 19 万人。2013 年 5 月 16 日，国务院发出《关于做好 2013 年全国普通高等学校毕业生就业工作的通知》从落实就业政策、拓宽就业渠道、鼓励自主创业、加

① 朱力．户籍制度对城乡差距的影响及对策探讨［J］．重庆科技学院学报（社会科学版），2008（4）．

② 姚先国，乔明睿，来君．城乡劳动力流动模式的影响因素分析——基于杭州市外来务工人员的调查［J］．重庆大学学报（社会科学版），2009，15（1）．

③ 郜风涛，张小建．中国就业制度［M］．北京：中国法制出版社，2009：107.

强就业服务、开展就业帮扶和就业援助、大力促进就业公平、推动高等教育更好地适应经济社会发展需要和加强组织领导等各方面工作提出了要求。

曾湘泉（2004）认为，提高高校毕业生的就业比率，无疑会提高整个社会人力资源配置效率。通过关注就业而关注高校的教育体制改革、消除就业的制度性障碍以及促进大学毕业生的就业意识转变，以适应变革中市场化的就业环境，都对人才强国战略的实施具有重要的意义。① 由于大学生懂外语、擅长计算机、具有政治诉求，大学生失业就是精英失业，一旦社会中出现大量的精英失业现象，可能对社会稳定造成威胁引起社会动荡（刘伟，2012）。创业是就业之源。要提高大学生创业率和创业成功率，政府需要发挥主导作用。首先，政府相关部门要根据大学生在创业过程中可能出现的具体问题制定创业扶持政策，各地要对自主创业的大学毕业生降低准入条件，落实各项政策扶持。其次，政府要广开资金渠道，促进创业投资引导基金和风险投资公司与高校的多项目合作机制，形成多方互赢局面。建立政府启动引导、民营资本为主的基金项目，实现民营资本与大学生创业平台有效的对接。最后，重视全过程全方位的创业教育管理。以政府主导、高校和社会培训机构为主，做到从种子培养到创业成功全程性、系统性的服务体系，根据实际需要综合运用多种方法，不断优化大学生创业环境。②

六、加大财政资金投入，促进失业再就业

为了解决我国的失业问题，政府部门要加大财政资金投入力度，实施一系列促进下岗人员在就业的政策措施。

1. 鼓励失业者自谋职业和创业，给予贷款、税收等优惠政策。对自谋职业和自主创业从事个体经营的，在规定限额内一次减免营业税、城市维护建设税、教育费附加和个人所得税；并免收管理类、登记类和证照类的各项行政事业性收费，期限最长不超过三年。对自筹资金不足的，提供小额担保贷款支持，对微利项目，由财政据实全额贴息。③

2. 鼓励企业多吸纳失业人员。各类服务型企业和商贸企业新增岗位招用失业人员，根据其吸纳人数由政府提供一定金额的社会保险补贴。对服务型企业、商贸企业、就业服务企业中的加工型小企业，以及街道社区具有加工性质的小企业实体，在当年新增岗位中招用下岗失业人员达到30%以上的，三年内减免有

---

① 曾湘泉．变革中的就业环境与中国大学生就业［J］．经济研究，2004（6）．

② 周微微．促进大学生创业成功的环境因素研究［J］．经济研究导刊，2012（33）．

③ 部风涛，张小建．中国就业制度［M］．北京：中国法制出版社，2009：46.

关税收，在当年新增岗位中招用失业人员达到30%以上的，三年内减免有关税收。[①]

3. 健全社会保障体系，建立促进就业的联动机制。当前我国城镇已经初步建立了以城镇下岗职工基本生活费、城镇居民最低生活费和失业保险金三条保障线为主的社会保障体系，但是我国的社会保障体系覆盖率很低，不包括广大的农村就业人员和在城镇就业的非在职人员。因此，我国需要积极推进社会保障制度建设。社会保障法制建设应坚持“公平与效率兼顾、竞争与稳定并重”、“国情特点与国际标准结合”、“国家、用人单位、个人责任分担”三个原则。[②] 要积极创造条件，解决社会保险流动和接续问题，为进城务工农村劳动者提供必需的社会保障。积极推进再就业工程，通过公益性岗位安置等途径增加就业岗位，免费为失业人员提供就业培训，对就业困难人员进行优先扶持和重点帮助。

① 郜风涛，张小建．中国就业制度［M］．北京：中国法制出版社，2009：158－159.

② 刘旭．浅谈失业和再就业问题［J］．劳动保障世界，2008（2）．

第五章　促进包容性增长的教育体制

在自然资源和能源供需矛盾日益突出的现状下，传统依赖资源的经济发展模式受到严重制约，各国为实现经济持续发展必须寻求新出路：利用人力资源，充分发挥人的主观能动性，重视人才的作用，形成以人力资源为支撑的新经济发展模式。而教育是知识和技能传播的过程，是人力资本形成的主要途径。经济发展离不开教育的支撑，发展中国家要避开中等收入陷阱，实现经济的包容性增长，必须大力发展教育，实现物质文明和精神文明的协调发展。中共十八大报告也提出“努力办好人民满意的教育。办好学前教育，均衡发展九年义务教育，基本普及高中阶段教育，加快发展现代职业教育，推动高等教育内涵式发展，积极发展继续教育，完善终身教育体系，建设学习型社会。大力促进教育公平，合理配置教育资源，重点向农村、边远、贫困、民族地区倾斜，支持特殊教育，提高家庭经济困难学生资助水平，积极推动农民工子女平等接受教育，让每个孩子都能成为有用之才。鼓励引导社会力量兴办教育。”

本章将从教育对规避“中等收入陷阱”的意义，国际上其他国家发展教育的经验教训，我国教育历程、现状以及发展中出现的一系列制约包容性增长（教育不公和效率低下）等问题着手，分析我国应如何基于教育的合理包容性规避中等收入陷阱。

第一节　教育与“中等收入陷阱”

一、国内外学者关于教育对经济发展和社会进步作用的理论

从原始社会代代相传的捕食采果技艺到今天的学校教育、劳动力培训，职业技能培训等方面，教育贯穿人类生活的始终，在经济和社会发展中发挥了重要作用。教育是知识传播及人力资本形成的过程，西方学者最初对经济增长的研究多

从资本和劳动等要素投入着手，随后基于教育对经济增长贡献的研究，多是从知识存量和增量、人力资本对经济增长的研究入手的。

丹尼森把影响经济增长的因素归为以下五点：劳动在数量上的增长和质量上的提高；资本（包括土地）在数量上的增加；资源配置的改善；规模的节约；知识进展。此外，在《1926～1969年美国经济增长的核算》一书中得出结论，知识进展是发达资本主义国家最重要的增长要素，强调技术知识和管理知识同等重要。根据丹尼森的估算，在1929～1957年间美国人均国民收入的年增长率为1.6%，其中知识增长和教育增长发挥了重要作用。如果将知识增长视为教育增长的一部分，教育对经济增长的贡献作用就更明显。库兹涅茨则认为经济增长主要归因于知识存量的增加、劳动生产率的提高和结构的变化。随着社会的发展，技术知识和社会知识存量增加，当存量被利用时，必然引起后两者发生变化。但他还未把知识本身看做生产力，需在一些中介因素的作用下，最终变成现实的生产力。

新增长理论学派的代表罗默在1986年的《收益递增经济增长模型》中提出了内生经济增长模型，首次将知识作为一个独立的要素引入增长模型，认为知识和技术是经济增长的源泉，并将知识分为专业化知识和一般知识，一般知识只增加规模经济效益，而专业化知识还能起到增加生产要素的递增效益。

卢卡斯认为人力资本积累是经济增长的源泉，各国经济增长的差异主要是人力资本方面的差异及各国在国际贸易中的人力资本比较优势所致。人力资本存量越丰富的国家，经济增长率越高。

舒尔茨则提出了人力资本理论，基本观点如下：人力资本存在于人的身上，表现为知识、技能、体力价值的总和；人力资本是投资形成的；人力资本投资是经济增长的主要源泉；人力资本投资是效益最佳的投资；人力资本投资的消费部分的实质是耐用性。他还指出“人口质量和知识投资在很大程度上决定了人类未来的前景”。

经济学家对教育的研究最初把教育看成是外生的。罗默的内生经济模型再到舒尔茨的人力资本理论，教育对经济发展的作用受到西方经济学家的重视。我国学者也先后从教育对经济经济增长的贡献方面做了相关研究：

叶茂林、郑晓齐和王斌（2003）在《不同教育程度劳动力在经济增长中的作用》一文中分析得出，不同受教育程度的劳动力对经济增长的贡献不同，劳动者受教育程度越高，对经济增长的贡献也越大。此外，不同教育程度对经济增长贡献的弹性不同，中等教育和高等教育对经济增长贡献的弹性较大，即中高等教育发展对经济增长作用更明显，我国目前应着重发展中等教育和高等教育。

史仕新、金周英（2005）在《教育促进经济发展的作用机制分析》中得出结论，教育通过直接和间接作用两方面影响经济增长。教育的直接作用表现在教育作为一个重要产业，其发展会直接拉动经济增长；间接作用表现为教育形成人力资本，通过人力资本对经济发挥作用。

虽然国内外学者从不同形式、不同层次来分析教育对经济增长的作用，但都呈现出教育与经济发展的正相关关系，教育是经济发展的必要条件。此外，各层次教育对经济发展作用不同，我国要根据实际需要发展不同层次的教育，既保证为经济发展提供必要人力资本又能使教育资源得到有效利用。

二、教育是实现经济跨越的重要支撑

（一）教育是转变产业结构和经济增长方式的重要途径

1. 转变产业结构即产业结构优化和产业结构升级，教育在产业结构优化升级中发挥重要作用。

第一，教育（尤其是农村职业技术教育）是传播知识、经验和先进生产方式的过程。先进经验、技术一旦被用于农业生产过程，生产效率将大大提高，把劳动者从第一产业解放出来，加速向第二、三产业的转移，为劳动密集型企业及技术含量低的服务业提供充足劳动力。此外，教育能改变人们的观念，减少农村人重土地的观念和乡土观念，促使他们离开土地就地发展旅游业及农副产品深加工，或者离开家乡向城市第二、三产业转移。妇女也离开家庭从事部分工作（纺织业、家政服务等）发挥女性的比较优势。就我国而言，近年来，教育在农村得到相应发展，农民思想得到解放，科学文化素质大大提高，使科学种田、科学养殖有了实现的可能性。加之国家对家庭购买农器具的补贴，农业机械化水平显著提高，农村闲置劳动力增多，迫使农村劳动力寻求新出路，第二、三产业由此得到发展。教育带来劳动者在产业内部转移，三大产业结构日趋合理的过程即产业结构优化。

第二，教育提高人们的素质，为经济发展提供具有专门技能的人才，提高人们的学习能力和适应新技术、新岗位的能力。这些具有专门技能的人才形成人力资本积累，为三大产业的发展提供人力资本的支撑，促使三大产业向更高水平发展。从经济学家们最初把知识视为外生的因素到新增长理论学派把知识看做经济增长的内生要素，再到舒尔茨的人力资本理论，人力资本存量及其投资水平在经济增长中的作用越来越受到重视，人力资本存量也继劳动和资本之后被视为重要的生产要素。劳动力素质普遍提高，具有专门技术和转移知识的人才增多，为产业结构升级提供人力资本的支撑。

2. 转变经济发展方式主要包括转变拉动经济增长的力量、改变要素投入，教育可通过作用于以上两者来影响经济发展方式。

第一，教育本身及相关产品形成居民家庭消费，拉动个人需求增长。如今，我国国内（尤其是农村）购买力还不强，消费不旺盛，家庭储蓄的重要动机是子女教育资金，教育及相关产品的开发已形成一个完整的产业，刺激了投资和国内需求的增长，促使我国经济由单纯依靠出口向投资、消费、出口“三驾马车”协调拉动转变。此外，教育还能转变人们的消费观念，使消费层次由单一的生活资料消费上升到精神文化层面的消费。

第二，教育水平不断提高，形成了大量人力资本及附加在人力资本上的技术和知识，促使一国经济由依靠劳动力和土地、资源等要素的粗放型投入向依靠人力资本、技术和知识等要素的密集型经济发展方式转变。

第三，教育是增强自主创新能力，建设创新型国家的根基力量。创新是一国兴旺发达的不竭动力，能为经济发展带来“1+1>2”的乘数效应。教育形成的人力资本是创新的主体，技术知识则是创新的客体。教育发展为一国创新奠定了基础，决定了创新能力和水平。

总之，教育一方面为三大产业提供充足的劳动力，促进劳动力在不同产业间的平衡；另一方面为不同产业的发展提供人力资本的支撑，推动产业结构优化升级。此外，教育还从拉动需求和改变一国要素投入等方面对一国转变经济增长方式起到促进作用。

目前，随着我国对劳动力保护法律的日益完善，劳动力成本的提高，经济和政治上后起的国家如越南、菲律宾等仍保持较低的工资水平，我国低廉的劳动力优势消失，人口红利也开始消失。经济发展遇到瓶颈，牺牲资源和环境为代价的传统经济发展模式受到制约，面临着中等收入陷阱的风险，迫使我国改变产业结构，转变经济发展方式。因此必须大力发展教育，为产业结构的优化升级和经济发展方式的转变以及打造中国经济的“升级版”，提供人力资本和技术支撑。

（二）教育公平是实现社会公平和社会稳定的必要条件

教育公平是机会公平，给予每个人平等、自由接受教育的机会，利于营造良好的社会环境，是实现包容性增长的必要条件。教育公平是社会公平在教育领域的延伸和体现，其核心是保障公民享有平等的受教育权利，公平地享有公共教育资源，在教育过程中被平等地对待以及具有同等的学业成就与就业前景的机会。

接受学校教育是每个孩子进入社会的开端，通过提高个人素质，为未来寻求较好工作机会创造条件。教育资源的公平分配有利于区域间教育协调发展，减少资源浪费，使教育资源得到最大化利用；教育过程的公平有利于学生（尤其是弱势群体，如：进城务工人员的子女）身心健康的形成，实现社会公平和社会稳定。进城务工人员子女因户籍问题入学难，而在学校因教育过程中部分老师和同学的歧视，让他们的心理受到伤害。此外，用人单位尤其是国有企业和事业单位在选择员工时，已不再将学历及个人素质作为唯一标准，个人出身和社会关系也起到一定作用，教育公平在一定程度上能弥补个人出身带来的先天性的社会不公平，有利于社会稳定。我国政府在促进教育公平的道路上也作出较大努力，2008 年在全国范围内普及九年义务教育，这是我国在实现教育公平进程上的最大进步，2010 年颁布的《国家中长期教育改革和发展规划纲要（2010～2020 年)》中明确提出，要“把教育公平作为国家基本教育政策”。

（三）教育是社会流动的助推器

社会流动是社会成员或社会群体从一个社会阶级或阶层转到另一个社会阶级或阶层，从一种社会地位向另一种社会地位，从一种职业向另一种职业转变的过程，它是社会结构自我调节的机制之一。这里主要强调教育对人们向上流动的作用。没有社会流动，一国社会阶层就会固化，各个阶层间的矛盾激化，不利于经济的包容性增长，经济增长因缺少活力和竞争性而止步不前，更无法实现质的跨越，陷入中等收入陷阱的泥潭。我国的官本位思想深深影响了人们的生活，自古就有“学而优则仕”的观点，把教育看做改变命运（尤其是社会底层命运)，“鲤鱼跳龙门”的重要途径，教育为人们向上流动提供了可能性，尤其是在 20 世纪 90 年代以前，我国人才稀缺，对大学生实行“统包统分”的就业政策，接受高等教育就能改变一个人的身份。对高层次教育的追求还加速了人们在不同地区尤其是城乡间的流动，促使人们在不同职业、不同阶层间流动。此外，我国企业仍偏重于学历文凭，农村孩子接受教育后，学历文凭可看做其在城市中生存的一种资本，加速人们由农村向城市的流动。

总之，教育为经济的包容性增长及合理规避中等收入陷阱创造了条件，提供人才和技术的支撑，促进社会流动，教育公平利于营造良好的社会氛围，是实现包容性增长、规避中等收入陷阱的必要条件。

第二节 基于教育规避“中等收入陷阱”的国际经验教训

第二次世界大战后，世界各国经济都得到不同程度的发展。就亚洲各国看来，东亚诸多国家中如中国、越南等在较短时间内从低收入国家发展为中等收入国家，继而却无法进一步实现更大的突破；而日本、韩国、中国香港和台湾地区却能继续保持良好的经济增长势头，用较短时间就跨入了高收入国家，离不开其对教育的大力投资发展。

一、支撑从中等收入国家到高收入国家的韩国教育

第二次世界大战后韩国经济迅速发展，创造了“汉江奇迹”，成为“亚洲四小龙”之一。这离不开韩国对教育的重视，第二次世界大战后三四十年里，韩国坚持走“科技兴国”的道路。1948年，韩国新政权成立后，就颁布宪法保证国民接受教育的平等性及初等教育的义务性和无偿性。随后又通过教育法，使教育受到法律保护。韩国居民也把教育视为改变个人乃至家庭命运的主要手段，20世纪50年代，在韩国掀起了教育浪潮，贫困家庭也争先恐后送子女上学。到1960年，韩国教育普及水平已相当高。20世纪70年代，韩国政府积极调动各方面社会力量，增加对教育的投入，注重对不同层次教育的发展，基本扫除了文盲，劳动力素质得到大大提高。1972～1976年韩国“三五计划”后，产业结构重心已基本从劳动密集型转为技术密集型。较高的教育水平为韩国经济的快速增长提供了充足人力资本。同时，经济的进一步发展使韩国教育水平和教育普及程度继续提高。教育的繁荣和普及使韩国在较短时间内摆脱了贫困，为韩国发展成为“亚洲四小龙”作出重要贡献。教育机会的扩大，使全社会成员都有可能去追求更高的社会地位，这也是韩国举国上下重视和发展教育的根本动力。

1945年韩国和朝鲜在以北纬38度分开后，韩国迅速崛起除了有政治体制的差别外，对教育的重视也起到一定作用。韩国国土面积小，自然资源较少，但通过发展教育形成人力资本这一比较优势，建成大量以高素质人力资源为依托的三星、LG、现代等国际知名制造业品牌，在短短几十年内便从低收入国家逐步跨入高收入国家。我国是制造业大国，但至今仍从事的是简单的加工组装，在生产链上处于低端，我国可效仿韩国，形成人力资源优势，由“人口压力”向“人力资本”转变，发展自主创新含量较高的制造业，使我国由“制造大国”向“制造强国”转变。

二、贯穿经济社会发展全程的美国教育

第一次世界大战期间，美国大发“战争财”迅速崛起为世界强国，与英国并驾齐驱。第二次世界大战后，美国独霸全球，成为世界政治、经济、文化、军事强国，这得益于美国历届政府对教育的重视。美国高等教育起步尤为早，已建成多所世界一流大学。20世纪40年代，美国就颁布相关法律对符合条件的部分军人提供教育和训练，为第二次世界大战后经济发展提供了高素质劳动力。20世纪五六十年代，联邦政府联合社会力量加大对高等教育的投入，学生数量激增，美国高等教育开始由精英教育向大众化教育转变。1958年美国的《国防教

育法》，使中小学教育迅速普及。随后又颁布了《职业教育法》，鼓励职业教育的发展。美国教育，特别是高等教育，提高了国民素质，为美国以高科技为支撑的经济发展提供了大量人才，美国企业不是做产品而是在为全世界做标准，攫取了巨额利润。美国重视教育的一个突出特点和捷径是通过奖学金吸引国外优秀的高材生，通过绿卡留住国外培养又到美国进修提高的博士生，既节省了大量教育经费又利用了全世界教育的成果。

三、日本的"全民教育"

日本自"明治维新"以来就一直重视教育的发展。1872 年日本政府制定了全国统一的学制，推行小学义务教育。20 世纪五六十年代，大力发展重化工业，把培养技术人才作为教育发展的重点；1962 年日本政府为培养工业发展所需的中级技术人员开始兴建高等专科学校，为工业发展输送大批技术人才，推动了经济快速发展。20 世纪 70 年代以后，日本产业结构从资本密集型转化为知识密集型，把培养能自主开发新技术的高级人才和熟练运用新型技术的中级人才作为教育发展的重点，1974 年基本上普及了高中。到 20 世纪 80 年代中期，日本总人口中大学生比例已达 10%。日本政府不仅重视对教育的投资，而且始终坚持教育要为社会经济发展和生产实践服务。在经济发展的不同阶段着力发展相应层次的教育，日本企业对在职员工的职业技术教育也极为重视。这都为日本技术创新和产业结构的调整培养出大批优秀人才，为日本跨入高收入国家、创造出"东亚奇迹"，提供了人才和智力支撑。日本教育得以快速发展离不开政府、企业及国民三方面的共同努力：

首先，第二次世界大战后，日本作为战败国，经济几乎处于崩溃的边缘，但日本政府仍通过立法等途径鼓励发展教育。1947 年日本政府就立法保证九年义务教育的实施，在经济恢复与发展中日本政府实际上也坚持了"教育先行"的政策。而我国实际上则是"经济先行"，经济先行短期内刺激经济快速增长，但教育先行则为经济的长期发展奠定了坚实的人才基础。此外，日本政府坚持教育为经济服务的理念，根据经济发展的需要开办不同层次学校，设置相应专业。除了政策的保证外，日本政府还为教育发展提供了大量资本支持。据统计，1960～1975 年的 15 年中，日本政府教育的投入增加了 10 倍，教育投入占国民收入的比重在 1980 年已上升到 7.2%。日本对不同地区的教育投资也较均衡，城乡学校设施条件相差较少。

其次，企业对学校教育的资助及继续教育。日本企业为保证高质量人才向企业的输送，不仅为学校提供大量资助，还重视企业内部的教育，由企业的专门教育机构通过培训的形式对员工进行再教育，有条件的企业还在内部设立了业余学校，为员工的终身学习提供条件。

最后，国民重教育的现象。国民对教育的重视增加了家庭对教育的投入，形成了全民接受教育的社会氛围，利于日本发展教育政策的贯彻实施。

四、印度的教育不公与社会不公

印度在20世纪末凭借班加罗尔的软件业在亚洲国家中一枝独秀，发展成为世界上仅次于美国的软件出口大国，成为世界外包的代名词，但繁荣的背后也存在诸多问题，由教育不公加剧的种族矛盾突出、社会阶层分明和贫富差距过大。印度教育不公平与社会环境及历史有较大关系。印度与我国具有一定的相似性，除了领邦、国土面积较大之外，印度在1950年才摆脱英国的殖民统治，实现独立，它也是一个多民族国家，有十个大民族和一百多个小民族。此外，印度的宗教信仰多元化，古印度的分层制和种姓制度则造成印度社会等级制度森严，社会阶层分明，“表列种姓”和“不可接触者”在印度毫无地位，印度性别歧视严重，由上述社会环境及历史因素带来的印度教育不公平主要表现以下几方面：

第一，印度教育资源在不同阶层间分配不均。一方面，印度的教育制度复制着社会关系，教育资源及受教育的机会在不同社会阶层间分配不均衡。低种姓和“贱民”受教育机会极少，他们希望通过教育改变社会地位，要求政府进行教育改革，而政府所做的努力在20世纪也都因高种姓的反对未能落实。即使低种姓接受教育，在学校受到其他人的歧视和冷落，不利于身心健康的发展，最终被迫离开学校；另一方面，上层学生转入私立学校或聘请私人教师，公办学校的教学质量相对下降。就业时，低种姓也被排除在一些体面行业外，高种姓学生不仅有更多上大学的机会，还有更多就业机会，这样的教育体制让低种姓家长和学生对印度教育失去了信心，被看做向上流动的唯一途径也失效了，印度教育不公又加剧了社会不公，低种姓及贱民的入学率更低，使印度社会阶层固化，贫富差距日益加大，不利于社会安定，制约了印度从中等收入国家向高收入国家的跨越，也决定了印度的繁荣只属于部分人，无法实现经济的包容性增长。

第二，印度高等教育盲目扩张，基础教育发展相对滞后。印度软件业的发展离不开高等教育的快速发展，仅从1950～2000年印度大学数由30多所增长至将近300所，增长了近9倍，学院数则从750所增长约15倍至11089所，大学生在校人数从26.3万增长约27倍至740万人左右，为印度经济快速发展提供了人力资本的支撑，但高等教育的过快发展也带来一系列问题，大学生毕业失业，继而人才外流，浪费了大量教育资源。此外，过度重视大学教育忽视技术教育也带来技术工人缺乏，第二产业发展相对缓慢。基础教育相对滞后，文盲现象仍较严重，辍学率较高，基础教育是为高等教育输送人才的阶段，其发展滞后，必定带来高等教育未来发展脱节，影响印度经济的长远发展。软件业给印度经济带来较快发展，但随着越来越多的国家开始重视高新技术产业的发展，积极向第三产业转移，仅依赖软件业必然会阻碍印度经济向高收入国家的跨越。此外，因投资成本较多，接受高等教育的多是社会上层，软件业的发展为其提供较多的工作机会，处于下层的贱民和低种姓则未能分享印度经济发展的成果，社会阶层固化。

第三，教育资源及机会性别间分布不均。印度历来男女社会地位严重不平等，很多家庭依旧认为女孩上学无用，此外，印度部分地区仍然存在“童婚”现象，女孩在很小时候就嫁人，这些都使女孩的入学率较低，辍学率远高于男性。教育机会的不均衡造成家庭分工的不同，女性仍从事基本的家务劳动，劳动力资源并未得到有效的利用，未充分发挥对经济增长的促进作用。

印度教育资源在各社会阶层、性别及教育层次间的不均衡分配，浪费了教育投资，加剧了社会阶层之间的矛盾，收入分配差距过大，不同产业发展失调，阻碍了印度经济取得更大发展。

基于各国经济发展的经验教训可知，经济发展离不开教育的支撑，教育是实现从中等收入国家到高收入国家的重要途径。但是教育结构不合理，教育不公平也会阻碍一国经济健康持续发展，陷入中等收入陷阱。

第三节　我国教育的发展历程

从新中国成立以来，各代领导集体对教育给予相当重视，使我国教育在曲折中不断发展。我国教育的发展历程大致可根据时间分为四个阶段：扫盲阶段、重创阶段、恢复阶段和快速发展阶段。表 5.1 将展示我国不同层次教育在不同阶段的发展。

表 5.1　新中国成立后我国各层次教育学校数　单位：所

年份	普通高等学校数	普通中学学校数	普通小学学校数	中等专业学校数
1949	205	4045	346800	1171
1965	434	18102	1681900	1265
1976	392	192152	1044300	2443
1985	1016	93221	842300	3557
1987	1063	92857	807400	3913

资料来源：根据毛礼锐、沈灌群的《中国教育通史》第 6 卷第 26 章各级各类教育发展中的数据整理而来。

由表 5.1 可看出，新中国成立以来，我国不同层次教育都得到较大的发展，但各层次发展的重心有所不同，从 1949 ~ 1965 年，即扫盲阶段中，我国各层次教育都得到一定发展，但着重发展了普通小学，学校数增加了四倍多；1965 ~ 1976 年我国教育的重心转移到中学上，1976 年的中学学校数为 1965 年的十倍之多，普通中学发展失控；1976 ~ 1985 年，即恢复高考后，我国高等教育迅猛发展，对基础教育学校加以调整，学校数有所减少，高等院校增长到原来的三倍多。下面将详细介绍各阶段教育的发展：

一、扫盲阶段（新中国成立后至 1965 年）

新中国成立初期，我国经济落后，基本的温饱问题尚未解决，存在大量青壮年文盲，适龄儿童入学率低，但百废待兴，经济发展亟须大量资本和具有一定专门知识和技能的人才。因此，这一阶段，我国注重对各层次教育的恢复，各地普遍办社校、“地主班”、“革命大学”，为各行各业输送人才。1949 年 9 月，中国人民政治协商会议通过的《共同纲领》宣布在全国要“有计划、有步骤地实行普及教育”。此外，还确立了我国教育为工农服务的方针。1956 年提出“向科学进军”，加大了高等教育和中等职业教育的发展力度。

受经济发展水平的制约，这一时期我国教育的重心还是扫盲和小学教育，政府通过在全国范围内推行“速成识字法”和田头识字教学等减少了青壮年文盲，为扫盲运动作出较大贡献。为实现社会主义工业化，我国确立了“优先发展重工业”的战略，急需大量熟练掌握应用技术知识和工作技能的技术工人，我国借鉴苏联的教育模式发展中等技术教育以着重培养初级和中级人才服务于国家经济建设。除了正规技术教育外，我国还举办了各种速成的技术训练班和技术补习班，职业技术教育得到蓬勃发展。高等教育也以为国家经济建设服务为出发点，多发展工业、水利、交通、矿业等专业，文科和财经科发展缓慢，与我国当时发展重工业的战略一致。

扫盲阶段我国教育的重心放在“扫盲”和职业技术教育的发展上，“扫盲运动”使农村大量青壮年摆脱了文盲状态，生产和劳动积极性大大提高。职业技术教育的发展则为重工业的发展提供了具有一定专门技术的工人，为我国经济恢复和发展作出重要贡献。此阶段的全民扫盲，一定程度上体现了教育公平，为我国经济发展提供了具备一定基础知识的劳动力，但由于扫盲任务较重，教育水平和教育效率较低，也决定了我国经济在相当长时间内处于中等收入水平。

二、重创阶段（1966～1976年）

1966年我国掀起了“文化大革命”，在教育领域展开了轰轰烈烈的夺权运动、“砸烂旧学校”的斗争，许多学校先后对“修正主义教育路线”进行了批判，把“文化大革命”前的教育制度说成为复辟资本主义服务；“把学校抓教学质量，说成是搞‘智育第一’；把学生认真读书，说成是‘走白专道路’；把培养又红又专的建设人才，说成是培养‘精神贵族’、‘资产阶级的接班人’。”大、中学校的学生率先起来“造修正主义的反”，中小学业停课“闹革命”，由学生成立的“红卫兵”组织蜂拥而起，把专家、教授、高级知识分子污蔑为“臭老九”，到处揪斗学校领导和教师。此外，学校干部和教师被下放到“五七干校”或农村落户插队；毛主席发出“农村是一个广阔的天地，到那里是可以大有作为的”，“知识青年到农村去，接受贫下中农的再教育，很有必要”的指示，大量城市“知识青年”被迫离开城市，在农村定居和劳动。许多高校被迫搬到农村边远地区接受“斗私批修”。我国教育事业陷入了瘫痪状态。

“文化大革命”时期，我国提出了逐步在农村和城市分别普及七年和十年的教育，盲目追求数量和速度，使小学和初中发展失控。中学的过快发展阻碍了职业学校和技术教育的发展。高等学校招生制度被废除，高等院校在1966～1972年间几乎停止招生，随后开始实行推荐上大学的制度，降低了高等院校的生源质量。

“文化大革命”严重阻碍了教育的发展，废除高考改为推荐人才阻塞了人才选拔的渠道，我国教育事业处于停滞状态，此外，“上山下乡”使我国已有的人力资源得不到合理应用，对知识分子的批斗也给他们带来了严重的心理创伤。

三、恢复阶段（1977～1985年）

1977年7月中共十届三中全会通过决议，恢复邓小平党政军领导职务。第三次复出的邓小平主动要求抓科技和教育工作，得到中央批准。8月刚刚复出的邓小平主持召开了科学与教育工作座谈会。接着为在“文化大革命”中受到迫害的老师进行平反，为了调动老师和知识分子的积极性，号召尊重教师，尊重知识分子。收回了“文化大革命”中被占的校舍，对被关停的学校进行了调整。

除了恢复学校正常秩序外，中央还确定了办重点学校的方针，“1978年教育部颁布了《关于办好一批重点中小学》试行方案，对办好重点中小学的目的、任务、规划、招生办法和加强领导等问题作了规定”，要求各地集中力量办好重点学校。据1981年底统计，全国共建成重点中学4016所（包括首批建成的696

所），占全部中学的3.8%，重点小学共5271所。从表5.1中可看出，这一阶段我国对“文化大革命”中发展失控的中小学进行优化调整，普通小学从1976年大约104万所、19万所减少到1985年的约84万所和9万所，这从绝对级上反映了我国基础教育盲目追求量的扩张这一状况得到改善。

在1978年的科学与工作座谈会上，1966年取消的高考制度也得到了恢复，重新确立了“文化大革命”前“统一考试，择优录取”的招生方式。仅1977年冬季和1978年夏季就有1160万人参加高考，是当时规模最大的一次考试。高考制度的恢复激起了学生学习的积极性，使高等院校的生源质量得到提高。此外，我国还确定了一批重点大学，逐步恢复并发展起来。到1985年我国高等院校从“文化大革命”后的396所增长到原来的3倍达到了1016所。此阶段，高等教育的发展为我国改革开放，实现由低收入国家向中等收入国家过渡提供了大批优秀人才。

四、快速发展阶段（1985年至今）

1985年后，我国教育事业飞速发展，在教育质量和数量方面均得到明显提升。在教育数量方面，由于1986年《中华人民共和国义务教育法》规定了我国义务教育的强制性、无偿性，受教育人群数迅速增加。到2002年我国高等教育基本实现了大众化，2008年我国在全国范围内对初中和小学教育免除学杂费。在教育质量方面，由于1999年大学扩招，使更多的人享受到接受高等教育的机会，大学招生人数快速增多。

在1982年颁布的《中华人民共和国宪法》中我国已经提出了普及义务教育，这是我国自新中国成立以来首次以法律形式确立了普及义务教育的任务；但由于经济水平有限，这一任务并未落实。1986年我国通过了《中华人民共和国义务教育法》，规定所有适龄儿童必须接受教育，且义务教育阶段免除学费，但仍需缴纳一定杂费，确立了我国义务教育具有强制性和无偿性。这部法律是我国实施九年义务教育的根本大法。2006年，我国又通过新义务教育法，规定我国义务教育阶段免收学杂费。我国义务教育先在中西部贫困地区全面免除学杂费，2007年，在全国农村地区实行“两免一补”的优惠政策，2008年秋季，在全国中小学免除义务教育阶段的学杂费，至此，我国义务教育阶段免费在全国范围得到贯彻实施，基础教育阶段实现相对公平。

义务教育的无偿性在21世纪得以落实有其历史必然性。从必要性看，经济发达国家和地区都较早实行了义务教育。日本在19世纪就提出免费的义务教育，并实行了时长为3~4年的义务教育。1947颁布了《教育基本法》将义务教育延长至九年。我国香港地区在1971年也实现了小学义务教育免费，1978年对义务教育阶段实行全面免费。而20世纪80年代我国开始实行“地方负责，分级管理”的财政体制，各地区因经济发展水平不一致，对基础教育的投入不同，基础教育发展不平衡，中西部地区发展缓慢，辍学率居高不下。义务教育的普及大大降低了中学时期的辍学率，也使教育公平在我国基础教育阶段得以实现。从可能性看，改革开放以后，我国经济实现了突飞猛进的发展，为教育发展提供了坚实的经济基础。居民生活水平得到极大提高，家庭闲置的资金较多，对教育的需求也随之增多，甚至是大学教育也得到推广，过渡到“大众化”阶段。

新中国成立后，我国高等教育在相当长的时期内都实行“精英化”教育，对毕业生包分配，使人才的作用得到最大发挥。这是由两方面原因造成的：一方面，是由我国经济发展水平决定的，新中国成立后，我国经济发展水平极其低下，连基本的温饱问题也难以解决，“优先发展重工业”的政策使第二产业开始发展，但第一产业在经济发展中仍占据重要地位（对高素质人才需求不多）。此外，高等教育成本太高，回收期长，满足不了国家经济恢复的现时需要，因此，我国实行高等教育的精英化。另一方面，基础教育落后造成的生源短缺，新中国成立后，我国存在大量青壮年文盲，小学入学率低而辍学较严重，不能为高等教育提供足够的生源。

1999年我国政府决定对高等院校实施扩招，《面向21世纪教育振兴行动计划》明确提出到2010年适龄人口高等教育入学率要达到15%左右。2000年又将计划提前到2005年实现。2002年我国接受高等教育的人口占适龄人口的比重首次突破15%，这标志着我国高等教育的一次大跨越，在短短5年里实现了高等教育由“精英化”向“大众化”的过渡。

我国高等教育由“精英化”向“大众化”的过渡，是与经济发展水平相适应的。改革开放后，我国经济高速发展，客观上要求高等教育相应发展，为经济进一步发展提供高素质人力资源。此外，人民经济收入大幅提高，家庭对教育的投入增多。同时，也是受1998年亚洲金融危机的影响，我国转变经济发展方式的需要。王勇在《亚洲金融危机十年祭》中指出，20世纪七八十年代，东亚、东南亚国家采取“出口导向型战略”大量出口劳动密集型产品，创造了亚洲奇迹。但这些国家产业结构趋同，且普遍教育落后，劳动力素质较低，产业结构的优化升级缺乏相应的人力资源支撑，只能不断增加对原有产业的投资来带动经济发展。这样便形成了过度投资，产业结构严重失衡，在国际竞争中逐渐丧失优势，加之生产过剩带来的国际逆差，生产成本无法回收，企业只有靠借贷来维持，最终引发了金融危机。而日、韩及我国香港地区却能保持高速发展，这为我国敲响了警钟，20世纪90年代我国提出转变经济发展方式，必然要求我国发展高等教育相应发展，为经济发展方式的转变提供高素质的人力资源。

从1986年起我国教育便进入快速发展时期，九年义务教育的落实切实体现了教育公平，使我国适龄儿童都有学可上；高等教育扩招则提高了我国劳动力素质，为我国经济发展提供了高素质的人力资源。但高等院校的过快发展而职业院校得不到相应重视，也造成了各层次教育发展不平衡，人才的浪费与熟练技工严重缺乏并存的两难局面。

第四节　我国教育发展中的公平问题

教育是关系国计民生的大问题，为一国经济快速发展提供所需人力资本，根据国际经验教训与我国教育的发展历程可知，我国教育虽取得一定成果但也存在一些不利于经济包容性增长的因素，教育资源的分配不均及教育投资效率低下阻碍了我国向高等收入国家的跨越。

包容性教育体制，即教育公平和教育资源的最大化利用。前者强调教育资源在不同地区、城乡、性别及不同层次教育间的均衡配置。后者则着重强调教育的产出（人力资本）要符合市场需求，合理地在不同行业、地区间分配，使教育成果得到最大化利用。

教育公平，是实现受教育机会的公平，教育过程中的公平及受教育后就业机会等的公平。一方面，相同群体的受教育机会均等；另一方面，教育资源在不同群体间的分配不同，强调对弱势群体的保护。我国教育体制变革的过程中尽可能促进教育公平的实现，如：九年义务教育在全国分地区推行就切实体现了教育公平，对中西部贫困地区予以政策倾斜，继而实现全国范围内义务教育阶段的“有教无类”。但由于我国起步较晚，资本匮乏，户籍制度等，教育改革的过程中出现了一系列不利于教育公平的现象。

一、我国教育资源地区分布不均

（1）2009 年各省不同受教育程度在校生人数求出总的在校生人数（见表 5.2），以不同地区的教育经费除以总在校生人数得人均教育经费，计算各地区经营经费占全国教育经费比重，在校生人数占全国在校生总人数比重。

（2）将不同地区按人均教育经费（因各地区在校生数差异过大，人均教育经费更具说服力）由低到高排序，并分成 5000 元以下、5000～6000 元、6000～8000 元、8000～10000 元、10000 元以上五个部分。并对不同地区人口占比和教育经费占比进行累加，得出表 5.3 中数据。

表 5.2　　2009 年各地区教育经费与在校学生数

省　份	教育经费（万元）	普通本专科（人）	普通中等教育（人）	普通小学（人）	特殊教育（人）	在校学生总数（人）
黑龙江	348163	708935	2337015	1903733	9706	4959389
河南	7633496	1368813	8392060	10520259	21069	20302201
贵州	3094113	299072	3081386	4568716	16507	7965681
安徽	4873316	877782	5142565	4868785	15144	10904276
江西	3776516	793488	3303825	4227464	22979	8347756
广西	3873253	528342	3447156	4367767	16213	8359478
甘肃	2761110	361490	2381506	2525962	13687	5282645
湖北	5194495	1249061	4691861	3592629	13959	9547510
云南	4408081	393601	3121586	4441438	23697	7980322
河北	6145261	1060450	4831208	4886544	12742	10790944
山西	3809096	547391	3084660	3046931	8809	6687791
湖南	5660684	1016833	4016511	4691470	13996	9738810
山东	8397429	1592974	6158396	6268120	20585	14040075
四川	8088479	1035934	6193183	6170471	41767	13441355
宁夏	813071	75564	536023	670621	1476	1283684
陕西	4637457	893748	3372332	2714408	8010	6988498
重庆	3309977	484199	2345428	2081367	13189	4924183
海南	1175474	142082	723324	834016	2971	1702393
广东	12843085	1334089	8165766	8876522	26158	18402535
新疆	2959264	241637	1662391	1973890	5991	3883909
福建	4479126	606284	2674296	2397594	34097	5712271
青海	785820	43782	399041	533255	2761	978839
吉林	3006988	530975	1660488	1461099	6797	3659359
内蒙古	3187733	351928	1678815	1493013	4122	3527878
辽宁	5349184	852467	2521739	2255977	8776	5638959
江苏	11054890	1653427	5032561	3960228	30976	10677192
西藏	597448	30264	202927	305235	200	538626
浙江	8911507	866496	3250359	3251416	12268	7380539
天津	2381672	405968	605063	507385	2520	1520936
上海	4937339	512809	780251	671245	9032	1973337
北京	5289432	586685	683949	647101	7921	1925656

注：普通中等学校包括普通高中、普通初中和中等职业学校。

资料来源：根据中国统计局年鉴网数据整理得来。

表 5.3　　各地区人均教育经费、在校生人数和教育经费比重

省　份	人均教育经费（万元）	各省在校生占全国在校生比重累加	各省教育经费占全国教育经费比重累加
黑龙江	0.070203	0.022639	0.002421
河南	0.375994	0.115314	0.055512
贵州	0.38843	0.151676	0.077031
安徽	0.446918	0.201452	0.110925
江西	0.452399	0.239558	0.13719
广西	0.463337	0.277718	0.164128
甘肃	0.522676	0.301832	0.183332
湖北	0.544068	0.345415	0.219459
云南	0.552369	0.381843	0.250117
河北	0.569483	0.431102	0.292857
山西	0.56956	0.46163	0.319349
湖南	0.58125	0.506086	0.358718
山东	0.598104	0.570177	0.417122
四川	0.601761	0.631534	0.473377
宁夏	0.633389	0.637394	0.479031
陕西	0.663584	0.669295	0.511285
重庆	0.672188	0.691773	0.534305
海南	0.690483	0.699544	0.542481
广东	0.697898	0.783548	0.631803
新疆	0.761929	0.801277	0.652385
福建	0.784124	0.827353	0.683537
青海	0.802808	0.831821	0.689002
吉林	0.821725	0.848525	0.709916
内蒙古	0.903584	0.864629	0.732086
辽宁	0.948612	0.89037	0.769289
江苏	1.035374	0.93911	0.846175
西藏	1.109208	0.941568	0.85033
浙江	1.207433	0.975259	0.912309
天津	1.565925	0.982202	0.928874
上海	2.502025	0.99121	0.963212
北京	2.746821	1	1

（3）以在校生人口比重累加为横轴，教育经费占比累加为纵轴作图即得教育经费在各地区分配不公的洛伦兹曲线，如图5.1所示。

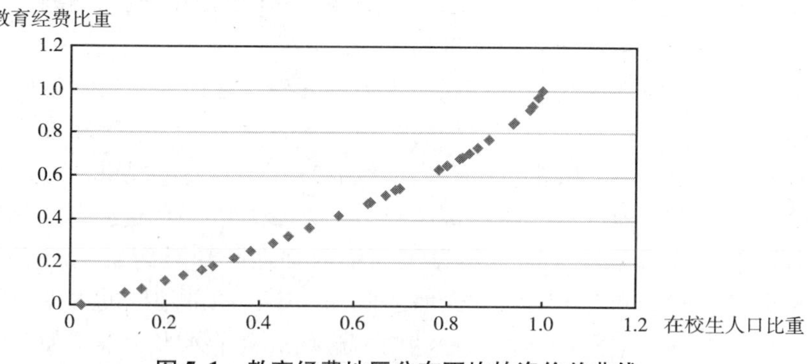

图5.1 教育经费地区分布不均的洛伦兹曲线

（4）教育经费地区分布不公平的洛伦兹曲线在反映收入分配不公平的洛伦兹曲线基础上得来（见图5.1），以教育经费的地区分配反映教育资源地区间分配不公平，从左下到右上方向的对角线表示教育资源在地区间的分配是绝对公平的，曲线越向下凸表示教育资源的分配越不公平，当曲线是由横轴和与纵轴对应的竖边时，教育资源在地区区间的分配是绝对不公平的。

图5.1将全国33个省市分为五段，洛伦兹曲线上的任一点表示该点的累计在校生人数百分比所占有的教育经费的百分比累加和，由图可知人均教育经费最低的20%的在校生仅占据约12%的教育经费，而人均教育经费最高的20%在校生占有将近40%的教育经费，这反映了我国教育经费在不同省份间分配不均的状况。

就高等教育来看，20世纪90年代末我国为建立一流大学，先后启动了“211工程”及“985工程”，这些重点大学面向全国招生，但都对本地区的学生给予较多优惠，学生来源主要是本省市的考生。目前，我国共112所“211工程”院校，39所985高校，北京地区共26所“211工程”院校，其中8所“985工程”院校，且国内一流大学清华大学、北京大学等学校均在该地区；其次是上海和江苏，我国一流大学都聚集在东部地区；中西部大部分省份仅有一所“211工程”院校，没有“985工程”院校。这从绝对数据上反映了教育资源分布的不公平，就我国实际来看，高校较多的地区（我国东部地区）以高校为依托建立高新技术区带动区域经济增长方式的转变，而高校少的地区（中西部）大多还是以第一产业和第二产业为主，这些地区都是些人口大省或是资源大省，高等教育发展滞后不能及时将这些地区的人口压力转变为人力资本，技术落后使自然资源也得不到有效的开发利用，阻碍了我国经济向更高层次的发展。就高考录取率看，2011年我国北京地区报考7.6万人，高考大省河南则超过85万人，仅有5%的考生能进入一本院校，而北京地区2012年的高考一本录取率约为23%，这在相对数上也反映了我国教育机会地区分布的不平均，中西部地区学生接受高等教育的机会较少，在一定程度上挫伤了他们的积极性，加剧了不同地区的矛盾，不利于社会稳定及社会公平的实现。

我国东、中、西部地区教育资源的不公平分配，使地区间经济发展严重不平衡，直接影响了我国包容性经济增长的实现。一方面，东部地区高校较多，受过高等教育的学生毕业后，大都直接在当地就业，为经济发展提供了充足的人力资本。另一方面，东部地区因其条件优越吸引了大量人才，形成了人力资本分布的“马太效应”，使东部地区人力资本过剩而中西部地区缺乏高素质的劳动力，不利于各地区产业的协调发展及优化升级。此外，中、西部地区的大量资源因缺乏相应的人力资本及技术而得不到合理利用。这既浪费了人力资本也使资源处于闲置状态，未充分发挥我国已有人力资本对经济的拉动作用，与包容性增长实现社会公平及资源最大化利用是背道而驰的。

二、我国教育资源的城乡分布不均

这里从义务教育和高等教育两个方面介绍我国教育资源城乡分配不均衡。

（一）义务教育

2008年我国中小学教育阶段在全国范围内实现了免除学杂费。基础教育基本实现了“有教无类”，但是背后还隐含着教育资源分配的不公平，主要表现在以下几个方面：

第一，学校的分布集中度不同。近年来我国为保证教学质量将农村村办小学撤销，学生集中在乡镇小学，乡镇小学的辐射范围急剧扩大，偏远村庄的孩子从入学开始就要住校，甚至西南部山区的学生上学要翻山越岭、过河；城市小学分布则较密集，不少地区建有社区小学，大型企事业单位甚至建立了子弟学校，方便学生就近入学。幼小的孩子生理和心理还在成长，住校使农村孩子在成长过程中缺失相应的家庭教育。

第二，学校基础设施和师资力量差距大。城市小学都建有相应的实验室和多媒体教室，图书馆拥有大量书籍供学生阅览。部分农村小学校舍破旧，有的学校没有实验室、图书馆，即使有也只是面子工程，不向学生开放。义务教育阶段，教师对学生的影响较大，我国部分大城市在招聘教师时要求研究生学历，而农村由于条件较差引进毕业生困难，师资力量较差，甚至仍存在大量民办教师。此外，由于资金有限，学校不能及时对老师提供相应的培训，学生接触新事物的机会较少。

受以上两个方面的影响，我国城乡基础教育发展呈现出二元化趋势，基础教育是教育的开端，基础教育不公平使农村孩子在起点上已落后，决定其在与城市孩子的未来竞争中更是处于不利地位。教育不公在一定程度上加剧了城乡发展的不一致、不协调。此外，农村义务教育阶段的学校安全事故频频出现，中小学的学校安全问题令人担忧。近年来，随着农村村办中小学的撤并，"校车"问题也日益显现，农村学生在受教育过程中连基本的安全尚且难以保证，如何享受其平等接受教育的权利。农村大部分学校仅是教师轮岗兼任保安，相关负责人也表示想配备专职保安加强学校的安全管理，但实在是支付不起保安的额外工资。这在一定程度上也反映了教育经费的分配不公和划拨过程中的流失。

教育资源分配不公，并非要求教育资源平均分配到每个地区，每个学校，那是不可能的，也是不必要的。发展任何事物都有先后、轻重，优势的学校得到优先发展，国家重点学校得到较多经费支持，这是发展的需要，是支持重点学科、重点学校、重点项目的需要，但有限的教育的分散使用，是不利于教育事业发展的，车头需要的动力总是比车尾多，车头、车身、车尾的动力不可能平均分配。教育资源分配不公主要指优秀教育资源过多地集中在少数学校，而大多数学校资源质量低下，同时，学生不能平等地享受优势教育资源，门槛高低不平，把大众排斥在优质教育资源大门之外。

（二）高等教育

高等教育不公主要表现为入学机会和就业机会不公平。2009 年的全国高考中湖北省出现万人放弃高考的现象，随后重庆上万人罢考的消息在全国范围内掀起轩然大波，大部分弃考的考生是农村学生。农村考生用弃考来表示对现行教育的不满。究其原因，是教育资源及教育机会在城乡间的不均衡分配带来的，接受高等教育后就业等机会不均等让农村家长和孩子对教育失去了信心。高等教育资源在城乡间的分布不公平表现为机会和负担成本不公。

第一，接受高等教育的机会不公平。高等教育是个人收益较多的阶段，目前我国高等教育的收费原则是"谁收益，谁付费"。农村家庭在决定是否让孩子接受高等教育时会对其收益和成本进行比较，成本（包括上学的投资和不接受高等教育直接工作的机会成本）较高，接受高等教育后国家不再统一分配增加了就业的风险，工资与一般工人相差较少，收益较低，高等教育对农村家庭的吸引力降低，这大大减少了农村孩子接受高等教育的机会。此外，基础教育阶段农村教育质量差、接收信息的渠道受限制，农村学生在高考中却要与城市孩子竞争，目前，许多学校为争生源对高考生提供自主招生和保送生的名额大多也分给城市学校，这加剧了接受高等教育机会的不公平。

第二，高等教育的相对成本不同。同样的学校对学生收取同等学费，看似公平，但由于城乡经济收入水平差距甚大（大约在3倍），对农村家庭来讲相对成本较高。

第三，就业机会不公平。近年来，用人单位（尤其是国有企业和事业型单位）在选择员工时不再仅仅以学历为依据，求职者的社会关系也越来越重要。城市学生在毕业后凭借家庭关系很容易找到大家趋之若鹜的工作，农村孩子则是一无所有，毕业后寻求合适工作较难。由就业难及住房难，相对成本高带来的一系列问题也让农村家庭对高等教育失去了信心。

高等教育是农村孩子向上流动的重要途径，能够加速社会流动。高等教育不公造成农村家庭对高等教育失去信心，使接受高等教育的学生中农村学生比例越来越低，试想接受高等教育的都是城市学生，农村学生都去从事劳动密集型的工作，社会流动的途径阻塞，我国城乡经济差距将会进一步拉大。

三、弱势群体的教育问题——关注农民工子女的教育问题

自20世纪80年代末开始，我国每年有大量的农村劳动力向城市转移，从最初的农忙务农，农闲就近进城务工到后来的农村家庭闲置劳动力到东南沿海城市务工再发展到如今的许多家庭举家进城务工，农民工子女的教育问题也日益突出，受到越来越多的关注。中共十八大报告也提出“积极推动农民工子女平等接受教育”。农民工子女的教育问题依据子女是否随迁可分为以下两种：

一是随迁子女的教育问题。由于农民工在城市处于边缘化地位，随迁子女也受到一定程度的歧视，上学问题尤其难以解决，一方面，接受教育的机会少，2004年我国提出进城务工人员子女在流入地同样享有接受九年义务教育的权利，这一政策为农民工子女接受义务教育提供了法律保障，但实际上并未得到全面落实，农民工在居住地附近的学校为子女办理入学时，往往因辖区内学生过多，招生已满等借口被拒之门外，较远地方的学校又会以不属于本辖区为由拒绝，这就使“农民工子女在流入地同样享有接受义务教育的权利”成为“空头支票”。此外，许多民办的打工子弟学校因基础设施差，不合规定等被予以撤销，这也减少了农民工子女入学的机会。另一方面，受教育过程中也受到的不公平待遇。部分进入公办学校的随迁子女会受到其他学生的孤立，因此性格孤僻，影响其心理的健康成长。在打工子弟学校上学的随迁子女则面临着学校随时被关停的风险，这都给其幼小的心灵带来阴影。

二是留守子女的教育问题。留守子女则是留在家中跟随爷爷奶奶生活，因家庭教育缺失引起了一系列问题。老人大多只能照顾其生活，适龄儿童被送入学校接受教育，不能对孩子的功课进行辅导，更不懂得与孩子沟通交流，不能帮助他们形成正确的人生观、价值观。据调查，第一代留守子女已成年，他们大都中途

辍学同父母一样外出务工，在城市聚居地打架斗殴频触法律底线，这与他们的成长经历有密切关系。

随迁子女因受教育机会少，留守子女则因缺乏家庭教育都不能顺利完成学业。他们在成年之后步父母之后尘成为新生代的农民工，继续生活在城市的边缘，这又造成社会阶层的固化。

地区间的教育不公平使不同地区产业结构失衡，经济发展差距拉大；城乡间的教育不公平则会阻碍我国城镇化进程的发展；农民工子女的教育问题使我国社会阶层固化。总之，教育不公平加大了城乡、地区及不同社会阶层间的差距，造成社会阶层固化，社会发展仅停留在量的层次却不能发生质的变化。

第五节　我国教育的效率问题

追求教育的效率最大化，一方面，投入教育资源要得到合理利用；另一方面，教育的产出，接受不同层次教育的学生要得到合理配置。我国在普及教育的过程中也遇到一些问题，本节着重介绍我国高等教育发展的教育深化、知识失业、人才流失等带来的一系列问题。

一、专业设置缺陷和人才供求失衡

高校是为社会培养所需人才的重要地方，高校专业设置决定了毕业生的结构，进而决定人才供给结构，专业设置缺陷与人才供求失衡之间存在一定的必然联系。自1999年高校扩招后，我国高等教育快速扩张，高校毕业生数迅猛增长。但我国高等教育仍是粗放式的，单纯依靠规模扩张和人数增长来发展高等教育，“技工难”、“大学生就业难”等问题随之出现，而这些问题归根到底是我国高校专业设置及各层次教育结构不合理造成的。20世纪七八十年代以来，以金融工具为依托的虚拟经济快速发展，财经类等热门专业受到追捧，其他小专业生源过少，带来大专业毕业生过多而难以就业，其他岗位则招不到对口专业学生。我国专业设置还带有较多政府干预的色彩，与市场接轨较少，由此，专业设置缺陷带来知识结构与就业结构不符，人才供求失衡。

高等教育扩张而职业教育发展缓慢，也带来人才供求不平衡，高校毕业生居高不下，而企业仍不能招到所需人才，熟练技工缺乏而高校毕业生就业难。此外，高校粗放式的扩张带来规模扩大，教学质量并未得到改善，学生素质未得到明显提高，不能培养出经济发展所需的高端人才，传统教育模式下的毕业生难以就业，因此也带来人才供求失衡，造成教育资源和人力资源浪费。目前，我国企业并不是人才过剩，而是难以雇用到合适的人才，毕业生不具备或达不到企业所需人才的专业化水平。

专业设置缺陷表现为专业设置与产业结构不符合，各专业“只求大不求精”的粗放式发展，两方面共同影响使人才供需失衡，不能顺利将毕业生推向市场，阻碍了知识向经济的转化。

二、教育深化与知识失业

教育深化是各国政府在经济发展的过程中，为鼓励高等教育发展，降低高等教育的个人成本（低于社会成本），而夸大了个人对高等教育的需求，此外，现代工业部门提供的有限就业岗位，刺激了人们接受更高层次的教育，从而出现的教育过度现象。知识失业是伴随着教育深化出现的，是教育深化的必然结果。随着全社会受过高等教育的劳动者剧增，而这些劳动者青睐的工作部门有限，必然造成一部分劳动者失业或从事原来由受教育程度较低的人从事的工作的现象。同时，知识失业也会加剧教育深化的出现，由于期望工作岗位有限，受教育程度较低的人会继续接受教育以增加获得期望工作的砝码。教育深化提高了社会成员的素质，延缓了当期就业压力，但是教育过度发展超过经济发展时会带来资源浪费；知识失业使受过高等教育的人从事与其学历不符的工作，造成人才的闲置或半闲置，这带来了教育资源配置不当和教育投资效率低。

教育深化和知识失业多出现在发展中国家，我国也不例外。自1999年我国高等院校扩招以来，我国接受高等教育的人口占同龄人的比重不断增长，到2011年我国高等教育毛入学率已达26.5%。我国高校毕业生数从2001年的115万人快速增长到2011年的630万人。而我国产业还是以劳动密集型产业为主，对高素质劳动力的吸纳作用不够，高等教育的发展与经济发展不同步。根据表5.4中大学生毕业情况可以绝对数看出我国高校毕业生存在的知识失业问题。

表5.4 2007～2011年我国大学生毕业情况

年份	大学毕业生人数（万）	半年后就业率（%）	待业人数（万）
2007	495	87.50	61.875
2008	550	85.50	79.75
2009	610	86.60	81.74
2010	630	89.60	65.52
2011	660	90	66

资料来源：2008～2012年中国大学生就业报告。

由表 5.4 可知，2007 ~2011 年我国大学生毕业数逐年增长由 495 万增长到 660 万人，半年后就业率也有所增长，但由于我国大学生毕业生数过多，待业人数仍居高不下，2008、2009 年受金融危机影响，待业人数尤其高，2010 年开始，逐步恢复到金融危机前的水平。每年不能就业的人数加上前年累计未就业的人数，我国毕业生面临的就业压力较大，出现了严重的知识失业和教育深化。我国教育深化形成的原因可从以下几方面分析：

第一，我国的鼓励发展高等教育的政策。我国自新中国成立以来一直鼓励高等教育的发展，对本科教育先是“统包统分”，接着是部分学生公费，部分自费，发展到现在全部学生自费（但个人成本仍低于社会成本），而高职高专多是社会力量办学，学费多在 10000 元以上，加之，人们对职专本就有偏见，认为成绩差的学生才上职专。因此，大都选择本科教育。目前，研究生的补助更多，高校免学费的学生超过一半，还有生活补助，毕业后找不到期望工作的学生也会选择继续学习以暂时逃避就业压力。此外，从 1999 年起我国高校连续扩招，这必然造成我国受过高等教育的人数激增。

第二，企事业单位业的用人观，片面追求“高学历”。企业在选择员工时，对员工并不了解，需要花费人力、财力来掌握求职者的相关信息，学历则为企业提供了一条捷径，虽说越来越多的人倾向于“学历不代表能力”，但学历至少说明一个人有毅力、做事执著的品性，因此，大多企业便“搭便车”，强调“高学历”，以学历作为选择人才的标准。此外，自扩招以来，我国高等教育毕业生增多使高学历人才供过于求，这使人才的相对价值降低，大学生的工资水平相对下降，企业雇用更多大学生从事原来由受教育程度较低的人从事的工作。公务员考试也对不同岗位划定学历要求，企事业单位任用员工的标准必然激起个人对学历的追求。

伴随着教育深化，我国大学生就业越来越难，高素质劳动力的“知识失业”不断增多。郑文力在《“教育深化”与“知识失业”》中将我国知识失业分为绝对性“知识失业”、结构性“知识失业”和地域性“知识失业”。根据其分类，可将我国知识失业的原因归为以下几个方面：第一，我国经济发展水平滞后。由表 5.4 可看出，近年来我国高校毕业生逐年增加，而我国经济增长滞后，未能为其提供足够的期望就业岗位，这就引起了绝对性的“知识失业”。第二，产业结构与教育结构不符。目前，我国从事第一产业的劳动力仍占较大比重，第二产业仍以组装加工制造业为主，自主创新能力低，到 2010 年我国第一、二、三产业就业人数百分比分别为 36.7%，28.7% 和 34.6%。我国第一产业吸纳的劳动力最多，但仍是传统的经营模式，劳动力素质都较低，第二产业则是以资源和环境换来经济增长，不注重形成企业的核心技术，两大产业的就业比重较高但需要的多是中等受教育程度的毕业生或是熟练技术工人，不能解决大学生的就业问题，而自20世纪90年代以来，我国高等教育快速发展，毕业生连年增长，此外，我国第一、二产业劳动者收入水平偏低，加上人们对这些岗位的偏见，大学生不愿在这些部门工作。这就形成了大学生失业而企业招不到技术工人的现象。此外，高校内部的专业结构设置不合理，“热门专业”招生过多，其他专业生源少，也会造成结构性“知识失业”。第三，区域间经济发展的差距过大。我国东南沿海城市经济发展快，对高素质劳动力需求多、薪酬较高，这造成毕业生向东部的集聚，中西部经济发展缺乏高素质人才。这就带来了地域性“知识失业”。

教育深化使我国教育资源在各层次教育中严重分配不均，教育资源的效率不能得到最大发挥；知识失业则不能把高素质劳动者在不同行业、地区间进行合理地配置，是对人才的浪费，两者降低了我国教育投资的效率，制约了我国向高等收入国家的发展。

三、优秀人才大量外流

优秀人才外流是人才由经济落后地区向经济发达地区的转移，多出现在发展中国家。我国人才外流根据迁移范围分，可分为国际流失和区域间流失。国际流失主要是留学生的迁移，我国出国留学人数已占全球14%，留学生的数目由1978年的860人增加到2010年的28470人，留学也趋向于“大众化”，“低龄化”。据我国教育交流协会的数据显示，2010年，我国高中生出境人数占留学人数的22.6%，且大都是为避开国内激烈的高考或是基于出国“镀金”增加回国后的竞争力。李红波（2004）在《“出国留学潮”的经济学分析》中提出出国留学潮带来两个恶性循环：一是人才流失的恶性循环，由于出国造成经济发展的智力支持不足，质量不足继而带来经济增长速度放缓；二是教育投资匮乏的恶性循环，教育投入不足，难以满足求学者的需求，进而求学者选择国外教育部门，导致更多的教育资金外流，国内教育事业形成恶性循环。我国区域间的人才流失主要表现为中西部地区高校毕业生向东部的转移和农村毕业生留在城市，这是相对的人才流失，虽高素质劳动力总量不减，但地区间、城乡间的分布不均也拉大了区域间的差距。我国东部沿海城市因环境较好，经济发达机会较多，薪酬较高，已成为毕业生首选的地方，而国家虽大力鼓励毕业生毕业到中西部落后地区，也不能激起学生的热情。这带来发达地区人才过多，不能充分发挥人才的作用，而中西部地区因缺乏相应的人才经济发展更落后，形成经济发展和人才流动的恶性循环。

教育深化、知识失业及人才流失都在一定程度上造成教育资源的浪费，降低了教育效率。我国人力资源存量已相当高，急需解决的是如何合理配置人力资源，减少人才流失，使有限教育投资的作用得到最大发挥。

此外，为提高中西部落后地区教育发展水平，我国出台了免费师范生和特岗生政策，但并未充分发挥作用，一定程度上也降低了教育投资的效率。2007 年我国为鼓励学生学习师范专业提高中西部偏远地区教师素质，对四所师范院校免除学费并补助生活费，但学生需签定向合同，毕业后在中西部偏远地区从教 3 ~ 5 年，这吸引了许多农村家庭贫困地区孩子，为中西部提供了高质量的师资，但部分师范生是迫于经济条件选择的学校，毕业后支教是迫不得已的，这使他们在岗位上倦怠，不能充分发挥自己的价值，在一定程度上也是知识失业。

教育效率低下，使我国有限的教育资源不能得到最大化利用，对经济增长的作用未能得到充分发挥。此外，接受高等教育的人才普遍知识失业，表明了我国尚未能充分利用向高收入国家过渡的决定性力量。

人才流失，有合乎“人往高处走”规律的一面，具有必然性、合理性，但也有弊端，影响行业间、地区间经济的平衡发展和社会的协调进步，因而，也是“中等收入陷阱”形成的原因之一，又制约包容性增长的形成。

第六节　构建促进包容性增长的教育体系

就世界各国的发展的经验教训来看，规避中等收入陷阱的基本途径是调整产业结构，而产业结构调整的基础是人力资本，因此，教育改革是规避中等收入陷阱的必要条件。我国在过去几十年里，对教育发展给予相当重视，九年义务教育得到普及，高等教育也进入大众化阶段，但必须看到我国现行教育体制中还存在阻碍经济进一步发展的因素，需及时作出相关调整以实现教育快速均衡发展，建设学习型社会。

一、调整教育经费投入模式

新中国成立国以来，我国注重教育投入，逐年增加财政性教育经费的投入，目前，我国财政性教育经费投入占 GDP 比重已突破4%，但与发达国家相比仍有较大差距。教育经费来源主要有以下几种，政府拨款、集资办学、社会募集、校办企业和学杂费收入。高等教育多是国家直属或是地方高校，我国实行分税制后，国家直属高校教育经费由国家负责，地方高校一般由省级或市级政府负责，经费相对较多。基础教育经费实行城市学校由市级以上政府负责，农村学校由乡镇政府负责，教育经费投入较少，2001 年起我国逐步建立了以县级为主的基础教育管理体制，但县财政负担过大，投入较少，此外，部分国家对教育的拨款也被县财政擅自挪用，这都给基础教育带来了积贫积弱的局面。一方面，基础教育阶段的中小学因经费来源渠道较少，缺乏兴办校办产业及研究开发的条件，另外，以县为主的提高教育经费的模式使不同地区基础教育发展差距过大，因此国家财政应予以倾斜，高等教育则应多渠道募集资金，实现资金来源多元化。

马新平在《我国教育经费来源结构分析与国际比较》一文中指出，与世界大多数国家相比，我国对初等教育的投资明显不足，2009 年中小学预算内教育经费为人均支出 1869 美元，经 PPP 转化后为 541. 74 美元，仅为美国初等教育生均投入经费的 1/26 左右。此外，我国社会募集资金较少，尚不能成为中小学教育经费的主要来源；若以收取学杂费为主，则会加剧农村家庭的经济负担，降低适龄儿童入学率。因此，我国基础教育应以财政性教育经费投入为主要来源，一方面为基础教育提供充足经费来源；另一方面，也有利于实现基础教育地区间的均等化发展。

与基础教育相比，高等院校具有更大影响力能吸引较多社会捐赠，具备一定资金、技术等兴办校办工厂。然而，目前我国高等教育经费还以财政性教育经费为主，经费总量不足，经费来源渠道单一，高校并未充分发挥其人力、物力优势形成更多教育经费来源渠道，实现我国高等院校经费来源多元化。而世界各国高等院校经费来源趋于多元化，如：美国私立奖学金和基金构成的捐赠收入在高等教育经费中占较大比例，高等院校还兴办校办工厂等筹措经费；英国和日本都对捐赠者提供一定优惠以鼓励捐赠，加强高校和企业的合作，拓宽高校筹资渠道。我国可以借鉴其他国家高等教育经费的筹集，结合我国实际，发挥高校在筹集经费时的自主性。据统计，我国是论文发表数目最多的国家，专利申请也较多，但高校并不能将其研究成果有效地应用于开发，若高校能将研究与开发结合起来，将理论应用于实践，更好地服务于实践，则研发成果奖为高等教育的发展提供较多的经费支撑。此外，学校还应提供创新的环境，鼓励学生自主创新或是提出有创意的想法，而学校作为中间平台把这些成果卖给企业，学校从中收取部分资金以作为教育经费。

二、加大对基础教育的投入以实现城乡教育均等化发展

我国虽实现了义务教育阶段全面免除学杂费，但城乡教育设施、师资等差别较大，部分家庭宁愿花费高额的择校费把孩子送往上级县市的学校，这使农村学校生源更少，不得不一级级撤并，城市学校学生过多而出现巨型学校、巨型班级，教学质量随之下降。日本在基础教育方面做得较好，不论城市还是乡村，义务教育阶段学校的基础设施条件一样。我国目前农村女义务教育经费中由农民负担的部分还较多，政府应加大对农村的财政性支出，提高农村义务教育的水平。此外，村办小学的撤并使偏远乡村的学生不得不住校，而农村学校的食宿条件还

较低，可适当恢复村办学校，在村庄密集地区开办学校（由原来几个学校合并而成，增大覆盖面积），切实使适龄儿童就近入学，利于其身心健康的良好发展。

对于农民工子女的义务教育问题，我国可根据农民工居住的密集度，给所在社区的公办学校划拨一定资金用以扩大规模，给各个学校规定一定硬性指标，农民工子女的比例需达到一定标准，否则予以相应惩罚以为农民工子女学校的兴办提供资金。此外，在我国还不能完全解决进城务工人员子女的教育问题时，可对打工子弟学校规定相关的标准，达标的学校准予招生，给予其与公办学校一样的法律地位并适当予以优惠，保证不能进入公办学校的儿童有学上。此外，还可鼓励部分有条件的大企业单独或联合办学，为职工子女提供基础的教育，管理学上对员工提供激励的原则之一是“按需激励”，让子女有学上对员工的激励作用比其他激励具有更明显的作用。为防止学生的过渡迁入，可相应规定在城市若干年以上的进城务工人员的子女才能在享受与流入地学生一样的权利。还要在全社会范围内树立进城务工人员的良好形象，他们是城市基础建设的重要力量，为城市经济发展作出巨大贡献，提高进城务工人员的社会形象，这才能缓解农民工子女在学校受歧视的现状，使随迁儿童不但能入学还能受到公平的待遇，在良好的成长环境中接受教育。

三、多元化协同解决大学生就业难问题

我国人力资源存量较高，已成为世界上的“教育大国”，每年高校毕业生数量不断攀升，论文发表最多，但大学生失业现象仍较严重。目前，我国面临的不是缺乏人才的问题，而是人才的利用问题，如何将已培养的人才进行合理配置，流向各行各业，为经济社会的发展服务，需国家、学校、企业和个人共同努力。

（一）国家的政策引导

1. 调整产业结构。国家要逐步引导我国产业结构由第二产业为主向第三产业转变，或是鼓励制造业自主创新，形成自己的核心技术，使我国由“制造大国”向“制造强国”转变，为大学毕业生提供更多就业机会。此外，推动三大产业由粗放型经营向集约化经营的方向转变，增加其对高素质劳动了的吸纳能力。

2. 调整职业教育和高等教育的比重。德国制造业发达得益于其高等教育和职业教育的均衡发展。刘桂芬在《德国高等教育分流现状及对我国的启示》一文中指出德国根据学生的能力和兴趣对学生在入学时和进入高校后进行了两次分流选拔，为不同层次教育发展提供优秀学生，使学术性教育和职业教育得以协同

发展，为德国制造业输送了相应人才，使德国最终发展成为制造强国。我国目前高等教育发展过快，而职业技术教育发展缓慢。除了人们追求学历外，职业技术学校学费居高不下也是重要的原因，职业技术教育多是民办，收费较高，公办的高等专科学校和大学本科学费较低，人们接受高等教育的收益大于职业技术教育且投资较少，因此倾向于接受大学教育，国家应调整大学和职业学院的比重，适当提高高等教育的学费，建立公办的职业学校，提高人们对职业学校的认可度，对民办职业学校给予相应补贴，对民办职业教育收费状况加强监管，减少乱收费状况，鼓励并支持职业教育的发展，也可效仿德国，政府积极引导学生的分流。还要在全社会范围内宣扬“职业平等”的观念，提高技术工人在全社会的地位，改变我国人们对工人的偏见。

3. 调整高等院校招生专业使之与市场需求相适应。我国高等教育专业设置不合理，财经科颇多，这造成我国财经类学生就业较难，工作水平较低，长此以往，必定带来这些专业的萎缩。目前，我国的大学课程偏理论，轻实践，大学应加强学生的实践能力，适应工作的需要。另外，许多学校的实习只是面子工程，毕业生实践能力仍然不强。

（二）大学生的观念转变

自1999年来我国高校连年扩招，高等教育的发展速度超过经济的发展速度，高学历人才供过于求，其相对价值降低，但是许多学生还不能转变自己的观念，我们不能一方面要求高等教育扩招，另一方面却不能要求自己在择业时也大众化。此外，毕业生仍然愿意选择政府、国有企事业单位等较稳定的工作，2013年国家公务员考录比达90∶1，有些政府部门的重复性工作，银行的柜台工作引来了不少硕士毕业生，这是对人才的浪费。我国最优秀的毕业生是进政府等事业单位或者是进入国有企业；次优秀的去学校；其他的去民营企业。外国则相反，最优秀的人才进企业，因为企业的变化最大，是创新的主体，毕业生的个人价值在这里能得到最大发挥。大学应转变就业观念，积极进入企业工作，使自己的价值得到最大发挥，大学生要形成“职业平等”的观念。

（三）企业的良好社会氛围

我国企业聘用员工时应根据职位需要任用员工。我国大学生片面追求“高学历”的一个原因就是近年来，我国大学毕业生的工资水平偏低，与一般工人相差甚少，企业在聘用员工时因成本相对较低，就宁愿聘用大学生而不考虑是否需要，这就造成大学生实际从事的工作与所学专业知识联系较少，造成资源浪费。企业若能按需聘用员工，不再一味追求高学历，我国的“学历热”、“文凭风”在一定程度上得到冷却。

四、促进人才合理流动

无论是人才向国外转移还是国内地区间人才的转移，归根结底都是以下两方面原因造成的：一方面，流出地工作机会少，工资水平较低，生活水平低。我国人才地区间的流动主要是城乡二元经济及地区经济发展不平衡造成的，农村地区不能为闲置劳动力提供相应的工作岗位，工资水平低，生活质量较差，这必然带来人才流失。我国人才向国外的转移则大多是因为国内竞争较激烈，国外条件相对宽松，经济发展较快。另一方面，流入地的社会保障和社会福利较完善。与发达国家相比，我国社会保障缺失，社会福利不完善，这就加剧了我国人才向加拿大、北欧等高福利国家和地区流动。

对于人才的跨国流失可从以下几方面解决：第一，提高国内工资水平，吸引出国学习的人才回国。高工资是对留学生投资的肯定和回报，也是人们择业时重要的影响因素，提高工资水平是避免人才跨国流失的必要条件。第二，为归国人才提供更多的福利保障。我国在经济发展水平相对较低的时期，虽不能在全国范围内普遍提高社会福利水平，但可先提高归国人才享受的福利水平，吸引更多人才归国。第三，出台一系列相应优惠政策，吸引外国人才流入。发达国家如美国、加拿大等国家在接纳移民时优先接纳优秀人才，我国可效仿这些国家，联合企业为迁入人才提供较多优惠，鼓励优秀人才的迁入。

我国人才的企业间转移，虽对我国整体影响较小，但造成地区间经济发展不平衡，人才大规模的跨地区流动，使经济发达的东南沿海地区人才过多不能得到合理应用而中西部农村地区缺乏人才，造成人力资源的浪费。因此，我国也应作出相关努力，减少人才的跨地区流动：

一是，提高农村地区的工资水平。农村地区生活条件较差，机会较少，人才本就不愿去农村，若工资水平低，不仅不能引进人才，农村优秀人才也会外迁，因此，虽然农村消费水平较低，但要相应提高工资水平，使工资水平与城市接轨，吸引人才流入。二是，完善农村社会保障体系。我国社会保障覆盖面仍较窄，农村人民在失业、医疗等方面还不能享受到相关保障，这将增加人才去农村工作的风险，因此，我国应着力完善社会保障体系，为流入农村的人才减少后顾之忧。

目前，我国经济仍处于中上等收入水平，人口基数大，牺牲环境带来的经济增长使我国经济发展最终面临“瓶颈”制约，粗放式的经济增长，产业结构不合理，教育不公平加剧、贫富差距拉大及社会阶层固化都决定了我国在从低收入国家进入中等收入国家后面临中等收入陷阱的风险，不能实现立即向高收入国家的跨越，不能保持我国经济持续高速增长。只有通过对教育结构不断调整，使职业教育得到相应发展，各层次教育协调发展，为各行各业输送所需人才，提高教育的效率，为我国产业结构调整升级及经济发展方式的转变提供人力资源的支撑。另外，通过实现教育资源与教育机会在城乡，地区间的公平分配，才能切实实现教育的包容性增长，利用教育实现人才在不同地区、社会阶层间的流动，缩小我国地区、城乡的贫富差距，为人们提供向上流动的途径，在实现经济的包容性增长的基础上完成我国由中等收入国家向高等收入国家的跨越。

第六章　包容性增长理念下的金融发展

按照世界银行的国家分类标准，我国已经进入上中等收入国家行列。未来十几年尤其是“十二五”时期，是我国跨越中等收入陷阱、进入高收入发达国家行列的关键时期。毋庸置疑，与下等收入阶段相比，我国在中等收入阶段面临的考验将是全新的，挑战将是严峻的。我国应吸取拉美国家及东南亚国家由于金融发展超前或滞后而导致落入中等收入陷阱的经验教训，利用金融发展对经济增长的推动作用，改善我国的金融环境，避免金融危机的发生，用包容性增长理念促进我国金融与经济的健康发展，推动我国顺利跨越中等收入陷阱。

第一节　金融发展与中等收入陷阱的关系

一、金融发展与经济增长的相互作用

现代经济社会中金融与经济发展之间存在着紧密的相互影响和相互作用的关系。金融依附于经济生存，并作用于经济的发展，金融对经济的增长既有推动作用亦有消极影响；经济的蓬勃发展扩大了金融需求并刺激金融业发展，金融和经济发展就可以形成一种互相促进和互相推动的良性循环状态。政府要十分重视金融宏观调控和金融监管，力图通过有效的宏观调控实现金融总量和经济总量的均衡，控制金融机构的经营风险，防止金融泡沫，保持金融安全，实现经济的持续、稳定、协调发展。金融发展与经济增长的相互作用主要体现在以下两个方面：

（一）经济增长决定金融发展

1. 金融在商品经济发展过程中产生并伴随着商品经济的发展而发展。在经济发展初期，人们不需要金融来进行商品交易，人们只是进行简单的通过物品对物品，物品对货币、货币对物品的简单交换来满足自身要求。随着商品经济地不断发展，产生了许多复杂的金融需求，金融规模也日益扩大。为了满足经济发展

需求，金融必须采取现代化的手段为社会经济提供金融产品和服务，如：推出新的金融工具和金融手段来满足投资者。

2. 商品经济的不同发展阶段对金融的需求不同，由此决定了金融发展的结构、规模和层次。从结构上看，经济发展的结构对金融有决定性影响，如现代部门与传统部门并存的二元经济结构决定了二元金融结构。从规模上看，经济规模决定金融规模。一定时期的货币供给量主要受制于当期的商品供给量。从阶段上看，经济发展阶段决定了金融发展的阶段。在经济发展的低级阶段，只有简单的金融需求，金融活动只能解决货币流通、资金融通和支付清算等基本金融问题，金融发展亦处于初级阶段。

（二）金融发展反作用于经济增长

金融正是通过自身的运作特点为现代经济发展服务，如提供货币促进商品生产和流通、提供信用促进资金融通和利用、提供各种金融服务便利经济运行等，为现代经济发展提供必要的条件。

1. 通过金融的基本功能为经济发展提供资金支持。如通过吸收存款和发行有价证券、向外国借款等为经济发展提供资金来源；通过发放贷款、贴现票据、购买有价证券等为经济发展提供资金注入。

2. 通过金融机构的经营运作来提高资源配置和经济发展的效率，节约成本。通过科技提供资金支持和金融服务，促进技术进步和科技成果的普及应用，从而大幅度提高社会生产率；合理配置资源，节约交易成本，提高经济发展的效率。

3. 通过金融业自身的产值增长直接为经济发展做贡献。金融产业的快速增长，直接增加了国民生产总值，提高了经济发展水平。

二、中等收入陷阱与金融体系的崩溃

金融体系的崩溃是部分发展中国家深陷中等收入陷阱的一个主要原因。因信用过度膨胀产生的金融泡沫，刺激过度投机，增大投资风险，对经济发展有很大的破坏性。20 世纪 80 年代末，日本的银行体系在“泡沫经济”破灭后形成了巨额坏账。据日本大藏省 1998 年 1 月公布的数据显示，日本 146 家银行的不良债权总额高达 76.6 万亿日元，巨额坏账问题已经严重威胁到其国内金融体系的稳定与发展。又比如，法国著名的里昂信贷银行，1994 年底公布的呆、坏账总额就达到 500 亿法郎。①

金融对实体经济可持续发展有重要影响。基于金融与实体经济之间的重要关

① ［美］麦迪森．世界经济二百年回顾［M］．北京：改革出版社，1997.

系，良好的金融发展将会对实体经济有巨大的推动作用，而金融体系的崩溃也是致使经济停滞不前的重要原因。虚拟经济必须与实体经济相协调，否则，一旦虚拟经济出现问题将会严重影响实体经济。

（一）实体经济的发展借助于金融业的发展

金融市场及金融业的出现是实体经济发展到一定阶段的必然需求和结果。人们普遍认为荷兰的阿姆斯特丹是全球最早的金融中心，产生了世界上第一个证券交易所。由于当时的阿姆斯特朗丹是全世界最繁忙的港口，为了提高竞争力，一些雄厚的资金集中起来，创立了股份有限公司的前身。

第一，金融业的发展影响实体经济的外部宏观经营环境。外部环境就包括全社会的资金总量状况、资金筹措状况、资金循环状况等。这些方面的情况如何，将会在很大程度上影响到实体经济的生存和发展状况。

第二，金融业的发展为实体经济的发展增加后劲。实体经济的发展随时都需要资金的支持和金融血液的灌输，其筹资不外乎两条途径：一条是向以银行为主体的各类金融机构贷款融资；另一条则是通过发行股票、债券等各类有价证券筹措资金。借助各种各样的途径和金融工具，不仅可以分散实体经济发展中面临的风险，解决或缓解资金需求，更提高了实体经济的发展效率。这样，金融业的发展就为实体经济的发展增加了后劲。

第三，金融业的发展状况制约着实体经济的发展程度。金融业的发展过程经过了五个阶段，即闲置货币的资本化、生息资本的社会化、有价证券的市场化、金融市场的国际化、国际金融的集成化。事实证明，金融业发展的阶段不同，对实体经济发展的影响也就不同。现在，金融业的发展不仅仅是作为实体经济的后盾，更在诸多的方面引领着实体经济的走向，也就是说金融业发展的高一级阶段对实体经济发展程度的影响，总比金融业发展的低一级阶段对实体经济发展程度的影响要大一些。

（二）金融市场依赖于实体经济

第一，实体经济为金融市场的发展提供物质基础。金融发展无法独立于实体经济而单独存在，实体经济为金融业的发展提供了血液和可能。

第二，实体经济对金融市场提出了新的要求。随着整体经济的进步，实体经济也必须向更高层次发展。实体经济在其发展过程中对金融市场产生了新的要求。正是这些要求才使得金融市场能够产生、特别是使它能够发展。否则，金融市场就将会成为无根之木。

第三，实体经济是检验金融市场发展程度的标志。金融市场的出发点和落脚点都是实体经济，即发展金融市场的初衷是为了进一步发展实体经济，而最终的结果也是为实体经济服务。因此，实体经济的发展情况如何，本身就表明了金融市场的发展程度。冰岛的破产就是金融业畸形发展导致的严重恶果，所以，实体经济是金融业发展的最终归宿。

（三）虚拟经济对实体经济的负效应

首先，增加市场总体风险。由于实体经济的发展要受到技术、人力资本等因素的限制，很难实现一个跨越发展，但如果金融市场过度膨胀，将会吸引大量的资金进入，特别是在各种高风险的金融衍生品的推动下，投机氛围越来越浓，越会导致市场总体风险的增加。

其次，降低市场运行效率。当金融市场过度发展，将会严重影响市场资源配置能力，金融部门和实体经济部门的投资收益存在巨大的剪刀差，大量的流动资金为了追逐高额回报，纷纷进入金融市场。这将会带来金融市场和实体经济发展的不平衡，一方面，金融市场流动性泛滥，而与此同时，企业生产性投资由于受到挤压，资金供给不足。不仅如此，流动性过剩带来的通胀压力将提高市场利率，显著影响企业的资金成本，降低市场效率；另一方面，金融市场的过度发展，在股市财富效应的作用下，居民倾向于扩大消费，从而增加了企业的信贷风险，一旦金融市场发生严重动荡，将会导致消费紧缩，实体经济发展停滞不前甚至倒退。

最后，引发泡沫经济。金融市场以实体经济为基础，一旦金融市场过度发展，偏离其内在投资价值，就会造成资产泡沫。泡沫积累到一定程度开始破灭就会造成金融危机的爆发，大量的金融投资机构倒闭，金融市场与实体经济的传导机制也受到严重影响。大量的企业因为缺乏有效资金供给，加上外部环境恶化，需求不足，导致企业发展驻足不前，阻碍了实体经济的发展。

【例证】①

1. 冰岛为快速发展金融业，实施了高利率、低管制的金融政策吸引外资，并在国际资金市场大量借入低利短债，为此冰岛三大银行所欠外债超过1000亿欧元。冰岛的发展已不再主要依靠本国的实体经济，转而寻求国际金融业，大力拓展金融市场规模。

在全球金融危机的冲击下，金融市场流动性紧缩，货币市场融资停滞，银行业陷入流动性危机。人们丧失对银行偿债能力乃至整个国家的信心，纷纷抛售冰岛货币。冰岛克朗价值暴跌，引发通货膨胀，严重打击了这个依赖进口国家的贸易。

2. 迪拜债务危机在巨额的经常性账户顺差和高通胀刺激下，迪拜逐渐在

---

① 资料引自：江时学．拉美发展模式研究．经济管理出版社，1996。

热钱投机推动下从贸易经济转向房地产经济。在金融危机的冲击下，热钱开始迅速逃离，由于缺乏流动性，银行收紧抵押贷款闸门，凸显出迪拜巨大的债务危机。

纵观冰岛破产和迪拜债务危机，皆由繁荣时期过度膨胀的金融市场严重脱离实体经济引发金融泡沫造成。在金融危机的冲击下，全球信贷缩紧，资金链断裂，资产流动性不足，金融市场的破裂最终使实体经济受到拖累。正如马克思所言："信用制度的发展和虚拟资本的扩张蕴藏和积累着危机因素，正是信用制度在繁荣时期的惊人发展和对信贷资本的需求在繁荣时期的巨大增加以及这种需求在繁荣时期容易得到满足，造成了停滞时期的信用紧迫，这必然会引起经济的剧烈动荡"。

第二节　中等收入国家金融业发展的经验教训

一、东亚金融危机对泰国、菲律宾、马来西亚等国的影响

金融风险的传导机制如图 6.1 所示。

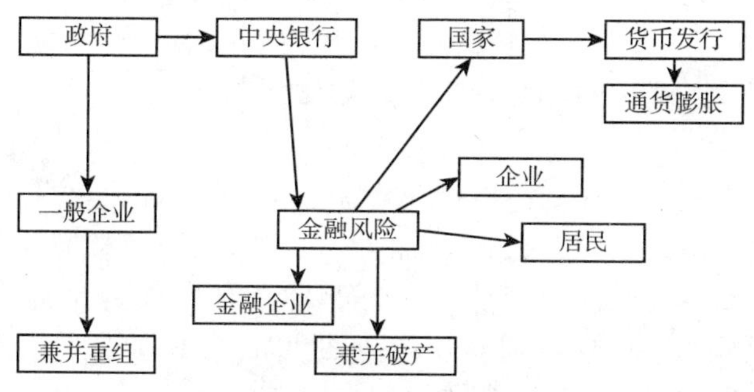

图 6.1　金融风险的传导机制

1997 年 7 月 2 日，亚洲金融风暴席卷泰国，泰铢贬值。不久，这场风暴扫过了马来西亚、新加坡、日本和韩国等地。打破了亚洲经济急速发展的景象。亚洲一些经济大国的经济开始萧条，一些国家的政局也开始混乱。这些国家曾消灭了大量贫困，是"亚洲奇迹"的一部分，然而现在却面临严重的经济衰退，深陷中等收入陷阱。

（1）东南亚国家和地区的外汇市场和股票市场剧烈动荡。将 1998 年 3 月底

与1997年7月初的汇率①比较，各国股市都缩水1/3以上，各国货币对美元的汇率跌幅在10%~70%以上，受打击最大的是泰铢、韩圆、印度尼西亚盾和新元，分别贬值39%、36%、72%和61%。

（2）东南亚金融危机导致大批企业、金融机构破产和倒闭。例如，泰国和印度尼西亚分别关闭了56家和17家金融机构，韩国排名居前的20家企业集团中已有4家破产，日本则有包括山一证券在内的多家全国性金融机构出现大量亏损和破产倒闭，信用等级普遍下降。泰国发生危机一年后，破产停业公司、企业超过万家，失业人数达270万人，印度尼西亚失业人数达2000万人。

（3）东南亚金融危机导致资本大量外逃。据估计，印度尼西亚、马来西亚、韩国、泰国和菲律宾私人资本净流入由1996年的938亿美元转为1998年的净流出246亿美元，仅私人资本一项的资金逆转就超过1000亿美元。

（4）受东南亚危机影响，1998年日元剧烈动荡，当年6月和8月日元兑美元两度跌至146.64日元，为近年来的最低点，造成西方外汇市场的动荡。

（5）东南亚金融危机演变成经济衰退并向世界各地区蔓延。在金融危机冲击下，泰国、印度尼西亚、马来西亚、菲律宾四国经济增长速度从金融危机前几年的8%左右下降到1997年的3.9%，1998年上述四国和中国香港，韩国甚至日本经济都呈负增长。东亚金融危机和经济衰退引发了俄罗斯的金融危机并波及其他国家。巴西资金大量外逃，哥伦比亚货币大幅贬值，进而导致全球金融市场剧烈震荡，西欧、美国股市大幅波动，经济增长速度放慢。

二、拉美国家金融改革与金融政策

拉美地区绝大部分国家之所以长期徘徊在中等收入区间而难以突破递进，除其他原因外，金融体系的脆弱性和金融危机的周期性对经济增长和实体经济的巨大破坏，是一个重要原因。据统计，在1974~2003年整个中等收入阶段，拉美各国发生金融危机的平均数量和复发次数在世界各国中名列前茅，大约35%的拉美国家多次爆发危机，几乎是其他地区的3倍。

银行危机不仅对拉美短期宏观经济变量产生很大影响，而且还影响到了长期增长，代价巨大。拉美每爆发一次金融危机，经济长期增长率就下降约1个百分点，拉美银行危机的平均财政成本超过了GDP的20%，几乎是OECD成员国的两倍，比其他新兴市场国家要高出约1/3。1994年墨西哥金融危机的财政成本超过了GDP的20%；2001年阿根廷爆发的债务危机和银行危机甚至引发了政治危机，数月后总统被迫辞职，次年阿根廷经济衰退进一步恶化，经济活动的增长率

① 数据来自世界银行网站，http：//www. worldbank. org/indicator/.

下降了10%，财政赤字占GDP的5.9%，公共债务占GDP的60%。作为新兴市场国家的拉美各国在体制方面的某些共性缺陷，似乎是酿成金融危机的根源所在。

（一）经济发展模式滞后于经济发展

拉美地区的发展模式大致经历了三个阶段："进口替代"模式、"出口导向"模式、"新自由主义"模式。从20世纪30年代起到80年代，进口替代工业化发展模式始终在拉美地区居主导地位。进口替代模式虽给拉美地区带来了较高的经济增长率，但其不利影响也十分明显：工业化活动主要面向国内市场，内向型的发展战略并未使预期中的贸易多样化转变为现实，反而使拉美各国形成了过度依赖外国资本，特别是通过举债来促进经济的发展。外债已成为困扰拉美国家的一大难题，而运用不当的贸易战略似乎成为举借外债的驱动力，最终导致了20世纪80年代债务危机的爆发。进口替代战略使拉美国家产业结构高度畸形，经济呈依附型增长，从而使拉美一度成为"反边缘化"发展经济学的中心。

20世纪80年代后期，拉美各国认识到进口替代的不足，纷纷转向"出口导向型"模式。然而拉美各国的出口导向战略并未带来预期效果，出口产品以初级产品为主，贸易结构不合理，始终未能摆脱依赖借债发展本国经济的怪圈，逐渐成为外资的依附国。

20世纪90年代以来，拉美国家普遍采用新自由主义作为经济发展的指导理论。这一理论主张自由放任，认为市场机制这只"看不见的手"会自动调节供求关系和资源优化配置。任何人为的干预都将破坏经济发展内在规律所决定的运行轨道，破坏经济体系内在自动均衡机制。在新自由主义经济理论指导下，拉美各国采用一系列自由放任的经济政策，建立起市场全面开放为基础的经济体制，开始了国民经济全面自由化的时代。为此，拉美各国普遍实行经济转轨和结构性经济改革，纷纷实行私有化，通过出售国有企业和公共资产来偿还外债和弥补公共财政缺口，使得债务问题得到暂时缓解。自由主义经济政策使拉美私人经济蓬勃发展，外资大量自由出入，使政府能够举债来满足经济发展对资金的需要。但是当国有企业私有化进程完成后，政府财政支出将居高不下，则可能发生债务危机和恶性通货膨胀。此外，拉美地区许多投资是"飞燕式"投资，投资者敏感性高，资本流动性强，一旦有风吹草动资本迅速大规模外逃，最终导致金融动荡，社会经济不稳定。当前的拉美金融危机正是新自由主义埋下的祸根所结的恶果。

（二）僵化的固定汇率制度

英国经济学家詹姆斯·米德①在1951年提出了固定汇率制度下内外均衡冲突问题。米德认为，要想保持固定汇率就必须实施资本管制和外汇管制以控制资本自由流动。因为固定汇率制度和资本自由流动是不可能长期同时存在的，资本自由流动最终会冲垮固定汇率制。因此，固定汇率制度和资本自由流动之间存在“二元冲突”。根据米德理论，一国如果实行固定汇率制度并开放资本市场，金融危机的发生从逻辑上说仅是迟早的事。长期以来，拉美各国多采取钉住美元的固定汇率制的方式。1999年巴西金融危机发生前，实行长达52年之久的“雷亚尔计划”是典型的固定汇率制。本次金融危机发生前的阿根廷实行的货币局制度是一种比固定汇率更为严格的联系汇率制。实行固定汇率制有利于经济特别是出口外向型经济的发展，但也存在诸多弊端，最大的弊端是当所钉住的货币升值时，本币被迫随之升值使币值高估，由此引发一系列矛盾在固定汇率制度下积累。20世纪90年代以来，新自由主义在拉美盛行，市场全面开放，大量外资涌入拉美地区，使大部分拉美国家的货币逐渐升值。本币升值严重削弱出口商品的国际竞争力，为限制本币升值对出口的不利影响，大多数国家常常采取紧缩性的货币政策以减少货币的供应量，货币供应量减少引起利率上升，这反而吸引了套利套汇为目的的短期资本大量流入，从而使各国债务不断增长。同时，由于这一时期美国经济的强劲增长及美国政府奉行的强势美元政策，使实行钉住美元采用固定汇率制的拉美各国货币升值，导致出口竞争能力下降，外汇收入增长缓慢。维持固定汇率制的基本条件是实行资本管制和外汇管制以控制资本自由流动。就前者来说，拉美各国由于20世纪90年代实行新自由主义经济政策，逐步开放市场允许资本自由流动；就后者来说，20世纪80年代债务危机以来各国债务快速增长带来还本付息额增加使其国际储备不足。因此，随着拉美各国经济增长放缓，出口收入增长不稳定和偿债而对外汇需求不断增加，在不断增加的压力下，最终对固定汇率制度构成直接挑战，此时为维持固定汇率成本越来越大，使固定汇率制度最终瓦解，“二元冲突”由理论转为现实。1994年的墨西哥金融危机、1999年巴西金融危机、2001年阿根廷金融危机，都是固定汇率受冲击而引发的。僵化的固定汇率制度在受到冲击时，各国往往由一极跳到另一极，放弃固定汇率而让汇率自由浮动，本币瞬时狂贬，幅度之大危及投资者信心，一时间资本外逃，银行挤兑，物价飞涨，股市暴跌。

① 詹姆斯·米德．诺贝尔经济学奖获奖者学术精品自选集——国际经济政策理论［M］．北京：首都经贸大学出版社，2001.

（三）巨额的外债和财政赤字引发财政困难

20 世纪下半叶，拉美国家为实施工业化，大量举借外债以弥补国内投资缺口，外债规模急剧膨胀超过支付能力，在 80 年代初陷入债务危机。拉美各国没有从 80 年代的债务危机中吸取教训，进入 90 年代以后再次举借大量外债，债务增长迅速。根据联合国拉美经委会统计，1982 年拉美外债总额为 3287 亿美元，1995 年增加到 5880 亿美元，2000 年增加到 7337 亿美元，2002 年已达 8000 亿美元。每个拉美人都平均负有 1500 美元的债务，各国每年用于支付外债的金额高达 1500 亿美元。以巴西为例，外债已高达 2600 亿美元，约占 GDP 的 30%，出口总额的 336%，仅每年还本付息就需 470 亿美元。阿根廷外债约 1500 亿美元，外债占 GDP 比重约 50%，相当于出口额的 5 倍，每年偿还外债本息额远远超过外汇储备。沉重的债务负担使每年偿还外债本息占国民收入的相当部分，影响了国内投资，使经济敏感而脆弱。特别是一些重债务国常常无力按时偿还债务，被迫重新安排债务或接受国际金融组织的贷款救助，这又必须受制于援助的苛刻条件，从而严重影响了经济的发展。更为重要的是，相当多的一部分外债不是投入生产部门，而是被公共部门用于非生产性目的。如在阿根廷，政府通过发行美元债券吸收的外资几乎没有流向公司融资市场，也没有形成政府的服务性支出（如公共安全、教育、基础设施等）。尽管支持了一定数量的公共工程，但大部分资金变成了公共部门雇员的薪水和社会保障支出。外资被分配到政府的受益人手中，大部分被用来购买上好的进口商品，去国外旅游以及投资于国外的硬通货资产。由政府借来的外国资本大部分又经私人渠道流了出去。随着这一过程的持续和重复，外债持续增长，当外国投资者觉察到问题的严重性、不愿继续向政府提供资金、政府再也借不到外部资金而无力支付债务时，债务危机发生就是很自然的。

与债务问题相联系的是政府财政赤字问题。拉美地区许多国家政府不能克制自身的膨胀冲动，官僚出于自身利益，总是倾向于“预算极大化”，使政府开支的增长率高于经济增长率，财政赤字缺口加大。为弥补财政赤字，许多拉美国家或是大幅度提高税率和增加赋税种类，这就摧毁了自己的经济基础，导致税收减少和地下经济蔓延，带来失业率居高不下；或是政府举借外债，债务规模越来越大，为了支付债券利息和偿还到期债务不得不借新债还旧债。因此，拉美各国政府以弥补财政赤字开始，逐步走向借债、还债、再借债、再还债的无底深渊，落入债务陷阱不能自拔。

（四）社会矛盾尖锐、政治动荡成为金融危机催化剂

20 世纪 80 年代以来拉美地区经济增长缓慢，物价高涨，失业问题严峻，使

得贫困人口越来越多。1980～1990年拉美地区GDP年均增长1%，人均GDP年均增长－1%。1991～1994年，GDP年均增长4%。经济不景气，使整个地区失业率大部分年份保持在8%以上。拉丁美洲是世界上收入分配最不公平的地区，严重的两极分化长期存在。20世纪80年代改革以来，两极分化继续加剧。90年代中期拉美20个国家的基尼系数统计表明：基尼系数0.45以下的仅有3个国家，0.45～0.49的有6个国家，0.50～0.60的有11个国家。1980年拉美地区贫困人口1.359亿，其中赤贫人口640万；到1994年分别增长到2.093亿家和9830万家，即分别增加了7340万家和3590万家，增幅为54%和57.5%。[①] 此外，衰退期间普遍冻结工资以及高达3位数的通货膨胀，使贫困人口生活状况进一步恶化，社会矛盾日益尖锐，要求变革的呼声强烈。

在政治上，围绕着总统大选等问题，党派、党内派别、利益集团、社会团体和阶层之间斗争不断，相互攻击，追究经济政策失误责任纷争。尖锐的社会矛盾和混乱的政局是拉美陷入金融危机和经济危机的重要原因。以墨西哥为例，就是因为分配不公，两极分化严重，社会矛盾加剧，致使农民武装起义引发金融危机的。墨西哥人口约8400万，在20世纪80年代后期的私有化改革中，产生了24个世界巨富名单中的超级富翁，他们的财富主要是在私有化过程中通过低价购买大拍卖的国有企业攫取的。同时，造就了4000万穷人，其中1700万处于极端贫困状态，2200万人处于贫困线上，另有350万人失业，两极分化如此严重，引起民众不满和社会动荡。1993年底终于引发恰帕斯州农民起义，1994年又陆续发生了执政党总统候选人和总书记遇刺身亡。政局动荡不断，外国投资者信心动摇，资本外逃加剧，金融危机爆发。再以阿根廷为例，由于连续4年的经济衰退，到2001年10月，失业率高达18.3%，失业和半失业人口占经济自立人口的34.6%；1998～2001年，贫困人口由980万上升到1400万，占总人口的38.9%，赤贫人口由260万增加到550万，占总人口的15.3%。贫困化如此严重，致使被誉为“世界粮仓”的阿根廷大量穷人面临饥饿，怨声载道。自1999年以来，工会发动大罢工近10次。2001年12月，贫困阶层和中产阶级涌上街头，抗议政府的经济和社会政策，仅两天就有9000多家超市和商店被抢，很多银行被砸。警察与抗议民众发生流血冲突，在十五天内走马灯似的换了四位总统，政府陷入危机，致使金融危机和政治危机交织在一起。

此外，区域一体化和全球化也是影响拉美金融危机的因素。一体化加深了各国之间的经济往来，然而也潜藏着危机——通畅了金融危机在地缘接近、经济状

① 数据引自李明德，江时学．现代化：拉美和东亚的发展模式［M］．北京：社会科学出版社，2000.

况相似各国之间传播的渠道，从而加大了危机传染的范围，加快了危机传播的速度，加深了危机危害的程度。一国金融动荡很快波及邻国，所谓的“蝴蝶效应”正是这种状况的形象比喻。

三、对我国优化金融环境，跨越中等收入陷阱的启示

（一）避免虚拟经济及资本市场的畸形发展①

日本、韩国、泰国、马来西亚等国的国内信贷额与GDP之比均高达115%～200%；其资本市场又不成熟或发育不全，致使企业过度依赖商业银行的间接融资，而银行又过于依靠政府的“主导”与担保，导致银行信贷过度扩张，银行不良债权或坏账过大。如韩国、泰国的银行不良资产占到其GDP的34%～40%。与此同时，东亚银行制度的不成熟性还表现在金融监管不力、法规不健全上。许多东盟国家的中央银行并没有随着不良债权增大而增加贷款损失准备金，菲律宾在金融危机爆发前三年间银行贷款增大了38%，而贷款损失准备金在贷款总额中的比重却从3.5%减到1.5%，比重最高的马来西亚也只有2%。这么孱弱的金融体系，一旦风吹草动，如国际收支锐减，便造成人心浮动，国内资金外送和外资迅速撤离，金融风暴随之即来。

从发达国家的市场经济发展史来看，它们从商品市场、货币市场、债权市场、证券市场、期货市场到衍生品市场，大约经历了二百年的历程。如：纽约证券交易所，是二百年前由24名商人在曼哈顿南段一棵梧桐树下签订一份定期交换各州政府发行的债券协议开始的，过了25年才成立了纽约证券交易所理事会，1863年成立纽约证券交易所，之后又发展起了货币市场、债券市场及期货市场，第二世界大战后又发展了衍生品市场，因此，每种市场、每种机制和制度工具，都是千万人在经济实践中根据活动的需要而协议采取的，并通过千万人的实践才逐步形成共同的制度、机制和工具，形成了比较完整的运行、监管的制度与规则。但东亚发展中国家在短短二三十年间，不可能完成发达国家两百多年所完成的事，也不可能在较短的时间内让各类市场形式、机制、制度工具依序发育、成熟，而是在短短几年内几乎同时出台。当经济货币化的进程尚未完成时就已开始证券化，证券制度还未发育成熟甚至有关运行规则还未确定时又出台了期货和衍生品市场——这一切导致各种市场、机制、制度工具带有不同程度的夹生性。正是由于这些制度性弱点，构成了“赶超型”经济所固有的先天性不足。同时，后天又过度利用境外短期资金，而不是先贸易、后投资；先实业后金融；先关

---

① ［美］麦迪森．世界经济二百年回顾［M］．北京：改革出版社，1997.

税，后非关税；先经常项目，后资本项目。过度、过滥、妄用金融手段，势必招致风险。如：泰国在本地银行累积巨额不良债权，经常项目连年逆差的情况下，过早放开资本项目，结果给国际短期游资大开方便之门，因此，自身的脆弱风险最大。

（二）完善宏观金融调控机制

新加坡的经验表明，东南亚金融危机并不是改革开放的结果，而是经济环境、经济政策、经济手段的夹生性所致，只要处理好开放进程中政策之间、体制之间的协调问题，进一步经济开放并不会导致金融危机。因此，我们不能因噎废食，不能对金融全球化怀有恐惧心理。中国作为发展中国家，金融业是幼稚产业，它可以有一个保护期。我们应该加快金融业改革，迅速培育起金融市场，增强我国金融业参与国际市场竞争的能力。

由此看来，吸取东南亚金融危机教训，在完全融入经济全球化之前，建立健全的微观金融竞争体制、完善市场性宏观金融调控机制就显得刻不容缓。从国内金融体制改革的现状看，很难说我们已经做好准备，更不用说作好资本市场开放的准备。金融全球化要求商业银行向“流程银行”转变，垂直的报告路线和矩阵式的管理，对中资银行经营体制将带来重大冲击和挑战。目前，中资银行在很大程度上仍然依赖于国家政策的保护，市场竞争的观念并没有多大改观，与外资银行竞争的优势并没有形成。目前我国银行业的现状是垄断特征仍明显，四大国有银行仍未商业化，仍未摆脱经济体制转型所担负的沉重历史包袱，仍未形成有效的内外部激励约束机制。

金融全球化的迅速发展，留给我们调整和改革的时间也越来越少。我们应该有紧迫感。应在加快改革国有金融机构的法人治理机制上取得突破，同时对民营资本开放金融领域，在外资大举进入前形成包括民营、国有等多种所有制相互竞争的市场格局，以强健的国内金融机构去迎接竞争。

（三）灵活选择适合国情的经济发展模式

拉美金融危机告诉我们，保持经济可持续增长必须适时地进行经济发展模式的转变。根据国际市场形势的变化和国际分工格局的变化适时地调整经济增长方式和经济结构、技术结构、产业结构和产品结构，是一国经济保持长期稳定增长的根本条件，也是处理好各种复杂经济社会问题的基础。拉美各国在经济发展中，先后选择了“进口替代”、“出口导向”、“新自由主义”三种不同模式。移植来的指导经济发展理论和经济模式没有有效地根植拉美大地，没有与拉美各国实际相结合，最终没能培育起在国际市场上有竞争力和比较优势的经济结构和产业结构，使经济长期增长缓慢。因此，我国在经济改革和经济建设中，应有选择地借鉴外国的经济理论，要合理吸收，洋为中用，切忌食洋不化，全盘照搬来指导中国的改革开放和经济建设。

（四）根据经济发展水平和对外开放程度制定合适的汇率制度和汇率政策

拉美金融危机告诉我们，金融自由化必须选择富有弹性的汇率制度。汇率是联结国内经济与国际经济的桥梁与纽带，是实现一国经济对外平衡的重要工具，僵化的汇率制度会降低本国的竞争能力，使各种风险不断地积累。因此，依据经济发展水平和对外开放程度选择合适的富有弹性的汇率制度及实施恰当的汇率政策，对提高本国竞争力，及时释放风险是非常必要的，是金融当局必须考虑的重大问题。我国人民币汇率制度选择的是以市场供求为基础、单一的、有管理的浮动汇率制。即汇率形成是以市场供求关系为基础，同时受国家宏观调控。这一制度安排无疑是合理的，是同有宏观调控的社会主义市场经济体制相一致的。但问题在于实际运行中，汇率形成机制存在重大缺陷，外汇的供给是强制结汇而非意愿结汇，外汇需求受到若干条件制约。因此，现行的市场上人民币汇率并非是依据市场供求而决定的均衡汇率，而是存在较大的扭曲行为。再加上近年来人民币汇率异常稳定，实际上已演化成为钉住美元的固定汇率制。这也强化了国内外对于人民币汇率是固定汇率的预期。其结果是人民币汇率缺乏弹性。中国加入WTO后，经济对外开放深度和广度进入新阶段，银行等金融服务业2005年将全面对外开放，资本自由流动的空间越来越大，资本账户的自由化是大势所趋。资本账户的自由化要求富有弹性的汇率制度以应对国际资本对国内金融市场和经济的冲击，因而对现行的汇率制度提出了挑战。有鉴于此，一方面我国应牢牢掌握金融市场开放的主动权，根据我国国情和改革进程，要在各种准备措施充分具备的条件下，循序渐进地开放资本项目，使其与国内金融体系相配合；另一方面，要不断改革和完善人民币汇率生成机制、运行机制和调控机制，建立起以市场供求为基础的有管理的浮动汇率制，使其更富有弹性。要根据经济发展水平和经济运行状况制定适宜的汇率政策，要建立成熟的国内货币市场和灵活的利率体系结构，建立有效抵御外资冲击的防火墙。

（五）要控制举借外债的数量，提高使用外债的质量

拉美金融危机的教训告诉我们，举借外债必须加强对其总量和结构的宏观调控。适度举借外债和吸引外资以弥补国内资金的缺口是促进经济增长和解决就业的有效手段。但在举借外债和吸引外资时，必须从规模和结构进行宏观调控。一方面，要根据经济发展的需要、经常项目收支状况、还本付息能力，确定引入外资的总规模。另一方面，要在总量控制下，调整举债和吸引外资的结构。要根据

国家产业政策，诱导外资投向国家急需发展的产业和部门。同时在吸引外资的形式上，应以吸引直接投资为主，特别应注重吸引技术含量高、管理水平先进、规模大的跨国公司投资。为此，有必要建立对外资的评估体系，以评估外资的质量，引导国内对外资需求向重视质量的方向发展，尽可能减少国际投机资本对我国资本账户开放进程的冲击。同时也为将来外债的还本付息提供可靠保证。现阶段，我国的外债大部分是中长期债务，外债结构合理。负债率和偿债率都处于国际公认的警戒线下。但国家综合负债率，即"政府内债余额 + 全部外债 + 银行坏账 + 社会保障补贴"与名义 GDP 比值却在不断上升。再考虑每年至少 5000 亿元以上的国有资产流失和数百亿美元的资本外逃，积聚了严重的金融风险和财政风险，成为制约经济发展的巨大隐患，必须采取强有力的切实可行的化解措施。

（六）利用经济增长带来的良好效益及时化解各种社会矛盾

拉美金融危机告诉我们，在经济改革和经济发展过程中必须妥善化解各种社会矛盾，以防由金融危机引发严重的经济和社会危机。中国改革开放以来，取得了举世瞩目的经济成就。但也积累了一系列非常棘手的问题。首先是日益严峻的"三农问题"。1978 年农村改革以来随着联产承包责任制实施和国家不断提高农产品收购价格，农民收入大幅度增长，并有效地解决了困扰中国多年的粮食问题，但随着国家财政赤字的不断增长已无力继续提高农产品收购价格，同时国际市场粮食产品价格低于国内市场，依靠提高农产品价格增加农民收入已不现实。使农民收入增长缓慢，甚至有的地方还在下降，而各种税费负担却有增无减。8 亿农民的消费在全国消费品零售总额中的比重年年下降，2001 年降为 40%。在经济快速增长其他社会阶层收入增长的情况下，相当部分农民收入增长停滞和下降是当前经济发展面临着的一个迫切需要解决的严峻问题。其次是劳动就业形势严峻。失业存在于任何类型的国家，不同的是发达国家有较完善的失业保险和社会保障制度，失业者可以借此来维持生计或缓解贫困。对发展中国家来说情况就比较复杂。一般认为，发展中国家的失业率不应超过 7% 的警戒线。我国学者曾对我国城镇失业率提出几条警戒线：轻度为 6%，中度为 7%，危险警戒线为 8%，5% 以下为安全线，这就意味着我国短期内的菲利普斯曲线政策选择中的失业率边界为 5%，超过了就容易引发社会不稳定等问题。但随着国有企业改革的推进，减员增效、企业破产倒闭，城镇失业人口、半失业人口越来越多。据调查，53.6%①的经济专家认为我国实际失业率在 8% 以上，其中又有 25% 的专家更认为实际失业率已超过 10%，而按照国际经验 12% 以上的失业率即为恶性失业，中国已接近其边缘。由于城镇失业人口中绝大多数是国有及集体企业的职

① ［美］安格斯·麦迪森．中国经济的长远未来［M］．北京：新华出版社，1999.

工。他们的收入长期在社会中居中间偏上水平，现在跌落到城镇各阶层的底层，成为社会的弱势群体，其失落感与失望怨恨情绪是非常强的，这种心理失衡型的社会矛盾在积累。再考虑农村有高达1.5亿人的剩余劳动力，中国解决劳动就业问题任重道远。最后是收入分配两极分化问题严重。20世纪80年代改革以来，由于政策的不配套和市场机制不完善，导致不公平竞争和机会的不均等，使少部分人迅速地聚敛财富，贫富差距迅速扩大。据有关专家计算，我国的基尼系数已超过0.4的危险警戒线，并仍呈上升态势，这表明两极分化现象已相当严重。由于各种社会矛盾在积累，因此，中国必须利用经济快速增长的有利时机采取强有力措施，努力缓解一系列社会矛盾。否则，金融风险与各种社会矛盾交织互动并发，将产生最大的风险。

第三节　我国金融发展的现状、问题及外部环境

一、金融发展和经济发展关系的实证分析

本书选取GDP作为经济发展水平的衡量指标，M_2的发行总量作为衡量金融发展水平的衡量指标，选取M_2/GDP的值作为衡量金融深化的指标（本书不讨论金融发展的宽度）。对于发展成熟如发达经济体而言，在考虑金融的发展水平时，若不考虑资本市场的发展水平是很难有说服力的，因为经济发展到一定水平，往往资本市场的发展水平也会很高。我们作为一个发展较快的发展中国家，资本市场的发展时间较短（1990年上交所成立），发展的程度也较低，但是我国经济的增长率在20世纪90年代也经历了高速的增长，因此90年代资本市场的数据不具有很强的说明性，股票市场是衡量资本市场发展水平很好的指标，鉴于此，本书选取1999~2009年的股票市价总值作为衡量证券市场发展水平的衡量指标，选取股票市价总值/GDP的值（证券化率）作为衡量证券市场发展水平的指标。本书的数据来自中国统计年鉴（1999~2009）。

表6.1　统计指标及数据

年份	M_2	GDP	股票市价总值	贷款	M_2/GDP	市价总值/GDP
1999	119897.9	89677.1	26471	93734.3	1.34	0.30
2000	134610.3	99214.6	48091	99371.1	1.36	0.48
2001	158301.9	109655.2	43522	112314.7	1.44	0.40
2002	185007.0	120332.7	38329	131293.9	1.54	0.32

续表

年份	M_2	GDP	股票市价总值	贷款	M_2/GDP	市价总值/GDP
2003	221222.8	135822.3	42458	158996.2	1.63	0.31
2004	254107.0	159878.3	37056	178197.8	1.59	0.23
2005	298755.7	184937.4	32430	194690.4	1.62	0.18
2006	345603.6	216314.4	89404	225347.2	1.60	0.41
2007	403442.2	265810.3	327141	261691	1.52	1.23
2008	475166.6	314045.4	121366	303395	1.51	0.39
2009	606225.0	340506.9	243939	399685	1.78	0.72

资料来源：《中国统计年鉴》(1999～2009)。

(一) M_2 与 GDP 关系的分析

由图6.2和图6.3可知我国从1999～2009年的十年间，M_2 和GDP都有着显著而稳定的上升趋势，M_2 从1999年的119897.9亿元稳步增长到2009年的606225亿元，GDP从1999年的896771亿元稳步上升到2009年的340506.9亿元，虽然十年间，M_2 和GDP总量都快速稳步扩张，但 M_2 总量都一直高于GDP总量，而且两者之间有着明显的正相关关系。用普通最小二乘法对 M_2 总量与GDP总量进行线性回归分析，得到我国近十年来 M_2 与GDP的相关系数为0.9897，这表明两者呈现显著的正相关性。

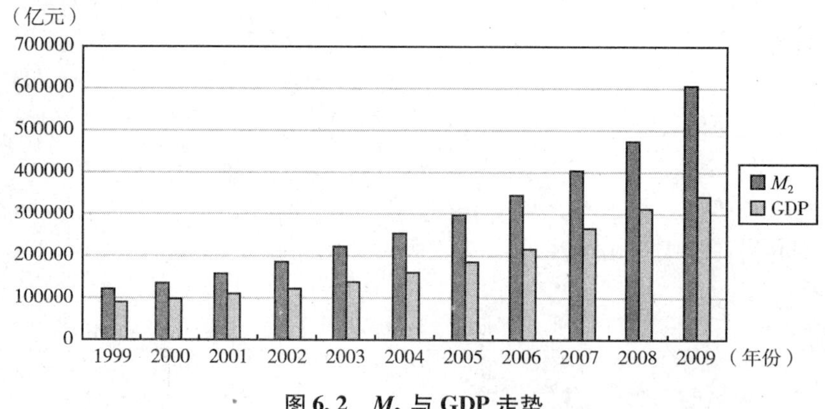

图6.2 M_2 与GDP走势

图6.4为 M_2 与GDP的比值，本书用该指标衡量金融市场的深度，由图可知，我们近十年来的金融深度不具有很明显的增长趋势，倒是可以用经济周期性来一定程度的解释，但这样的解释与谈儒勇在1999年发表的《中国金融发展和

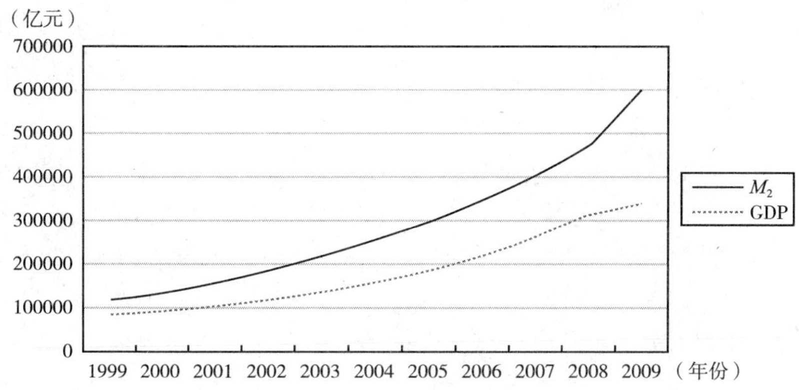

图 6.3　M_2 与 GDP 走势折线图

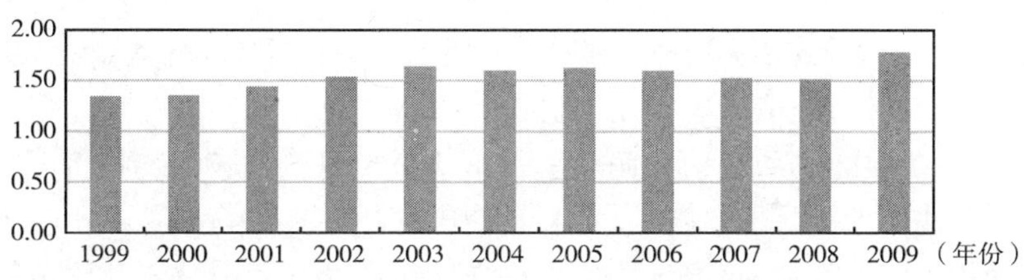

图 6.4　M_2/GDP 比值柱状图

经济增长关系的实证研究》一文中的分析有悖，他认为在经济高速增长期，由于货币当局会减少货币供应量 M_2，而经济增速又较快，因此以 M_2 与 GDP 比值衡量的金融深度指标应该在经济高速增长期较小，在经济增长较慢时较大。但是由图 6.4 的情况与此分析不符，在 1999～2000 年以及 2007～2008 年两个期间，金融深度较低，但是这两个期间分别受到亚洲金融危机和美国次贷危机的影响，我们的经济增速都相对较低，按谈儒勇（1999）的分析，金融深度应该比较高才对，可我国近十年来的情况不是这样的。这主要是因为央行发行货币增加流动性主要考虑一下五个因素：市场现货币供需总量、市场货币周转率、未来货币供需缺口、外国对本国货币储备以及外币在本国的替代总量、冗余货币量。而以上五个因素中的指标和经济的发展情况不具有很大的关系，尤其在我们国家，央行发行货币较大程度上还受到国家政策的影响，这些因素导致 M_2 的总量也不能很好地反映经济的运行情况。

（二）结论

如果避开变量选取的局限性不谈，我们可以看到，我国近十年来以来衡量的金融发展水平和以 GDP 来衡量的经济发展水平有很强的正相关性。而以 M_2 和

GDP 比值衡量的金融深度不具有很明显的规律。

二、我国金融发展现状

随着社会主义市场经济的发展和金融改革的不断深入，我国的金融市场有了长足的发展，逐渐形成了由货币市场、资本市场、外汇市场、黄金市场和期货市场等构成的多层次、交易品种多样化和交易机制多元化等特征的金融市场体系，为推动国民经济发展、支持国家宏观调控实施、推进国有企业和金融改革、稳步推进利率市场化和完善人民币汇率形成机制、防范系统性金融风险和维护金融稳定发挥了重要作用：

1. 货币市场已成为中央银行进行宏观调控的重要平台，也是各类金融机构调节资金头寸、管理流动性和进行资产投资的主要场所。货币市场基准利率（Shibor）的培育和建设有利于促进金融机构提高自主定价能力，指导货币市场产品定价，完善货币政策传导机制，推进利率市场化。

近年来，在银行体系流动性偏多、货币信贷扩张压力较大、物价不断攀升的形势下，人民银行通过存款准备金等工具搭配使用，在银行间债券市场上灵活开展公开市场操作，加大回收银行体系流动性的同时，缓解商业银行季节性支付清算压力。2009 年人民银行累计发行中央银行票据 4.07 万亿元，正回购操作 1.27 万亿元。通过中央银行票据和开展正回购操作当年收回银行体系流动性 1.02 万亿元，相当于 2009 年 10 次上调存款准备金率共 5.5 个百分点冻结流动性的 1/2。

2009 年末中央银行票据和正回购操作总余额达 4.11 万亿元。2009 年金融机构在银行间市场债券回购累计成交 44.8 万亿元，同业拆借累计成交 10.7 万亿元，比 2006 年分别增加 35.36 万亿元和 9.24 万亿元。银行间市场已成为金融机构调节资金头寸、管理流动性的主要场所。

2. 资本市场经过十几年的改革和发展，市场规模不断壮大，交易品种不断丰富，市场运行的机制、制度不断完善，资源配置功能不断增强，优化了社会融资结构，推动了国有企业和金融改革，在我国经济社会发展中的作用日益增强，在国际金融市场中的地位不断提升。

2005 年启动的股权分置改革基本完成，我国股票市场实现了全流通，为资本市场优化资源配置奠定了基础，使我国资本市场在市场基础制度层面与国际市场接轨。截至 2009 年末，沪、深两个证券交易所共有上市公司 1550 家，股票总市值达 32.7 万亿元，相当于国民生产总值的 140%，位列全球资本市场第三，新兴市场第一。2007 年，首次公开发行股票融资 4595.79 亿元，位列全球第一；日均交易量 1903 亿元，是全球最为活跃的市场之一。2007 年末，债券市场中债券托管总额达 12.33 万亿元。资本市场的发展，不仅扩大了直接融资规模，优化了融资结构和资源配置，也拓宽了居民投资渠道，丰富了居民投资品种，为居民提供了股票、债券、证券投资基金、权证、期货等多种理财工具。

3. 外汇市场随着我国外汇管理体制改革和汇率形成机制的完善，初步形成了外汇零售和银行间批发市场相结合，竞价和询价交易方式相补充，覆盖即期、远期和掉期等类型外汇交易工具的市场体系，为稳定人民币汇率起到了基础性作用。

2009 年银行间外汇市场总成交 2.26 万亿美元，折合人民币 16.51 万亿元，相当于当年 GDP 的67%，比汇改前的2004 年提高了 55 个百分点，相当于当年进出口贸易总值的 104%，比 2004 年提高了 86 个百分点。2007 年，做市商交易量占银行间外汇市场总交易量的比重超过 90%。由于 2005 年 7 月我国汇率形成机制由单一盯住美元改为参考一揽子货币，尽管美元汇率持续走低，但人民币有效汇率并没有与人民币/美元汇率同步升值。汇率改革到 2007 年末，人民币对美元汇率累计升值 13.31%。汇率改革至2008 年 1 月末，国际清算银行计算的人民币名义有效汇率指数升值 6.3%，实际有效汇率指数升值 10%。

4. 黄金市场是国内发展较完善、与国际金融市场紧密联动的金融市场。我国黄金市场主要包括现货市场（上海黄金交易所）和期货市场（上海期货交易所）以及商业银行柜台市场，有现货及纸黄金、延期交割、期货、期权等衍生产品。金融机构及产金、用金企业可以利用黄金延期交割、黄金期货、黄金期权套期保值，规避价格波动带来得风险。个人投资者可以在各大商业银行进行纸黄金、黄金期货、黄金期权投资。2007 年上海黄金交易所累计成交黄金 1828.13 吨，日均成交量为 7.55 吨。因黄金市场的全球化和交易产品的同质性，我国黄金市场成为国内金融市场与国际金融市场接轨的“急先锋”。国内黄金市场价格与国际金融市场紧密联动，行情走势基本一致，国内外价差不断缩小。2007 年国内外黄金价格的平均价差幅度为 0.21 元/克。

5. 期货市场是资本市场的重要组成部分，它的创新与发展增加了我国金融市场的广度和深度，为我国经济金融稳定发展提供了避险机制。我国有 3 大商品期货交易所：上海期货交易所、大连商品期货交易所和郑州期货交易所，交易品种涵盖了农产品、金属、能源、化工等四大领域，期货市场的交易规模不断扩大，现有交易品种的价格发现和套期保值功能得到有效发挥。2009 年，3 大期货市场成交总金额近 40 万亿元，占 GDP 的比重已上升到 162%。上海期货交易所橡胶期货和铜期货的交易量分别位居世界第一位和第二位，大连商品期货交易所玉米期货和大豆期货成交量均居世界第二位，郑州期货交易所白糖期货交易量位居世界第二位。2006 年 9 月 8 日中国金融期货交易所在上海成立，标志着我国金融衍生品市场诞生，是中国金融市场发展过程中的又一个里程碑。

三、我国金融发展面临的问题

"十一五"以来，我国金融宏观调控体系不断完善．金融业的展与改革成就显著，金融市场体系基本形成。以银行业为主的金融机构抗风险能力明显增强，金融监管能力不断提高。但是，我国金融发展中仍然存在以下一些突出问题。

1. 金融体系不健全，结构不尽合理。一是相对于银行业，资本市场和保险市场发展仍然滞后。直接融资比重偏低（尤其是公司债券规模过于狭小），风险相对集聚在银行体系。二是多层次资本市场进展缓慢。债券市场整体规模相对偏小，其中企业（公司）债券市场存在分割，发展严重滞后。且存在行政监管直接干预股市、期货等市场价格的问题，造成"政策市"风险。三是城乡、区域金融发展不协调．地方性中小金融机构发展滞后，对"三农"和中小企业金融服务较薄弱，融资瓶颈问题突出。四是保险的短期投资型品种发展较快。保障功能存在弱化倾向，责任保险与再保险等发展不足。

2. 货币政策效果不尽如人意。一是政策最终目标定位不清，是多目标还是收敛于单一目标，如何更好权衡物价稳定（包括资产价格）与经济增长。尤其是在物价上涨主要原因不是国内货币数量因素时。仍采用货币政策手段调控造成了宏观经济风险。二是价格型政策调控方式不当，不仅效果不好，而且给银行体系造成了系统性风险隐患。在市场经济条件下。商业银行的利率应该是政策中介目标，而非央行的直接政策工具。我国央行一直直接决定商业银行的存贷款利率，不仅严重阻碍了利率市场化，而且在商业银行市场化改革后．继续使用这种利率政策工具的效果必然会大打折扣，并会造成商业银行的风险。三是习惯性的数量调控力度不断加大，但效力递减。一方面大量金融创新使所设定的包括货币供应、贷款等调控指标未能有效实现；另一方面主要依托银行信贷渠道的政策传导机制愈加不畅。四是预警机制不足导致政策大幅度急转弯，严重削弱了政策的公信力。导致经济中的风险与不确定性大量增加。

3. 金融企业的经营机制尚未根本转向市场化。一是金融企业公司治理、内部控制、风险管理有待进一步提高，政府出资人职能分散弱化，金融企业内部人为控制现象较为严重。二是商业银行的信贷自主权经常受到外部行政性干扰，不仅影响市场机制配置资源的效率，也给银行增加了坏账风险，特别是统一的行政性命令导致同质化行为，潜藏系统性风险。三是行政部门长期习惯于直接采用行政手段控制，而不是强调由微观主体自主化解。

4. 金融创新能力不足，竞争力还不强。尽管银行理财类产品发展较快，但机构定价能力弱，产品种类较少，贷款证券化与债券衍生类产品几乎空白，许多保险产品主要依靠从外部引进。险种单一，雷同率高，期货品种不够齐全，覆盖面也不够广等。

5. 金融监管协调不畅，分业监管与综合经营的矛盾开始显现，"一行三会"缺乏有效协调，监管的过度与不足问题同时并存。

6. 包括市场基础设施在内的金融运营环境有待完善。例如，交易结算和托管系统分割，系统之间信息传输效率低下，客观上增加了交易成本，也难以识别票据造假等风险行为；市场缺乏市商等中介机构，流动性较差；信用评级体系的公信力不强，信用环境不佳制约了发展；现行的新股发行制度客观上造成了新股发行市场的短缺状态等。

7. 国际金融危机冲击造成金融市场与资本账户的开放风险加大。我国资本项目管理已经实现了相当程度的开放，余下大多是针对短期资本和债务资本。但国内企业普遍缺乏识别对外投资风险的经验与能力，专业人员严重短缺，QDII在治理结构和风险管理结构方面存在不足。海外投资出现较大亏损。

四、国际形势给我国金融发展带来的机遇和挑战

全球金融体系脆弱影响到我国的金融安全。金融经济的过度扩张是金融全球化过程中一个引人瞩目的现象。自美元与黄金脱钩，布雷顿森林体系崩溃以来的20多年里，金融经济出现了前所未有的繁荣景象，其增长速度远远超过了真实经济的增长速度。目前，它的规模大约是真实经济的30～50倍。

金融经济规模的迅速扩张是国际货币体系的制度安排、储备货币国家的货币制度和政策以及发达国家私营机构的金融创新决定的。

第一，1971年美国黄金窗口的关闭造成了储备货币与黄金的脱钩，这使得货币这一传统上真实而具体的财富变成了一种没有基本价值的抽象符号和新兴债务，从而使得金融经济与真实经济的分离成为可能。随着布雷顿森林体系的解体，美元的价值与黄金脱钩，这不仅重新定义了货币，而且拆散了金融经济与真实经济的最后联系。

第二，货币这种没有基本价值的抽象符号或新兴债务脱离真实经济发展需要的过度创造，使金融经济与真实经济的分离与背道而驰成为现实。

中央银行创造货币非常容易。创造货币的方式有大杠杆和小杠杆之分。大杠杆指中央银行的公开市场业务；小杠杆指中央银行改变银行存款的准备金比例和调节中央银行的贴现率或银行间同业拆借利率来间接增加或者减少进入经济体系的货币。

商业银行也有创造货币的巨大能力。商业银行创造货币的传统方式是贷出存款。商业银行和其他金融机构海还可以通过创造"近似货币"来增加经济体系中的货币。最典型的"近似货币"是信用卡。花旗银行发行的信用卡平均信用

额度是2000美元，如果发行3000万张，花旗一家银行就可以创造600亿美元的近似货币。还有很多种近似货币，全部由私营金融机构创造出来，而且除了市场力量以外不受任何约束。

从国际方面来看，欧洲美元市场形成后的20多年中，数以千亿计的欧洲美元在银行间不断流转，反复贷出，随着欧洲美元贷款的增长而不断增长。不过欧洲美元终究不是具体的纸币或金属货币，而是一种电子货币。虽然这些货币的创造过程与国内银行的货币创造遵守同样的规则，但在1987年以前，这种无国界的美元代表一种自治的货币，完全由民间控制，因此与它们的美元相比更少受到限制。例如，欧洲美元没有存款准备金的限制，经营欧洲美元的银行创造货币的能力就比国内银行要大得多。此外，在近20多年里，美国政府又通过巨大的贸易赤字把成堆的新美元送往国外。

第三，养老金、共同基金等机构投资者的崛起，金融期货与期权等衍生工具的开发和应用，以及布莱克－肖期权定价理论的完成使金融投机资本通过组织效率的提高、现代理论的指导以及金融衍生工具高杠杆率的运用得到了前所未有的扩张。

第四，电子网络和电子结算系统的引入极大地增加了货币或资本流动速度的增长潜力。科技的进步已使得每一笔交易的速度和准确性大大提高。作为购买力的货币或资金可以以光的速度在属于全球市场组成部分的各地市场间流动。在金融经济和真实经济的距离不断扩大之时，科技更造成两者间迅速的疏离。

第四节 开放金融市场 改善我国金融环境

展望未来，中国金融体制改革与发展、货币政策的实践还需要在以下几个方面作出进一步的努力。

一、促进包容性增长的金融体制改革

（一）以保证物价稳定和充分就业为前提的货币政策

1. 以有效实施稳健的货币政策为统揽，为促进经济社会更好、更快地发展提供有效的金融支持。一是把支持经济较快发展作为重要任务，更加积极主动地传导和落实好稳健的货币政策。从我国当前的情况来看，加快发展始终是第一要务，如果增速不够高，经济金融和谐发展的良好局面也很难实现。适度宽松的货币政策要求发展，稳健的货币政策也要求发展，关键在于解放思想、研究对策、

采取措施、创造条件，着眼于长远发展来解决短期问题，通过解决短期问题来化解长远矛盾，保持社会融资总量适度均衡增长。二是把稳定物价摆在更加突出的位置，在有效控制物价过快上涨中加快发展、调整结构。要增强金融宏观调控的预见性、针对性和灵活性，把握好调控的重点、节奏和力度，围绕加快发展、更好发展，探索提高货币政策执行效率的有效方式，积极保持流动性合理充裕，把有效落实稳健货币政策转化为更好地为加快发展提供强大金融支持的具体行动。三是正确处理好总量调控与结构优化的关系，推进经济结构调整和发展方式转变。要准确把握政策导向和信贷投向，着重在“有扶有控”、优化信贷结构上做文章，合理满足产业项目建设的信贷资金需求，对符合国家产业政策、经济政策的行业要加大投入，使有限的信贷资源用在更加有利于科学发展、转变发展方式、稳定物价和改善民生的关键领域上，使信贷投放与经济社会发展方向保持一致。

2. 以金融宏观审慎管理为依托，在防范和化解系统性金融风险中落实好稳健的货币政策。金融稳定是落实稳健货币政策的根本前提。2008 年金融危机爆发后，国际社会深刻反思危机爆发的经验教训，普遍强化了中央银行在宏观审慎金融监管的地位和作用。党的十七届五中全会《关于制定国民经济和社会发展第十二个五年规划的建议》中明确提出，要构建逆周期的金融宏观审慎管理制度框架。温家宝总理在 2008 年《政府工作报告》中强调，要健全宏观审慎政策框架，综合运用价格和数量工具，提高货币政策有效性。可以预见，中央银行在这一制度框架内将发挥重要作用。这给基层央行履行金融稳定职能带来了前所未有的机遇和挑战。对此，要顺应形势，把握规律，未雨绸缪，优化金融稳定工作理念，自觉加强金融稳定职能与宏观审慎金融管理的趋同性研究，重点尝试研究央行金融稳定职能在建立宏观审慎金融管理框架中的地位和作用，以及探索建立宏观审慎金融管理的微观实现机制，不断丰富和强化金融稳定职能，为落实稳健货币政策提供根本保障。在巩固“一行三局”金融稳定协调机制的基础上，进一步丰富和拓展机制外延，扩大协作空间，延伸金融稳定工作触角，发挥金融稳定职能在系统金融风险评估和处置中的核心作用。以防范和化解系统性金融风险为重心，利用科技手段，研究和加强系统性金融风险信息平台建设，为建立金融宏观审慎管理制度框架发挥基础作用。

3. 以加强和改善金融服务为抓手，为有效实施稳健的货币政策提供有效补充和基础支撑。把改进金融服务作为重中之重，更加积极主动地强化金融服务效能。如果说，加强和改善金融调控的工作重心更多的是体现在总行，那么，基层银行履行职责则更多的是在贯彻落实货币信贷政策措施的基础上，将工作抓手放在金融服务上，通过加强金融服务来提升货币政策的传导效率。要牢固树立大服务理念，突出金融服务在履行基层央行职责中的重要地位，着眼于改善民生和群众生产生活便利化，强化中央银行金融服务基础设施建设，提升金融服务科技含量，推动金融机构在农村金融服务、中小企业金融服务、就业就学就医金融服务等方面不断延伸触角，推动全省经济社会发展。要寓金融管理于服务之中，探索建立金融服务与管理的综合执法检查机制，有效整合货币发行、支付结算、外汇管理、调查统计、反洗钱等职能资源，通过强化对金融机构的管理和约束，通过加强和改善金融服务，为更好地落实金融宏观调控措施、更好地服务于经济社会发展提供基础保障。

4. 以改善金融生态环境为支撑，更加积极主动地促进经济金融协调发展。在稳健货币政策背景下，改善金融生态对加强和改善金融宏观调控微观基础，对有效实施稳健的货币政策创造有利条件更具重要意义。无论是从全面贯彻落实总行货币政策措施的角度出发，还是从强化金融支持经济社会更好、更快发展的角度考虑，都要求我们必须进一步加大改善金融生态建设的工作力度。要不断丰富金融生态建设的内涵和外延，逐步实现由过去相对注重改善金融运行外部环境向统筹改善金融运行外部环境、稳健发展金融市场主体和优化金融运行机制并重转变，努力把金融生态打造成为贯彻执行货币政策的有效载体、加快经济社会更好更快发展的要素资源、深入推动金融改革发展的创新平台。要充分发挥中央银行征信职能在推动社会信用体系建设中的重要作用，加强与地方党政及有关部门的协调沟通，进一步完善金融生态环境建设工作机制，着力构建和谐共赢的新型政银企关系，不断优化货币政策实施的微观基础，为更好地履行职责、推动金融业健康发展、加快转变经济发展方式创造有利条件。

（二）促进农村信贷及中小企业贷款的利率政策

面对农村资金需求的新变化，有必要调整信贷支农策略。具体而言可从以下几个方面着手：

第一，对农村信用社的贷款投向不应“一刀切”，不要把投向中小企业贷款的比例控制过死，应该宜农则农、宜工则工。支持农户发展种养业是支农、支持中小企业健康快速发展，吸纳更多农村剩余劳动力也是支农，其结果是一样的。

第二，对中小企业的贷款可以考虑以企业法人代表个人名义贷款，担保人可以是优势企业也可以是具备实力的个人。

第三，农村信用社要与贷款担保公司加强合作，加大对有产品、有市场、有销路、有信誉的中小企业贷款的投放力度。

第四，采取措施着力培育“信用村”、“信用镇”、“信用户”，提高农户的信用度，大力发展种植、养殖专业村，增加贷款投放。

第五，农村金融机构要适应农村经济发展的形势，不断创新信贷产品，丰富信贷种类，尽最大努力满足农村、农业和农民的信贷资金需要。特别是要有超前意识，敢于发放农户消费贷款，满足农民的消费需求，通过拉动内需促进国民经济平稳增长。

第六，创造宽松的融资环境。新农村建设与信用环境以及整个农村市场环境的建设是互为因果、相辅相成的。目前出于应对不良环境而形成的融资条件，如严厉的担保、抵押、质押、评级、公证、登记、核销等融资条件控制必须有所调整。在信用改善和市场竞争激励的条件下，对客户信用资质的认证、需求时效性增强、经济评估的延伸、融资安全性的标准、风险管理的控制都应有较明显的改进。

（三）优化进出口结构，保证外汇市场稳定的汇率政策

第一，夯实人民币汇率的决定基础，选择一揽子货币定价法确定人民币基础汇率。随着入世的临近及资本项目管制的逐步放松和人民币利率逐步走向市场化，外汇市场的供求会更多地体现经常项目外汇收支以外的外汇供求，人民币汇率的决定基础将会由经常项目外汇收支逐步过渡到经常项目为主兼顾其他因素特别是资本流动。鉴于此，比较可行的办法是放弃事实上的钉住美元的汇率政策，改为钉住美元、欧元、日元为货币篮子的一揽子货币汇率定价，这样既有利于人民币汇率长期动态的稳定，又有利于中国的外汇市场早日与国际外汇市场接轨。

第二，改进人民币汇率的形成机制，培育健全的外汇市场。人民币汇率长期处于超稳定状态主要原因在于外汇市场要素不足，而外汇市场要素不足其关键又在于现行的强制性结售制和外汇银行的额度管理。因此，应将目前的强制结汇制逐渐过渡到意愿结汇制、外汇银行的额度管理也应作出相应调整（如扩大额度幅度），从而使银行、企业、居民意愿地持有外汇，做到藏汇于民。这样既可使汇率风险由不同的微观主体来承担，以分散政府外汇储备的风险；又能满足各经济主体资产组合的需要；同时中央银行可以卸下市场交易的重负，专使汇率调控职能。在此基础上，再逐步放宽对国内居民（含自然人和法人）售汇的条件和限制，从而基本实现经常项目的完全意愿结售汇。当然资本项目的意愿结售汇尚需根据资本项目开放的进程逐步改进。

针对上述的结售汇制度及外汇银行额度管理的改革与完善，目前的外汇市场也应得到相应的改造，以促使其向国际规范的外汇市场靠拢。一是在不改变目前外汇市场上以前一日市场加权平均价开盘的前提下，扩大汇率的波动幅度，从而使汇率更能真实地反映市场供求，有助于意愿结售的实行。二是尝试新的外汇交易方式。目前我国外汇市场主要是指以电脑自动撮合方式成交的银行间外汇交易市场，在实行强制结售汇制度下，这种交易方式效率很高。但是实行意愿结售汇制度后，进入原有的结售汇交易系统的交易可能萎缩。在这种情况下，可以考虑国际上通行的商业银行做市商交易制度，使商业银行从目前的交易中介变为做市

商，活跃外汇市场，并使汇率真正反映市场参与者的预期，汇率的价格信号作用更强。三是丰富外汇交易内容和品种。即在目前开办人民币对美元、港元及日元买卖的基础上，试办欧元、英镑等币种的买卖，满足国内外经济组织对外汇资产多币种构成的需求。与此同时，尽快扩大远期外汇交易参与者的范围，视情况适时开办外汇期货、期权交易，以满足不同层次交易主体规避汇率风险的需求，扩大市场交易规模。四是增加市场交易主体，推广大额代理交易。增加外汇市场的交易主体，除让更多的企业、金融机构、居民直接参与外汇的买卖外，应着力推广银行代理企业在银行间外汇市场买卖外汇的大额代理交易。这样有助于避免大的机构集中性的交易垄断市场价格水平，防止汇率的大起大落，同时有效降低大企业的交易成本。

第三，大力发展短期货币市场并加快实现外汇市场与短期货币市场间的融通，以减缓外汇市场的需求波动。短期货币市场是短期资本流动的缓冲和吸收场所，在人民币自由兑换后要使外汇市场更活跃，外汇供求能相对平衡，除了要具备多种外汇交易的品种外，还将允许大量外汇投机交易的存在。而外汇投机交易存在的必要前提是短期货币市场，其中包括资金拆借市场、融资券市场、短期国库券市场以及其他富有流动性的短期票据和短期信用工具市场。当外汇供大于求时，投机者从短期货币市场获取人民币资金、购入外汇，反之，则抛出外汇；而政府则通过短期货币市场上的操作（买卖短期国库券、调节短期利率等）来影响汇率和货币流通量。因此，中国应建立一个发达的短期货币市场，并灵活运用短期利率、公开市场业务进行货币市场操作，将资金从外汇市场吸引到货币市场，从而减轻外汇市场上的需求压力。

第四，建立和完善外汇风险监测预警和防范化解机制。一是建立和完善外汇风险实时监测预警系统。我国在设计完善的外汇风险监测网络时，可借鉴韩国1999年4月1日启用的新外汇流动监测网。该网络可以监测到一切国内的外汇交易情况及外汇资金流向。考虑到中国国情，新的外汇风险监测预警系统应该是一个依托银行、市场、非银行金融机构以及各类资金清算机构为对象建立的全方位的外汇资金流动监测网络，其中应主要包括外汇收支统计监测系统、外汇账户统计监测系统、外债（资）统计监测系统、外汇交易统计监测系统和外汇资产统计监测系统。所有上述各项统计监测系统必须建立相互间有机的内在的联系和信息共享，以方便中央银行和外汇管理当局进行综合分析和判断外汇形势，作出正确的决策。二是建立外汇平准基金。具体做法是：国家拨付一定数量的本外币、再据会员交易额提留一定的比例单独立项。当市场上外汇供不应求时，中央银行抛出外汇，买进本币；当市场上外汇供过于求时，中央银行则抛出本币，买进外汇。从而维持人民币汇率的相对稳定和外汇市场外汇供求关系的相对平衡。三是与外国中央银行建立联手干预外汇市场波动机制。即加强与其他国家特别是同发达国家中央银行的联系，学习他们干预外汇市场的经验，并建立良好的协作关系，以便共同干预可能出现的外汇市场波动，防范和化解外汇风险。

二、促进包容性增长的金融政策完善

（一）创新融资方式，拓宽企业融资渠道

当前，企业融资难的问题成为了限制中小企业发展的重要因素。在这种背景下，创新融资方式，可以极大的帮助企业拓宽融资渠道。以下是一些新兴的融资方式，主要包括：

BOOT（Build-Own-Operate-Transfer）形式。这一模式在内容和形式上与BOT没有不同，仅在项目财产权属关系上强调：项目设施建成后归项目公司所有。对于这一点确实存在着分歧意见和争议，有进一步研究的必要。如王友金认为“所有权和经营权分离是BOT的主导思想”，“政府可以在法律上拥有对设施的所有权，只是在一定期限内将设施交由发展商承建和经营；这只是发展商的一种使用权，对设施并不拥有所有权，特许专营期限届满，又把设施移交给政府，实现政府对设施的实际所有权。”

BTO（Build-Transfer-Own）形式。这一模式与一般BOT模式的不同在于“经营（Operate）”和“转让（Transfer）”发生了次序上的变化，即在项目设施建成后由政府先行偿还所投入的全部建设费用、取得项目设施所有权，然后按照事先约定由项目公司租赁经营一定年限。国际惠民环保技术有限公司（Waste Management International Pic）获得的香港新界东南区一个垃圾填埋场项目，就是采用BTO模式，即建设、转让后再经营的。例如，近年活跃于香港资本市场的消松角高速公路公司对其名下道路设施就采用了类似BOOT的投资经营方式。

BOO（Build-Own-Operate）形式。其意思为某一基础设施项目的建设、拥有（所有）、经营。在这一模式中项目公司实际上成为建设、经营某个特定基础设施而不转让项目设施财产权的纯粹的私人公司。其在项目财产所有权上与一般私人公司相同，但在经营权取得、经营方式上与BOT模式有相似之处，即项目主办人是在获得政府特许授权、在事先约定经营方式的基础上，从事基础设施项目投资建设和经营的。例如，近年活跃于香港资本市场的沪杭甬高速公路公司和沪宁高速公路公司对其名下道路设施就采用了类似BOO的投资经营方式。

ROT（Renovate-Operate-Transfer）形式。其意思为重整、经营、转让。在这一模式中，重整是指在获得政府特许授予专营权的基础上，对过时、陈旧的项目设施、设备进行改造更新；在此基础上由投资者经营若干年后再转让给政府。这是BOT模式适用于已经建成、但已陈旧过时的基础设施改造项目的一个变体，

其差别在于“建设”变化为“重整”。

POT（Purchase-Operate-Transfer）形式。其意思为购买、经营、转让。购买，即政府出售已建成的、基本完好的基础设施并授予特许专营权，由投资者购买基础设施项目的股权和特许专营权。这是 BOT 模式的变体，其与一般 BOT 的差别就在于“建设”变为“购买”。上海黄浦江两桥一隧（打浦路隧道、南浦大桥和杨浦大桥）项目就是采用 POT 模式的典型例子，这是上海对 BOT 模式的一个创新。

BOOST（Build-Own-Operate-Subsidy-Transfer）形式。其意思为建设、拥有、经营、补贴、转让。发展商在项目建成后，在授权期限内，既直接拥有项目资产又经营管理项目，但由于存在相当高的风险，或非经营管理原因的经济效益不佳，须由政府提供一定的补贴，授权期满后将项目的资产转让给政府。

BLT（Build-Lease-Transfer）形式。其意思为建设、租赁、转让。发展商在项目建成后将项目以一定的租金出租给政府，由政府经营，授权期满后，将项目资产转让给政府。这一方式与融资租赁非常相似，仅是客体由一般的大宗设备换成了基础设施而已。从 BOT 及其变异模式看，BOT 投融资模式的核心内容在于项目公司对特定基础设施项目特许专营权的获得以及特许专营权具体内容的确定。而建设（重整、购买）、转让则可以视项目不同情况而有所差异。这样既能解决政府财政资金不敷项目需求的困难，又能保证项目公司在经营期间的获益权和国家对基础设施的最终所有权。政府通过项目特许权的授予，赋予私营机构在一定期限内建设、运营并获取项目收益的权利，期限届满时项目设施移交给政府。同时，作为项目发起人的私营机构除投资自有资金外，项目建设所需资金的大部分来自银行贷款等融资渠道，借款人还款来源限于项目收益，并以项目设施及其收益设定浮动抵押为债务担保。

（二）发挥保险的保障和融资功能，促进经济社会稳定运行

保险业首先要更充分发挥自身特有的也是最基本的保障功能，促进经济社会稳定运行，真正体现保险的经济“助推器”和社会“稳定器”作用。目前应从以下四个层面具体着力。

第一，配合国家拉动农村内需的政策需要，积极发展“三农”保险。在种植业保险和能繁母猪保险等试点的基础上，进一步扩大政策性农业保险的覆盖范围。认真贯彻落实各项政策性农业保险政策，严格执行相关规章制度，严格规范与发展政策性农业保险业务。继续探索与政府联办、为政府代办等多种管理方式和经营模式，高质量地做好理赔等各项服务，在总结试点经验的基础上，逐步完善政策性农业保险的运行机制，切实把党中央、国务院的惠农强农政策落到实处；各保险公司要积极开发保费低廉、保障适度、保单通俗、核保理赔简单的小

额保险产品，促进农业增长和农民增收，使保险真正惠及广大农民和低收入群体。要以农村小额保险为突破口，带动农村意外保险、养老保险、医疗保险、计划生育保险、外出务工保险以及农房保险发展，逐步扩大“三农”保险覆盖面。

第二，保险监管部门要鼓励、引导保险企业，抓住国家促进消费、拉动内需的契机，以市场需求为导向，加大创新力度，在吸取以往经验教训的基础上，积极推进与住房、汽车消费等相关的保险发展，以保险特有的方式为扩大消费注入动力。

第三，在金融危机不断蔓延扩散、出口企业普遍忧虑出口收汇安全的情况下，更要大力发展出口信用保险这一促进和保障出口贸易发展的政策性金融工具，为企业开拓海外市场提供收汇风险保障，在出口融资、应收账款管理等方面提供便捷服务，支持扩大出口。

第四，要面向市场和有效需求，创新发展建工险、工程保险等产品，为重大基础设施项目、民生工程、社会公共服务等项目建设提供全面、专业的风险保障。

（三）创新金融发展模式，完善金融服务体系

1. 发展供应链金融，配套服务核心企业和上下游企业。供应链融资是指银行通过审查整条供应链，基于对供应链管理程度和核心企业的信用实力的掌握，对其核心企业和上下游多个企业提供灵活运用的金融产品和服务的一种融资模式。由于供应链中除核心企业之外，基本上都是中小企业，因此从某种意义上说，供应链融资就是面向中小企业的金融服务。

中小企业供应链金融的产生是符合经济发展规律的，它的发展有效地解决了供应链面临的融资困境，同时为金融机构提供了一种新的盈利模式，具有巨大的发展潜力。其最大的特点就是以核心企业为出发点，银行为整个供应链提供金融支持，促进上下游企业与核心企业建立长期战略协同关系，最终实现整个供应链的健康发展与竞争力的提升。因而中小企业供应链融资模式具有重要的现实意义。

目前国内不少银行开始致力于为企业提供供应链管理服务，但国内普遍存在企业供应链管理意识薄弱、供应链整体潜在风险大、企业信息技术滞后、核心企业积极性不高等问题。很多中小企业对供应链融资缺乏认识，习惯于从银行获取普通形式的长期贷款，不知道如何有效利用金融资源，把融资业务与上下游企业结合起来，针对供应链特点与自身情况安排融资，因而失去了许多融资机会，降低了企业在国际市场上的反应能力和竞争能力。

2. 建立金融扶贫组织，发展普惠制金融。当前国际形势表明，发达国家与发展中国家金融业的极大差距导致了国际金融环境的不稳定性，成为了推动全球

性金融危机发生的一大隐患。因此，有必要建立世界性金融扶贫组织，由发达国家牵头，促进世界金融的同步发展，缩小发达国家与发展中国家在金融业上的差距。

推动普惠制金融的发展，首先是发展微型金融，微型金融就是要向穷人提供一系列综合性的服务，不只给他们发放贷款，还要给他们提供存款、转账、保险等一系列服务，提供这些金融服务不仅仅是银行，还有其他的金融机构、非政府组织等。其次是普惠制金融，20 国集团的工作方案下面也都采用了这样的标准，就是让那些目前无法充分取得所需要金融服务的人能够得到所需的服务，他们所需要的服务包括贷款、存款、支付、转账、保险等。目的是为了让普惠制金融有更广泛的覆盖面，集中发达国家力量关注比较贫困的人口和地区。

3. 创新中小企业金融服务模式。第一，创新服务模式。党的十七届五中全会通过的关于“十二五”规划的建议中把发展中小企业同增加就业创业机会、增强居民消费能力、体制机制创新和调整经济产业结构联系起来，足以说明中小企业在国民经济与社会发展中的地位。中小企业在资金需求及运用上主要有以下特点：中小企业资产规模小，风险高、抗风险能力弱，但同时风险是分散的，有利于商业银行规避集中性风险；中小企业单户授信规模小，银行经营劳动密集，成本高，但同时收益较高，客户众多，有利于银行提升综合收益，以收益抵补成本和风险，扩大客户基础，规避经营的波动性；中小企业公司治理不健全，但出资者关系明确，责任清晰，有利于商业银行确权，规避债权悬空风险。

基于中小企业的这些特点，银行单一方面的改革或者推出某个产品，无法从根本上解决中小企业融资难的问题，必须从根本上改革传统服务模式，寻求综合解决方案。

因此，金融机构应创新中小企业金融服务模式，推出适用于中小企业融资特点的金融新产品。与传统大企业授信业务相比，新模式可以在以下六方面有所创新：一是客户评判标准的转变，以往单纯强调企业规模和财务指标，而新模式运用财务模型并考察企业非财务信息后综合决策，强调收益覆盖风险和经营成本的原则；二是营销管理的转变，新模式改变传统的单户、点式营销方式，先行市场调查，确定目标客户名单，进行名单营销，批量拓展客户；三是审批机制的转变，由传统“三位一体”决策机制转变为双人专职审批，将信贷提案标准化、表格化，提高专业审批效率；四是贷后管理的转变，由传统偏重依靠企业财务信息的被动式管理，转变为专职预警人员为主的主动管理，设置全面的预警指标体系，实时监控企业经营活动；五是问责机制的转变，由过去出现不良授信逐笔问责，转变为强调尽职免责、失职问责；六是对企业信用管理的转变，对遇到暂时性经营困难的企业，设立信用恢复期，帮助企业渡过难关。

第二，转变营销理念，拓宽中小企业服务渠道。银行及各类金融机构应积极利用渠道优势，搭建多层次的服务体系。一是行内网点渠道，在钻石团队专业营销的基础上，鼓励全员营销，维护客户关系，同时也通过大客户、核心企业推荐其优质的上下游中小企业；二是加强与政府机构的合作，积极搭建与各地政府部门的合作平台，开展全方位的中小企业金融服务合作，挖掘客户来源；三是与中国中小企业协会、商会等服务机构建立互动、广泛、多层次的业务联系，获取客户资源，集中营销。

第三，创新金融产品，为中小企业提供全面金融服务。积极创新中小企业产品，满足中小企业融资需要。根据中小企业需求特点，银行在传统的公司贷款、票据融资业务外，充分发挥自身在国际结算、外汇资金等方面的优势，积极开展产品创新，梳理设计出适合中小企业的产品，既有效满足了中小企业个性化需求，又能降低融资成本。

三、加强金融监管，维护金融稳定

（一）对金融机构进行全过程、多方位监管

1. 突出监管重点。风险逐步增加及风险扩散面越来越广，是当前国际金融业发展的重要特征。因此，金融监管当局应在原有的以合规性监管为主的基础上，逐步过渡到合规性监管与风险性监管并重。在合规性监管方面，我们应加大非现场稽核的力度，以获得更好的监管效果。在风险性监管方面，我们必须看到与国际水平的差距，不断完善我们的风险监管措施，进行全面监管。如对一些发达国家已经开发出来，并且已经比较成熟的风险监管办法，比如考核资本充足性、资产流动性、资产质量、准备金政策、内部控制、国际借贷的标准和准则，监控市场风险、利率风险、金融衍生产品交易风险的技术模型等，我们都要积极研究和借鉴，尽快建立起适合我国实际的金融风险监管制度和办法，切实防范金融风险，维护金融安全。另外，还要建立风险的转移机制，如建立存款保险制度。因为金融监管的目的之一是尽可能地控制风险，而不可能完全没有风险。

2. 在金融机构市场退出方面，构筑有问题金融机构的市场退出机制。金融监管当局可根据我国的实际并参考欧美发达国家的法律，制定详细可行的金融机构市场退出机制的制度框架。这一制度框架应包括对有问题金融机构的判断、对有问题金融机构的损失控制、有问题金融机构的重组及有问题金融机构的退出等机制，以便对有严重问题的金融机构采取各种有效的处理措施或勒令其退出市场，化解金融风险源，使整个金融系统处于安全状态。

3. 加强对国有独资商业银行以外的银行和非银行金融机构的监管，设法化解这些金融机构已经形成或潜在的风险。

（二）不断完善金融监管方式

1. 加强金融机构内部控制制度的建设。金融机构内部管理控制制度，是防范金融风险与危机的基础性、根本性制度，是金融机构稳健经营的前提。各国的监管经验表明，金融监管当局的外部监管手段只是作为金融机构内控不足的补充，控制风险的根本措施还要靠内控制度。事实上，国际商业信贷银行案、巴林银行的倒闭、日本多起银行案以及其他金融案例中，如果银行制定并执行了严格的内控制度，危机或许可以避免，某些银行或许不致倒闭，即使是由其他原因引发的金融动荡，也可能得到有效的控制和化解。对于我国来说同样如此，我国国有商业银行不良资产的形成有一个历史过程，既有政策性、行政干预、市场变化等原因，也有自身经营管理不善的原因。据有关方面的抽样调查显示，银行因自身经营管理不善形成的不良资产约占40%以上，说明自身经营管理中的问题是形成不良资产的主要原因。因此，金融机构应对自身内部各分支机构、各职能部门以及经营决策者加强约束，使金融机构内部导致的风险得到控制并降低到最低限度。

2. 加强金融机构行业自律管理。金融行业自律，是金融业自我管理、自我规范、自我约束的一种民间管理方式。它可以提高行业内部的管理，有效地避免各主体之间的不正当竞争，规范其行为，促进彼此的协作，与官方金融监管机构一起来维护金融体系的稳定与安全，因此，行业自律也是金融监管的一个重要方面。如美国，除证券交易所和证券商协会分别负责对场内和场外的证券商进行充分的监管外，还有证券交易所工会、美国投资银行家协会、投资公司协会、投资顾问协会等组织，它们从行业自律的角度对证券商进行不同角度的规范和引导，以促进会员业务的健康发展。法国1984年《银行法》使强制要求所有信贷机构都应从属于某一专业团体或隶属于法国信贷机构协会的中央组织机构。香港则以1981年《银行公会法案》确立了银行同业组织——银行公会的法定地位，并要求所有持牌银行均须加入。因此，加快我国行业自律组织（中国证券业协会、中国银行业协会及中国保险业协会）的发展和完善，使其在金融监管领域发挥应有的作用，也是我们当前面临的一项重要任务。

3. 强化社会独立审计体系和其他社会监督的作用。由于金融监管是一项复杂的工作，很难完全由监管当局自身承担，所以应该加强纪检、审计师事务所、会计师事务所、律师事务所、工商、财税等机构对金融机构的社会性监管，增强金融机构在资金营运、财务管理、业务开展和信用评级等方面的透明度，提高金融监管的效率和质量。同时，还要通过新闻媒体的力量，监督各金融机构认真执行国家金融纪律、方针、政策，监督其遵守相关的金融法规。另外，通过加强金融法规知识和风险防范意识的宣传，设立全国监管公开举报电话，聘请社会义务监督员，建立畅通的信访渠道等，形成广泛的群众监督。

（三）扩大金融监管的国际合作

在当前金融全球一体化的时代，金融风险的国际传递越来越快，影响面越来越大。实践证明，要在国际范围内有效地防范和控制金融风险，有关国家的金融监管当局之间必须开展有效的双边和多边合作，保持经常性的联系与磋商，进行广泛的监管信息交流。我国金融业正在逐渐融入世界市场，加强国际交流与合作是防范金融风险的必然要求。在这种背景下，如何加强对境内外资金融机构和境外中资金融机构的监管，督促它们防范风险、稳健经营，是我国金融监管当局应该加以关注的一个问题。同时，加强国际交流与合作也是我国金融监管与国际接轨的客观需要和必然要求。要使我们的金融监管达到国际认可的水准，就必须通过广泛的国际交流与合作，全面了解、认真学习、研究和借鉴国际上的先进做法和有益经验。

第七章　增强自主创新能力　建设创新型国家

纵观全球深陷中等收入陷阱的国家，经济发展过度依赖资源开发，忽视资源开发效率和环境保护，单纯依靠生产要素投入和扩张来实现经济增长，一旦资源枯竭或遭遇破坏性开采，经济发展动力不足，经济发展速度将回落或停滞；同时以经济增长速度为核心，造成经济发展质量低下，忽视基础设施建设和公共服务投入，造成社会公共服务短缺、社会动荡、过度城市化等社会问题。

中等收入陷阱风险的经济根源在于粗放的经济发展方式，过度依赖资源开发，忽视技术投入，过度强调经济发展速度，忽视公共服务、环境保护和城市建设，经济发展质量较低。转变经济发展方式已成为规避中等收入陷阱风险的经济根源，值得我们研究探讨。

转变经济发展方式的核心在于自主创新，通过技术创新、理念创新、制度创新增加经济发展中的技术投入，提升经济发展质量，在原有以资源、能源为依托的增长潜力基本用尽的情况下，为经济科学持续发展提供新的动力源泉，成为中国经济增长的未来优势所在。

第一节　自主创新是未来经济增长的源泉

自主创新是相对于技术引进、模仿而言的一种创造活动，指通过拥有自主知识产权的独特的核心技术以及在此基础上实现新产品价值的过程。自主创新包括原始创新、集成创新和引进技术再创新。

原始创新是指前所未有的重大科学发现、技术发明、原理性主导技术等创新成果。原始性创新意味着在研究开发方面，特别是在基础研究和高技术研究领域取得独有的发现或发明。集成创新是指通过对各种现有技术的有效集成，形成有市场竞争力的产品或者新兴产业。引进消化吸收再创新是指在引进国内外先进技术的基础上，学习、分析、借鉴、再创新，形成具有自主知识产权的新技术。引进消化吸收再创新是提高自主创新能力的重要途径。发展中国家通过向发达国家直接引进先进技术，尤其是通过利用外商直接投资方式获得国外先进技术，经过消化吸收实现自主创新，不仅大大缩短了创新时间，而且降低了创新风险。

一、从经济增长理论的演进看自主创新的重要性

经济增长（Economic Growth）是一个“量”的概念。经济发展（Economic Development）是一个相对复杂的“质”的概念。经济发展是指一个国家或地区人均实际福利的增长过程，不仅指社会财富的量的增多，还包括社会财富的质的提升，即经济结构、社会结构的优化，投入产出效益的提高，人民生活质量的改善。

经济发展的终极目的是社会福利的持续增长，不是单纯 GDP 增长。GDP 只能衡量一国经济发展的数量，社会福利的持续增长不仅取决于数量因素，还取决于质量因素。经济发展不仅包括经济增长，而且还包括国民的生活质量，以及整个社会经济结构与制度结构的总体进步——是一个涉及数量扩张并包括制度、组织和文化等非数量因素变化的过程，反映一个经济社会总体发展水平的综合性概念。经济发展数量因素是指经济发展的规模与速度，经济发展的质量因素是指国民经济的整体素质，包括经济运行是否高效、经济社会是否可持续发展、科学技术是否广泛采用、经济效益高低等问题。在社会经济发展中，尤其不能单纯地将经济发展理解为单纯的经济发展速度的提升和 GDP 的提升，把经济发展理解为经济增长速度的提升，在理论上和实践中都是不成立的。经济发展在应该是质与量、速度与效益的统一。

S. 库兹涅茨指出：“一个国家的经济增长，可以定义为给居民提供种类日益繁多的经济产品的能力长期上升，这种不断增长的能力是建立在先进技术以及所需要的制度和思想意识之相应的调整的基础上的。”①

在增长理论发展中，有两种分析方法：一是，增长核算：把产量增长的不同决定因素的贡献数量化，即分别计算出资本投入、劳动投入对产量的贡献比率。二是，经济增长模型：把增长中的要素供给、技术进步和储蓄与投资关系模型化。

（一）经济增长核算

1. 总量核算。假设生产函数为：

① S·库兹涅茨．各国的经济增长［M］．北京：商务印书馆，1966：89.

$$Y = AF(K,L)$$

生产函数提供了投入与产出间的数量联系，上式显示产出（Y）取决于投入（资本 K、劳动 L）和技术水平（A），A 有时也被称为“生产率”。

在忽略技术进步时，生产函数可采用以下形式：

$$Y = F(K,L)$$

如果满足以下性质，则称该生产函数是新古典生产函数：

（1）对所有 $K>0$ 和 $L>0$，$F(\cdot)$呈现出对每一种投入正、但递减的边际产品，即：

$$\frac{\partial F}{\partial K} > 0, \frac{\partial^2 F}{\partial K^2} < 0$$

$$\frac{\partial F}{\partial L} > 0, \frac{\partial^2 F}{\partial L^2} < 0$$

（2）假定规模报酬不变，即 $Y = AF(\lambda K, \lambda L) = \lambda AF(K,L)$，常用的柯布—道格拉斯生产函数即为一个典型例子：

$$Y = AK^{\theta}L^{1-\theta} \Rightarrow Y = A(\lambda K)^{\theta}(\lambda L)^{1-\theta} = \lambda AK^{\theta}L^{1-\theta}$$

（3）随着资本（或劳动）趋于零，资本（或劳动）的边际产品趋于无穷大；随着资本（或劳动）趋于无穷大，资本（或劳动）的边际产品趋于零，即生产函数满足 Inada 条件：

$$\lim_{K\to 0} F_K(K,L) = \infty, \quad \lim_{L\to 0} F_L(K,L) = \infty$$

$$\lim_{K\to \infty} F_K(K,L) = 0, \quad \lim_{L\to \infty} F_L(K,L) = 0$$

（4）在竞争性经济中，要素按其边际产品（MPL 或 MPK）得到报酬。以柯布—道格拉斯生产函数为例，有：

$$MPL = \frac{\partial Y}{\partial L} = (1-\theta)AK^{\theta}L^{-\theta} = w \Rightarrow MPL \times L = w \times L$$

$$\Rightarrow \frac{MPL \times L}{Y} = \frac{w \times L}{Y} = \frac{(1-\theta)AK^{\theta}L^{1-\theta}}{AK^{\theta}L^{1-\theta}} = 1-\theta$$

在上述两假定前提下，工资收入占国民收入的份额即为劳动对产出的贡献份额；同理，资本收入占国民收入的份额为 θ，即资本对产出的贡献份额。

在此基础上，可推导出以下关系：

$$Y(t) = A(t)K(t)^{\theta}L(t)^{1-\theta} \Rightarrow \log Y(t) = \log A(t) + \log K(t)^{\theta} + \log L(t)^{1-\theta}$$

$$\Rightarrow \frac{\frac{dY}{dt}}{Y} = \frac{\frac{dA}{dt}}{A} + \theta\frac{\frac{dK}{dt}}{K} + (1-\theta)\frac{\frac{dL}{dt}}{L}$$

$$\Rightarrow \frac{\dot{Y}}{Y} = \frac{\dot{A}}{A} + \theta\frac{\dot{K}}{K} + (1-\theta)\frac{\dot{L}}{L} \Rightarrow g_Y = g_A + \theta g_K + (1-\theta)g_L$$

上式经济含义为：产出增长率 = 技术进步率 + 资本份额 × 资本增长率 + 劳动份额 × 劳动增长率。

2. 人均指标核算。在总量核算的基础上可以得到下式：

$$y = \frac{Y}{L} = \frac{AK^{\theta}L^{1-\theta}}{L} = Ak^{\theta} \Rightarrow \log y = \log A + \theta\log k$$

$$\Rightarrow \log y(t) = \log A(t) + \theta\log k(t)$$

$$\Rightarrow \frac{1}{y}\frac{dy}{dt} = \frac{1}{A}\frac{dA}{dt} + \theta\frac{1}{k}\frac{dk}{dt} \Rightarrow \frac{\frac{dy}{dt}}{y} = \frac{\frac{dA}{dt}}{A} + \theta\frac{\frac{dk}{dt}}{k}$$

$$\Rightarrow \frac{\dot{y}}{y} = \frac{\dot{A}}{A} + \theta\frac{\dot{k}}{k} \Rightarrow g_y = g_A + \theta g_k$$

上式的经济含义为：人均产出增长率 = 技术进步率 + 资本份额 × 人均资本增长率。其中技术进步率被称为索洛余量，又被称为全要素生产率，全要素生产率是指“生产活动在一定时间内的效率”，是衡量单位总投入的总产量的生产率指标，即总产量与全部要素投入量之比。全要素生产率的增长率常常被视为科技进步的指标。全要素生产率的来源包括技术进步、组织创新、专业化和生产创新等。产出增长率超出要素投入增长率的部分为全要素生产率（TFP，也称总和要素生产率）增长率，是衡量单位总投入的总产量的生产率指标，即总产量与全部要素投入量之比。全要素生产率的增长率常常被视为科技进步的指标。

我们从经济核算理论中了解到，技术进步是经济增长中重要的组成部分，称为索洛余量。从理论上证明了技术创新对于经济增长的重要作用。

（二）经济增长模型

随着经济增长理论的发展和深入，理论界对于自主创新在经济增长中的作用有了新的认识。

1. 哈罗德 – 多马模型。R · 哈罗德和 E · 多马分别提出的发展经济学中著名的经济增长模型，基于凯恩斯理论之上，出现于 1929 ~ 1931 年大危机之后不久，但不是经济增长理论的“正统”理论，因为模型结论是“经济增长是不稳定的”。

该模型的基本假设是常数资本产出比率，令：

$$v = K/Y$$

把上式写成：

$$K = vY$$

即对于一个产出有一个理想的资本量。常数资本产出比意味着常数劳动产出比率，这是因为，劳动和资本之间存在一个理想比例，当我们假定生产一定产出需要某个资本量时，也假定了生产这个产出需要的劳动量。用 u 表示劳动—产出比率，即：

$$u = N/Y$$

对于任何给定的一定要素组合 (K,N)，其中 K 和 N 各自允许一个可能的产出，因此这个要素组合允许的产出是二者分别允许产出的最小值，即：

$$Y = \min(K/v, N/u)$$

假定常数储蓄率为 s，$s = S/Y$。

哈罗德－多马模型描述一个简单经济，因此产品市场均衡的条件为：

$$I = S$$

我们假定不考虑折旧，使总投资等于净投资，即：

$$I = \Delta K$$

根据常数资本—产出比率假设，$K = vY$，则：

$$I = \Delta K = v\Delta Y$$

这就是模型中的投资函数。当 $I = S$ 时，$sY = v\Delta Y$，即：

$$\frac{\Delta Y}{Y} = \frac{s}{v}$$

通过模型可知，保证产品市场均衡收入的增长率是 s/v，这个增长率被称为有保证的增长率。

哈罗德－多马模型中有保证的增长率是一个均衡状态，但并不是一个稳定的均衡状态，在理论上讲，在一个经济达到均衡状态之后，它可以在保证产品市场均衡的条件下增长，但如果因为某种原因经济偏离了这个增长率，它将偏离原有的增长率越来越远，这个性质被称为“刀刃性质”，也就是说一个经济按照有保证增长率进行增长，如同球体在刀刃滚动，一旦偏离，无法回到原来的路径。

哈多德－多马经济增长模型主要在产品市场均衡的条件下，探讨在常数资本比率和劳动比率的条件下，在原有资本得到充分利用时的增长率，主要考虑资本和劳动力，并未将技术创新纳入经济增长的考虑范畴。

2. 索洛模型。索洛模型又称作新古典经济增长模型、外生经济增长模型，是在新古典经济学框架内的经济增长模型，是 Solow 于 1956 年首次创立的，用来说明储蓄、资本积累和增长之间的关系。自建立以来，这一模型一直是分析以上三个变量关系的主要理论框架。

该模型假设储蓄全部转化为投资，即储蓄—投资转化率假设为 1；该模型假设投资的边际收益率递减，即投资的规模收益是常数；该模型修正了哈罗德－多马模型的生产技术假设，采用了资本和劳动可替代的新古典柯布－道格拉斯生产函数，从而解决了哈罗德－多马模型中经济增长率与人口增长率不能自发相等的问题。因为在柯布－道格拉斯生产函数中，劳动数量既定，随资本存量的增加，资本的边际收益递减规律确保经济增长稳定在一个特定值上。该模型没有投资的预期，因此回避了有保证的经济增长率与实际经济增长率之间的不稳定，就此可得出结论：经济稳定增长。

在索洛增长模型中，简化的新古典增长模型只需要保持简单经济市场的均衡，即 $I=S$，也即：

$$I/N = S/N$$

模型假设 $\frac{S}{N} = s \cdot \frac{Y}{N} = s \cdot F(k)$ ，同时不考虑折旧，投资等于资本存量的改变，即：

$$I = \Delta K$$

则有：

$$\frac{I}{N} = \frac{\Delta K}{N} = \Delta k + nk$$

又因为 $I/N = S/N$ ，所以：

$$\Delta k + nk = s \cdot F(k)$$

即 $\Delta k = s \cdot F(k) - nk$。其中 $F(k)$ 是人均产出，如图 7.1 所示，按照边际产量递减的规律，$F(k)$ 随着 k 的增长而递减，递减的速度越来越慢。

在索洛模型中，较高的储蓄导致较快的经济增长，但是，这只是暂时的。储蓄率的提高会加快经济的增长直到新的稳定状态为止。如果经济保持高储蓄率，也就会保持大量的资本存量和高产出水平，但并不能永远保持高经济增长。从资本存量大于黄金律稳定状态开始，为了达到黄金律稳定状态，降低储蓄率，则消

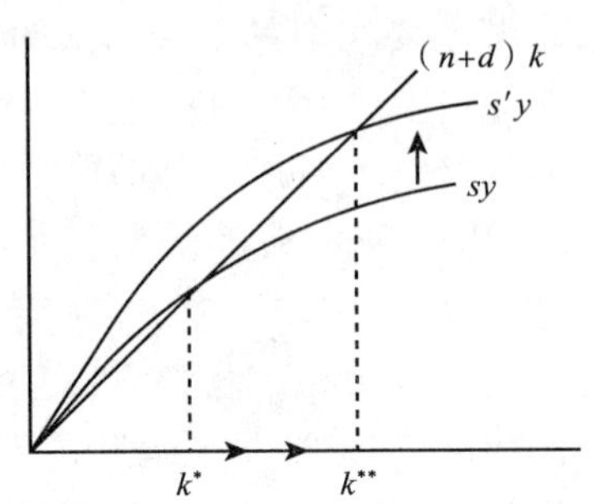

图 7.1 索洛模型下经济增长的稳态

费即刻的增加和投资的减少，初始时的投资和折旧是相等的，现在的投资小于折旧，经济不再处于稳定状态，资本存量减少，直到达到新的稳定状态为止。假设新的稳定状态是黄金律水平，则消费增加，投资减少，产出减少。在此过程中，资本存量不断减少，产出不断减少，投资一直在减少，消费开始增加，后来随着产量的减少而有所减少，但相对于最初状态还是增加的，达到了消费最大化水平。

3. 引入技术变量的索洛模型。为使索洛模型分析的经济系统能产生持续增长，引入技术变量 A 后，有：

$$Y = F(K,AL) = K^{\alpha}(AL)^{1-\alpha}$$

上述形式的技术进步，被称为“劳动增强的技术进步”或“哈罗德中性的技术进步”。假设技术进步是外生的，与经济体无关，而是独立于经济体外自动产生。

$$A(t) = A_0 e^{gt} \Rightarrow \ln A(t) = \ln A_0 + gt \Rightarrow \frac{\dot{A}}{A} = g$$

$$\dot{K} = sY - dK \Rightarrow \frac{\dot{K}}{K} = \frac{sY}{K} - d(\text{资本积累方程})$$

$$y = \frac{Y}{L} = \frac{K^{\alpha}(AL)^{1-\alpha}}{L} \Rightarrow y = k^{\alpha}A^{1-\alpha}$$

$$\frac{\dot{y}}{y} = \frac{\alpha\dot{k}}{k} + (1-\alpha)\frac{\dot{A}}{A}$$

由资本积累方程$\frac{\dot{K}}{K} = \frac{sY}{K} - d$可知，当且仅当$\frac{Y}{K}$比值为一定值时，$K$ 的增长率是一常数；此外，若$\frac{Y}{K}$一定，则$\frac{y}{k}$也一定，更为重要的是：y 和 k 以相同比率增长。这样一种资本、产出、消费等均按某个相同的固定比率增长的情形就被称为“平衡增长路径”。

由于 y 和 k 以相同比率增长，结合上式，有 $g_y = g_k$ 且 $g_y = \alpha g_k + (1-\alpha) g_A \Rightarrow g_y = g_k = g$。即在索洛模型中，沿着平衡增长路径，劳动力人均产出和人均资本的增长率等于外生的技术进步增长率 g，从而得出结论：技术进步是推动经济持续增长的源泉。

下面给出索洛模型在稳定状态下的求解过程：

由 $Y = F(K, AL) = K^{\alpha}(AL)^{1-\alpha}$，令 $\bar{y} = \frac{Y}{AL} = \frac{y}{A}$，$\bar{k} = \frac{K}{AL} = \frac{k}{A}$，则有：

$$\ln \bar{k}(t) = \frac{\ln K(t)}{\ln[A(t)L(t)]} = \ln K(t) - \ln A(t) - \ln L(t)$$

从而得：

$$\frac{\dot{\bar{k}}}{\bar{k}} = \frac{\dot{K}}{K} - g - n = \frac{sY - dK}{K} - g - n = \frac{sY}{K} - (g + n + d)$$

$$\Rightarrow \dot{\bar{k}} = \frac{sY}{K}\frac{K}{AL} - (g + n + d)\bar{k}$$

进一步地，可以得到：

$$\dot{\bar{k}} = s\bar{y} - (g + n + d)\bar{k} = s\bar{k}^{\alpha} - (g + n + d)\bar{k}$$

进而有：

$$\bar{k}^{*} = \left(\frac{s}{n + g + d}\right)^{\frac{1}{1-\alpha}} \Rightarrow k^{*} = A\bar{k}^{*} = A(t)\left(\frac{s}{n + g + d}\right)^{\frac{1}{1-\alpha}}$$

上述分析显示：投资率和人口增长率的变化能够影响长期的劳动力人均产出水平，但却不能影响长期的劳动力人均产出的增长率。

事实上，上述结论也可由以下推导得出：

$$\bar{k}(t) = \frac{k(t)}{A(t)} \Rightarrow \log \bar{k}(t) = \log k(t) - \log A(t)$$

$$\Rightarrow g_{\bar{k}} = g_k - g_A \Rightarrow g_k = g_A = g$$

$$\bar{y}(t) = \frac{y(t)}{A(t)} \Rightarrow \log \bar{y}(t) = \log y(t) - \log A(t)$$

$$\Rightarrow g_{\bar{y}} = g_y - g_A \Rightarrow g_y = g_A = g$$

以上分析表明，在引入外生技术进步后，人均资本增长率、人均产出增长率均等于外生技术进步率，换言之，人均资本增长率和人均产出增长率不会等于零，而是持续保持一个正的增长率，因而人均资本和人均产出的增长不会停止。那么，总产出的表现又怎样呢？

$$Y(t)^{*} = A(t)L(t)\left(\frac{s}{n+d+g}\right)^{\frac{\alpha}{1-\alpha}}$$

$$\Rightarrow \ln Y(t) = \ln A(t) + \ln L(t) + \ln\left(\frac{s}{n+d+n}\right)^{\frac{\alpha}{1-\alpha}}$$

$$\Rightarrow g_{Y} = g + n$$

以上分析表明：在引入外生技术进步后，总产出增长是技术进步率和人口增长率两者之和。

显然，引入外生技术进步后，索洛模型为人们描绘出一个持续增长的经济前景，成为论证技术创新对于经济发展重压推动作用的理论基础。

基于对经济增长和经济核算理论的梳理和回顾，我们可以看出，技术创新在对于经济增长的拉动作用。在我国的经济理论实践中，改革开放以来通过发挥后发优势，从国外大量引进本国没有的一般性的先进技术，实现了技术的长足进步，促进了经济的快速发展，已经基本掌握了世界上的一般性的先进技术。从21世纪开始，中国进入了主要依靠自主创新完成实现工业化和现代化的历史任务的阶段。经济发展的方方面面都体现出了对自主创新的强烈需求，自主创新在中国经济增长中发挥越来越重要的作用。

二、自主创新是转变经济发展方式的核心

经济发展方式是实现经济发展的方法、手段和模式，其中不仅包括经济增长方式，还包括发展结构，如经济结构、产业结构、区域结构等、经济运行质量、收入分配、城市化进程、工业化进程等多方面内容。转变经济发展方式，不仅要突出经济领域中数量的增长，更要强调和追求经济运行中质量效益的提升、发展结构的优化和经济社会发展的可持续性和包容性。

（一）加快转变经济发展方式是保持经济持续增长的核心

经历了改革开放30余年的发展历程，我国的经济实力有了很大增强，人民生活水平不断提高。我国改革发展的成就在国际上也是有目共睹的。但是增长的速度不等同于质量的提高，快速的增长也不等同于高质量、高水平、高效益的增长，我国的改革发展在高速前进的同时，也出现了很多不容忽视的问题：经济增长方式中高投入、高能耗、高污染的特点显著，经济结构不合理、不协调，高新

技术产业和民族品牌匮乏等问题，加快转变经济发展方式是解决我国上述改革发展中面临问题的核心。

第一，经济发展方式转变有利于改变我国“高投入、高能耗、高污染”的经济增长模式。2011 年我国创造了世界 8% 左右的 GDP，却消耗了将近 50%①的煤炭、45% 的水泥和钢铁，我国的单位 GDP 的能源消耗分别是日本的 11.5 倍，法国的 7.8 倍和美国的 4.3 倍，能源利用效率偏低。同时，我国现阶段的增长模式造成了严重的环境问题，我国地表水达到中度污染，约 34% 的河流已严重污染丧失使用功能。这种效益低下、非经济性的传统经济发展方式造成资源利用率低下，环境问题严重。转变经济发展方式，以优化资源利用效率为核心，提高资源生产效益为目标，推动技术创新，建立技术节约机制，切实提高经济发展中的科技含量，采用创新技术和工艺提高资源利用效率、减少环境污染，切实转变我国“高投入、高能耗、高污染”的经济增长模式。

第二，经济发展方式转变是实现经济增长动力优化的关键。长期以来，投资是我国经济发展的主要动力，近年来，我国资本形成对经济增长的贡献不断提高，消费尤其是居民消费的贡献率持续降低，不仅严重制约了经济健康发展，还制约居民消费水平提高、使广大人民群众无法享受改革发展的最新成果。转变经济发展方式逐渐将经济增长的动力转移到以消费为主要动力，以解决民生问题、提高人民生活水平为重点，逐步增强消费对经济的拉动作用，优化我国经济增长动力结构。

第三，转变经济发展方式、加大科技投入力度是我国突破资源约束，为经济可持续发展提供新动力。随着我国强力推进工业化进程，对资源的需求量和消耗量急剧上升，而部分行业的资源使用效率和利用效率远远低于国际先进水平。边际效率与规模报酬递减趋势明显。随着工业化不断推进，各种废弃物对生态破坏严重，造成环境污染，经济发展的环境成本不断攀升。经济可持续增长面临的资源与环境硬约束逐渐增强，已成为制约我国经济可持续发展的主要瓶颈。一方面，采用新技术新工艺提高资源利用率，降低资源消耗，同时降低新能源的开发、使用成本，开发并大力推广新能源，为经济持续增长注入新动力；另一方面，转变经济发展方式应将生态治理、环境保护和科研开发研究相结合，加大节能环保技术的开发力度和资金技术投入力度，加快使用并推广新的适用技术，建立健全社会的资源循环利用体系推动经济可持续发展。强化的技术体系对重点行业与重点领域的要求，抓好节能减排监管工作，以高产出—高效率—低耗能—低污染行业推动经济持续增长。

经济发展方式转变成为我国提升经济发展质量、规避中等收入陷阱风险的必

① 数据来源于《中国统计年鉴 2011》。

由之路，我国提出经济发展方式转变已有20余年的历史，到如今尚未完全由粗放型转化为集约型。在转变经济发展方式过程中，追求短期利润高速增长的传统理念、能源产品价格改革等重点领域环节改革难以突破等问题成为制约经济发展方式转变的主要瓶颈。一个国家的经济发展方式取决于一国的经济发展阶段、经济发展现状、国家发展战略、资源条件和资源禀赋以及一国的政治体制和政策环境，自主创新是转变经济发展方式的核心所在。

（二）影响经济发展方式转变的因素

影响经济发展方式转变的主要有以下四个因素：需求因素、供给因素、技术因素、体制因素。需求是生产的最终目的和落脚点，因此需求和需求结构的变化会影响生产和生产结构的变化；供给因素包括一国的劳动力、资源、资金投入的比例关系；技术因素指现代经发展中科学技术的含量及知识经济、信息经济对于一国经济经济发展水平的巨大拉动作用；体制因素指经济体制模式和与产业结构相关联的关联机制，是决定一个经济体经济效率的主要因素。

第一，加快自主创新的步伐为经济发展方式中需求因素和供给因素的转变提供基础支撑。自出创新的应用和推广创造出科技含量高、环境污染少、符合经济可持续发展的新产品和新技术，优化供给因素的构成，提高商品供给的技术含量和质量，从而引导需求结构向高科技高效益、资源节约、环境友好型商品转变，消费结构和需求结构的变化进一步促进新技术的应用和推广，使经济发展方式转变进入一个良性、可持续的路径。

第二，加快自主创新是转变经济发展方式中技术因素的核心环节。科技进步是转变经济发展方式的直接动力。在我国改革发展的过程中，一度出现“从市场换技术”的想法被实践证明是行不通的。一方面，国外核心产品的核心技术不会对外出口，只依靠引进外来技术，技术水平始终停留在低水平，永远无法接触到核心技术；另一方面，没有核心技术竞争力使我国企业在价值链中的收益不断被挤压，只能获得机械加工的微薄收益；同时，无法掌握核心技术和核心科技使我国在国际经济谈判中也处处掣肘，无法掌握主动权，我国的国家经济安全在波云诡谲的国际竞争中就有可能受到挑战。只有加快自主创新，创造核心技术，加快自主创新与集成创新，才能从根本上保证“中国创造”的核心竞争力，转变经济发展方式。

第三，自主创新是转变经济发展方式中体制因素的根本途径。经济体制模式是经济发展方式最基本的因素，经济增长是粗放型还是集约型主要看经济增长主要依靠效率提高还是依赖投资增长，决定经济效率的主要因素是经济体制能否满足经济发展中各个要素的需要，优化配置各要素。经济体制的自主创新在于由传统计划经济条件下的经济体制向社会主义市场经济的转变。自主创新的推进促进建立和完善资源、环境、劳动力的市场定价制度，发挥市场优胜劣汰的激励作用，从而促进企业降低能源消耗、采用节能技术高效利用资源、防治污染，减少排放。同时，自主创新促进建立和完善现代企业制度，推进和深化公司企业改革，实行产权多元化，建立健全创新机制。

三、自主创新是规避中等收入陷阱风险的动力源泉

美国著名经济学家索洛①认为，经济增长的最终原动力在于资本和技术，主要取决于人均资本量。如果用 k 表示人均资本，Y 表示产出，经济增长的函数可以用图 7.2 表示，这就是著名索洛增长模型。同时，索洛用美国的经济数据得出实证结论：人均产出随着人力资本的增加而增加，世界各国的发展经验也验证了上述增长函数的正确性。资本积累是经济增长的基础，没有人均资本的提高，经济发展会受制于边际收益递减，经济增长率将递减。

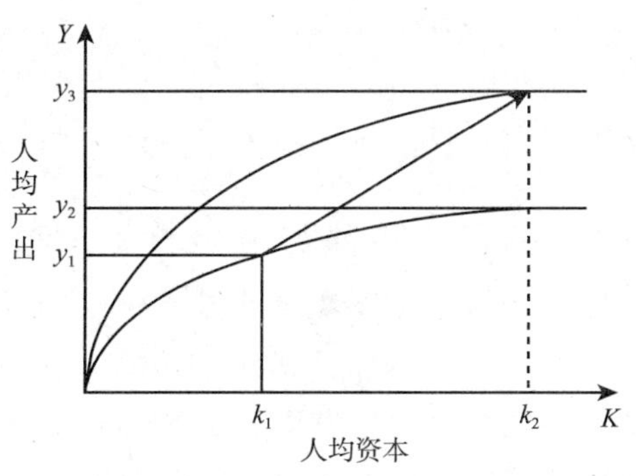

图 7.2　技术对人均产出的贡献

技术水平也是经济增长理论中重要的内容，世界经济发展的历史中，欧洲、美国、日本等国家都是在不断发明和技术进步中获得经济增长。资本是经济增长的源泉，但资本带来的经济增长是有极限的。当资本积累到一定程度，即人均资本量达到一定水平会出现资本折旧的负累积效应：资本折旧随着资本数量的增长而增长，资本数量越多，折旧也就越多，现阶段的投资数量大于折旧人均存量才会有所增长，否则将会下降。而投资的总数又受到一定发展阶段的制约，当资本存量达到一定程度之后，存在一个临界值，使得投资等于折旧，这时，资本积累保持在一个稳定水平上，总收入和总产出已不再增加，经济增长停滞。

资本积累达到极限总产出不再增加时，经济发展需要依靠另一主要动力：技

① Solow, R. M, 1956, A Contribution to the Theory of Economic Growth, Quarterly Journal of Economics: 65 - 94.

术进步。世界各国的发展经验也证明，在资本积累到一定程度时，飞速发展的创新技术成为经济发展的主要动力。如图 7.2 所示，人均资本函数变为：$A>1$ 表示存在技术创新，系数越大表明技术创新力度越强。我们在图中可以看到技术创新对于人均产出的带动作用，当人均资本量增长到一定阶段无法再带动产出增长时，技术创新成为产出增长的原动力，将生产函数向上推高到 y_2，从而成为经济增长的不竭动力。

资源（尤其是不可再生能源和矿产资源）曾是 20 世纪 70 年代经济增长理论中的研究重点，主要通过将耗竭资源引入新古典增长模型，探讨其对于经济长期增长的影响。以能源问题为例，我国的能源问题既表现为总量的矛盾，也表现为结构性矛盾。一方面，随着经济增长，我国经济增长对能源的需求逐渐增加，在能源可开采量一定的前提下。能源供需缺口逐渐增加，矛盾日渐突出；从结构上看，我国能源结构明显滞后于需求结构的变化：我国长期以煤炭为第一能源，在需求方面煤炭的比重却从 2001 年的 65.3% 下降为 2011 年的 39.8%，反观在消费中比例日渐增长的原油，我国原油生产占能源供给比重只有 20.5%。能源短缺已成为限制我国进一步发展潜力的主要瓶颈。面对严峻的经济形势和严格的能源约束，自主创新是规避中等收入陷阱风险的新动力源泉。

（一）自主创新促进我国实现经济增长贡献率的转变

自主创新为我国产业结构升级提供技术支撑，优化经济增长的结构。从产业结构变化和经济发展关系上看，反映的是各次产业对经济增长的贡献率的变化，这种贡献率的变化不仅反映各个产业的发展，也体现着经济发展方式的转变。从先进的国际经验看，实现经济增长由主要靠第二产业带动向依靠第一、第二、第三产业协同发展带动转变，从我国情况来看，主要内容和任务是降低第二产业对经济的贡献率，提升第一产业、特别是第三产业对经济增长的贡献率。

我国产业结构升级中的难点在于提升和发展第三产业，合理的科学技术进步在促进产业结构优化升级中的重大作用体现在两个方面：一是在生产要素不发生流动的情况下提高生产要素的利用效率，带来产业结构改进；二是促进生产要素在不同产业之间的流动，从而加快流动速度，提高流动效率，提升经济效益。

技术进步是新产业产生和发展的物质基础和技术基础，在经济社会发展过程中，产业有两种形成方式，第一，随着原有产业的不断分解，形成新的产业；第二，某种新的生产方式逐渐扩大规模，形成新的产业。新产业形成的两种方式都与技术进步密切相关，新技术的应用导致原有传统产业的分离和分解，形成新的产业；新的生产方式从研发、应用到扩大规模，技术进步都是第一原动力和推动力。

技术进步还通过改革需求结构影响产业发展前途，从而优化产业结构。新技术决定着新产业的发展和传统产业的改造，也影响相关产业的需求，同时产业之间的技术关系决定需求关系，并对需求数量和发展质量作出约束。

（二）自主创新是优化产业结构的原始动力

从理论上讲，在技术进步层面，经济发展方式的转变是要素投入结构和组合的变化，技术进步可以突破资源约束，同时提高对某些资源的利用效率。纵观世界经济发展史，每一次科学技术上的重大突破都会导致经济发展方式的重大变革，尽管各国在具体技术选择上存在差异，但切合自己初始资源禀赋追求资源利用效率提升的目标是是一致的。从生产要素配置和产业需求角度看，自主创新对于产业结构的演进有三方面的促进作用：首先，当某一产业的自主创新带来新的产业需求时，将引起生产要素向该产业流入，促进生产要素优化配置，促进该部门该产业的发展和成长；其次，当某一产业的自主创新能力逐渐萎缩，无法为产业带来新的需求时，生产要素转而流向自主创新力强、需求旺盛的产业，高效率的生产要素减少，该产业逐渐萎缩；最后，当一个产业的自主创新只能提升生产效率而无法创造新的需求时，生产效率的提高导致生产要素需求量降低，部分生产要素转移到其他产业，该产业同样逐渐萎缩，具有创新力的产业逐渐发展而传统产业逐渐萎缩，产业结构以自主创新为原动力逐渐优化升级。

一方面，创新不仅直接推动和影响产业升级，而且从新生产要素、新产品、新技术、新工艺、新市场等方面推动产业结构优化升级，同时自主创新还通过产品需求和科技进步推动产业结构优化升级。另一方面，创新可以促进第二产业内部不断转变经济增长方式，由资源投入向技术带动转变。

我国传统第二产业存在资源消耗过度、环境污染严重、生产加工环节被挤压在价值链低端的严重问题。增大自主创新力度，一是提升资源利用率，最大程度保证资源的利用效益和可持续性，二是自主创新为“中国创造”和“中国智造”提供技术支持和技术动力，加大产品附加值，逃离“微笑曲线”，提升在价值链中的收益水平，从而提高经济发展效益，提升经济发展质量。

（三）自主创新为显著提升经济发展质量、规避中等收入陷阱提供新动力

科技进步是经济发展方式转变的直接动力。从理论上讲，熊彼特的“创新”理论，索洛的“技术变化率”理论，肯德里克的“全要素生产率”理论及丹尼森的“知识进步”解释。在当今世界的经济实践中，现代经济是生产手段机械化、生产技术科学化、生产管理信息化的经济，科技进步就是在经济生产中不断利用生产效率更高、生产效益更好的技术代替生产效率低下的落后技术，这样的技术替代保证了经济发展效率，从而是实现经济发展方式转变的重要条件。科学

技术总是与传统要素相互结合在一起，给予传统生产要素新内涵，促进其成为技术进步的新的实现形式。科学技术的进步一方面能提供高效率的劳动资料和高质量的劳动对象，提高劳动生产率；另一方面还能够促进资源优化配置，改善资源状况，提高单位资源的利用效率，提高物质资料生产的集约便捷，从而提升经济生产的产出效率，提升经济发展质量。

高新技术产业是我国国民经济中的战略性和先导性产业，经济发展应注意提升高新技术产业的比重。目前我国在发展高科技方面还严重依赖外资与外国技术，产业集群优势不明显，核心技术的独创性缺乏。改革开放以来，中国技术进步大致上可以划分为两个阶段：第一阶段是 20 世纪八九十年代以技术引进为主的阶段，主要通过发挥后发优势、引进国外技术，掌握了比较先进的一般技术，中国的技术上了一个台阶；第二阶段是 21 世纪开始的以自主创新为主的阶段，中国现在更需要的是高、精、尖的技术，但是在发达国家技术封锁的背景下，应更重视自主创新的作用。

核心技术创新力不强直接制约我国经济效益的提高和高精尖产业的发展，同时使我国在国际竞争中处于不利地位。以美国为代表的西方发达国家基于所谓的“战略目的”和冷战思维，仍然在高技术领域对我国实施封锁禁运。国外先进企业为了保持在行业内的领先地位，一般也会对核心技术或者最新技术严格保密，防止外泄和扩散。另外，我国高新技术产业的发展和转变经济发展方式对于高精尖技术的需求却在不断增长。因此，必须在少数关键领域加大投入，使高科技产业增加值占国内生产总科技进步对生产的改变，提升经济发展效益和质量。只有依靠自主创新，方能突破封锁，变被动为主动，变后进为先进，赶上甚至领导行业的技术进步。

第二节 国际视角下他国的经验和教训

在世界经济史上，许多国家在进入中等收入阶段后，通常会面临着中等收入陷阱的问题，即经济发展缓慢甚至倒退，社会动荡不安。拉美模式的失败之处就在于一味追求经济高速增长的同时，却忽视了财富分配关系的调整和社会进步目标的关注，结果导致了“有增长而无发展”状况的出现，墨西哥的中等收入陷阱问题在拉美国家中具有典型性。

墨西哥早在 1995 年 5 月就加入了经济合作与发展组织，2009 年，墨西哥人均 GDP 超过 1 万美元，终于迈入了高收入国家行列。但是在墨西哥，社会各个阶层对于墨西哥的现实普遍不满，尤其是广大的社会底层民众，并没有分享到经济发展的成果，反而深陷于“发展的痛苦”之中。其他拉美国家，如巴西、阿根廷、哥伦比亚，也在深陷中等收入陷阱泥潭，它们发展中的经验和教训对我国具有强烈的指导意义。

然而，东亚的一些国家却通过技术创新、促进社会公平、构建现代政府等，进入富裕国家之列。日本、韩国通过力发展自主创新和人才培养给予经济增长新动力，成功地跨越中等收入陷阱。印度的 IT、创新产业也以极快的速度发展，创造出一个“印度模式”的发展奇迹。

中国已迈入中等收入国家行列，应该以拉美特别是墨西哥为鉴，合理吸收日本、韩国、印度等东亚地区国家的优秀经验，未雨绸缪，避免掉入中等收入陷阱。

一、拉美国家

（一）拉美国家深陷中等收入陷阱的现状

2006 年世界银行首次提出了“中等收入陷阱”的概念，用于描述国家经济发展中的困境，其主要特征是：一个经济体在从中等收入向高收入迈进的过程中，由于既不能重复同时又难以摆脱以往由低收入进入中等收入的发展模式，因此很容易出现经济增长的停滞甚至倒退。简而言之，中等收入陷阱是既有发展模式难以持续、无法实现战略转型的结果。2010 年世界银行又进一步阐释为：“几十年来，拉美和中东的很多经济体深陷中等收入陷阱而不能自拔；面对不断上升的工资成本，这些国家作为商品生产者始终挣扎在大规模和低成本的生产性竞争之中，不能提升价值链和开拓以知识创新与服务为主的高成长市场。”中国社会科学院学者蔡昉（2008）认为“发展陷阱”实际上是一种均衡状态，即在一个促进人均收入提高的因素发挥作用之后，其他制约因素都会将其作用抵消，把人均收入拉回到原有水平，彭刚（2011）指出拉美国家所面临的，还引起了发展经济学界对于所谓“拉美模式”的普遍质疑，以及 20 世纪 70 年代以后对于经济发展理论认知的不断深化。

根据世界银行 2010 年 8 月最新的划分标准，拉美地区是中等收入国家最为集中的地区之一，在其 33 个经济体中，中等收入国家就高达 28 个。早在 20 世纪 60 年代末和 70 年代初，一些拉美国家就已经进人到了中等收入国家行列。例如，阿根廷早在 1962 年人均 GDP 就达 1145 美元，智利在 1971 年人均 GDP 已经达到 1097 美元，乌拉圭在 1973 年人均 GDP 达到 1405 美元。但时至今日，除智利和乌拉圭于 2011 年成功“突围”之外，绝大多数国家仍然没能实现从中等收入国家向高收入国家的“华丽”转身。特别是曾经作为拉美国家代表的阿根廷，根据国际货币基金组织 2010 年 10 月的一项预测，在未来五年内，人均 GDP 与高收入标准仍存在较大距离。几十年来拉美国家整体上都处在一个“经济发展水平超过了人均 GDP 水平 1000 美元，进入中等收入行列以后，陷入增长与回落的循环之中，长期徘徊在这一区间，无法顺利进入高收入行列”的状态。

（二）拉美国家深陷中等收入陷阱的原因

毫无疑问，拉美地区是“中等收入陷阱”的重灾区。各国学者对于拉美国家发展经验教训的反思，涵盖了经济社会的各个层面，从“新自由主义”的指导思想，到拉美经济发展模式，再具体到拉美各国的经济、社会乃至民主政治制度等各个方面。不同学者对于拉美中等收入陷阱的思考方案也不相同。智利前财政部长福克斯莱（Alejandro Foxley）认为拉美地区如果想摆脱“中等收入陷阱”，提升民主制度的信誉是关键因素之一，这决定了拉美国家是转为发达经济体还是步入“中等收入陷阱”的泥淖 。伊娃·鲍尔斯（Eva Paus）认为，如何跨越“中等收入陷阱”是拉美地区目前最为迫切需要解决的问题，而唯一可行的出路在于扩大国家的知识资产，即提升产业价值链和促进生产力增长的能力。各个国家在采取具体措施上应该依据本国国情而有差异。彭刚认为，拉美地区陷入“中等收入陷阱”，原因就在于一味追求经济高速增长的同时，却忽视了财富分配关系的调整和社会进步目标的关注，结果导致了“有增长而无发展”状况的出现。王一鸣也认为，拉美地区之所以被“中等收入陷阱”所困，在于拉美国家政治体制变革受到利益集团羁绊，严重滞后于经济发展，精英集团的“现代传统主义”片面追求经济增长和财富积累，反对在社会结构、价值观念和权力分配等领域进行变革，或者把这种变革减少到最低限度。经济财富过度集中，利益集团势力强大，造成寻租、投机和腐败现象蔓延，市场配置资源的能受到严重扭曲。郑秉文从国际比较的视角出发，以阿根廷为典型案例，在分析拉美“中等收入陷阱”时强调，“制度”和“政策”在某种意义上说确已成为经济增长的驱动力，是一国核心竞争力的不可或缺的要件。正是由于“制度”和“政策”的严重缺失，导致阿根廷经济增长潜力难以释放。综合来看，拉美国家深陷中等收入陷阱的原因有：

1. 自主创新能力丧失。创新是国家持续发展的源泉。然而，墨西哥没有通过技术创新实现经济增长，仅仅通过廉价出售本国自然资源和开放国内市场来解决发展困境，结果是“饮鸩止渴”，经济越来越缺乏活力，从而使得国家的整体创新能力丧失，经济发展丧失动力，深陷“中等收入陷阱”。

2. “进口替代”工业化模式的后遗症。拉美国家在 20 世纪后普遍采用进口替代的工业政策，这对于拉美国家的经济发展有一定的促进作用，但也造成了严重的社会经济后果。以墨西哥为例，20 世纪 30 年代初的世界性经济危机重创墨西哥经济，迫使它逐渐放弃“出口导向”发展模式，转而奉行进口替代的工业化战略，即自己生产工业制成品。这种模式使墨西哥摆脱了“低收入陷阱”，并在20世纪70年代中后期进入了中等收入国家之列。然而，它的后遗症越来越明显。长期奉行的“进口替代”战略未能得到及时调整与转变。“进口替代”战略强调自给自足和经济超赶，以牺牲农业发展为代价发展工业，不重视与全球产业链的衔接和发挥本国的比较优势，结果造成工业化发展后劲不足，大批工业企业破产倒闭，制造业发展呈现停滞甚至倒退趋势。

首先，国际金融政策不合理，国际债务过重。为发展工业化，一些拉美国家，以墨西哥为例就不得不借外债，但偿还能力不足，这样就导致了外债危机。而为了支付外债，需要通过进一步发展工业化来弥补，而进一步发展工业化需要政府不断通过国际金融市场借贷，加重信贷负担。因此墨西哥的工业化就需要政府不断的财政投入，导致债务过重，不得不大举借外债，这就形成了一个恶性循环，直至演变为1982年的债务危机。其次，贫富差距和城乡差距过大，社会矛盾突出。由于贫富差距日益扩大，墨西哥普通民众无法享受到工业化和财富增长带来的成果，他们对墨西哥工业化和现代化的前景普遍感到悲观失望，被遗弃感、不公正感充斥着整个社会，由此而引起的暴力行为时有发生，各种社会矛盾进入了一个空前激化的阶段。最后“城市病”严重，所谓城市病，指的是城市大肆扩张而使城市交通、资源、卫生环境等不堪重荷，运行功能失灵。墨西哥的城市化经历一个飞速发展的过程，据墨西哥农业部长弗朗西斯科·马约尔加介绍，1950年墨西哥的城市化率为42.6%，1980年达到66.3%，已接近于当时欧洲城市化率，40年间提升了31.2个百分点。2008年进一步提高到77.2%，超过了德国、意大利、日本等发达国家，墨西哥政府鼓励农业人口涌向大城市就业，但与此同时却带来了大量的城市问题。政府没有辅之以有效的生产和生活体系，城市基础设施缺乏，贫民窟遍布，居民普遍只能通过自制的水井获取水资源，卫生条件堪忧；教育资源匮乏，100个贫民窟的孩子只有1个最终能升入大学，接受高等教育。其过度城市化结果导致城市承载能力趋于极限，交通、治理、安全、环境等问题突出。

3. “新自由主义”思潮泛滥。“新自由主义”思潮主要是指以哈耶克、弗里德曼为代表的强调个人自由和经济自由，鼓吹市场化、私有化、全球化，反对凯恩斯主义的国家宏观调控，反对国有化和公有制的西方经济学理论。在20世纪80年代中期和90年代，“新自由主义”在拉美国家大行其道，盛行一时，成为很多拉美国家的指导思想。古巴学者奥斯瓦尔多·马丁内斯就指出，“新自由主义”主导着近30年来世界历史的发展。对拉美而言，这一论断尤为正确。在拉美“新自由主义”一度是居于统治地位的先锋力量。随后在拉美国家实行“新自由主义”、“休克疗法”的教条主题实践中，“新自由主义”的地位更为显赫 。时至今日，“新自由主义”在拉美国家仍然有一定的市场。

“新古典主义”在拉美国家的发展中造成了很多经济社会问题。首先，“新古典主义”的本质是“市场万能论”，过度强调市场的重要性，弱化政府宏观调控的重要意义，当市场失灵出现，酿成经济社会局势恶化时，“新古典主义”倡导的市场化却收效甚微，甚至不能保证基本的经济增长和社会稳定。“新古典主义”使拉美国家在“进口替代”工业政策之后重新回归“初级产品出口”的发展模式，直接导致了“资源诅咒”。其次，“新古典主义”弱化政府宏观调控政策，自由放任的思想盛行，导致“过度城市化”，城市基础设施落后，治安、环境、生态、卫生、文教等问题丛生。最后，“新古典主义”思想导致过度私有化和社会保障私有化陷阱，对拉美国家的经济政治产生产生恶劣影响①。

（三）拉美国家对中国跨越中等收入陷阱的启示和借鉴

通过分析拉美国家深陷中等收入陷阱的发展过程，我们发现拉美国家发展模式未能及时转型甚至关键选择出现错误，自主创新能力不强、经济发展方式落后成为主要经济原因，因此，在经济增长方面，我国必须加大自主创新力度，培育国家核心竞争力，同时应警惕“资源诅咒”。

1. 加大自主创新力度，培育国家核心竞争力。纵观大部分拉美国家从 20 世纪 50 年代开始从发达国家引进资本和技术，大力发展加工制造业。积极推进“进口替代”工业化发展模式，重点和优先发展以加工制造业为中心的工业化。到 20 世纪 80 年代，拉美国家工业化得到了突飞猛进的发展，巴西、墨西哥、阿根廷等国家建立了比较完整的工业体系，重工业达到较高水平，成为新兴工业化国家。但之后过低的技术创新能力导致经济发展方式始终未能有根本性转变，于是拉美国家的经济发展模式重新回答“依靠出口初级产品”的轨道，开始转变为出口导向战略，但这次转型却并不成功，不仅没有给拉美带来经济发展，反而使经济陷入长时间的低迷。随着经济形势的变化，出口产品价格被不断压低加之在国际金融中政策出偏差，国际债务不断增长，使原本恶化的经常账户和资本账户不断恶化，最终导致严重的金融危机，国家经济受损，深陷中等收入陷阱。拉美的经济发展方式未及时转变，自主创新能力不强，对外部市场依赖严重，导致全球化中处于劣势。

我国作为发展中的社会主义大国，在国际形势复杂多变的今天，尤其面临意识形态上的冷战风险，更要注意增大自主创新的力度，不能指望从国际上购买核心技术。一方面，对外经济依存度过大增加国际经济形势变化时的风险，降低经济体在经济危机来临时的自救能力；另一方面，失去核心尖端技术使经济在国际贸易中始终处于弱势地位，不仅利润被不断压榨，经济发展方式转变也得不到技

---

① 陈湘源．“拉美陷阱”的基本特征［J］．经济研究参考，2011（70）．

术支持，经济发展方式和道路转型迟滞必将降低我国经济发展的速度和质量。

2. 警惕“资源诅咒”。“资源诅咒”（Resource Curse）是指在自然资源丰富的国家和地区，虽然拥有较好的资源禀赋，却未能给这些国家和地区带来富足的生活，出现了经济发展速度和水平长期低下、收入分配极不平等、人力资本投资严重不足、腐败和寻租活动盛行、内战频繁等一些不利于经济持续增长的现象。拉美是世界上自然资源最丰裕的地区之一，但也是比较典型的遭受“资源诅咒”的地区。虽然这些自然资源禀赋给拉美地区的经济发展提供了基础和动力①，但大多国家却并没有达到之前的经济发展目标，在其发展过程中出现了诸多问题，如金融环境不稳定、过度城市化、收入分配不合理、收入差距过大等，陷入了“资源诅咒”陷阱。

我国在发展中要尤其警惕资源诅咒，邵帅、齐中英（2009）指出，即资源富足对创新行为的挤出效应，分析表明，在不考虑资源开采部门技术创新存在贡献的条件下，资源富足可以通过降低劳动力供给水平直接阻碍经济增长，同时还可以通过减少创新部门劳动力投入的比重使知识的增长率降低而间接阻碍经济增长。

首先，加大人力资本投入，培育经济增长新的动力。我国资源丰裕的落后地区虽然人口数量较大，但人力资本的积累与发达地区相比有较大的差距，甚至人力资本不断地被产业资本所“挤出”。政府必须增加对这些地区的教育投入，保障教育公平，改善不合理的教育投资体制，重点放在基础教育和对普通劳动者的再教育和培训上，吸引外来的技术人才和知识人才，积累宝贵的人力资本。其次，调整和优化产业结构，大力发展新兴产业产业结构升级是落后地区实现跨越式发展的重要途径，而资源丰裕地区的产业结构调整应立足于地区的比较优势，同时在重点地区和重点行业着力培育竞争优势。应该看到，我国一些资源丰裕地区产业结构相对落后，增加值高的制造业很不发达。因此，这些地区产业结构的设计要避免单纯以资源开采为导向，而要把资源开发同发展高增加值的制造结合起来，每年从资源产业受益中拿出一定比例，大力发展先进的制造业和高新技术产业，提升技术含量，同时把旅游业、生态农业、环保产业等新兴产业作为重要的战略产业和支柱产业，将可持续发展作为根本战略加以贯彻。

二、日本、韩国、印度为代表的亚洲国家

布拉姆巴特说：“在面对金融危机后复苏所需要的各项改革十年之后，东亚现在必须面对新一轮的改革浪潮，其中部分改革的挑战性之强绝不亚于1997年

---

① 唐俊．拉美中等收入陷阱探析［J］．浙江外国语学院学报，2011（1）．

7月后进行的改革。东亚国家在经济全球化中的确面临新一轮强劲的挑战。在跨越中等收入陷阱的经济实践和学术研究中，目前，国际上公认的成功跨越“中等收入陷阱”的国家、地区有日本和“亚洲四小龙”等。我们重点分析日本、韩国两国在跨越“中等收入陷阱”中的成功经验，同时印度作为同样发展中的亚洲国家，其IT和创造也已经成为经济增长的创新点之一，成为举世瞩目的焦点，其发展的特征和轨迹同样值得我们借鉴学习。

日本、韩国和新加坡在进入上中等收入国家后，经济发展十分稳健，几乎没有出现停滞或反复现象。较为顺利地跨过“中等收入陷阱”，成功进入高收入国家行列。其中，韩国1988年人均GDP达到4466美元。1995年达到11468美元，跨越“中等收入陷阱”用时七年。日本1973年人均GDP达到3873美元，1985年达到11297美元。跨越“中等收入陷阱”用时12年。日本、韩国在上中等收入阶段人均GDP每上升1000美元平均时间分别为1.7年和1年，成为成功跨越中等收入陷阱的成功案例。

（一）日韩两国能够顺利跨越中等收入陷阱的原因

1. 强有力的自主创新实力。专利申请和高科技出口比率，侧面反映一个国家的技术水平和创新能力。在跨越“中等收入陷阱”过程中，日本、韩国的专利申请和高科技出口占出口的比重快速增加。体现出它们超强的创新能力。在专利申请方面，日本1985年的居民专利申请量为274348件，较1973年的115221件，12年内增长了约138%；韩国1995年的非居民专利申请量为19271件，较1988年的14355件，7年内增长了34%。

日本在长期发展中形成了技术引进及再创新政策，日本的技术引进政策一直与产业政策的步伐保持一致，受到政府统一严格的管理①。日本政府制定了一系列有关技术引进和消化消化吸收创新的法律和政策。

首先，技术引进遵循严格的标准和原则。20世纪50年代，日本制定了四项标准：引进的技术不能阻碍自主技术的发展；不能扰乱现有的产业秩序；不能使中小企业陷入困境；其次，注重对引进技术的消化吸收，加强对创新的保护。在企业尚未完全消化、吸收引进技术、产品竞争能力还不能与外国商品抗衡时，政府就运用外汇管制和控制关税税率等手段来抵制国外有关商品进入本国市场。再其次，注重对消化吸收的经费投入。日本从20世纪50~70年代，技术引进费用增加了14倍，用于技术消化吸收和再创新的费用增加了73倍。日本各产业部门从国外购买技术专利的费用总数与消化吸收这些技术专利的研究费用总额之比平均为1∶7。这对日本后来的消化吸收创新产生了巨大的推动作用。韩国则走出

① 朱静．美日韩三国技术创新［J］．亚太经济，2001（3）．

了一条“引进技术—消化吸收—自主创新”的发展道路，助力经济发展方式转变，为经济增长注入新的动力，成功跨越中等收入陷阱。

日本、韩国的经验表明，要有强烈的引进、吸收、消化和再创新的意识，政府的引导是技术引进后消化吸收再创新的助推剂，企业的资金和人才投入是消化吸收再创新的关键。只有自主创新才是经济发展方式转变、跨越中等收入陷阱的核心。

2. 努力推动产业升级。在进入上中等收入国家行列后，日本、韩国非常重视经济的结构调整和优化升级，通过加快淘汰劳动密集型、高能耗、高污染、低产出的传统产业。大力发展以汽车、航空航天、微电子、半导体、机电产品等为代表的高附加值、高关联度、低能源度、低污染度的离新技术产业。形成了较强的产业国际竞争力。

（二）日韩两国对我国跨越中等收入陷阱的启示

1. 把加强自主创新作为关键环节。日本、韩国发展经验表明，在成为上中等收入国家后，科技创新必须成为经济发展的重要引擎，成为跨越中等收入陷阱的关键环节。目前我国的经济增长更多地依赖于大量投资，今后我国必须更加重视技术创新，切实提高自主创新能力，加快经济发展从主要依靠投资向主要依靠科技进步、劳动者素质提高，加快建设创新型国家。

加快实施国家重大科技专项和科技创新工程，集中力量开展研发，着力突破制约我国产业发展的关键技术和共性技术，促进科技成果向现实生产力转化。加强人才培养和引进力度，重点是落实国家重大人才政策，抓好重大人才工程，着力培育我国现代化建设需要的各类人才。同时要积极引进海外高层次人才。

2. 加快发展方式转变作为长期战略。日本、韩国经验看，要想规避中等收入陷阱，必须加快推进经济发展模式转型①。多年来，我国经济发展速度较快，但主要是粗放式增长，而这一增长方式是难以持续的。因此，我国应当把加快发展方式转变作为实现科学发展、跨越中等收入陷阱的根本战略。

加快转变经济发展方式是一场深刻变革，必须贯穿经济社会发展全过程和各领域。首先要协调处理好消费、投资、出口这“三驾马车”之间关系，重点在着力优化投资结构、加快实施“走出去”战略的同时，采取有力措施扩大消费需求。通过大力发展服务业和中小企业、增加就业创业机会、提高城乡中低收入居民收入、扩大社会保障制度覆盖面等综合手段，释放城乡居民消费潜力。同时，努力产业结构优化升级，协调处理好第一、第二、第三产业之间的关系。大力推进产业结构的优化升级，进一步巩固和加强农业，改造和提升建筑业，做大

① 史晋川，郎金焕．跨越“中等收入陷阱”——来自东南亚的启示［J］．北京论坛，2012.

发展服务业，使经济增长由主要依靠第二产业带动向依靠第一、第二、第三产业协同带动转变。

3. 加强技术引进之后的再创新，加强对引进技术的消化吸收和在创新。加强政府部门的领导和宏观统筹依托现有主管部门，成立权威性的技术引进与创新管理机构，改变过去技术引进和消化工作分头管理，互不配套的状况，打破技术扩散中的体制壁垒。通过体制和机制创新，建立以企业为主体的引进消化吸收机制鼓励企业建立健全与消化吸收国内外先进技术相协调的技术管理机制。

同时，在财政、税收、金融、政府采购等多方面对企业提供有力的支持，如通过财政贴息、投资补贴、地方税返还等方式鼓励技术引进和再创新。鼓励产学研合作，推进技术引进再创新建立由产学研参加的专家咨询委员会和政策协调会议，开展计划调研、需求预测、计划目标协商和政策协调；对关键性产业引进技术和重大技术和装备引进项目的消化吸收。

实行官产学研联合攻关；建立产业共性技术研发平台、产业技术创新联盟，解决消化吸收再创新过程中行业共性的技术难题；支持各类产学研联合体，鼓励企业、高校和科研单位以各种形式各种体制新建引进技术消化吸收再创新的评估与开发机构，鼓励高校与企业合作联合建立研究生培养创新和大学生课外科技实践基地；同时鼓励间接技术引进方式，即高等院校和科研单位通过交流培训、引进国外实验技术等先获得先进技术，然后由高等院校和科研单位自己首先进行消化吸收再创新，再联合企业进行技术或产品的市场化等。

（三）印度飞速发展的创新行业对我国的启示

印度是世界上人口较多、社会经济较为落后的国家，但是其软件业却从20世纪80年代中期开始一直持惊人的高速稳步增长，2006~2007年印度软件和服务外包行业总产值已经达到396亿美元。目前，印度已被公认为世界信息技术大国。印度软件业的高速发展主要得益于有效的信息产业发展模式，即政府扶持下以软件业为突破口的信息产业发展模式。这一模式是印度政府根据本国国情作出的正确选择。印度经济社会基础薄弱，发展硬件产业不具备优势，但是其拥有优秀的、成本相对低廉的软件人才，加之良好的英语语言基础，使得印度发展软件业具备得天独厚的优势。印度政府充分利用这一优势，以软件业为突破口，紧紧抓住20世纪80年代全球软件业的国际转移趋势，积极开拓国际软件开发及服务市场，成为世界软件外包的主要基地。

印度自主创新模式是政府推动、企业主导、政府与企业共同努力的"双核心"模式。该模式有效提升了印度的自主创新能力和科学技术水平，促进了印度的经济发展。印度政府通过制定和实施一系列政策，培育了大批高素质人才，提供了有利于自主创新的宏观环境。企业在印度自主创新模式中通过促进研发等措施发挥了基础作用。印度自主创新模式对于我国发挥政府与企业的作用、不断提升自主创新能力，具有积极的启示意义。

1. 抓好核心技术创新，发挥企业在自主创新中的基础地位。自主创新的核心是实现国产化。当然，实现国产化需要一个过程，即在学习模仿达到一定程度后，从量变到质变。逐步发展出自身的核心技术，实现关键技术的国产化。印度汽车与软件业等行业的发展是印度实现国产化的典范，近年来，印度软件业异军突起，其发展的根本在于通过国产化开发自主产品。大力提升自身核心技术水平。汽车行业的迅速发展也充分体现了自主产品的重大作用。实现国产化的关键是核心技术创新，没有核心技术的创新就谈不上国产化。

发挥企业在自主创新中的主体作用。企业是自主创新的微观主体，在提升自主创新能力的过程中发挥着重要作用。受我国体制与政策等多方面因素的影响，企业在自主创新中作用发挥得还不充分，有必要进一步提升。在已有体制与政策的基础上。企业有必要根据自身实际结合市场需求，加强核心技术研究。不断提升自主创新能力。构建有效的自主创新机制，还要加强与政府研究机构、高校的合作，探索构建产学研有效发展、共享利益的激励约束机制。企业可以与高校紧密合作共同培养所需人才，发挥人才存量与增量的共同作用，同时引进外部人才，构建外部人才柔性工作机制，充分发挥人才在自主创新中的作用。

2. 发挥政府的支持作用和企业的基础作用，二者相互配合。印度政府和企业各司其职、协调配合，共同打造了自主创新的奇迹。自主创新的“双核心”模式充分发挥了政府与企业的协同作用，政府与企业各司其职，协调配合，形成合力而不相互妨碍，这是“双核心”自主创新模式发挥有效作用的关键。如果没有政府的政策支持与有效的人才积累，企业就缺乏应有的基础；如果没有企业作为自主创新的主体，政府的作用就难以奏效。因此，政府应为企业创造良好的环境，从制度、政策、环境、人力资源等方面出台尽量完善的措施，适时淘汰或调整不合时宜的政策，集中精力支持重点领域与优势行业的自主创新。企业在既有政策的前提下，积极发挥自身的主观能动性，紧密结合市场，充分发挥自主创新微观主体的应有作用。

3. 发展教育培养人才，深化教育体制改革。人才是促进自主创新不可或缺的因素，印度非常重视教育的作用。人才是创新之本，当代国际竞争归根到底是人才的竞争。印度的教育收费低，教师享受的待遇好。学生有相应的福利，能够确保穷人也有接受包括高等教育在内的教育机会。一些企业还与高校合作以保证人才的培养能够面向实际，满足经济发展的需要。同时鼓励人才出国留学，并利用各种鼓励政策吸引人才回国，进一步促进技术引进和再创新。

进一步深化教育体制改革，通过发展教育的整体提升劳动者水平，培养更多具有自主创新精神与自主创新能力的人才。构建促进人才正常流动与有效发挥人才作用的体制机制，不断加强人才高地建设，有效集聚国内外优秀人才，充分发挥人才提高科学技术水平与自主创新水平的作用。

4. 有效促进产学研的有机结合。产学研有效结合，充分发挥政府、高校与企业在促进技术创新过程中形成的合力是提升自主创新能力的关键。企业与政府、高校的研究机构紧密配合、协调合作。既弥补了企业研发力量的不足，又为研究机构结合实际提供了良好的平台，确保了技术有效转化为产品，也促进了研究机构的科学研究水平的提高。

在我国，进一步加大产学研的结合力度，构建有效促进产学研相结合的政策体系与制度环境。使产学研强强联合共同进步，是十分必要的。针对当前产学研结合中存在的利益、核心技术与人才方面的问题。需要根据不同情况探索有效解决矛盾的机制，消除产学研结合的障碍。政府有必要进一步加强协调力度，根据高校、研究机构、企业以及攻关重点等，采取灵活有效的措施有效促进产学研结合。

第三节　我国自主创新的现状、问题和原因分析

随着科技的进步和社会的发展，知识经济和信息时代初见端倪，市场竞争日趋激烈。自主创新，特别是科技的“自主创新”日益受到各国的重视。当今世界的国际竞争，归根到底是以自主创新能力为基础的核心竞争力的竞争。自主创新不仅是转变经济发展方式的核心，而且是国际上拉美、东亚等国家跨越中等陷阱成功或失败的关键，对我国的经济发展方式转型、产业结构优化升级、提升技术竞争力、规避中等收入陷阱风险具有十分重大的战略意义。

从总体上讲，我国已经进入可以更多地依靠创新推动经济发展的新阶段，但与发达国家和新兴工业化国家和地区相比还有较大差距。总体上讲，整体创新能力不高，企业尚未真正成为技术创新的主体，同时社会缺乏鼓励和支持创新的动力和机制。造成这种局面的原因是多方面的，也需要从多方面创造利于创新的社会环境和政策环境，切实促进自主创新。

一、我国自主创新的现状

我国自主创新能力不断提高，表现出良好的发展趋势，居于发展中国家前列，取得了举世瞩目的成就，但与发达国家和新兴工业化国家和地区相比还有较大差距。当前，我国已经具备自主创新的基础和条件，其主要表现是：

第一，在制度方面：新中国成立以来，特别是改革开放以来，我国社会主义

市场经济体制初步建立，经济社会持续快速发展，经济实力大为增强。2005 年我国 GDP 居世界第四位，财政收入突破 3 万亿元，全社会固定资产投资 8 万多亿元，有能力增加技术开发投入。我国已经形成了比较完整的科学研究与技术开发体系，生物、纳米、航天等重要领域的研究开发能力已跻身世界先进水平，科学技术发展水平和实力处于发展中国家前列。

第二，在人才方面：我国拥有充足的科技人力资源。科技人力资源总量已达 3850 万人，研发人员总数达 109 万人，分别居世界第一位和第二位，研发投入总额已跃居世界第六位。同时经过多年的自主研究开发和引进国外技术装备，产业技术水平有了较大提高，国内企业集成国内外技术资源的能力在提高，为以我为主组合技术资源进行技术创新和开发新产品打下了一定基础，为消化吸收创新提供了必要条件。

第三，在市场方面：巨大的国内市场资源为自主创新成果提供了宽广的应用舞台。我国 13 亿人口蕴涵的巨大的潜在市场，为我国自主创新产品和技术提供了市场空间和市场潜力。同时，对外开放为开放式研究开发提供了良好的基础和条件。自主创新是在开放条件下的创新。在经济全球化和扩大开放的背景下，要充分利用国内外两种资源，积极吸收和借鉴国外先进科技成果，扩大和深化国际科技交流与合作。

但在我国经济发展的过程中，自主创新也面临严重问题，成为制约我国经济发展方式转型、提升经济发展质量的瓶颈之一。我国的自主创新主要面临以下问题：

（一）缺少自主知识产权与核心技术

我国企业在自主创新能力发展中，处处受到缺少拥有自主知识产权的核心技术的掣肘。由于缺乏核心技术和知识产权，我国不少行业存在产业技术空心化的危险，成为我国产业进一步发展和进入国际市场的瓶颈。我国企业从事简单的加工程序，没有技术创造和品牌印象，逐渐沦为“为他人作嫁衣”、“为别人打工”的境地。

由于核心技术的缺乏，国产品牌产品的市场份额逐年下降，甚至无法生存。在产品的利润分配中不断受到挤压。例如：由于我国企业在核心技术上受制于人，缺乏自主创新形成的核心专利成果，使中国制造的产品很多处于产业链的最低端，消耗大却利润低微。一台售价 50 美元的 MP3，交给外国人的专利费是 36 美元，成本是 13 美元，我国企业只能赚取 1 美元的利润。尽管我国企业在生产中消耗大量资源和人力资本，但利润空间被不断压榨，在产业链中处于不利位置。尽管我们是无可争议的制造大国，但是我们的企业利润却异常微薄。同时，我国企业的品牌创新能力欠缺，大多采取“贴牌生产”的简单代工的方法赚取加工费，与制造大国的地位是不相匹配。这样技术和生产的不协调发展成为制约我国从制造大国转型为创造大国的主要瓶颈之一。

同时，我国产业技术中的核心专利技术少。我国近半数发明专利申请来自国外，其中绝大部分集中在移动通讯、无线电传输等高新技术产业领域。在高技术领域，美国、日本拥有的专利占世界专利总量的90%左右，包括中国在内的其他国家仅仅占有10%左右。我国工业生产所需的大量技术装备，特别是高端产品主要依赖于进口。我国作为工业品的出口大国，生产装备特别是技术装备水平还比较差。装备制造业虽然规模较大，但真正体现行业竞争力的高精尖加工工艺和重大技术装备仍然比较薄弱。市场急需的高技术含量、高附加值的技术装备和产品严重短缺，一些国民经济和高技术产业领域所需的重要装备依赖进口。中国的高端医疗设备、半导体及集成电路制造设备和光纤制造设备，基本从国外进口；石化装备的80%，轿车制造装备、数控机床、先进纺织机械、胶印设备的70%依赖进口。我国每年8万多亿元的固定资产投资，有70%是用于购置设备，而其中又有60%依赖于进口。目前，我国技术的对外依存度超过50%，也就是说一半以上的技术需要从国外引进。

如果没有自主创新的核心技术和知识产权，企业发展将难以突破发达国家及其跨国公司的技术垄断，难以在世界贸易中获得有利的贸易地位。自主知识产权是真正意义的持久的国际竞争力的技术基础，创新是增长和获利的关键驱动力，是企业发展和民族兴盛的灵魂。

（二）引进技术消化再创新能力薄弱

在我国的发展中，引进技术没有与自主创新和提高产业竞争力结合起来。我国对引进技术的消化吸收长期缺乏足够重视，只引进而不消化吸收，成为产业技术进步的一个老大难问题。2004年软件产业消化吸收比只有1/16，低于2000年的1/10；纺织行业的消化吸收比只有1/35，并且1998~2003年消化吸收比最好的年份也只有1/20。由于消化吸收经费投入明显不足，导致对引进技术的消化吸收能力薄弱，不仅严重加大了我国外来引进技术的成本，严重影响我国外来引进技术效益最大化的实现，也严重影响了产业自主创新能力的提高。

（三）人力、物力、财力投入严重不足

尽管我国科技人力资源总量已是世界第二位，但与其他国家相比，差距仍十分明显。投入不足是长期困扰我国创新能力提升的重要制约因素。在我国自主创新现状中，不仅科研资料、科学数据等严重匮乏、分散落后，并且还存在着盲目重复购置、使用效率不高的问题，没有形成社会共享机制。由于缺乏国家层次上的整体规划和政策引导，无法实现科技资源的有效共享，科技人员难以及时了解

和掌握国际国内最新科技文献和数据，无法有效利用先进科研设施，人财物力严重投入不足，制约了我国自主创新能力的持续提升。

（四）产学研结合的技术创新体系尚未形成

从自主创新的总体上看，我国企业研发投入不足，技术创新和新产品开发、引进技术的消化吸收能力仍比较薄弱，尚未形成产学研相结合的技术创新体系。企业之间科研资源不足够优化配置，经常出现重复立项、重复建设的资源浪费现象。在基础性研究、行业共性技术研发方面，企业间没有广泛建立和形成技术创新的战略联盟或协作关系。在企业技术创新能力低的情况下，充分利用科研院所及高等院校的科研能力，实现产学研紧密结合，对于推动技术创新具有重要意义。目前，我国产学研的结合还不紧密。科研机构和高等院校科技经费主要来源于政府资金，得到企业资金支持的较少。大学、科研机构往往只注重技术指标的先进性，忽视了市场需求。“产学研”，“产”在前，没有“产”，“学”、“研”就失去了动力和方向。同时，无论是生产型企业，还是转制科研院所，都注重现实经济效益，对关系国家竞争能力和企业长远利益的共性、关键性、前瞻性技术研究重视不够。

二、我国自主创新能力不足的原因

（一）自主创新市场体制不完善，没有形成有效推进自主创新的体制和制度环境

我国社会主义市场经济体制不完善，没有形成公平竞争和讲究诚信的市场环境，自主创新市场体制不完善，没有形成有效推进自主创新的体制和制度环境知识产权保护制度尚不完善，尚未建立起有利于自主知识产权产生和转移的法制环境。整个社会缺乏创新的文化氛围，尊重个性、恪守诚信、公平竞争、激励探索、提倡冒尖、宽容失败的良好的创新文化和创新环境还没有形成。

自主创新体制不完善，技术与经济结合问题尚未根本解决。科学技术与经济社会发展脱节一直是我国发展中的一个重要症结。高层次的科技与经济结合的体制问题，深层次的科技与经济结合的机制问题尚未从根本上得到解决，适应社会主义市场经济体制、经济与科技相互促进的新型科技体制和运行机制还有待建立和完善。

我国自主创新能力不足最根本的原因是我国没有形成产学研相结合的自主创新体系，而是分散各自为政，因经费不足和后续能力不强而无法形成产业。同时，企业因重视效益轻视经济质量的提升而未能成为自主创新的主体，再加之创

业板市场尚未形成和强力运作，造成自主创新气息不足，这一切造成我国自主创新能力一直不强，还未形成能够使经济实体升为世界第二的创新能力。

（二）自主知识产权主体方面构成的制约

当前，我国创新成果主要依靠政府的财政投入来实现，而作为技术创新主体的企业研发能力偏弱、投入有限。许多科研机构、高校只承担科技计划项目而不负责成果的运用、保护和商业转化，政府、单位与个人之间在技术发明和创新转化中所产生的权利与义务关系还没有完全理顺。这是造成我国目前自主创新能力不足的主要原因。

第一，国有企业对自主知识产权成果产业化既缺乏动力也缺乏能力。一方面，国有企业特别是国有大中型企业作为我国国民经济的支柱，本应义不容辞地成为自主知识产权成果产业化的中坚力量，但受传统计划经济影响，国有企业还没有真正成为自负盈亏的独立经济实体；另一方面，由于自主知识产权成果产业化往往不能立竿见影，还存在失败的风险，风险较大，风险和收益不在同一个时间范畴内，通常须作为长期投资来考虑，但我国对国有企业决策人实行任期制，使其个人利益与企业根本利益不一致，这就必然导致企业管理决策人追求企业在其任期内得到最大经济效益，虽然意义重大、前景远大但投资和风险均较大的自主知识产权成果产业化不感兴趣。

在能力方面看，由于计划经济时代，企业只需要完成国家下达的生产任务，这种将科技创新和生产分开的体制大大弱化了企业创新能力的建设。我国大中型工业企业中有科研机构的企业仅占总企业比重的30%，研发人员、工程师和科研经费占销售收入比重偏低，国有企业普遍缺少技术知识产权和技术开发能力。

第二，高校和科研院所及其科研人员缺乏开展自主知识产权成果产业化工作的动力和实力。高校和科研院、纵向和横向课题经费支持以及诸如被国家或行业部门作为“试点单位”而给予的大量经费支持，在这种经费充裕、待遇优厚的情况下，高校和科研院所及其科研人员失去了冒险受累进行技术开发及其产业化工作的内在冲动。高校和科研院所即使勉强创办企业开展自主知识产权成果产业化工作，但由于高校研究人员很难全身心投入企业，导致市场效益低下。

第三，民营企业对自主知识产权成果产业化普遍缺乏研究必需的技术和人才等方面的能力。民营企业规模有限，风险承担能力有限，进行技术开发的能力很弱，一旦某项技术开发失败，就意味着企业失败，自主创新风险巨大，制约了民营企业自主创新的动力和能力。

通过上述对自主创新主题的分析，我们分析到国有企业创新动力不足、高校自主创新与市场需求不能很好结合、民营企业规模较小无法承受自主创新带来的巨大风险，市场的各个主体在自主创新中承担较大风险，不能完全投入到自主创新中，创新主体动力不足成为我国自主创新得不到长足发展的症结所在。

（三）政府政策支持投入不足

在最近几年的自主创新发展中，政府的支持作用成为我国自主创新能否顺利进展的关键。总体来说，近年来政府围绕着促进地区科技进步、加快科技成果转化和高新技术产业发展等方面作出了一些努力，根据当地的实际，制定或修订了一些相关的法规政策，为当地的科技进步和经济社会发展起到了良好的促进作用。然而，在引导和支持企业和高校创新活动方面，科技政策和其他政策法规的实际支持效果并不理想，无法有效满足企业的实际需求，在创新政策体系建设上明显滞后于国家创新政策“从科技政策单向推进向科技政策和经济政策协同”、“从单项政策向政策组合转变”的发展趋势。

首先，对创新没有提出系统的政策。目前，我国各地区没有提出完整的地方性创新政策体系，仍然是通过原有的或经过完善的科技政策和经济政策来推动当地的创新活动，但对科技政策和经济政策的整合工作不足，使得这些政策缺乏系统的政策体系的协同效应，始终无法形成政策合力。因此，地方现有的政策在对增强当地创新能力方面所发挥的作用自然非常有限，影响了政府促进自主创新活动的支持作用和自主创新活动的效率。

其次，政策支持力度不足，创新政策在辐射范围上不够优化配置。现行政策体系与支持自主创新导向不协调。政府对自主创新支持不足主要表现在四个方面：一是研发经费不足；二是承担风险政策不明确和能力不足；三是奖励政策欠缺；四是对科研成果转化缺乏明确的政策支持。一般来讲，政策的制定者也都注意根据本地科技发展的需要，有针对性地向某个环节倾斜与加强，形成更加切实有效、符合地方发展需要的政策环境，更加促进自主创新活动和成果的吸收转化。而在各类政策中，对企业最有吸引力的仍是财政税收和市场规范等政策，但目前多数地区对科研开发活动的税收支持主要集中在大企业。其结果是政策的最大受惠者往往是那些已经有较强科技实力的大企业，但对那些正需要进行研发活动的中小企业却缺少应有的税收鼓励措施。

最后，我国产业创新的体制、机制还很不完善，提高产业自主创新能力受到很大制约。现行的政策体系，基本上以支持 GDP 增长为主，缺乏支持自主创新的明晰导向。特别是有些政府部门把有限资源用于规模扩张、增长速度快的生产部门，但由于自主创新活动风险大、前期投入大的特点，政策鼓励在实际操作中对自主创新是抑制性的，对技术引进却是鼓励性生的。同时，政策执行可操作性不强。实施力度不够、政策缺乏可执行性是地方创新政策的缺陷之一，部分政策规定弹性比较大，没有可量度、方便操作的执行标准，由于没有具体的时间标准，有些政策很难在实际中得到贯彻执行。

第四节 提高我国自主创新能力 建设创新型国家

我国自主创新中存在的问题已经成为制约我国经济发展的瓶颈之一，只有切实解决这些问题才能真正提升我国经济发展质量、建设创新型国家，为跨越中等收入陷阱提供新的动力。

胡锦涛在2007年全国科技创新大会上发表重要讲话，提出坚持自主创新、重点跨越、支撑发展、引领未来的指导方针，全面落实国家中长期科学和技术发展规划纲要，以提高自出创新能力为核心，以促进科技与经济发展紧密结合为重点，进一步深化科技体制改革，着力解决制约科技创新的突出问题，充分发挥科技创新在转变经济发展方式和调整经济结构中的支撑引导作用，加快建设国家创新体系，为全面建设小康社会进而建设世界科技强国奠定坚实的基础。

针对我国自主创新中存在的问题和深层次原因，增强企业的自主创新能力，使企业成为自主创新主体是提升我国整体自主创新能力的核心。一方面，企业是自主创新的决策主体、微观主体和收益主体；另一方面，企业通过对市场活动的把握，掌控自主创新的方向，市场是自主创新活动的出发点和归宿点，只有充分激发企业这一创新主体的积极性和主动性，才能真正提升我国自主创新的整体水平和活力。同时政府在自主创新中的主导作用不容忽视，只有政府充分发挥服务特性和对自主创新活动的强力支持，才能最大程度推动我国自主创新的发展。

一、从企业角度看，充分发挥企业自主创新主体的动力和潜力

我国自主创新要想获得长足、根本性的发展，必须充分发挥企业作为创新主体的主动性和积极性。企业自身需要加强自身创新能力建设，强化创新激励机制，培育企业创新文化，整合利用外部技术资源。同时应该积极发挥政府在增强企业自主创新能力中的作用，主要是营造有利于企业创新的政策环境和市场环境，加强对知识产权的有效保护，通过整体谋划和规划促进技术链的整体突破，加强共性技术的投入和供给，全面协调形成合力促进企业自主创新能力的提高。

第一，企业应加强自身创新能力建设主创新能力，不能简单地视为技术研发能力，而是有效组合各种技术资源从而获得自主知识产权和开发新产品的能力。企业自主创新能力是一种综合能力，包括选择能力、研发能力、集成能力和学习能力有效地开发和获取技术并在市场上得到实现。增强自已把握市场动向以及通过自助创新引领市场动向的能力，通过提升自身自主创新建设能力。增强选择能

力，要求企业增强搜集和监测技术与市场信息能力。增强选择市场机会和技术的能力，对市场、产品、技术以及结构作出创新性选择。

第二，强化创新激励机制。实行对创新人员倾斜的工资体系，如研发人员和管理人员实行不同的工资体系，前者工资标准和奖金福利等其他标准高于后者依据技术创新、产品开发活动所取得的实际效果（如销售收入增加、利润增长等），对技术创新人员在经济上予以重奖，以经济效益和经济利益建立企业人才队伍，鼓励企业科研人员研发创新。同时，探索并建立适合自身特点的、能有效激励创新的产权制度。通过激励机制的建立，鼓励企业员工投身创新中，提高创新参与度和效益。

第三，整合利用外部技术资源，依托科研机构、高校和技术服务机构开展技术创新活动，建立相对稳定的产学研联盟，建立与科研机构和技术服务机构的经常性联系，把企业对市场需求的把握优势与科研机构、高校的研发资源优势结合起来，最大限度地整合利用外部技术资源和开发体系，提升企业自身技术创新能力。

二、从政府角度：营造有利于自主创新的政策环境和社会环境

政府作为自主创新的公共服务部门，首先应注重对自主创新的重视和投入，在社会营造促进自主创新的政策环境，其次应注重政策环境法律的构建，尤其是知识产权保护，同时注重通过规划促进技术链的整体突破。发挥政府信息资源的比较优势，组织调动、优化配置社会科技资源，引导和协调企业在创新活动中的分工合作，加强薄弱环节的创新和研发，通过政府力量使企业间分散的创新能力整合优化，形成自主创新合力。

1. 完善法律制度，加强体制建设。政府加快立法步伐，构建以《科技进步法》为总领，各单行法加以细化，内部协调，统一的法律体系，政府要通过宣传法律、教育和宏观政策引导等多方面措施，营造有利于企业自主创新的社会文化、法制环境和市场环境。可以从总体规划、发展方针、战略地位、行为准则、法律责任等方面，对整个科技创新领域勾画总体蓝图，设立一个协调部门全权负责。

政府应营造有利于创新的环境，营造社会文化环境，就是要在全社会培育创新意识和精神，培育企业家、科研人员创新观念，提高公众科学技术素养，倡导尊重创新、容忍失败的社会文化环境。营造法制环境，就是要建立、健全鼓励创新、保护知识产权的法律、法规。

2. 加大对知识产权的保护。在我国自主创新的发展中，专利侵权、侵犯商

业秘密、技术垄断等违法现象在生物制药、食品加工、农副产品生产、文化创意产业等领域较为突出。专利侵权、冒充专利和假冒他人商标等行为屡屡发生，伴随知识产权受严重威胁的现状，有关部门开展知识产权执法手段却较为单一，制裁力度较为薄弱，不能对违法行为产生足够的威慑力。导致自主创新主体的合法权利和利益得不到及时充分的保护。

自主创新对于企业而言，不仅意味着较高的收益，更是要在前期承担巨大的风险，同时核心技术和科技极容易仿冒仿制。鼓励企业创新必须保证企业创新活动获得补偿和收益，同时提供对核心技术的保护和对知识产权的保护。政府要通过普法宣传和教育，普及有关知识产权的法律知识，进一步提高全社会的知识产权意识和法制观念。加强知识产权人才培训工作，引导企业建立和完善知识产权管理制度，在企业内部和企业各个企业之间形成良好的促进创新保护产权的氛围。同时，改进和完善保护知识产权的方式，如适当降低专利申请费用和专利年费的标准，降低被保护者的成本；加大处罚力度，提高侵权者和仿冒者的成本，在利益源头上疏导自主创新仿冒行为。完善知识产权服务体系，加大对知识产权公共信息网络建设和服务的投入，加强对小企业知识产权工作的指导和服务。

3. 加大执法力度和执行效率。政府要营造尊重和保护知识产权的法治环境，健全知识产权法律实施机制和知识产权创造激励机制，依法严厉打击侵犯知识产权的违法行为，加大执法力度提升执法效率。首先，要将法律落到实处，加强监督检查，推动法律实施，产生实效。其次，政府部门要加强政府信息公开，相关职能部门要对可以共享的资源进行明示，并确定长期和短期的基本项目计划，将评估结果（保密事项除外）、参与评估的项目结果进行公示，加大对法律法规的执行效率。

4. 通过政府采购促进自主创新，通过税收政策等相促进自主创新。政府应实施扶持自主创新的政府采购制度。优先采购国内企业的产品和服务，严格执行《政府采购法》，把国内企业的产品和服务，尤其是具有我国知识产权的产品和服务，纳入政府采购优先目录，通过政府机构的示范作用影响国民认识和购买行为，进而提高自主品牌的知名度和影响力，同时探索建立财政性资金采购自主创新产品制度。

政府应认真执行国家促进自主创新的税收法律，贯彻落实国家对高新技术产业的鼓励政策和对自主创新的促进政策，优势产业发展。研究制定鼓励购买自主品牌产品和服务的政策，如免征或减征附加税。加大对企业自主创新投入的所得税前抵扣力度，对从事与技术开发、技术转让相关的技术中介服务收入，经有关部门认定，可视同技术开发、技术转让收入对待，享受有关营业税优惠政策。

5. 从政府角度促进创新型人才培养。提高自主创新能力人才是关键。目前我国人才十分缺乏，成为提升自主创新能力的桎梏。要促进创新型人才培养，必须树立人才资源是第一资源的思想，同时在全社会树立和形成尊重知识尊重人才的良好风尚，加快形成有利于优秀人才脱颖而出人尽其才的有效机制。

从政府角度看，首先应制定人才队伍建设的总规划。应根据国家自主创新的总体需求制定人才队伍建设的总体战略和对策。尽快建立一支规模宏大，结构合理的人才队伍。其次是营造发现人才、人尽其才的机制。实行优先投资于提高人的素质的战略，加大教育投入，构建学习型社会，尽快实现我国从人口大国向人力资源强国的转变，进一步深化人事制度改革，尽快建立市场主导政府指导的人才资源配置机制，加大人力资本要素在分配中的比重，完善激励和竞争机制，充分调动各类人才的积极性主动性和创造性。

三、从政策角度：出台法规政策促进自主创新

第一，实行税收抵免政策激励企业自主创新企业研发投入抵免税收，如企业投入的研发经费抵免企业所得税。按照企业年度研发支出的平均额，实行优惠税率。加速研发设备的折旧，缩短折旧期限。对新产品开发或工业产品国产化实行税收减免。

第二，加强对创新成果的激励。允许企业和企业化经营的科研机构、科技中介组织在健全法人治理结构的条件下自主规定对科技成果贡献者的激励方式，包括产权激励方式，国家通过立法确认其合法性和不可侵犯性。

第三，加大对引进技术消化吸收的支持。长期以来，我国重技术引进、轻消化吸收的问题十分突出。除了外方设置障碍和我国企业技术能力支持不足等因素外，企业消化吸收投入过低也是重要原因。2002 年全国大中型工业企业技术引进与消化吸收经费之比为 12.7∶1，而日本、韩国等国家在相近发展时期的比例是 1∶5 至 1∶8，表明我国在技术引进与消化吸收方面严重脱节。解决这个问题，我国需要在政策层面加强对技术消化吸收的支持力度。

四、放眼世界：在经济全球化中促进自主创新

随着经济的全球化，科技活动也日益国际化。离开国际交流与合作，我国将很难仅靠自身的力量保持与世界科技发展的同步，于是在促进自主创新及技术更新的过程中，我国与国际先进技术和生产力的合作显得尤为重要。

第一，应加大先进技术的引进力度。在理论上和技术上紧跟世界研究发展的前沿，注重技术引进的时效性，加大先进尖端技术的引进力度。

第二，在引进的基础上注重消化吸收再创新。我国作为一个政治经济环境相对复杂的发展中国家，一旦所有的尖端技术全部依赖引进，不仅无法培养核心竞

争力，同时容易在国际竞争中处于被动地位。所以我国在引进技术的基础上要注意技术的消化吸收与再创新，将引进与吸收结合起来，同时促进再创新，争取增强引进技术的生命力。

第三，创造良好环境，吸引世界500强企业将发展中心转移到中国来，努力争取把优秀人才派遣到国外，和国外研发人员共同研发一些重大科研项目。

第四，打破对发达国家的依赖，掌握主动权，从而掌握创新的机会。自主创新的目的是要掌握科技发展的主动权，没有主动权就没有创新的机会。掌握科技发展主动权，就必须打破垄断势力对技术标准的把持。标准既能够推动技术创新，但是垄断性的标准也能够有效地阻碍技术创新。因此，要维护技术创新就必须消除标准垄断行为，创建自己在国际市场的话语权和主动权。

第八章　包容性的城镇化道路

城镇是人类文明的标志，是人们从事经济、政治、文化活动的集中地。城镇化程度是衡量一个国家或地区经济、社会、文化水平发展的重要标志，也是衡量国家和地区社会组织程度和管理水平的重要标志。城镇化与经济发展相辅相成，经济发展是城镇化的原始动力，城镇化反过来又促进经济发展；但是，若城镇化进度与经济发展相失衡，将会对经济发展有很强的制约力。被认为陷入“中等收入陷阱”的拉美地区，便存在着“超城镇化”现象，制约了经济发展和生活质量的提高；而日本、韩国则通过与经济发展相适宜的城镇化，有效地推进了经济发展。在2011年，我国城镇化率首次超过50%，2012年为52.7%，城镇人口超过农村人口。在我国改革进入攻坚期后，城镇化发展可以有效促进内需，进而改变经济发展方式，可以使我国经济又好又快地发展。但是机遇与挑战同在，在我国城镇化进程中，也存在相当多的问题，如何处理好这些问题，成为我国当前面临的重大课题，也是规避“中等收入陷阱”面临的重大问题。

第一节　城镇化内涵与经济发展的互动机制

一、城镇化的内涵

城镇化是指随着生产力的发展，第一产业人口不断减少，第二、三产业人口不断增加，人口向城镇集聚，乡村文明向城镇文明转变，人民生活水平不断得到提高，城乡二元结构逐渐消失，城乡协调发展的过程。

城镇化所强调的不仅仅是人口的城镇化——农村人口向城镇集聚，而且强调产业结构升级和就业水平的提高、生活方式的转变和人民生活质量的提高。在我国二元经济结构的体制下，若仅有人口的城镇化，而没有相应的产业结构升级和相应的就业机会，这样的城镇化是不具有可持续性的。如果人口集聚，却没有相应的就业机会，经济的快速发展和社会稳定便得不到保障。在以人为本的社会中，如果城镇化提高，没有带来人民生活方式的转变和生活质量的提高，这样的城镇化又有什么意思呢？生活方式的转变主要是改变农村生活的脏、乱、差等陋习，将新转移人口融入城市生活中，其行为规范化和法制化；生活质量的提高，不仅仅在于居民收入的提高和购买力的增强，还在于城镇有良好的公共服务设施、优美的环境条件和相对应的管理服务。

随着城镇化健康正常的发展和产业结构的不断升级，农村人口逐渐脱离农村、农业，从事非农活动并且成为城镇人口，各种要素市场逐渐统一，农村生产力和农村经济得到发展，城乡二元结构逐渐消失，城乡协调发展。城镇化包括人口城市化、土地城市化、产业现代化；基础是包括农业在内的产业现代化，核心是人的城市化，推进城镇化的方法是城乡统筹，在不损害农业利益的前提下推进城镇化进程，在城镇化进程中，要兼顾“三农”问题，实现一体化发展。

二、城镇化与经济发展的互动机制

城镇化与经济发展具有循环累积因果关系，如图 8.1 所示。城镇化会带来人口和企业的集聚，人口和企业的集聚效应包括：市场的扩容、生产的扩张、知识技术传播速度的加快、创造对基础设施和服务业巨大的需求，进而继续促进人口和企业的集聚，不断加快城镇化进程。

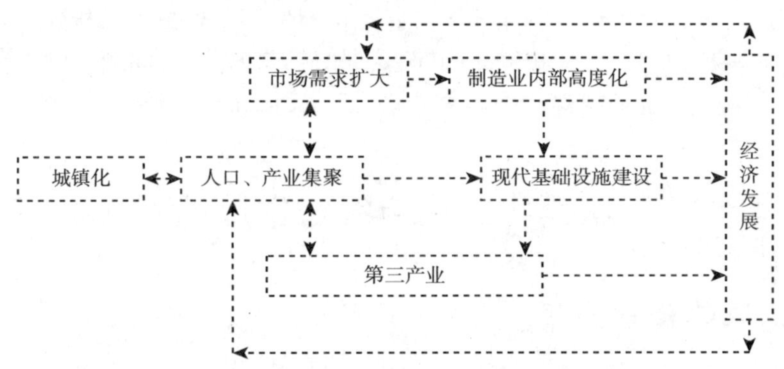

图 8.1 城镇化与经济发展互动机制

（一）城镇化拉动经济发展

城镇化的提高，有利于人口和企业的集聚。因为城镇有良好的经济条件、公共基础设施、科技教育机构和生活环境，人们对于美好生活向往，使其向城镇转移。人口的集聚，带来市场的扩大，企业为了获得规模经营，必定向市场转移。企业的集聚，会吸引相关产业公司的到来，形成互补优势，企业的扩建自然会引起相关产业的人口流动，就业增加同时引起第三产业的快速发展。人口和企业的集聚效应不仅仅反映在人口和企业的增多，更重要的是在现代信息的支撑下，人们获得信息的途径多元化、快速化，大大减少了交易过程中的不确定性；良好的基础设施，教育的外溢现象，良好的法律服务和专业化的咨询机构等，使人与人、人与企业、企业与企业之间的交易成本下降，促使交易①顺利持续进行，提高社会的运行效率。

当代的中国，城镇居民收入远高于农村居民收入，城镇化的提高有利于减小收入差距，并且带来巨大的市场需求。根据瑞银证券的最新居民调查数据，2011年城镇居民人均收入为23979元，农村居民为9833元，约占城镇居民人均收入的41%；城镇居民人均消费为15161元，农村居民为5211元，约占城镇居民人均消费的34%；同时，相比城镇居民，农村居民消费中食品饮料和居住等基础消费占人均消费比重更加偏高，而家用设备、教育文化娱乐等高级消费占比则更加偏低。城镇化拉动的市场需求，包括消费品市场需求和生产资料市场需求。国家发展改革委副主任彭森曾指出，“十二五”期间，中国每年将有1000多万新增城镇人口，他们如果能达到目前城镇居民消费水平，每年可带动消费需求增加1000亿元以上；而每增加一个城镇人口至少可带动10万元固定资产投资，② 则每年固定资产总投资至少将达到1万亿元，它主要用于城市的交通运输、邮电、住房、教育、医疗等基础设施的建设，从而促进国民经济增长。

（二）经济发展促进城镇化进程

国民经济的增长，使居民收入提高，生活必需品逐渐不能满足人们日益增长的高质量的物质需求，非生活必需品市场迅速扩张。非生活必需品包括汽车、家电、文化产品、室内装潢等，其市场的扩张，会促进制造业内部产业结构的高度化、专业化，带来生产性服务业的发展；另外人们的欲望促使新的产品不断出现，带来就业机会的增多，人口集聚，汽车工业、家电工业等新产业的出现，对现代基础设施的要求日益强烈。城市基础设施现代化是城镇居民提高生活质量并进一步扩张非生活必需品的基础条件。“城市基础设施建设可以分为如下五大部分：交通基本设施（铁路、公路、水道、管道、航空系统等）、公用事业设施（供排水、供电、管道煤气、绿化、环境保护等）、文教及科学研究系统（基础教育、专业教育、基础研究、应用研究、技术开发及推广等）、信息产业基础设施（电讯、咨询、广告等）以及市场体系（人才和劳动力市场、金融市场、资

---

① 这里的交易是指新制度经济学上所指的广泛交易，指人们在社会中各种关系的总和。不仅指日常生活的买卖活动，还包括人与人之间的协议、人与企业之间的劳务关系、企业与企业之间的合作竞争关系等。

② 一个城镇人口可带动10万投资［N］. 宜宾日报，2010-08-09.

本市场、房地产市场、技术市场等）。”① 从基础设施的产业属性来看，大部分属于第三产业，其余属于第二产业。大量的基础设施投资和第三产业的促进，会带来经济的增长和人口、企业的集聚，促进城镇化发展。

经济发展不仅包括经济增长，还包括居民收入的提高和收入差距的缩小、生活条件的改善、生态环境的友好等其他社会指标。城镇化是实现经济发展的一个重要举措。城镇化的发展，使大量农业劳动人口转移到非农生产中，居民收入得到提高，并且随着城镇化的发展，生产要素逐渐均等化，农业经济得到发展，农业现代化开始实施，城乡逐渐一体化，收入差距缩小；另外城镇中的基础设施的建设和公共服务的加强，使得居民的生活条件、生态环境得到改善。所以城镇化建设不仅促进经济增长，还保证了经济的健康发展。

第二节　城镇化的支撑体系

城镇化支撑体系是推动和维持城镇化发展所必需的动力系统，以及各种经济关系、组织制度等所构成的综合系统的总和。因此我们需要弄清我国城镇化发展过程中的支撑体系，为我国城镇化健康快速发展提出理论论据。

一、科学的城镇规划和目标管理

农业即第一产业的发展是城镇化的原动力，在城镇化初期，城镇化主要取决于农业的要素供给。根据乔根森模型，随着农业部门技术进步，农业部门人均产出将大于人口增长率，此时出现农业剩余，工业部门开始出现。因为农业剩余的存在，劳动力和资本会相对剩余，就为工业部门提供了要素供给，工业部门开始兴盛。工业部门本身的规模性和集聚性导致人口的集聚，城镇化得到开始。另外，由于第一产业部门的工资率低于第二、三产业的工资率和人们对城市生活的向往，人们为了获得良好的就业机会和发展机会，即使有失业的危险，仍然会进入城市，推动城镇化的发展。

随着工业化的兴起，工业化成为城镇化的主要推动力，在工业化前、中期对城镇化起着决定性的作用。如图 8.2 所示，工业化是城镇化的经济表现形式，而城镇化是工业化的空间表现形式。根据产业结构的发展进程，第二产业主要指工业在前期，轻工业快速崛起。轻工业是劳动密集型产业，具有以农业原料为基础、投资少、吸收劳动力能力强、发展速度快的特征。轻工业的快速发展，使城

① 孙久文. 区域经济学教程（第二版）[M]. 北京：中国人民大学出版社，2010.

镇的劳动力供不应求，这时就会大量吸收第一产业劳动力，大量人口的集聚，会产生集聚效应，产生相关联的产业、配套设施和服务业，使得城镇化速度加快。随着轻工业的资本积累，在工业化中期，重工业得以兴起，尽管重工业是资本密集型产业，随着其设备的大规模生产，吸收劳动力人口能力下降，但是在重工业部门兴起时，由于它产生了新的产品和造就了新的市场，初期仍然会对劳动力有强烈需求，引起人口的城镇化发展。在工业化中后期，工业内部的产业不断升级，轻工业比重下降，重工业比重上升，劳动力需求萎缩，但是却并没有导致城镇化率下降，因为在工业化过程中，第三产业也逐渐兴起。因为重工业的规模效应和专业化程度不断加深，使得一部分功能从工业中分离出来，形成生产性服务业，如中介服务业、金融业、交通运输业、邮电服务业等，其发展空间十分广阔。另外，随着经济的发展，人们对生活的要求越来越高，社会服务多样化、个性化，生活性服务业成为最具活力的产业。生活性服务业是高劳动密集型产业，吸收劳动力能力极强，大力推进了城镇化。

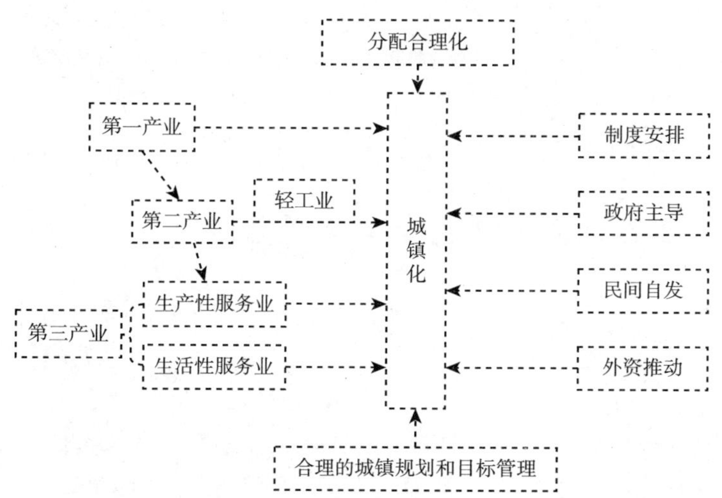

图 8.2　城镇化的支撑系统

在我国，推动城镇化发展的过程中，制度安排起着基础性、决定性的作用。现代制度学派认为，制度安排不仅仅直接反映在一个国家或地区的城市发展政策上，而且还会通过产业结构转换制度安排和经济要素流动制度安排，或促进或延缓或阻碍城市化进程。缺乏必要的、有效的制度安排和变迁，即使发生了产业结构变迁、经济要素流动，也可能出现诸如无城市化的工业化、非城市化的非农化。刘传江（1999）将制度安排与城镇化之间的关系分为三种情况：当制度安排有利于实现非农化同时促进城乡要素的自由流动时，城镇化发展表现为同步城镇化；当制度安排有利于非农化但阻碍城乡要素的自由流动时，城镇化发展表现为滞后城镇化；当制度安排不利于非农化但是有利于城乡经济要素尤其是人口转移时，城镇化表现为过度城镇化。① 在我国，制度安排及变迁对城镇化的作用表现得十分明显。在改革开放之前，我国一系列制度安排，尤其是户籍制度安排，在发展工业化的过程中，严重阻碍了人口的流动，表现为滞后的城镇化；改革开放后，国家放宽了户籍管理制度，在土地方面实行家庭联产承包制，农业得到发展，人口开始大量流动，城镇化进程加快，30 多年间，以每年 1% 多的增长速度前进；但是由于土地改革的不彻底性，城镇化的过程中产生了比较多的问题，现在已经开始制约着我国城镇化的发展。

在推动城镇化的主体方面，我国政府主体因其独特的优势，决定了城镇化的方向、速度和形式。改革开放后，国家实施不平衡发展战略，建立地区增长极，拉动整个地区的经济增长，国家集中力量发展东部沿海城市，特别是北京、天津、上海、深圳等大城市。在国家的大规模投资和政策支持下，大城市表现出人口集聚和产业集聚优势，大城市快速发展，成为超大城市，带动了整个地区的经济增长和城镇化。在各个增长极的带动下，各地区在利用自身资源的情况下，地区间的城镇化动力主体呈现不同的现象。在浙江、苏南等地，主要依靠自身农业剩余发展起来的乡镇企业遍地开花，推动了江浙一带小城镇的发展；而珠江三角洲等地，则是依靠外资大量的进入，以出口为导向的城镇化。②

二、合理化的资源配置和制度安排

分配合理化是指以收入分配合理化在内的各种利益分配合理化。分配合理化是社会经济发展的重要目标之一，一方面在于它是人人平等共处的体现，另一方面在于它是经济合理持续发展的动力和城镇化发展的重要支撑。在二元经济结构体制下，分配合理化显得更为重要。收入分配方面，我国收入差距逐渐扩大，收入分布呈现“两头大，中间小”的哑铃状，没有形成合理分布的“两头小，中间大”的橄榄状，致使我国居民整体消费低迷，内需不足。我国在 2005 ~ 2010 年，平均五等分收入比率③为 8. 41，基尼系数为 0. 415（世界银行），整体上一直超过国际警戒线 0. 4 的水平；而有些学者的估计都要比世界银行公布的数据要高，如 Ravallion 和 Chen（2004）计算得到在 2002 年中国基尼系数就已经为 0. 46，并且其有继续增高趋势。我国城乡、地区、行业和不同群体之间的收入差距都在不断扩大。从城乡看，1979 年差距为 2. 53 倍，1983 降至 1. 82 倍，之后

① 刘传江. 世界城市化发展进程及其机制［J］. 世界经济，1999（12）.

② 杨万江，蔡红辉. 近十年国内城镇化动力机制研究述评［J］. 经济论坛，2010（6）.

③ 五等分收入比率：最富有的 20% 的人的平均收入比最贫困的 20% 的人的平均收入。

持续扩大，2009 年扩大到 3.33 倍。从区域看，2009 年城镇居民人均可支配收入最高地区是最低地区的 2.4 倍，农村则是 4.2 倍。从行业看，城镇职工平均工资最高的前 10 个行业与最低的后 10 个行业之间的差距，由 2005 年的 3.5 倍扩大到 2009 年的 4.1 倍。[①]

收入差距的扩大，直接影响着我国的内需水平。现在，转变经济增长方式，扩大内需，已经成为全国上下的共识。在 2008 年金融危机爆发后，除中国外的各大经济体经济均遭受到严重打击，欧美等发达国家对中国商品需求量大幅度下降。与此同时，它们纷纷调整国家战略，压缩国民消费增加储蓄，实行再工业化，大力发展高新技术产业。现在，美国经济依旧没有走出金融危机的阴影，欧洲则陷入债务危机中不能自拔，对以出口导向的我国经济造成严重打击。转变经济增长方式，由粗放型经济向集约型发展，由出口、投资拉动转向消费、投资和出口协调驱动。

另外利益分配合理化还包括就业机会分配合理化和公共服务分配合理化，其中公共服务主要包括社会保障和子女教育等民生问题。社会保障和随迁子女的教育问题直接影响着农民入城后的市民化问题。如果在城镇化过程中不能有效解决这些涉及民生的切实问题，那么城镇化将是不可持续的。如果我国城镇化按照正常速度发展，即我国农村居民变为城镇居民后，消费支出可以增加的条件下，则城镇化每年可带动消费需求 1000 亿元以上。但是，如果分配不能合理化，即占消费主体的中产阶级不能形成和民生问题凸显的情况下，即使人口向城市集聚，也不能带来消费的增加，反而出现城镇化过程中居民相对贫困化的状况，增加了城市运营负担和安全隐患，甚至出现“逆城镇化”发展。在城镇化与经济发展的互动机制一节中，我们已经论述了城镇化与发展的内在关联，若不能实现分配合理化，则我国经济增长和城镇化过程都要受到打击，所以分配合理化，是我国当前改革的重点。

城镇化建设是一个多项事业共同推进的系统工程，是人民赖以生活的地方，在相当长的时间内关系到人们整体生活质量，所以合理的城镇规划和目标管理是必不可少的。在城镇化建设初期，因为缺乏相应的经验和理论指导、过快的经济增长目标或错误的城镇化道路，都在不同程度存在基础设施薄弱、承载力差、环境污染严重、居住条件恶化、生活成本上升等问题，这在很大的程度上取决于城镇规划不合理和管理不当。城镇化发展却导致生活质量的降低，这与城镇化的目标截然相反、南辕北辙。城镇化与经济发展密切相关，在制定城镇化发展目标时不可脱离经济发展的实际和原本提高人民生活质量的目的，不能盲目规划城镇化发展；城镇规划涉及城镇的传统基础设施建设（交通、供水、供电等）、城镇功

---

① 王一鸣. 跨越中等收入陷阱的战略选择［J］. 中国投资，2011（3）.

能分区、行政管理、现代化的基础设施建设（教育、医疗、体育、金融等）以及绿化和环境保护。如果没有合理的城镇规划和基础设施建设，就会出现相应的城市病问题，交通阻塞、功能区分布不合理、环境嘈杂、教育、医疗落后，降低居民的生活质量；基础设施建设的落后，还会严重影响城镇的经济发展，没有良好的交通、电力、信息产业和金融等市场的支持，对城镇企业的发展有着强烈的制约力，不能产生产业集聚效应，使本地区的经济增长缓慢。

第三节　国外城镇化道路的模式及其特点

城镇化模式取决于各国的政治体制、文化传统、经济发展及人口、土地资源等条件。按照政府与市场对城镇化进程的作用、城镇化进程与经济发展的相互作用和城镇的空间布局状况划分，可以将世界城镇化发展总结为以西欧、日韩为代表的政府调控下的市场主导型的紧凑型城镇化，以美国为代表的自由放任的蔓延式城镇化和以拉美国家为代表的受国家错误政策影响的超城镇化三种模式。[①]

一、以西欧、日韩为代表的政府调控下的市场主导型的紧凑型城镇化模式

西欧、日韩等国在经济发展的过程中，注重城镇化对经济增长的作用，它们既重视政府的宏观调控，又充分发挥市场机制的主导作用，建立起与人们生活相适应的紧凑型城镇，相对来说达到了合理配置资源的效果。西欧的城镇化是随着工业革命开始的，英国率先开始了城镇化进程。1851 年，英国城镇化首先超过 50%，德国、法国也在不到 100 年时间内使城镇化水平达到 70% 以上，城镇化发展进入平衡发展阶段。[②] 日本和韩国的城镇化发展起步较晚，但是发展却非常迅速，只用了几十年时间就达到西方发达国家城镇化水平。日本在 1945 年城镇化率为 28%，1955 年就发展为 56%，1970 年达到 72% 进入平稳发展阶段，期间平均增长率达 17%，2011 年达到 91. 14%。韩国 1944 年城镇化率仅为 13%，到 1985 年已经达到 77. 3%，2011 年则为 83. 2%。从城镇化的空间布展来说，它们为紧凑型城镇化，在经济发展时，分别形成了如伦敦、巴黎、东京和首尔的大型都市圈。

---

① 黄蕊．国外城镇化模式与中国城镇化道路选择［J］．城市规划通讯，2005（13）．

② 国际上一般认为，城镇化水平在 30% 以下为初期缓慢增长阶段，30% ~ 70% 为中期快速增长阶段，70% 以上为后期平衡阶段。

（一）西欧城镇化的具体特征与经验

1. 工业化与城镇化相互促进发展。城镇化是在工业革命开始后才进行的。随着经济的发展，城镇产业结构得到不断升级调整，产业的发展决定了城镇的就业水平、基础设施水平和生活质量水平，可以说与城市的发展息息相关。

2. 优良的公共服务和城镇规划立法化。在城镇化快速发展阶段中都会有不同程度的土地、住房、卫生医疗、环境、教育和文化保护等方面的问题，政府公共政策的好坏直接影响着人们的生活质量。在西欧城市化初期，因为缺乏经验和相应的管理水平，导致缺少必要的供水和生产、生活垃圾处理等基础设施，特别是在工业区，生活条件十分恶劣，并且导致了严重的环境污染和疾病的流行。政府不断调整政策，通过行政、税收、法律等措施改善城镇生活质量。自 19 世纪中叶开始，英国便颁布一系列法令对一系列城市问题进行管理，如 1848 年的《公共卫生法》、1866 年的《环境卫生法》、1890 年的《工人阶层住房法》和《住宅与规划法》。有了英国的经验后，后起的西欧各国在城镇化进程中都进行了相应的法律、行政干预来进行城市整体规划。作为以市场机制为主导的西欧各国，尽管在城镇化进程中政府起了重要的作用，但是市场机制仍然起了决定性作用，允许与城镇化相关的人口、土地、资本等生产要素自由流动和配置。同时，各国政府通过相关法制和国家战略，保障市场的合理竞争和相应的社会保障来促进城镇化的发展。整体上，西欧各国的城镇化与市场化、工业化相互良性发展，推动区域经济结构调整，使城镇化发展与经济发展相对一致。

（二）日本和韩国城镇化的道路和经验

我们的邻邦，日本和韩国是公认的成功跨越了中等收入陷阱的国家。我们都同处于东亚文化中，有很多的相似点，并且其国家政策在城镇化的发展中起到了关键作用。在此，较为详细地介绍一下日本和韩国的城镇化道路和它们的优缺点。

作为第二次世界大战后首个进入发达国家行列的东亚国家，日本的经济发展一直受到国际社会的关注，其城镇化道路也有可以借鉴之处。在 2011 年，日本的城镇化率为 91.3%，在整个世界中名列前茅。日本的城镇化发展，主要得益于其经济的快速发展。日本 20 世纪 50 年代和 60 年代的经济快速发展，带来了城市中大量的就业机会，使大量农民进城就业和安居成为城镇居民。日本政府的作用在于规划整个国家城市的发展战略。在发展初期，由于大城市的集聚效应，导致大城市带发展过于集中，然而中小城镇发展滞后。日本政府在工业化成功后，便投入大量资金在全国范围内进行基础设施建设，促进了中小城镇和农村的发展。日本政府还制定了相应的法律法规，如《向农村地区引入工业促进法》、《关于促进地方中心小城市地区建设及产业业务设施重新布局的法律》等，通过地区产业发展，引导农村人口向周围城镇集中，缓解了特大城市的失业和经营困难，缩小了城乡收入差距。1960年年底，深受凯恩斯主义影响的池田勇人宣布启动了为期10年的“国民收入倍增计划”，增加内需，解决国内产能过剩问题。为了配合“国民收入倍增计划”，日本政府从1962年开始先后制定和实施了五次全国综合开发计划，形成了包括区域与城市规划在内的较为完善的规划体系。正因为有这样总体的规划和健全的法规体系，日本才较好地解决了各地区经济发展不平衡问题，并大大促进了全国城镇化的发展。另外，合并乡镇等措施也明显提高了城镇化水平。1953年日本首次出台《町村合并法》，城镇化率在2年后迅速上升为56%。1961年《新市町村建设促进法》制定后，日本城镇化率1965年达到68%。20世纪70年代，日本城镇化进程放缓，随着“国民收入倍增计划”的逐步实施，大大减少了国民收入差距和促进了各地区的均衡发展，但大城市的信息、文化娱乐、教育、医疗等优势显现，收入差距的缩小反而带来中小城镇向大城市的流动；并且随着国内产业结构的不断升级，部分地区产业衰退，使地区就业机会减少，使人口流向大城市。现在，日本90%以上的人口集中城镇中，生活在农村的人口非常少。高度的城镇化使得日本国民的生活水平得到保障，拉动了内需，促进了第三产业发展。

但是，过度的城镇化也给日本带来了一系列问题。例如日本的城市发展过于集中，原本全国还有多个城市带，现在只剩下东京都市圈较为繁荣，就连大阪、神户这样的大城市也日渐衰落，更不用说中小城镇了。这就导致日本全国的人口继续向大城市，尤其是东京都市圈集中，地方的人口越来越少。这样导致日本政府在20世纪七八十年代为推动城镇化建设进行的大量公共设施利用率极低，并且维护基础设施的费用较高，使得地方政府的财政捉襟见肘。这些公共设施包括所有农村的高等级公路、中小城镇里的巨大公民馆、体育馆和国民度假村等。政府推动城镇化建设不能只是想着建设大量传统的基础设施，而是要找到适合本地区的产业和建设符合本地区的软环境，如教育、医疗、信息化建设等。只有这样，才能确保足够的就业和较好的生活环境。现在，日本各地区纷纷努力振兴本地区产业，增加就业机会，加大招商引资力度。他们想让大城市的年轻人回流，促进中小城镇的发展。日本现在面临着老龄化阶段，不少地区建设了夕阳产业，希望老龄人能够回来，拉动本地区的内需，促进地区经济发展。

曾经作为殖民地和发生过内战的韩国，在短短的几十年间，一跃成为发达国家，成功避免了中等收入陷阱。作为“亚洲四小龙”之一，韩国城镇快速发展始于1961年，当时城市化率为28%，1988年，韩国的城市化水平已达到了70%[①]，基本完成城镇化。

曾经作为殖民地的朝鲜半岛，在1945年半岛一分为二，美国接管了韩国。1948年大韩民国政府成立，1949年下半年，美国撤离朝鲜。在朝鲜半岛解放后，有一批归国人员入住城市；朝鲜半岛的内战，造成大量的难民，引起大规模的人口进入城市；韩国政府接受美国援助，进口了大量的粮食，使本国农业深受打击，大量农民抛弃土地进入城市。1961年，以军人政权为基础，进行军事独裁的朴正熙集团掌握政权，开始了经济的快速发展，同时城镇化也达到快速发展时期。朴正熙掌权阶段，经济上采取出口替代政策，利用外资，并同时发起“新村运动”，使韩国经济全面腾飞，造就“汉江奇迹”，跻身“亚洲四小龙”。在经历了30多年的威权统治后，1987年，韩国开始第一次总统直选，标志着其向民主国家的转轨。经过经济的快速发展，1991年，韩国农业在GNP中的比重只占8%，从过去的农业占统治地位的“70%”年代，过渡到非农业部门产值占GNP的90%以上的后工业化国家时，城市化率已达76%，进入了高度城市化时代。

城市化的快速发展，需要一定的外部条件和内在因素的推动。从宏观角度讲，韩国城市化是在市场和政府的共同作用下飞速发展的。韩国城镇化的飞速发展是和工业化进程及经济的高速增长相一致的，韩国用了30年左右的时间完成了城镇化的高速发展。这种高效的经济增长方式，必然要求优化配置资源，实现要素按照市场规则自由流动。同时，这种经济增长方式也促使企业在生产布局、劳动力的就业结构等方面发生根本性的变化。高度集中的工业布局有利于发挥集聚效应，也要求生产要素向城市高度集中。韩国政府实行的外向型经济发展战略，决定了工业及人口向沿海港口城市集中。如今，首尔都市圈[②]人口为2300万，即将近一半的韩国人口居住在首尔都市圈。朝鲜战争后韩国经济的高速增长决定了城市化的高速发展。与欧美国家相比，韩国的经济增长是时间上“压缩型”的，即在相对短的时间内完成同样的工业化过程，这种时间上的压缩性直接导致了空间上的压缩性。为了在尽可能短的时间内获得尽可能快的经济增长，必然要以经济效率为首要原则来衡量经济活动的区位选择，而空间集中式的格局可以获得很高的规模效益，从而决定了城市发展空间的高度集中模式。另外，外向型的经济战略又决定了产业活动向沿海港口城市高度集聚。因而，韩国的城市发展均体现出既迅猛又集中的特点。但是由于大城市内部空间紧凑、交通拥挤、生活成本上升等问题，人口向周围城镇扩散。例如，进入20世纪80年代，以首

① 数据来源于世界银行，Urban population（% of total）。

② 首尔都市圈包括首尔特别市、仁川广域市和京畿道，土地总面积11726平方公里，占韩国国土面积的11.8%。

尔为中心的首都圈出现了人口分散。首都圈边缘地区迅速增长，吸纳了大量从饱和的中心城区分散出来的人口和经济活动。为遏制首都人口过度集中，实现经济社会均衡发展，韩国早在70年代初即制定了"建设卫星城市，积极分散人口"的方针。与当时政策相呼应的是，韩国在周边地区进行了大量的城镇基础设施建设。尽管韩国是市场经济型国家，但政府在经济活动中的作用始终左右着发展的时空结构，区域经济开发和规划很大程度上是受行政计划控制的。通过工业化用地（经济开发区）的设立和开发来推动人口等要素向某些区位快速集聚，这似乎是一种典型的"计划空间"结构。这是韩国工业化战略实施尤其是新兴工业城市迅速崛起的重要机制。另外，在韩国政治制度中，中央集权的特征比较明显，这也是城市高度集中发展的主要因素。作为这种制度的象征，韩国的首都首尔在全国经济、政治、文化生活中发挥着卓越的作用，在城市体系中居于突出的地位。这在一定程度上削弱了一般城市的竞争能力，从而制约着全国城市的体系结构。

城市问题的出现是人类由传统的乡村社会走向现代化城市社会所不得不付出的代价，韩国也避免不了，并且与超大城市的出现具有相关性，即人口过快和超高密度的集中造成了资源短缺、市内交通拥挤、住房紧张和生活成本上升等问题。韩国人口向首都圈及大城市集中的主要原因是城市中各种公共基础设施的投资回报率较高，以及大城市生活带来的多样性与便利性。但是，一旦集中超过一定程度，则会出现各种社会问题。如交通堵塞、环境恶化、物流费用增加与住宅价格上涨，这些因素直接导致城市居民的生活环境水平下降。韩国城市在很短时间内超高密度人口的集中，其中一个恶果便是犯罪问题严重；同时，韩国大量的城市基础建设属于应急型，因人口短时期内向首都圈集中，引起了在有限空间内对住宅、道路、上下水道以及教育、防火等城市基础设施需求的急剧扩张。结果，引发了城市财政困难及基础设施不足的现象。城市人口超短期间、超高密度的集中使得土地价格暴涨。地价的暴涨尤其集中表现在首尔及大城市中。城市又因地价高涨而进行了高密度开发，而两者相互影响，形成地价高涨与城市高密度开发的恶性循环。另外就是大城市普遍面临的交通拥堵问题。交通建设是城市发展的命脉。虽然韩国全国主要城市之间，已经实现了高速公路一日生活圈化，但城内交通问题突出。韩国城市不是以交通网带动了城市的成长，而是膨胀的城市逼迫了交通网的建设。其结果导致韩国大城市的交通问题比其他国家更为严重。

二、以美国为代表的自由放任的蔓延式城镇化模式

美国是当今世界最发达的资本主义国家，也是市场经济的典型代表，在其城

镇化和城市发展的过程中，市场发挥着至关重要的作用。由于美国政治体制决定了城市规划及其管理属于地方性事务，联邦政府调控手段薄弱，政府也没有及时对以资本为导向的城镇化发展加以有效地引导，造成城镇化发展的自由放任，并为此付出了高昂的代价。

美国城镇化问题主要是过度郊区化，城市不断向外低密度蔓延，城镇建设无序，空间和社会结构性问题日益突出。过度郊区化产生其特殊的汽车文化，例如在美国洛杉矶，每一户人家平均三辆车，一辆小汽车，一辆皮卡（工具车）和一辆面包车，这都为了适应城市化的需要。① 美国汽车的大量使用，大面积占用了土地，同时也占用了资源。20 世纪上半叶美国城市的快速发展，城市中心交通拥挤、环境恶化、住房紧缺、犯罪率高等问题日益突出。由于美国文化使人们崇尚自由、时尚，富有家庭离开城市中心的高楼大厦到郊区居住，建造属于自己的独立院落式低层住宅，其占地广、绿化多、房子宽敞明亮，并且其价格相对市中心便宜。随着经济的发展和汽车的普及，广大中产阶级和普通居民也追随其后移居到郊区。在城市发展的空间格局上就表现为城市沿公路线不断向外低密度蔓延，城市发展为包含着若干连绵的市、镇的大都市地区。1970 年美国郊区人口超过了中心城市的人口，也超过了非都市区的人口。美国也为过度郊区化付出了沉重的代价：土地资源浪费严重、经济成本居高不下、资源能源消耗量大以及加剧贫富差距等一系列社会问题。20 世纪 90 年代以来美国的政府官员、学者和普通百姓都开始意识到过度郊区化所带来的灾害，提出了“精明增长”的理念。其主要内容包括强调土地利用的紧凑模式，鼓励以公共交通和步行交通为主的开发模式，混合功能利用土地，保护开放空间和创造舒适的环境，鼓励公共参与，通过限制、保护和协调实现经济、环境和社会的公平。这是针对美国长期以来完全市场经济条件下城市向郊区低密度无序蔓延所带来的社会和环境问题的反馈，是以可持续发展为价值取向、以科学管理为手段、有可操作性的管理理念和管理模式。

三、以拉美国家为代表的受国家错误政策影响的超城镇化模式

尽管拉美国家在 19 世纪初期就得到独立，但是它们大部分仍受殖民统治的影响。如巴西在 1822 年 9 月 7 日宣布脱离葡萄牙独立，建立巴西帝国，但其帝王为葡王室王子佩德罗。在帝国时期（1822～1889 年），布拉干王朝的体制和葡萄牙贵族势力原封不动，大庄园制和奴隶制依然存在，并且巴西的经济和政治上

① 引自卢中原在首届中国城市管理高峰论坛发表演讲的内容。

都依附于英国。直到1889年年末，才推翻帝制，成立巴西合众国。实际上，直到1989年年末，巴西才进行了第一次全民直选活动。在拉美独立后到第二次世界大战期间，由于各国内部问题成堆，工业化发展缓慢，经济发展停滞不前。直到19世纪末期，人口的增长和移民活动带来了经济的增长和城镇化的快速发展。1870~1930年，城镇人口大幅度增长。其间，1万人以上的城市人口占全国总人口的比重，阿根廷从17.3%增至38.1%，智利从15.2%增至38%，委内瑞拉从16.8%增至36.7%；巴西、哥伦比亚、墨西哥和秘鲁的这一比重也达到15%。[①]第二次世界大战后，拉美国家开始实行进口替代战略，直到20世纪80年代经济停滞，其经济得到迅猛发展，年均增长接近7%。快速的经济发展促进人口的快速集中。1961年拉美城镇化为50%，到1980年为64.24%，而我国当时仅为19%；即使经济发展速度放慢或停滞，但是城镇化速度并没有明显放缓，2000年为75.45%，2011年为79.09%，仅次于北美的82.22%，高于欧元区的75.53%。拉美城镇化被公认为“超城市化”，即城镇化度明显高于工业化度和经济承受能力。例如，如果用城市化率与工业化率的比例（即工业总产值占GDP比重）来测量的话，世界平均数不到1.5%，而拉美则超过了2.5%，远远高于世界平均水平。

拉美的超城镇化现象，主要有以下几个方面：（1）第二次世界大战后，拉美经历了人口剧增阶段。经济的发展使人均收入水平提高，生活质量提高，导致人口增长率的提高。在20世纪50年代末及60年代，拉美年均人口增长率由1.9%激增到超过2.8%。（2）拉美地区农村土地改革未能取得成功。在殖民时期，农村土地经营大量采取大农场经营，随着机器的大量采用，不断排挤农民，使农民不得不流入城市；并且拉美大多采用民主体制，农民流入城市没有政策限制，使农民流入城市成本较低。（3）在经济快速发展期时，国内制定错误的进口替代战略，发展重工业，忽视轻工业的发展。经济增长并没有创造等量的就业机会，反而使失业率偏高。（4）民粹主义[②]在拉美盛行，使得政策向劳工利益倾斜。特别是对国有企业和大型私营企业的工人实行就业保护。劳资双方一旦签订劳动合同，往往是长期的甚至是终身的，类似于中国的铁饭碗。另外，集体谈判居重要地位。主要工会组织的集体谈判成果往往成为本行业和全国各行业的工资、劳动条件和各种福利的标准，且协议一旦形成，很难改变。最后，高社会福利保障。拉美的社会保障水平在发展中地区是最高的，虽然保障程度不及发达国

① 韩琦．拉丁美洲的城市发展和城市问题［J］．拉丁美洲研究，1999（2）．

② 民粹主义泛指那些为了拉选票而不顾国家的长远利益，简单迎合一些人经济、社会、政治方面短期利益的政治行为和政策主张。在现代政治经济学意义上，主要指的就是牺牲经济长期发展，在短期内过度实行收入再分配和社会福利制度的一系列政策主张。

家，但社会保障税率却接近或高于发达国家。[①] 部分工人的高工资、社保，使得农村人口对进入城市的期望值较高，并且国家政策忽视农业发展，注重解决城市失业问题，反而呈现出城镇高失业率现象，[②] 造成大量贫民窟。部分学者认为拉美超城镇化现象主要是由于受殖民地的影响造成的，而笔者更认同它是由错误的国家政策造成的。例如土地改革的不成功、进口替代政策和部分劳工的高工资和高福利。

虽然曾经过快的城镇化对于拉美经济具有一定的促进作用，如便宜的土地、劳动力等生产资料和相应的需求，但是其造成的问题却是十分突出的，成为拉美陷入中等收入陷阱的主要诱因之一。其造成的问题主要有以下几个方面：(1) 拉美的“逆城镇化”发展，造成“贫民窟包围城市”的现象。拉美的逆城镇化与发达国家的逆城镇化有着截然不同的原因。发达国家的逆城镇化是对生活质量的追求，而拉美的逆城镇化则是因为低收入者无法在城市中心生活被迫的一种选择，从原来相对靠近市中心的破陋环境向城市周边转移，逐渐造成环绕城市的大量贫民窟。然而当时政府没有在适当时机规划城市建设，使日益扩大的贫民窟成为各种社会问题和环境问题的发源地。(2) 生活环境恶化。由于过度的人口膨胀和相对落后的公共服务设施，造成城市环境污染十分严重，交通拥挤不堪，供水、供电困难，更别提教育、医疗等其他支持城市软环境的公共服务设施了。《贫民窟里的百万富翁》就是对拉美模式的印度贫民窟的写照。(3) 城镇失业率高，两极分化严重。大量的贫困人口集中于拉美大城市中，就业机会竞争激烈，大量劳动人口集中在非正规部门，造成两极分化严重（第四节将有分析）。例如，20 世纪 20 年代拉美地区平均基尼系数为 59.6%，60 年代下降到 53.2%，70 年代进一步下降到 49.1%，80 年代为 49.7%，90 年代又下降到 49.3%。尽管如此，拉美地区基尼系数仍是世界上最高的地区之一，有十几个国家超过 50%，例如，2008 年巴西的基尼系数高达 59.4%，玻利维亚 57.2%，洪都拉斯 55.3%，多米尼加 55.0%，厄瓜多尔 54.4%，危地马拉 53.7%，巴拉圭 52.7%，巴拿马 52.4%，尼加拉瓜 52.3%，智利 52.0%，墨西哥 51.5%，秘鲁 50.5%，等等。[③] (4) 社会问题突出，管理费用较高。由于大量失业和贫富差距过大，社会不稳定因素集聚，社会问题显现。暴力活动、毒品交易、色情服务在拉美城市泛滥成灾。

---

① 张晓晶．拉美快速城市化对中国的启示［N/OL］．南方都市报，http：//finance. ifeng. com/city/cspl/20090531/720989. shtml。

② 对于只注重城市就业，而忽视农业造成城市高失业现象，可以参考托达罗模型。

③ 郑秉文．拉美城市化的教训与中国城市化的问题［J/OL］．中国改革论坛，http：//www. chinareform. org. cn/area/city/Experience/201105/t20110531_ 111783. htm。

第四节 中国现行城镇化所面临的问题

一、城镇化率虚化，存在大量流动人口

2011 年我国按半年以上常住人口计算的城镇化率为 51.27%，标志着我国城镇人口首次超过农村人口。但是，这依然低于高等收入国家的 80.5%，低于与我国同处于中上等收入国家的 60.6%，甚至低于世界平均水平的 52%。[①] 我国城镇半年以上常住人口大约为 6.9 亿，但是其中有 2.7 亿人口为农民工，没有城镇户籍，并不享受城镇公共服务和社会保障。若以户籍人口计算，我国城镇化率仅有 31%。

对于大量流动人口的存在，主要由于各地区和城乡之间经济发展程度差距较大。首先是东部与中西部差距引起大量人口流入沿海地区，我国东部地区大多省份已经进入后工业化阶段，而我国中西部地区仍然处在工业化中期，部分甚至处于工业化初期。经济发展在区域布局上的严重不平衡导致东部地区的承载能力已经达到了上限，大城市病显现；然而中西部城区广大中小城市却无人问津，并且导致本地大量人才流失。另外就是本地区城乡收入差距导致的人口流动，在改革开放后，我国进行了大量制度创新，使我国经济蓬勃发展，但是在 1984 年后，我国农村的家庭联产承包制则相应地限制了我国农业的发展，由于种种原因，一直没有进行彻底变革，然而工业化和城镇化依然如火如荼地进行，城乡收入差距逐年扩大。收入差距的扩大和对发展机会的向往，大城镇的集聚效应突显，使大量人口流向东部和大城镇中，促进了大城镇的经济发展；而中西部因为各种劳动力的缺失，致使本地区经济更加衰落。然而，尽管大量流动人口进入大城镇，因为大城镇相对来说高昂的生活成本、定居成本和相应的户籍制度导致公共服务的缺失，使大量流动人口成为“候雁”，并不能真正市民化。

流动人口的流动方式具有很大的随意性，往往是盲目流动，难以对其进行宏观调控，致使地区性劳动力短缺时有发生；另外，他们大多集中于大城市，尤其是特大城市，导致大城市运营困难，大城市病显现；再者，因为其工作的不稳定性和部分劳动者素质较低，造成城市社会问题增加和管理费用增加。其实最重要的是，虚高的城镇化，并不能引起我国内需的增加，进而转变经济增长方式。大量的流动人口，其工资偏低，大多缺乏公平的公共服务和社会保障，他们更多的

---

① 我国城镇化率 51.27% 采用我国统计局公布数据，后面三个数据为世界银行数据。世界银行数据中，我国 2011 年城镇化率为 50.0%。

是省吃俭用，将收入进行存储，以期平均消费量不变和应对突发性事件，更加符合“生命周期消费假说”。所以，在城镇化进程中，不能仅仅强调人口的城镇化，还应该注重人的真正市民化。

二、土地城镇化快于人口城镇化，危及粮食安全，城镇化进程中面临用地困难

在我国城镇化进程中，一个突出特点是，城镇建成区快速增长，而集聚的人口则明显滞后。按国际公认标准，衡量土地城镇化和人口城镇化关系的城镇用地增长弹性系数，其合理区间在 1 ~ 1. 12 之间。2012 年，国土资源部副部长胡存智曾表示，2000 ~ 2010 年，土地城镇化率是人口城镇化率的 1. 85 倍。如果仅以户籍人口计算的人口城镇化率，则土地城镇化更是远超人口城镇化。1981 ~ 2008 年，我国城市建成区面积从 7438 平方千米增加到 36295 平方千米，但是建成区人口密度却从 26849 人/平方千米降低为 16715 人/平方千米。2004 年，我国城市市辖区人均建设用地面积达 133. 68 平方米，超过经济发达国家城市建设用地人均 82. 4 平方米和发展中国家人均 83. 3 平方米。[①] 城镇居民人均住房建筑面积从 2002 年的 24. 5 平方米增加到 2011 年的 32. 7 平方米。我国城镇的粗放式的蔓延式的发展方式，导致土地产出率较低。比如深圳用地每平方公里产出是 4 亿元人民币，但中国香港却是 14 亿元人民币，新加坡是 18 亿元人民币。我国城镇工业化用地比欧洲高出 2 ~ 3 倍。

土地城镇化快于人口城镇化主要是因为在我国快速城镇化的过程中，各地区为了本地区经济的快速发展，而缺少相应的合理规划；另外，就是地方政府过于依赖土地财政。1994 年进行财税改革后，我国土地有偿使用制度得到推广，各地相继进入“土地财政”发展模式，即利用土地开发和市政建设，带动本地区经济发展，再通过土地转让或拍卖，获得资金用于城市建设。2011 年，我国财政总收入为 103874. 43 亿元，地方财政收入总额为 52547. 11 亿元，其中国有建设用地出让金高达 3. 15 万亿元，约占地方财政总收入的 60% ，约占国家财政总收入的 30% 。地方政府严重依赖着这份收入，若无土地出让金，地方政府将难以行使正常基本职能，更不用说用于教育、医疗等公共服务建设和环境生态治理了。

当资源被政府控制的时候，其资源成本往往认为是无成本的。因为土地归国家所有或集体所有，所以在土地征收中，如果不对土地所有者给予任何补偿或补偿低到可以忽略不计，政府就会无节制地扩大征地规模。在过快土地城镇化过程

① 田莉. 我国城镇化进程中喜忧参半的土地城市化 [J]. 城市规划，2011，35 (2).

中，因为土地由政府控制，实行征收和出让双轨制，造成土地浪费和寻租行为问题严重。再者，因为过于注重城镇化发展和财政收入，从而忽视了农业发展和农民利益，导致大量失地农民流入城市成为失业人口，造成虚假的城镇化和城内二元结构，从而出现大量的社会问题。

过快的土地城镇化，占用了大量耕地；并且随着我国经济发展和人民生活水平的提高，人们对物质的需求不断上升，粮食消费的程度也随之上升，粮食安全问题显现。目前，我国小麦、大米、玉米三大谷物能基本实现供求平衡，但大豆、食用植物油等主要农产品供求缺口持续扩大，且棉花、食糖等产品也需要进口。2010年，我国大豆和食用植物油自给率仅为30%和40%——使得产品和食品市场调控难度加大。以我国目前生产水平计，进口农产品数量相当于在境外使用6亿亩以上的农作物播种面积，相当于我国农产品播种总面积的1/4。为了保证我国整体粮食安全，我国政府规定要死守18亿亩耕地红线。但是，现在我国处于中上等收入阶段，工业化进程尚未完成并且城镇化处于快速发展时期，工业化与城镇化都需要大量建设用地，与我国保守耕地红线相冲突。在国家整体安全和地区经济发展相冲突的过程中，地方政府在进行城镇化和产业项目投入时，不得不投鼠忌器，瞻前顾后。

最后，提到土地利用和粮食安全时，不得不提到农村耕地撂荒和随意占用问题。我国不发达地区大量农村人口流入大城市进行务工，使农业劳动力减少，部分耕地撂荒；在发达地区，耕地的撂荒主要是因为农村人口等待土地被征用时获得巨大补偿的机会主义行为。我国农村宅基地呈不断扩大趋势，随意占用耕地。我国农村居民家庭住房面积从1990年的17.83平方米/人不断扩大到2011年的36.24平方米/人。究其原因，在于我国城乡二元经济结构中，交易条件不利于农业，使得农业收入大大低于工业收入；并且农地非私有，其流动性弱和交易性差，农地价值得不到体现，致使大量农民放弃农业种植进入工业进行生产活动和随意占用耕地。农业生产力水平的低下，不仅仅造成农村的普遍落后，还造成了其他许多问题，其中就包括大城镇的失业问题。

三、城乡二元结构有望缩小，城镇内部二元结构将会突出

随着我国工业化进程和经济发展，大量农业劳动力流入城镇、工业反哺农业和政策对"三农"的支持，我国农业的生产率也得到不断提高，农民收入得到提高。在农业与工业的交易过程中，交易条件开始有益于农业。城乡收入差距将会不断减小，并且农业将会逐渐走向商业化，开始现代化生产。2010年，城镇居民人均可支配收入与农村居民人均纯收入之比为3.23：1，2011年该收入比为3.13：1，如图8.3所示。

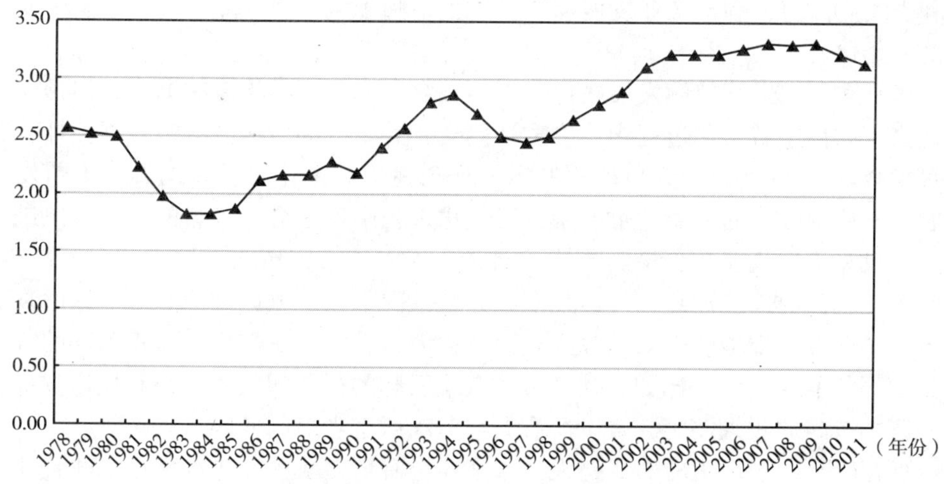

图 8.3　1978～2011 年城乡收入比

资料来源：《统计局公布：2011 年全国城乡居民收入增长情况》，国土资源部，http：//news. mlr. gov. cn/xwdt/bmdt/201201/t20120120_1059811. htm。

近年来，农产品价格持续走高，尤其是猪肉价格最为明显，另外还有“蒜你狠”、“豆你玩”也令人印象深刻，人们普遍感觉物价上涨。对于其原因，有人解释是房地产热钱拥入，进行资本操控；还有人解释是由交通物流成本扩大和信息不对称导致的。但笔者认为，从长期来看，这正是我国城乡二元经济结构正在解体，农业将会得到进一步发展，城乡经济走向一元化过程中的短期失衡。根据以城乡二元经济结构为研究对象的乔根森模型所说，在城市工业化部门发展的过程中，城市工业部门会不断吸收农业剩余劳动力，促进城市工业化发展，在农业部门到达补偿点（刘易斯第一拐折点）之前，其并不会影响农业剩余。但是经过补偿点之后，城市工业部门对农业隐性失业劳动力的吸收，将会影响农业剩余，在城市工业部门与农业传统部门的交易过程中，交易条件将会有利于农业部门，促进农业发展。随着经济发展，城市工业部门的扩张，农业部门也将会达到商业化点（刘易斯第二拐折点），进入新古典主义所说的经济一元化，即农业部门生产率等于城市工业部门生产率，两部门工资性收入一致，这时候也标志着现代农业化的完成。[①] 对于我国是否到达刘易斯第一拐折点，众多学者都进行了探讨，因为其模型本身存在一定的缺陷，在这里不再赘述。但是，在我国农产品价格强烈波动的同时，可以肯定的是在城镇工业与农业的交易过程中，交易条件将

① 乔根森模型：Dale W. Jorgenson，《Surplus Agricultural Labour and the Development of a Dual Economy》，Oxford Economic Papers，Volume 19，Issue 3（Nov.，1967），288－312。乔根森模型是在刘易斯模型和拉尼斯－费景汉模型的基础上进行的完善。

有利于农业部门，利于农业发展和农民增收，利于城乡收入差距减小，利于城乡经济一元化。

尽管在我国经济持续发展的过程中，城乡二元经济结构有望缩小，但是在农业现代化和快速城镇化过程中，农村必然会有大量劳动力流向城镇，据估计，我国每年会有1000万以上人口流向城镇，推动我国城镇化。在我国农业不断发展和农业土地制度不断改革的过程中，城镇化进程中肯定会有大量的失地农民进入城市和没有资本或拥有少量资本的劳动力涌入大城市，造成城镇内部二元结构。这些年，城镇内部二元结构已经显现，如城镇内部的老城区和原有工业区的衰退现象。对于人人都能感受到的收入差距的扩大，其实也是集中在城镇内部的收入差距的不断上升趋势。比如劳动力市场缺陷引起的行业间收入差距和城市内部有无户籍人口间的收入差距，资本所有者与劳动所有者之间的收入差距等。

现在，我国农民工有2.2亿人，未来还会有更多农民工进入城市，并且在大城市集中。现有的土地制度，使得大量农民没有物质资本，没有财产性收入，仅仅依靠劳动力获得工资性收入；大量农民工因教育、技能培训的落后，致使他们生产力低下；现有劳动力市场不够完善，存在行业间歧视，这些都造成大量农民工大量集中在非正规部门工作。当然，城镇中还有大量没有多少资本的下岗职工和大量失地农民，他们也主要集中在非正规部门工作。非正规部门是指城市中存在的一种无组织的、不受调节的而且大多数合法但未加登记的部门。它们通常是小规模的、小型和微型的工厂和企业，家庭经营的、小资本投入、技术简单、劳工密集的生产活动，当然，还包括非法活动。其劳动者不能享受现代工业正规部门所提供的劳动保护和相应的社会保障。非正规部门对我国经济发展具有重要意义。因为正规部门吸引劳动力的速度要低于其部门产出的速度，即其就业少于其GDP增加速度。在我国城乡二元结构体制下，非正规部门为大量进城务工人员提供了生活来源，相对农村生活水平提高；并且其廉价的劳动力和低廉的商品供应，促进了经济的发展和正规部门的扩大。

非正规部门的大量存在，也造成了不少问题，如居住环境恶化、交通拥挤、社会治安问题严重。更为重要的是，大量劳动力集中在非正规部门，造成城镇内部二元结构。因为非正规部门不能享受信贷、税收减免等政策性支持，并且其大多是接近完全竞争的垄断竞争部门，资本、技术要求极低，可以自由进入，其竞争造成其利润仅能维持其日常生活，并且常常造成生产能力过剩，在与正规部门交易过程中，处于劣势地位。再加上近年来我国一直注重投资拉动经济发展，使得资本所有者收入增加，相应地劳动所有者增加份额减少。在非正规部门就业者，大多没有多少资本，其收入水平相对资本所有者来说实际上在不断地下降，造成城镇内部收入差距扩大。因大城镇的高生活成本、高居住成本、高教育医疗成本，使得处于非正规部门就业的劳动者生活环境不断恶化，他们集中地缺少相应的完善的公共服务设施，如电、水、交通、教育和卫生服务。在我国大城市，在非正规部门就业者大多是外来农民工和失地农民，因户籍制度造成社会保障的相应缺失，其实这也是一种收入再分配的不公平表现，加重二元结构问题。在大城市非正规部门就业者的集中地，因教育、医疗等公共服务的不完善，使得他们和其子女的竞争能力不断下降，很可能会因果循环，造成更大的分配不合理，使城镇内部二元结构问题加重。

2009 年，来自摩根士丹利亚洲有限公司的研究报告，他们从经济史学家麦迪森（按购买力平价法计算人均 GNI）的研究中发现，在过去 100 年间有 40 个经济体达到 7000 美元后，其中 31 个经济体经济增长率平均减速 2.8 个百分点。世界银行按 PPP 衡量的人均 GNI，我国在 2009 年为 6820 美元，2010 年为 7530 美元，已经超过了 7000 美元这个减速点。由于存在诸多经济增长隐患和不可持续因素，Eichengreen 等（2011）警告届时中国将有 70% 可能遵循这个减速规律。因为其是一个经验法则，并不一定符合中国国情。但是，我国正处于产业结构调整阶段，一旦我国经济减速，难免会造成正规部门的失业，这时，非正规部门将会吸收大量的失业人口，使其规模扩大，城市内部二元结构的扩大也值得担忧。因此，防患于未然，应当对我国城市内部二元结构足够重视。

四、区域间城镇化差异大，呈“东高西低”格局

我国东部沿海具有交通便利、市场经济较为发达的优势，在我国改革开放后，通过国家政策支持和利用外资，东部沿海地区经济优先发展。现在，占国土面积不到 11% 的东部地区城镇比重已经超过 40%，城镇化率已经接近 60%。从发达国家的城镇化发展历史和现状来看，城镇化发展一定阶段后，都市圈将成为城镇化进程中的重要形态。我国已经有了相对成熟的长三角、珠三角和环渤海城市群，形成有效的产业集聚，降低了产业整体发展的成本，将有助于城市集群和产业集群的形成，促进区域经济发展，增加国际性竞争力。但是，我国现在城镇化刚超过 50%，区域间经济差距较大，过分发展东部大型都市圈，使得占我国国土面积近 90% 中西部地区，城镇化发展滞后，不能形成有效的集聚效用，经济发展滞后。

区域间的经济差距，导致大规模的人口流动，使得北京、上海、深圳、广州等东部地区超大城市人口严重超载，造成交通压力大、基础设施服务不到位、环境承受能力下降等“大城市病”。中西部不仅劳动力流失，还有通过金融系统、投资渠道使得中西部地区资金外流，进一步加剧了中国城镇化和经济发展的区域不平衡。另外，中西部还付出了沉重的社会代价，造成大量的留守老人、儿童；留守儿童问题还涉及他们未来的素质和发展，使得贫困在代际间传递。中西部的

大城市发展不足，没有形成良好的增长极，不能有效集聚资源，使得产业发展落后，经济发展能力弱，资源型中小城镇占主体地位，使得资源型产品附加价值低和对环境破坏严重。

产业集聚区的形成至少需要生产要素的自由流动和高效组合、足够的市场需求、交通的便利和适宜集聚的地方制度等条件。东部沿海依据自己优越的地理地位、外资的投入、中西部廉价劳动力的流入和国际的市场需求使得其形成了以劳动密集为主的产业群。但是，随着世界经济环境的变化，传统的国际市场需求萎缩，低要素成本的劳动密集型产业在国际竞争的优势不断下降；在国内中西部经济发展滞后的情况下，对东部传统产业不能形成有效需求，东部传统产业面临衰退转移的趋势，产业结构急待升级。新兴产业在各国都成为竞争焦点，产业结构调整压力很大。在我国，地方政府控制着土地、能源、矿产等大量生产资料并且决定着产业和城镇化的发展方向，所以在经济发展中，它们起着决定性作用。地方政府为了本地区的经济发展，在选择主导产业时忽视自身发展条件，而盲目选择规模效应较大的行业，造成各地区产业雷同，各区域间不能形成有效的分工合作，反而相互恶性竞争。如各地区大多都把汽车产业当成主导产业，使得大量无竞争优势的汽车企业在地区保护下得以生存；即使在国家战略性新兴产业出台后，大多中西部地区在不顾自身条件限制的情况下，建立各种高新技术开发区和工业园区，将新兴产业制定成本地区支柱产业。在这种情况下，必然导致各地区各自为政、市场分割和地区保护，极大阻碍了经济资源的自由流动和跨地区的经济合作。各地区不能形成有效的优势互补，使得区域间差距持续扩大，导致人口长距离大规模流动、资源大跨度调动，增加了经济社会运行和发展成本。

五、城镇化融资模式单一，公共服务差异大

在城镇化快速发展过程中，需要大量资金进行基础设施建设和提高公共服务水平。据测算，每增加一个城市人口需要近 8 万元资金投入。在我国大量农村人口转移的过程中，仅仅依靠政府的财政收入是远远不够的。

1994 年分税制改革和 2008 年的金融危机爆发，使得土地出让金、地方投融资平台和地方债务逐渐成为融资主力。土地财政已经成为地方政府城镇化过程中融资的主要来源。地方政府的日常活动主要依靠着土地出让金，一方面使得土地城镇化快于人口城镇化，并且在一定程度上造成了高房价，使外来新入城者的居住成本上升，严重制约着城乡间的自由流动和造成城镇内部二元结构问题；另一方面还造成在城市拆迁与农村征地过程中的暴力冲突和官员腐败现象。地方投融资平台也是城镇化融资的重要形式，由于体制机制问题，短期内有债务风险。2008 年金融危机后，地方投融资平台在 4 万亿元投资的刺激计划、房地产市场

繁荣和各种新融资渠道等全力推动下大规模增长，导致地方政府信用膨胀、政府债务增长加快。国家审计署2011年审计结果显示，截至2010年底，全国地方政府投融资平台债务规模达10.7万亿元，占GDP的26.9%，这些债务中62%是政府负有偿还义务的债务，22%是政府负有担保责任的偿还债务。2013年，国家审计署副审计长董大胜估计目前地方总债务在15万亿~18万亿元；财政部原部长项怀诚最近透露，地方政府负债估计超过20万亿元。[①] 地方融资行为存在明显的风险，一方面是融资状况不透明，责任主体模糊，一旦破产，中央政府将会是最终埋单人；另一方面是负债率高，资本金不足，并且在投资项目上，地方政府替代企业成为决策者，项目经济效益往往不高。

在农村转移人口市民化的过程中，需要大量的资金，但是在现有制度下，中央财政对沿海地区的大城市的转移支付并没有按照常住人口进行拨付，还是按照原来户籍人口制度进行的，财政转移力度不够。在地方财政不宽裕的情况下，地方政府都不愿意进行公共服务均等化的改革尝试，致使教育、医疗、住房等问题严重制约着农村转移人口的市民化。严重制约着公共服务均等化的主要是户籍制度，全国工商联房地产商会荣誉会长聂梅生在中国城市管理高峰论坛上曾说，“上次在钓鱼台开会时，大家谈到户籍制度改革问题，专家们非常悲观，认为中国户籍制度改革成功需要100年，如果真是这样的话城镇化还怎么搞呢？无论聂梅生女士是否夸张了，但是户籍改革在没有足够财力的支持下确实难以进行。”

六、基础设施建设落后，环境承载能力达到极限

在我国城镇化进程中，城市建设主要注重城市表面建筑和经济增长，造成高楼林立和工业园区遍布，部分大城市土地开发强度已经超过30%的国际警戒线。如中国社科院发布的《2010城市蓝皮书》指出，大陆沿海一些城市开发强度过高，加剧了资源环境压力。深圳的开发强度超过40%，东莞达38%，佛山达30%，上海为29%。然而中国香港仅为19%、日本三大都市圈为15.6%、法国巴黎地区为21%、德国斯图加特为20%。在城镇化建设过程中，只注重建设用地的增加，而忽视了基础设施和绿化地的建设，忽略了生态环境对城市的重要性。我国在城市开发过程中为了保护城市安全都是用水泥防洪，结果导致50%的湿地丧失，所有雨水都排到了海里，而我国有400个城市缺水，如果所有雨水进入城市，我国就不用进行南水北调如此大的工程了。

另外，我国医疗卫生基础设施也相当落后。在2011年，世界银行统计的数

① 资料来源中国经济网，http：//www.ce.cn/macro/more/201305/20/t20130520_24399315.shtml。

据中，城镇化程度的两个指标：A——城镇人口（占总人口比例）① 和 B——城市改善的卫生设施（获得经改善卫生设施的城市人口所占百分比）②，中国分别排名第 129 位与第 123 位。第一个是人口指标，第二个是卫生健康指标。无论从哪一个水平上来说，我国的城市化水平都低于世界平均水平，也低于中东和北非，更低于发达国家水平，具体如表 8.1 所示。

表 8.1　中国与世界各地城镇化指标对比　单位：%

指标＼地区或国家	中国	世界平均水平	欧盟	OECD 成员	中东和北非	北美	日美	韩国
A	50.50	51.99	73.99	79.69	62.52	82.22	91.14	83.20
B	74.00	79.06	99.61	98.41	94.98	100.00	100.00	100.00

资料来源：世界银行数据库，http：//data. worldbank. org. cn/。

在我国粗放式的工业化和城镇化过程中，因相应基础设施的缺失，导致大量环境问题。如我国在城镇化发展过程中大量排放污水，造成水污染严重。全国主要江河有近 46.5% 的河段、90% 以上的城市水域受到污染，其中 10% 重度污染，已基本丧失使用价值，加剧水资源紧缺程度。另外，城市尾气污染严重，2006 年全国二氧化硫排放量 2588.8 万吨，远远超过环境容量 1200 万吨。最近一段时间，全国各地 PM2.5 严重超标，雾霾天气严重，严重威胁了人们的健康。一系列环境问题的解决，成为城镇化过程中如何提高人们的生活质量的重要课题。

第五节　走包容性城镇化道路

推进城镇化，走包容性城镇化的良性发展道路，重在提升城镇化质量，建设生态环境美、社会和谐美、人的心灵美的美丽城市。包容性城镇化主要目标是公共福利常住人口全覆盖、城乡一体化发展、优良的宜居环境和工作环境。推进包容性城镇化，主要从以下几方面着手：

一、建立产业集聚区，实现充分就业

如果城镇化速度快于经济发展速度，而没有相应的就业岗位，就会形成拉美

① 城镇人口是指生活在国家统计机构所定义的城镇地区的人口。该数据根据世界银行人口预测及联合国《世界城市化展望》所提供的城镇化比率计算得出。

② 获得经改善卫生设施是指具有最基本的处理排泄物设施的人口所占的比例，这些设施能够有效防止人畜及蚊蝇与排泄物接触。

式的“超城市化”现象，使社会问题凸显，反而拖累经济发展，陷入中等收入陷阱。同样，如果城镇化速度慢于经济发展速度，城镇化不能有效使人口集聚，形成不了相应的市场需求，使产业不能有效集聚，同样会减缓经济发展速度。所以城镇化速度要与经济发展相辅相成，共同协调发展。

在城镇化进程中，如果不能形成相应的产业集聚，就不会形成有效的就业。这样的城镇化，仅仅只是人口的集聚，而不能真正提高人们的生活质量，反而会造成城市内部二元结构，经济的快速发展和社会稳定便得不到保障。所以，城镇化发展的过程中，产业的生成和及时调整是就业的保证，也是经济和城镇化健康发展的保证。因为我国区域城镇化差异大，各地区产业结构雷同，不能优势互补、互为市场，使得经济发展仅仅局限在一个地区中，不能形成有效的全国市场。因此，在发展中，我国要突破行政区划，建立区域协调机制，形成有效需求，促使产业集聚。各地区要根据自身经济发展的不同阶段和资源禀赋状况，谋求与之相匹配的产业分工，合理调整区域产业结构，优化区域产业布局，避免产业结构雷同。根据比较优势理论，各地区均可以获得相应利益，促进本地区经济发展。

对于产业的形成要有相应的支撑体系。首先要完善和统一要素市场，使得生产要素能够自由流通，从而优化生产要素配置，尽可能突出本地区的资源禀赋优势，然后根据比较利益学说建立相关产业。其次要完善基础设施。区域内完善的基础设施是产业集聚和城镇化发展的基础条件。而基础设施水平的高低在一定程度上影响区域聚焦资源的能力，成功发展起来的产业集群无不例外地注重交通运输、通信、能源等基础设施建设，使资本、劳动力等要素向其集中。最后要建立和健全服务设施。无论城市内部还是产业园区，专业化培训、教育、信息服务、咨询机构和相应的技术支持都是一个地区赖以生存的重要软环境，在现代社会，其作用已经超过地区的硬件设施作用。

产业结构只有不断优化和升级，才能促进一个地区经济的可持续发展。而产业结构的优化和升级是以技术创新为基础的，因此，努力构建区域创新体系是提高产业和城市竞争力的关键。产业与城市发展要相互辅助，产业要依托城市、特别是大城市的科技资源优势，抓好产、学、研的合作与交流，共同构建全社会公共研发平台，以高新技术的应用和传统产业改造为重点，促进产业结构优化和升级，提高产业和城市的竞争力；并且要加快制度创新，建立知识产权保护体系。另外，就是地方要根据自身特色，有效整合企业资源、科技资源、人力资源等要素，将原本松散无序的企业以产业链为纽带进行产业集群，进行规模化、专业化生产。

二、建立紧凑型城镇，改善生活环境

我国土地城镇化快于人口城镇化，城市规划不合理，城市土地开发强度普遍偏高，致使现在城镇化在产业结构升级投入新项目时面临土地供应问题。因此，急需改变我国城镇摊饼似的扩张，建立紧凑型城镇。

首先，确定城镇建设的规模边界和扩展边界，规定土地开发强度。在城镇化扩张过程中，严禁其随意侵占耕地和绿化用地，制定相应法规，遏制城镇“摊大饼”发展。再者，在城镇化建设中，将其绿化面积、公共服务水平、基础设施建设纳入官员考核范围内。不再仅仅注重城镇表面形象建设，建设符合城镇规模的广场、道路，严禁建设超豪华政府办公楼和政府行政单位随意侵占国有土地的行为。另外，提高城镇工业用地价格。我国工业用地价格低于住宅用地价格，更低于商业用地价格，特别是各地区为了招商引资促进经济发展，人为降低工业用地价格，甚至免费使用一定期限，其土地真实价值得不到体现。我国城镇工业用地占比过高，利用效率偏低。我国城市内工业用地面积占比一般在25%以上，有些甚至超过35%，远高于国外15%的水平。全国工业项目用地容积率仅为0.3~0.6，而发达国家和地区一般在1.0以上。

医疗卫生体系直接影响着城镇居民的生活健康，然而我国医疗卫生基础设施条件在世界中仅排123位。其中与我国粗放式的经济发展有关，大量的生活和生产性污染导致城镇生活质量下降，环境污染严重，然而治理污染成本较高，大多地方地府都视而不见。因此，制定相关税收和行政管理制度，迫使企业主动减少污染物排放，再者，对城镇居民加大素质教育和社区管理，减少生活性污染。另外，采用先进技术，加大废物回收利用率，缓解环境污染。提高我国汽车产业净化处理技术，增加公共交通、减少私家车；另外就是合理布局产业区与居住区的分布，使得工作和生活之间交通便利，且不影响生活质量。对于近年来的特大城市缺水问题，我国应当建立城市的绿色海绵系统，即建立一套过滤、净化、自流系统，在城市公园、绿地均可以建设，使得城市内部有较好的排水系统，减少水分流失，提高城市的环境承载能力。

三、促进农村经济发展，实现城乡一体化

我国土地分为国有所有和集体所有两大部分，在城乡二元结构存在的情况下，形成了城乡分割的两个土地市场，分为城镇土地产权市场和农村土地产权市场。我国城镇国有土地使用权流转已经市场化，但是农村土地在传统体制的影响下，存在土地所有者主体缺位或虚化、土地流转制度欠缺等问题，导致农村土地

价值被大大低估。农村土地价值的低估造成农村土地的粗放使用与浪费、随意占用耕地和管理濒于失控等问题。再者，土地的流转困难和价值的低估，使得农民没有相应的物质资本，在城镇化过程中，因缺乏必要的资本而不能使其真正市民化，造成城市内部二元结构。

对于农民市民化这个说法，也存在着相应的分歧。现在，我国的农民已经严重分化，就城镇化而言，我国农民可以分为三类：第一类是不愿意进城的临近大城市的郊区农民。这类农民主要集中在北上广深等东南沿海特大城市的郊区，因其毗邻大城市，土地价格十分高昂，其依靠集体资产获得大量财产性收入，耕地撂荒，根本不愿意进城。第二类全家已经在城市中定居的农民工，但是却缺乏城镇户籍及相应的社会保障。这一类人是农民工真正市民化的主要对象。第三类是没有能力在城市定居，但是却对城市生活充满向往的农民工。其中后两类是农民市民化的主力军，因第一类在我国只有少数，所以限于篇幅不对其进行讨论。

对于农民市民化过程中的费用，国家不可能全部承担，也没有能力负担。所以要探索出一条国家解决公共服务，企业提供就业和相应保障，农民工自己掏一部分用于进城安置的途径。但是，在现阶段，政府和企业都没有尽到相应的责任，也不愿意承担这份责任；然而，农民工因为自身收入状况欠佳和没有不动资产的财产性收入，其没有能力支付进城安置的费用。如果农村土地能够自由流转，实现土地的真正价值，农民则有相应的财产性收入和较高的资本所得，能够支付市民化过程中的费用，减少城市内部二元结构问题。另外，因为城乡土地市场的二元化，导致严重的土地财政问题，造成土地城镇化快于人口城镇化，并产生一系列问题，其已经在上文探讨过。

面对城镇化过程中农村土地制度的弊端，可以从以下几个方面进行农村土地改革。

1. 明确保护承包土地的永久产权。在 2008 年党的第十七届三中全会明确要求“赋予农民更加充分和有保障的土地承包经营权，现有土地承包关系要保持稳定并长久不变”。鉴于农村土地制度所有权主体的虚化，并割裂了要素使用者和要素间纽带关系，当前应当立足稳定家庭联产承包关系，弱化集体所有权、强化农民永久使用权。

2. 推进和规范农村土地流转。各地都根据本地实际情况，进行了“两田制”、“股份制”、“反租倒包”等形式进行土地流转，但是目前农村土地使用权流转发生率仍然较低，这不利于实现农业现代化所要求的土地规模经营。进行农村土地流转，对城镇化进程意义重大。根据对拉美国家农业农场式经营的研究表明，在拉美占少数的以家庭为单位的中型农场其生产效率要大于以雇用人员经营的大农场和以少量土地经营的块状土地所有者。根据新制度经济学原理，当专业化程度不断提高时，尽管会产生规模效应，减少生产费用；但是，随着专业化程度的提高，因为信息不对称等原因，会导致交易费用的增加，从而降低了专业化所带来的好处。其原理恰好可以解释为什么在拉美国家以家庭为单位的中型农场效率最高，因为小型土地所有者没有达到土地的规模经营，而大型雇佣式经营的大农场却要面临着因委托－代理问题导致的大量管理费用。所以我国应该坚持以家庭联产承包制为基础的土地经营模式，经过土地流转，得到可以利用现有机器规模经营的土地，使农业得到发展。另外，我国现在正面临老龄化社会，劳动力绝对量将会逐年下降，面临劳动力短缺问题。土地的加快流转，将会使大量农村劳动力得到解放，推动我国经济发展和城镇化进程。

3. 在进行土地制度改革时，要同时进行相关公共服务制度的联动，如户籍制度及相关的社会保障制度的改革。对于城镇化过程中，公共服务均等化将在下一小节中提到。

城镇化过程中，土地财政已经造成很多问题。解决土地财政问题，首先是进行相关的财税改革，使得地方政府的事权与财权相匹配，加大转移支付力度；或者直接将土地出让所得归到中央政府财政收入中。再者，规范土地国有化程序，进行城镇合理规划，建立合理的失地农民的补偿制度。最后，也是我们最终追求的，健全城乡统一的土地产权市场交易制度，将农村土地市场与城镇土地市场统一起来，健全土地价格机制和供求机制。

四、推进教育均等化，公共福利常住人口全覆盖

公共服务作为政府使用财政收入提供的公共品，在城镇化过程中，公共服务均等化问题实质上是一个收入再分配问题，对我国经济二元结构有显著影响。在城镇化过程中，要使农村人口在城镇定居并享有与城镇居民相同的公共服务，必须解决城镇化建设的资金问题。对于政府来说，人口的集聚，必须增加基础设施建设，对城市交通运输、给排水、供电、环境保护等投入必要资金；另外，农民市民化增加了安居住房建设、社会保障和医疗教育等公共服务的支出。快速城镇化过程中，地方政府往往面临财政支出约束，从而表现为政府基础设施建设不足和公共服务差异化，深层次可以归结为财税体制、城市管理体制、土地制度和城乡一元管理体制改革的滞后。①

根据我国实际情况，立即实现城乡户籍统一化和公共服务均等化是不大可能的。但是，在现阶段应当大力推进教育均等化进程，尤其是基础教育均等化进程。尽管政府对教育尤其是高等教育的大量投入，可能造成教育深化，出现知识

① "城镇化进程中农村劳动力转移问题研究"课题组。城镇化进程中农村劳动力转移：战略抉择和政策思路［J］．中国农村经济，2011（6）．

失业现象，但是我国现阶段的主要问题是各地区和城乡之间教育差异性大，中西部和农村地区相对大城市教育落后。教育是人力资本形成的关键因素，如果在地区和城乡之间差异过大，很容易出现“马太效应”，拉大我国收入差距，使经济二元结构问题突出。另外，在我国经济快速发展的过程中，产业结构将会不断调整，如果没有良好的基础教育，很可能会造成产业人才的青黄不接，使产业结构升级受阻。通过第二次世界大战后日本和韩国“农村运动”对教育的强调，可以看出教育不仅对经济增长有益，并且可以促进社会各阶层的流动，减少收入差距。所以应当切实保障农村进城子女接受义务教育的权利，尽量使教育均等化。首先，要求农村人口流入地政府将其子女义务教育纳入公共教育体系，同等条件接收入城农民子女，杜绝收取借读费、赞助费等各种费用的歧视性做法。再者，各级政府提高教育占财政支出百分比，明确义务教育责任，将农村转移人口的子女义务教育经费列入流入地预算内教育经费，并按实际在校生人数向学校核拨公用教育经费，从根本上建立义务教育的经费筹措保障机制。

在前面我们已经多次提到传统的户籍制度严重制约着农民的真正市民化，造成公共服务不均等与城乡和城市内部的二元结构，因此户籍制度及其涉及的社会保障、住房供应等相关制度改革势在必行。但是，在传统路径的影响下，户籍制度及相关制度的改革应当循序渐进，防止像拉美“民粹主义”造成的“超城市化”，使我国城镇化稳定健康发展。将我国农民工纳入相应的城乡社会保障体系，使全部农民工参加工作保险，提高农民工参加养老保险和城镇职工基本医疗保险的比例，逐步使新农合与城镇医疗体系相融合。再者，对于在城市中有稳定工作和有经济能力的农民进行转移，按照城镇居民收入标准，提供相应的保障房。各级政府在农村转移人口集中地，建设符合其经济条件的经济租用房，逐步将农村转移人口住房问题纳入城镇住房保障体系中。另外，对于已经在城镇定居的农村转移人口，按照自愿原则给予城镇户口和相应的公共服务，并且同时使其不能享受农村户口带来的相关保障，使其真正市民化。

五、构造新型城镇体系，促进大中小城市协调发展

从发达国家城镇化的历史和现状来看，当城镇化发展到一定阶段后，城市群将会成为城镇化进程中的重要形态。城市群内核心城市与下层级各城市分工明确，互为市场，拥有比一般大城市更有集聚效应，其越来越成为国家或地域经济的重要增长极。但是在我国，三大城市群（长三角、珠三角、环渤海城市群）都集中我国东部。而占我国大部分领土的中西部地带却缺少相应的增长极，使我国东西部缺乏联系，不能有效促进我国地区间的平衡发展，造成我国地域间的收入差距较大。在我国中西部，城镇体系主要表现为大城市发育不足，资源型中小

城市和小城镇占主体地位，其产业层次低、经济实力弱、公共服务不足。如果我国继续实施不平衡发展战略，继续强化东部三大城市群的经济带动效用，尽管在其城市群内部产生扩散效应，带动周边地区的经济发展，但是，在全国范围内，其极化效应更加明显，将会持续吸收中西部地区的资金、人才等生产要素，造成更大的地区差距。

在2010年，中国发展研究基金会对特大城市、大城市、中小城市和小城镇发展过程中，对土地占用面积的比较中发现，大城市优于特大城市，特大城市优于中小城市和小城镇。我国东部地带部分城市已经达到了环境的承载力极限，在我国土地资源面临短缺的情况下，现阶段，我们应当发展中西部的大城市，使其成为地区间的核心城市，促进与中小城市的联系，建立新的城市群。在全国范围内，实行均衡发展战略，加大对中西部支持力度，发展地区中有比较优势的产业，增强东部与中西部地区产业间的关联互补性，然后互为市场，扩大内需，促进各地区经济发展，减少地区间差距。现在，我国东部沿海地区正面临着产业结构升级问题，国家要加大力度对其发展战略性新兴产业给予支持；而我国中西部地区则根据各地区的资源优势相应地承接符合本地区经济发展的产业，使得东部与中西部之间通过产业间分工与产业链分工进行地区间城市群的合作与发展。在城市群建设过程中，要注重核心城市与外围中小城市、小城镇之间的分工合作，通过商品市场和要素市场的完善，形成需求、供给互补，各城市中分工明确，最终形成不同类型与不同等级规模的城市间经济一体化。在我国传统行政划分的情况下，城市群内部各城市经常出于地方利益的考虑，存在地方保护色彩的非合作博弈，使得各地区经济联系受到压制，并且以行政级别为基础的城镇管理模式，使得地区资源过于集中于中心城市，而各级中小城市与小城镇无法获得相应资源，使得城市群内部联系不紧密，不能真正发挥集聚效应，限制了城市群的成长。所以，应当成立以经济基础为联系的区域间城市管理协调部门，促进各城市间的分工合作。

面对我国庞大的流动人口，促进县域经济、发展县城的城镇化则是考虑合理引导人口流动和减少城乡差距的重要举措，主要是在经济增长的过程中兼顾社会效益。对于农村转移人口的引导，部分学者以经济效益的角度出发，着重发展大城市。但是，在我国城乡差距较大的情况下，将大量人口集中在大城市，不仅会造成城市营运困难，还会造成城市内部二元结构问题，甚至出现拉美“贫民窟”现象，反而拖累我国经济发展。而且县城生活成本与农村生活成本差距不大，农民有能力也有愿望在县城定居；并且城镇公共服务体系更容易均等化，不会出现城镇内部二元结构严重问题。然而，大城市的高工资、机会多等条件会比县城更具吸引力，因此，发展县域经济成为县城城镇化的必选之路。

为了提高县城吸引力，促进人才、物质资本等要素的集中，就要发展相应产业，实现产业集群。(1) 扩权强县，增加县城的自主权力，减少多层次的行政指挥，加大中央与省级的转移支付力度；(2) 加强县城的基础设施建设，提高供水、供电能力，促进交通便利，加强招商引资；(3) 加大教育、文化、医疗卫生保障等公共服务体系建设，并且实现公共服务均等化；(4) 注重工业合理布局，加强土地利用，保护生态环境，提高其承载能力；(5) 鼓励外出务工人员回乡创业，提供资金、土地等相关支持，创造积极创业的环境。

第九章　促进农业现代化　建设社会主义新农村

农业、农村和农民问题合称为“三农”问题。在我国，粮食安全，农产品供给等问题急需解决；城市化与农村的矛盾也日渐增多；根植于农业和农村的数亿农民的收入和生活水平问题日趋突出。而根植于农业生产上的农民是我国社会阶层最薄弱的一环，解决“三农”问题有助于实现社会稳定和国家安全。我国正处于城镇化加速阶段，城镇化带动了经济发展，而农民市民化过程中仍然有大量的农民滞留在农村和农业生产上，所以农业的现代化有利于“三农”问题的解决，而培育新农民、建设社会主义新农村最终有助于我国成功跨越中等收入国家进而跻身发达国家行列。

第一节　解决“三农”问题对实现我国现代化的保障和意义

一、农业现代化对国家粮食安全保障的意义

粮食是人类生存的基础。从古至今，任何一个强大的民族，尤其重视农业的发展，粮食的供给是一个国家兴盛富强的基石；相反，农业作为基础部门，落后的农业部门会引起人民生活水平下降，社会动荡甚至危及国家安全，在社会经济高速发展的今天，农业发展的滞后还会制约其他部门的发展，导致农民贫困，收入差距拉大，影响国家经济整体发展，使正处于发展中的国家陷入中等收入陷阱，经济长期停滞等问题。

（一）国民生活的物质基础

在传统农业中，稳定的粮食供给可以保证人民的生存，然后为经济发展提供所需的基础物质资源，所以粮食首先是稳定和发展的基础。随着社会经济的发展，传统农业逐渐不再适应现代的发展要求，随之兴起的以高技术、高机械化、

高投入、高产出、集约化为特点的现代化生态农业，现代农业又在传统农业的基础上增添了新的内容，更多地要求与环境的和谐可持续发展。我国是世界上人口最多的国家，人口数量在今后还将继续缓慢增长，随着生活水平的提高和经济的发展，我国对粮食的需求还将进一步扩大，国民生活水平的提高增加了对粮食的需求，这种需求包括数量的增加和质量的提升，我国人均收入水平的提高增加了人民的粮食消费；同时，我国富裕群体在食品消费结构上更多地增加了肉、蛋、奶的消费。食品消费结构改善的现状提高了饲料的需求用于提供高营养的食品供给，这又增加了大豆、玉米等的需求。粮食对国民生活和经济发展具有物质基础的地位。

我国粮食供给紧张、需求增加体现在农产品价格上，我国粮食价格逐年攀升，原因主要是农产品成本的上升，我国粮食作物平均成本在 2012 年均上升超过 10%，而经济作物农产品成本上升幅度更大，成本的上升带动了粮食价格的上升。粮食作为人民生活的必需品，支出刚性增加了生活负担，尤其是收入较低的人群的负担，我国农民基本属于低收入人群，在粮产田亩均纯收入不足 400 元、种粮收入本身很低的情况下，粮食价格的攀升没能形成农民的收入，这是一种既不能提升农民收入，同时还加重了全国人民生活负担的状况。农业现代化进程可以推广农机具使用，提高技术水平，提高投入要素效率等，从而达到减少成本，提高农民收入的目的，改变我国农业生产成本和粮食价格双双上升迅速而农民收入增长缓慢的困境。

（二）粮食安全的保障

针对我国国情的特殊情况，供给紧张而需求刚性增长的情况，粮食供给的安全不容忽视，尤其是在我国已经达到中等收入国家水平后，如何在有限的耕地资源和水资源的基础上，为我国的经济发展提供坚实的物质支持和粮食安全保障，从而成功迈入发达国家的行列提出了挑战。而解决问题的关键就是如何将我国的传统农业成功向现代农业的转型。

我国的粮食供给与安全是我国和国际社会一直关注的问题，针对我国国情，我国政府制定了粮食基本自给，适量进口的粮食安全战略方针，粮食供给安全是全国 13 亿人民的生存问题（将来我国最大人口规模预计达 16 亿人），是实现我国经济持续高速发展的问题，是实现现代化和国家自立的全局性问题。我国的粮食安全问题首先是确保人民基本口粮的供给问题。我国人民生活水平的提高带动了对粮食类需求的提高。我国的粮食供给主要靠自己，供给率一直在 90% 以上，少量由进口替代，除了大豆进口量连年攀升以外，其余粮食进口都很平稳。

我国从 2003 年实行促进农业发展政策以来，粮食作物总产量稳步提升，从 2004～2012 年连续九年增产。作为主要食用的粮食作物谷物产量连续增产到

2011 年的 51939.4 万吨，人均粮食产量则增加到 2011 年的 425 公斤。在面对我国人口还在缓慢增长和经济发展带来的粮食需求增加的现实情况下，粮食的稳定增产对我国国民口粮的刚性需求提供了保障。在此期间，我国谷物和小麦的进口量一直保持着低水平进口，保证了我国粮食需求基本自给自足。我国豆类和薯类产品产量则在 2005～2010 年期间波动下降，豆类从 2157.7 万吨下降到 1896.5 万吨，薯类则从 3468.5 万吨下降到 3114.1 万吨。而大豆进口量却从 2659 万吨猛增至 5480 万吨，进口量增加了 2 倍以上，大豆需求的上升，而国内产量的下降带来了大量的大豆进口，在此期间，我国大豆价格曾出现明显持续上涨，可见国内粮食作物的稳定增长以满足国内需求对维护我国粮食安全和稳定经济发展具有积极作用（见表 9.1 和表 9.2）。

表 9.1　　2004～2011 年我国主要粮食作物产量　　单位：万吨

年份	粮食	谷物	稻谷	小麦	玉米	豆类	薯类
2004	46946.9	41157.2	17908.8	9195.2	13028.7	2232.1	3557.7
2005	48402.2	42776.0	18058.8	9744.5	13936.5	2157.7	3468.5
2006	49804.2	45099.2	18171.8	10846.6	15160.3	2003.7	2701.3
2007	50160.3	45632.4	18603.4	10929.8	15230.0	1720.1	2807.8
2008	52870.9	47847.4	19189.6	11246.4	16591.4	2043.3	2980.2
2009	53082.1	48156.3	19510.3	11511.5	16397.4	1930.3	2995.5
2010	54647.7	49637.1	19576.1	11518.1	17724.5	1896.5	3114.1
2011	57120.8	51939.4	20100.1	11740.1	19278.1	1908.4	3273.0

资料来源：根据《2012 全国农产品成本收益资料汇编》整理所得。

表 9.2　　2005～2010 年我国进口主要粮食数量　　单位：万吨

品名＼年份	2005	2006	2007	2008	2009	2010
谷物及谷物粉	627	359	155	154	315	571
小麦	354	61	10	4.3	90	123
稻谷和大米	52	73	49	32.9	35.6	38.8
大豆	2659	2827	3082	3744	4255	5480

资料来源：根据《2012 全国农产品成本收益资料汇编》整理所得。

二、农业现代化对农村发展的意义

(一) 农业现代化与农业

农业发展至今，早已可以通过水利设施建设克服靠天吃饭的特点，增加机械使用量可以增加农民的收入，方便农业生产，而科技的投入和化肥的使用提高了单位面积农产品产量。现代农业的集约化、机械化经营无疑相对于传统农业有着极大的优势。但是农业向现代农业转型仍然要面临种种困难，农业经济效益仍然相对低于其他产业，尤其在我国人口众多，粮食生产刚性需求，保障国家粮食安全战略，这些问题使得我国大面积农业土地只能用于生产经济产值低的粮食作物，而不是经济型作物。因此，农业缺少政策的支持便会处于相对弱势的地位，需要国家政策和财政的支持。农业为城市与工业的发展提供农产品支持，同时我国也进入了工业反哺农业发展的时期，因此需要把握好农业、工业与经济的协调发展。

我国经济发展正处于高速发展时期。GDP 增长率位于世界领先位置，同时我国超越日本成为世界第二大经济体，与此同时，我国的工业化和城市化进程在政府主导下快速发展，工业化率一直保持在 40% 上下，但工业增长总值保持持续增长，城市化进程稳步提高，城市化率大约以每年 1% 的速度增长，到 2011 年城市化水平超过 50% 达到 51%。在工业化和城市化的进程中，不可避免地要占用土地，在我国土地资源紧张的情况下，尤其是东部经济发展水平较高的省份，城市化水平和工业化水平要高于国家平均水平，占用的基本是城市周边的农用耕地，在国家农用耕地 18 亿亩红线的政策下，只有采取“以优补劣”的方式将肥力较低的土地转换成耕地。一方面是城市化和工业化发展不断占用土地和对农产品需求不断增加，而耕地的减少反而减少农产品的供给，形成城市化、工业化与农业发展供给与需求的矛盾困境；另一方面是优质耕地的不断减少和化肥用量的增加，耕地的改造和投入要素增加提高了生产成本。尽管近几年我国粮食产量屡创历史新高，但粮食进口也屡创新高。这说明，农产品供给速度仍然低于社会对农产品需求的增长速度。同时城镇化进程的加快，农民市民化后，生活、生产方式改变了，饮食结构也会优化，农产品供给与需求的矛盾还会加剧。我国农业发展投入不合理、效率低等可以通过运用现代科技、科学种植、扩大农业产出，在有限的耕地面积上提高生产率，保持粮食产出率高于工业化、城市化进程需求，为我国的工业现代化和城市化进程提供基础支持，我国一直采取压低粮食价格的方式支持工业和城市发展，现在农业产值已经降到国民生产总值 10% 以下，但农业在国家财政补贴政策的支持下仍在支持工业现代化和城市现代化进程，过去是，现在是，在将来的一段时间内农业为经济发展提供原材料的地位仍将不变；同时工业和城市要反哺农业，为农业发展提供必要的技术、知识、机械支持。

（二）农业现代化与农民

农民生在农村，只要不离开农村进入城市转换生存方式，那么农民的主要经济来源于农业生产，当今农业既是基础产业，又是相对薄弱的产业，经济产值相对较低决定了人们不愿从事农业生产，转而想进入城市部门从事其他工作。在经济高度发达的今天，传统农业已经不能有效改善农民的生活质量，所以农业只有从传统农业向现代农业转型才能提高农民收入，改善农民生活。只有现代农业的机械化、集约化经营才能有更高的农产品产出，进而增加农民收入，改善生活。

自改革开放以来，我国城镇居民和农村居民的可支配收入均有大幅增长。城镇居民的人均可支配收入从1978年的343元增加到2011年的21810元；农村居民的人均纯收入从1978年的134元增加到2011年的6977元。同样是收入增长，但是城市的收入增长明显高于农村居民，收入差距从1978年的209元增加到2011年的约15000元，城乡居民收入两极分化已经十分严重，收入上的差距会带来医疗、教育与社会保障的差距，从而影响到下一代的发展，造成农二代与城二代的差距进一步拉大，造成一种恶性循环。从国际比较看，早在2005年，国际劳工组织的数据显示，绝大多数国家城乡人均收入比都小于1.6，仅有3个国家超过了2，其中就包括我国。根据世界经济发展的一般经验，当经济发展水平在人均GDP超过1000美元时，城乡居民收入比大约为1.7，并逐步下降。而我国人均GDP已经超过5000美元（2011年达到人均5432美元），但城乡居民收入差距持续扩大的趋势尚未根本扭转。①

农民的收入增长是一个迫在眉睫的问题，如果得不到有效的解决，城乡居民的收入还将继续扩大，最终会影响到几亿农民阶层的稳定。农民增收的主要方式还是在于农业生产，虽然每年都有国家转移支付的补贴，但是庞大的农村人口平均分摊下来其实每个农民得到的数量也极其有限，所以农民增收的主要方式手段仍然是农业生产带来的收益，传统农业靠天吃饭的特性决定了它本身生产方式的脆弱性与不稳定性，根植在传统农业生产的农民也只能停留在温饱水平。而现代农业以其机械化、集约化的特点，减少成本的同时，增加单位面积产出以增加产出，最终实现收入的增加，农业的现代化也需要现代农民从事生产，同时进步的不仅仅是农业，还有农民，没有相应的高素质农民，农业现代化生产也只是空谈，在推进农业现代化的同时，农民相应的教育、知识、农业生产技能也会相应

① 白素霞，蒋同明．我国城乡居民收入差距问题［J］．公关经济管理，2013（1）．

提升，而在现代化生产中带来的收入的增加也会缩小城乡差距，逐渐消除城乡差距。

（三）农业现代化与农村

我国农村的发展有其特点，在城市化、工业化进程中，我国农业与农村的发展一直被让位于城市与工业发展，农业与农村发展空间也一直被挤压。发达国家第二产业比重在20%左右，但是对经济发展的贡献率最大的情况看，工业的发展对经济的发展起着重要作用，所以优先发展工业的做法也可以理解，但是在我国工业化没完成之前，我国农业、农村、农民的问题已经凸显出来。从经济发展进程看，我国正处于工业化加速时期，一方面说明工业化有望在不久的将来完成，另一方面发展程度更高的工业化对农村资源的占用也会更加严重。在工业化进程中，工业化所需的农业原料和维持工业劳动者生存的必须消费性资料都需要农业供应，随着工业化率提高，所需的农产品提供也越大；同时工业劳动力从事的工作城镇劳动者大多没有从事意愿，所以工业的人力资源主要来自农村，即从农业部门中吸收。工业化对农业耕地的占用，压缩耕地面积和更多的农产品需求，解决这一对工业化与农业发展的矛盾对我国经济发展起着重要作用；另外工业部门存在占用土地，对环境产生污染等问题。工业部门往往由于区位优势等原因对土地的需求往往是刚性的，而且工业部门占用土地面积大，有时就不可避免地占用了耕地，耕地的减少就意味着农产品产量的下降，可用于支持工业部门的原料供给就会造成供给紧张，反而不利于工业发展，在我国农用耕地“占一补一”的政策下，就增加了农业部门的耕地转移和投入成本；而工业部门产生的污染等问题对农业生产产生负面影响，污染土地、河流，不仅造成土地地力下降，农业用水紧张，还会增加改造土地，增加地力、水质等的成本，因此，农业在承受工业发展带来的负面影响的同时还要为工业发展提供保障作用。所以农业在资源被占用的同时，能否保障工业部门更高的农产品需求也是农业要解决的问题，而没有农业的现代化，这个任务不可能完成，问题就不能解决。

我国在推进工业化同时，城市化也在加速。从发展角度来讲，推动城乡一体化是解决我国“三农”问题，破解“二元经济”的根本途径。城市化虽然可以把农民吸收入城市部门，使得农民向城镇居民的身份转变解决“三农”问题。但是我们庞大的人口是个不争的事实，即使到了2030年，我国城市化率即使达到70%，农村仍然会滞留四五亿农民，这些农民仍要在农村生活，有的还需要从事农业生产，因此，如何解决好这些滞留在农村的农民生活和收入成为亟待解决的问题。进入21世纪以来，我国以农村提供的低价土地快速推进城镇化。城市化和工业化从农村得到的“红利”是巨大的，在农村发展滞后时期，我们必须坚持工业反哺农业、城市支持农村的既定方针，一直到农民收入接近城镇居民收入为止。

未来相当长时期内，工业化和城镇化是发展的主要动力，农业现代化是发展基础，而城乡一体化是发展的最终目标。因此，我们要大力推进农业现代化，打好发展的基础。

三、农业现代化对社会发展的意义

（一）稳定的社会环境

农业的现代化可以提高农产品产量，同时保证农民增收，在国内农业稳定的情况下，增强社会内部的稳定。粮食供应是否充足关乎国计民生，社会经济的发展带来食物需求的上升、消费结构的升级等要求，因此只能不断提高农业的生产能力。农业能否成功向现代农业转型是我国经济社会发展的保障。除此之外，收入差距问题也是影响社会稳定的因素，我国农民贫富差距问题显得尤其明显。现代农业转型会缩小农民与城市居民收入差距，消除了由于收入分配不公平带来的社会不稳定。我国农民人口基数大，收入低，与城市市民高收入群体界限明显，我国现在的城乡二元经济结构正是收入差距拉大的表现，农业是一个产值较低的部门，农业的经济产值相对于二、三产业偏低，我国存在粮食安全问题，种植作物主要为粮食作物，经济效益低，而种植经济作物的农民收入也并不高，所以农民一部分重要的收入是政府的财政补贴。在我国经济发展进程中，二、三产业和城市里的工作者收入持续增收，从事农业生产活动的农民增收相对困难，而农业采用现代生产技术，科学生产，减少生产成本和提高产出对农民的增收至关重要，尤其是我国廉价劳动力，低成本的资源优势正在逐渐丧失，劳动力成本连年攀升，投入要素价格上升，另外土地价格也随着空闲用地的紧缺而攀升，因此农业的现代化转型可以提高产量，保证农民增收，保障我国粮食安全，农民收入持续增收，缩小城乡收入差距，提供一个稳定和谐的国内环境。

（二）减少国际冲击的负面影响

我国在加入 WTO 以后，为实现我国的入世承诺，我国逐步取消了保护农产品的各种非关税措施，实现国内农产品与国际市场接轨；同时国外农业企业不断进入我国农业领域，在带来先进科技和管理概念的同时，也增加了我国农业市场的不稳定因素。我国农业政策是在保证粮食稳定供给和粮食价格平稳的基础上更多地考虑经济因素，而国外企业更多地注重企业利润，国内政策和外企目标的不一致增加了农业市场的波动，以我国大豆价格为例，进口大豆连年增长，并且逐渐失去价格控制权，造成国内价格波动，价格的大起大落不利于国内大豆的正常种植，容易产生过度供给和紧缺而形成的价格波动。国内农产品市场信息不充分容易诱导农民多种植市场价格高的作物，而造成同种类作物集中上市而减少了其他农作物的种植，从而造成一部分农产品价格偏低，另一些价格偏高，例如“蒜你狠”、“豆你玩”等，农产品价格的急剧上升和下降扰乱了农产品市场，带来了不必要的损失。我国农业发展科技水平和效率都不如发达国家，尤其是农业企业的发展更是不如发达国家，我国现阶段正在向农业产业化经营迈进，而国外农业企业已经成熟，我国在农业领域的竞争力还很弱小，分散化的小户家庭经营也很难面对农业市场的波动带来的损失。因此，加速农业的发展，在经营制度、科技进步、合理耕作和效率提高上尽快赶上甚至超过发达国家是稳定我国农业领域的必要保障，是我国实现农业现代化的路径，也是实现农产品产量提高和农民增收，最终实现共同富裕迈入高收入国家的重要组成部分。

第二节　我国农业存在的问题和挑战

一、我国农业现状的特点分析

我国农业的问题在于农产品需求的增长和需求结构的升级，农业资源成本的上升和环境恶化带来的成本上升，农业基础设施建设滞后、科技支撑不足和配套服务不健全，农产品贸易变化等。

在总体上，目前与将来我国食物及粮食安全的基本特征是：脆弱平衡、强制平衡、紧张平衡。脆弱平衡，是保障资源条件匮乏；强制平衡，是经济社会要素投入大，政府强力主导；紧张平衡，是总供给保障所有人口的食物及粮食的能力不宽裕。[①] 在我国现阶段粮食供给稳定的情况下，要看到我国粮食供给存在不稳定的一面。我国粮食产量从 2004 年起呈现持续增长趋势，到 2012 年已经实现连续 9 年持续增产。但基于粮食收益低，农业基础设施薄弱、效率低下、不合理耕作和粮食需求刚性增长等问题，我们应看到农业生产与粮食安全保障不得懈怠的本质。

首先，我国的人均农业资源贫乏，占世界 8% 的耕地要保障 22% 人口的粮食需求。而我国工业化和城市化的不断发展还在压缩我国的耕地面积，现在耕地面积已经逼近 18 亿亩耕地红线。人均耕地面积不足世界平均水平的一半。而我国的水资源不足是另一个制约我国粮食产量的因素，我国的人均水资源少，约为

① 国务院发展研究中心农村经济研究部课题组．中国特色农业现代化道路研究［M］．北京：中国发展出版社，2012：130－140.

2310.4立方米，加上水资源的分布不均，就极大地制约了农业的发展，而增加的有效灌溉仍被认为是增加粮食产量的重要措施，因此我国有效灌溉面积不断增加，直至2010年已经达到60347.7千公顷，农业用水量为3689.1亿立方米，占总用水量的61.2%，在有效灌溉面积增加的情况下，水资源短缺的问题将更加严峻。而地力的下降和土壤退化也会导致单位面积耕地减产，我国农药施用量占世界施用量的35%左右，效率低下导致土壤、水体污染和土地退化问题。

我国的农业生产一直都是政府主导，国家的农业政策对粮食产量有着重要影响。从图9.1中可以看出我国粮食产量有两次大幅提升的时期，第一次在1978~1990年，第二次在2004年至今。其中还出现一次大幅的粮食产量下降，出现在1999~2003年。而这三次粮食产量的大幅变动都是政策因素起决定作用，改革初期实行的家庭联产承包责任制，2003年以后实行的“三农”政策，取消农业税，增加农业补贴等支持农业持续发展的政策提高了农民生产的积极性，使粮食产量稳步提高。而“退耕还林”政策的出台，使我国耕地面积减少10%左右，在此期间我国出现了粮食产量大幅下降的趋势，并增加了粮食进口，这种趋势在我国暂缓“退耕还林”政策并出台一系列支持农业发展政策后才逆转。在一系列促进农业发展的政策中，良种补贴，粮食直补，农机具购置补贴，农资综合补贴等政策加大了经济要素的投入，对粮食产量的增加也有显著作用。

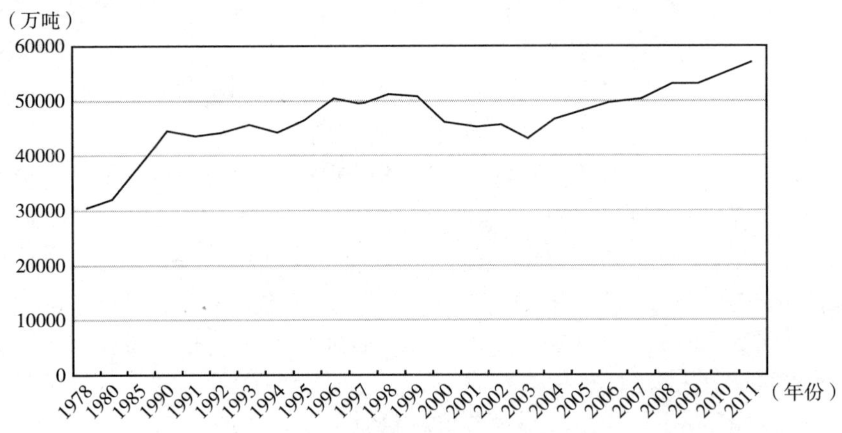

图9.1 我国各年粮食总产量

我国粮食产量虽然实现了连续9年增加，但是粮食的需求也在不断上升，粮食进口状态仍然没有改变，我国处于经济快速发展阶段，对粮食的需求仍然趋于紧张状态。从国内外相关机构和学者对我国2020年、2030年粮食供需缺口预测的结果分析看出，预测我国未来粮食供不足需的结论占绝大部分，认为2020年我国粮食产需存在缺口的占93.75%，认为产大于需的占6.25%；认为2030年我国粮食产需存在缺口的占80%，认为产大于需的仅占13.33%，认为产需平衡的仅为6.67%。[①] 现实也表明，我国粮食还不能完全自给，虽然粮食产量连续增产，但是每年依然需要进口一定数量的粮食才能满足需要，其中比较明显的是大豆进口产量连年增加。我国粮食产量的增加仍然没能赶超我国发展对粮食需求的增加，在今后一段时期内我国粮食自给仍然不宽裕。

二、资源环境的制约

农业生产根植于土地，对农业生产制约因素最大的首先也是自然因素。在全国耕地总面积和人均耕地面积下降的总趋势下，耕地质量也总体下滑，土壤污染及环境恶化加剧，水土流失加速，土壤板结、沙化等退化现象日益严重，进一步加深我国粮食安全战略的负面影响。

（一）耕地资源

2011年我国拥有耕地面积12172万公顷，占国土面积的12.68%。我国经济面临全面升级，工业化和城市化发展对土地资源的占用是不可避免的。我国经济的高速发展是以加速占用耕地资源为代价的（1978～1989年，年均建设占用耕地为1580平方千米；1990～1999年，年均占用为1 680平方千米；2000～2009年，年均占用为2 120平方千米），由于“耕地保护”是粮食安全和社会稳定的重要保障，因此中央政府空前重视并于“十一五”规划明确提出坚守120万平方千米（18亿亩）耕地红线不可逾越。[②] 按照《全国主体功能区规划》，2020年应确保耕地保有量不低于18.05亿亩，要确保耕地长期保持在18亿亩以上，拥有大规模适合农业生产的后备耕地是关键。但是2010年，国家发改委向全国人大报告粮食安全工作情况认为，我国可开垦成耕地的土地不足7000万亩；2011年国土资源部公布，我国集中连片耕地后备资源1.1亿亩，主要分布在北方和西部的干旱地区。[③] 西北是我国干旱、半干旱地区，水资源短缺，生态环境脆弱，土地危机主要表现为土地荒漠化；今后在全球变暖的大趋势下，西北地区总的干、暖气候不可能改变。在水资源、气候条件的限制下，将土地转化为耕地的成本投入巨大，其中包括土地整理，灌溉用水设施建设，防治干旱、冰冻灾害

---

① 唐华俊．中国居民合理膳食模式下的粮食供需平衡分析［J］．农业经济问题，2012（9）．

② 姚远，李效顺，曲福田等．中国经济增长与耕地资源变化计量分析［J］．农业工程学报，2012（14）．

③ 国务院发展研究中心农村经济研究部课题组．中国特色农业现代化道路研究［M］．北京：中国发展出版社2012.

等；由于先天资源条件限制，即使勉强耕种，产出也远不及东部自然条件优越的地区。

除了社会经济发展要占用土地外，我国在保护生态环境方面也与维持耕地面积的政策产生矛盾。国家从 1999 年开始实行退耕还林政策，主要在北部和西北部土地退化严重的地区，为了减少泥石流、山体滑坡等灾害，在山地、丘陵地区，坡度在 15°以上的耕地要实行退耕还林，直至 2007 年总计退耕还林 1.4 亿亩。

我国耕地质量整体不高，一等地约占全国耕地三成，二、三等地占约七成，在我国长期工业化和城市化在城市周边扩张，“占优补劣”现象普遍，其结果是不断占用优质耕地，而补充耕地条件较差的土地。由于主要农产区耕作不合理，过度使用化学材料，土壤耕层普遍变薄，基础地力下降，耕地普遍需要“吃肥”、“吃水”、“吃药”来提高地力。耕地利用不当，如大量使用无机肥料，有机农药及不合理的灌溉等使得土壤板结，有机质含量减少，盐渍化等。优质田与劣质田的粮食产出差距至少达 2 ~ 3 倍。据农业部统计，近十年全国耕地“占优补劣”，导致粮食生产量至少减少 120 亿公斤。

（二）水资源

2010 年全国灌溉耕地面积为 61681.5 万公顷，大约占全国耕地面积 18.26 亿亩的 50%，大约一半的耕地还在靠天吃饭。

我国的水资源总量和人均水资源量呈现波动状态，水资源供给大致在 25000 亿 ~ 30000 亿立方米之间，水资源供给很难扩大（见表 9.3）。我国水资源总量排在世界前列，但是我国同样是全球 13 个人均水资源最贫乏的国家之一，人均水资源量仅为世界平均水平的 1/4，美国的 1/5，且水资源利用方式粗放、用水效率低下，淡水资源紧缺已成为我国农业发展的“瓶颈”。①

表 9.3　2000 ~ 2011 年我国水资源情况

年份	水资源总量（亿立方米）	地表水资源量（亿立方米）	地下水资源量（亿立方米）	地表水与地下水资源重复量（亿立方米）	人均水资源量（立方米/人）
2000	27700.8	26561.9	8501.9	7363.0	2193.9
2001	26867.8	25933.4	8390.1	7455.7	2112.5
2002	28261.3	27243.3	8697.2	7679.2	2207.2
2003	27460.2	26250.7	8299.3	7089.9	2131.3

① 刘萍．中国粮食安全问题与制约因素分析［J］．经济研究导刊，2012（18）．

续表

年份	水资源总量（亿立方米）	地表水资源量（亿立方米）	地下水资源量（亿立方米）	地表水与地下水资源重复量（亿立方米）	人均水资源量（立方米/人）
2004	24129.6	23126.4	7436.3	6433.1	1856.3
2005	28053.1	26982.4	8091.1	7020.4	2151.8
2006	25330.1	24358.1	7642.9	6670.8	1932.1
2007	25255.2	24242.5	7617.2	6604.5	1916.3
2008	27434.3	26377.0	8122.0	7064.7	2071.1
2009	24180.2	23125.2	7267.0	6212.1	1816.2
2010	30906.4	29797.6	8417.0	7308.2	2310.4
2011	23258.5	22215.2	7214.8	6171.5	1730.4

资料来源：根据《中国统计年鉴2012》整理所得。

我国在水资源短缺的困境下还要面对水资源分配不均的局面，一方面是区域上的分配不均，另一方面是季节上的分配不均，经常大范围连涝连旱。4/5 的水资源分布在南方，北方每公顷耕地水的占有量仅为南方的 1/8。华北平原水危机严重，地下水开采河北省为126%，北京为109.38%，其他省区在70%以上，华北平原地区在过去半个世纪地下水超采量约 1300 亿立方米，形成了 7 万平方公里的地下水漏斗区。①

我国水资源质量令人担忧，在主要用于灌溉的河流中，水污染问题严重。水利部 2006 年的监测数据表明，水质符合和优于Ⅲ类水的河长占总河长的58.3%，Ⅳ类水和Ⅴ类水的河长占总河长的 19.9%，劣Ⅴ类水的河长占总河长的21.8%；黄河、辽河、淮河、松花江和海河 5 区的水质较差，其中符合和优于Ⅲ类水的河长占5 区总河长的30% ~42%，湖泊水质符合和优于Ⅲ类水的面积占5 区总面积的49.7%，Ⅳ类和Ⅴ类水的面积占5 区总面积的15.3%，劣Ⅴ类水的面积占5 区总面积的35%；地下水监测中，水质符合和优于Ⅲ类水的水井占总水井数的 38.7%，其他用途（除饮用外）的Ⅳ ~ Ⅴ类水井占总水井数的61.3%。②

由表9.4 可知，我国水资源还存在地域分布不均的状况，总的分布在南方区，占到水资源总量的80.4%，耕地面积占到总耕地面积的35.2%；而我国耕

① 国务院发展研究中心农村经济研究部课题组．中国特色农业现代化道路研究［M］．北京：中国发展出版社，2012.

② 陈利．我国农业生态环境现状及保护措施［J］．农业科技与装备，2011（6）.

地主要分布在北方区，其耕地面积约占到耕地总面积的60%，但是水资源总量只有约15%，其中黄淮海平原是我国的粮食主产区之一，耕地面积占到接近40%，但是水资源只占7.7%；北方区和黄淮海平原人均水资源和亩均水资源均不足800立方米，而南方区人均水资源3481立方米，亩均水资源4317立方米。从全国分布看，我国水资源分布呈现严重不均的现象。水资源分布不均容易造成农业生产北旱南涝的现象，尤其是我国的北方，季风气候区，降水集中在夏季，季节分布又不均，通常在夏季3个月中的降水量就超过全年总降水的一半，如果没有良好的水利设施，北方农产区粮食产量更多会依赖当年的气候情况，这样一种靠天吃饭的情况制约了农业的发展。我国农业用水量占总用水量的73.4%。2012年我国农业的灌溉系数只有0.51。

表9.4　　2012年我国分地区水资源现状

地　区	水资源（%）	人口（%）	耕地（%）	人均水资源（m^3）	亩均水资源（m^3）
南方片	80.4	53.6	35.2	3481	4317
北方片	14.7	44.3	59.2	747	471
其中黄淮海	7.7	34.7	39.1	500	400
西北片	4.6	2.1	5.7	4876	1589
全国	100	100	100	2222	1888

资料来源：李春芳．浅谈我国水资源现状［J］．科技视野，2012（12）．

（三）环境因素

从我国农作物受灾面积和成灾面积看，主要是旱灾和水灾，旱灾与水灾成灾面积占受灾面积比重多在50%～60%之间。随着我国农业的发展，我国农业抗击自然灾害的能力没有显著的提高。还是有近50%的耕地靠天吃饭，对抗自然灾害能力低下对我国农业产量产生重要影响。我国每年受灾面积均较大，而成灾面积更能反映自然灾害特别是水灾、旱灾带来的农业损失情况。从成灾面积占受灾面积比重看，2011年我国受灾面积占成灾面积比重最低，为38.3%，最严重的2000年为62.9%，一般年份在50%左右，说明我国农业基础设施薄弱，抗击自然灾害的能力有待提高（见表9.5）。自然灾害中以旱灾为主，我国水利设施建设投入每年都有增长，但是成灾面积比重仍然很难下降，我国基础设施建设，尤其是水利设施建设的质量和效率仍然存在问题。

表 9.5　　1978～2011 年我国自然灾害损失情况　　单位：千公顷

年份	受灾面积	成灾面积	成灾面积占受灾面积比重（%）	水灾受灾面积	水灾成灾面积	旱灾受灾面积	旱灾成灾面积
1978	50807	24457	48.1	3109	2012	32641	16564
1980	50025	29777	59.5	9687	6070	21901	14174
1985	44365	22705	51.2	14197	8949	22989	10063
1990	38474	17819	46.3	11804	5605	18175	7805
1991	55472	27814	50.1	24596	14614	24914	10559
1992	51332	25893	50.4	9422	4463	32981	17047
1993	48827	23134	47.4	16390	8608	21097	8656
1994	55046	31382	57.0	17328	10744	30423	17050
1995	45824	22268	48.6	12734	7604	23455	10402
1996	46991	21234	45.2	18147	10855	20152	6247
1997	53427	30307	56.7	11415	5839	33516	20012
1998	50145	25181	50.2	22292	13785	14236	5060
1999	49980	26734	53.5	9020	5071	30156	16614
2000	54688	34374	62.9	7323	4321	40541	26784
2001	52215	31793	60.9	6042	3614	38472	23698
2002	46946	27160	57.9	12288	7388	22124	13174
2003	54506	32516	59.7	19208	12289	24852	14470
2004	37106	16297	43.9	7314	3747	17253	8482
2005	38818	19966	51.4	10932	6047	16028	8479
2006	41091	24632	59.9	8003	4569	20738	13411
2007	48992	25064	51.2	10463	5105	29386	16170
2008	39990	22283	55.7	6477	3656	12137	6798
2009	47214	21234	45.0	7613	3162	29259	13197
2010	37426	18538	49.5	17525	7024	13259	8987
2011	32471	12441	38.3	6863	2840	16304	6599

资料来源：根据《中国统计年鉴 2012》整理所得。

从图 9.2 可以看出我国水灾与旱灾交替出现，在旱灾严重的年份水灾往往较轻；反之，水灾严重的年份旱灾较轻。而旱灾相对水灾对我国粮食产量的影响最大，在 1998～2003 年旱灾最严重的年份中，我国粮食产量也经历了连年减产。而我国旱灾、水灾成灾面积波动大，说明我国在对抗自然灾害的能力方面还有待提高。

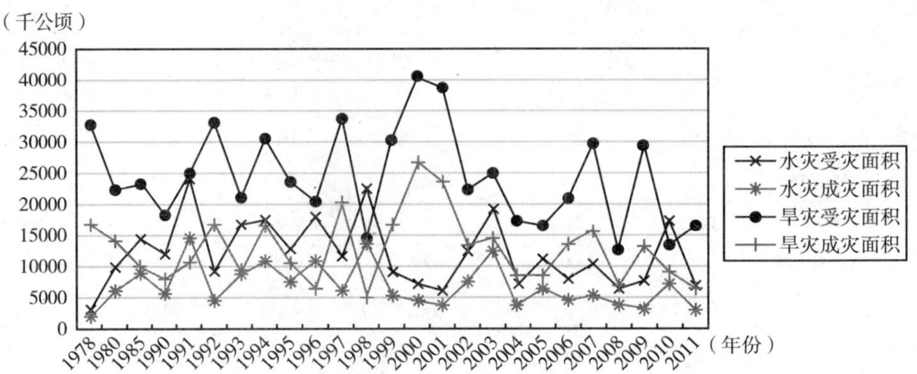

图 9.2　1978～2011 年我国农业水灾、旱灾受灾和成灾面积

土地荒漠化严重。我国是世界上荒漠化面积较大、分布较广、危害最严重的国家之一。由于失去了绿色植被覆盖，在风力侵蚀作用下，我国土地的沙漠化面积迅速扩大。

水土流失严重。《2007 年中国环境状况公报》显示，全国水土流失总面积为 356 万平方千米，占国土总面积的 37.08%，其中水蚀、风蚀面积分别为 165 万平方千米和 191 万平方千米。严重的水土流失导致耕地减少，土地退化；泥沙淤积加剧了洪涝灾害，影响水资源的分配和有效利用，导致干旱程度加重。[①]

中国的水土流失分布范围广、面积大。根据公布的全国第 2 次遥感调查结果，在水蚀和风蚀面积中，水蚀、风蚀交错面积为 26 万平方千米，侵蚀形式多样、类型复杂，水力侵蚀、风力侵蚀、冻融侵蚀及滑坡泥石流等重力侵蚀特点各异，相互交错，成因复杂。土壤流失严重，根据统计，中国每年流失的土壤总量达 50 亿吨。长江流域年土壤流失总量为 24 亿吨，其中上游地区年土壤流失总量达 15.6 亿吨，黄河流域、黄土高原区每年进入黄河的泥沙多达 16 亿吨。[②] 水土流失对耕地的危害是使土壤变薄，降低土壤有机质含量，土地质量下降导致农作物减产。

三、投入要素不合理与效率低下

（一）化肥因素

生态环境的污染不断加重，在农业生产中表现为化肥、农药及重金属的污

① 陈利．我国农业生态环境现状及保护措施［J］．农业科技与装备，2011（6）．

② 周峰．水土流失现状及保持对策［J］．水利科技，2010（6）．

染。由于农业化肥的不合理施用，使很多化肥流失，造成湖泊、水库、江河等水体富营养化，土壤性质改变，生产力下降，农产品品质下降等诸多影响。① 据统计，我国农业生产中主要的 3 种化肥利用率均非常低，氮肥平均利用率为 30% ~35%，磷肥为 10% ~20%，钾肥为 35% ~50%，化肥流失的途径主要是淋溶和挥发。② 每年遭受残留农药污染的作物面积达 12 亿亩，农药残留超标问题严重。

我国农业化肥施用量占世界化肥总施用量的 35%，化肥年施用量年均 5.9% 的增长率，一方面反映我国农业生产的发展，化肥施用水平的提高；另一方面又体现我国农民在化肥施用中存在化肥投入多产出多的错误观念问题，大量化肥有效成分不能被作物吸收，大量有机肥的流失反而造成环境污染。

从图 9.3 中也能看出我国化肥施用量呈现连年持续上升的状态。我国农业粮食总产量在这期间呈现先升后降、再上升的趋势。我国化肥的施用存在其不合理的一面。化肥价格指数与化肥施用量呈正比，这违背了经济学原理价格与需求呈反比规律，因为化肥价格尽管逐年上涨，但农民每年的化肥施用量却不降反升，而且耕地产出总量有一定限度，随着化肥施用量的增加，农业产出有边际产量递减趋势。而农业化肥施用量的连年增长究其原因在于以下几个方面：首先，我国多年实施的“优惠 + 补贴 + 限价”的化肥行业发展及农民利益保护政策是对市场经济的干扰，使得市场经济规律难以发挥作用。其次，在农民心目中，化肥是农业生产的必要投入要素，不会因为价格的上涨而降低对其施用，化肥需求具有价格刚性特征。这使得国家通过涨价或征收化肥税的政策来影响农民施肥的决策

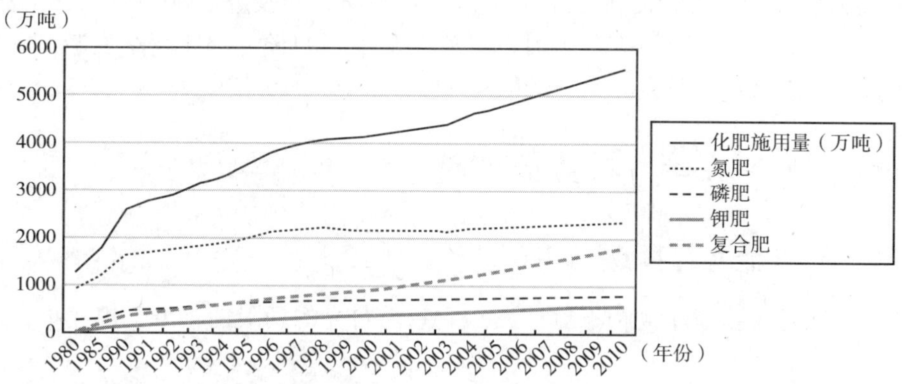

图 9.3　1980 ~2010 年我国农用化肥施用量

① 陈志伟．小流域土壤侵蚀遥感监测新技术研究［J］．亚热带水土保持，2008，20（4）．

② 张青松，刘飞，辉建春等．农业化肥面源污染现状及对策［J］．亚热带水土保持，2010（6）．

手段将会效果不明显。此外，国家对化肥价格的干预，给予化肥行业发展的支持政策导致化肥价格不能真实反映其成本，低成本的信号诱使农户过量施用化肥，这是化肥污染的主要政策性原因。[①] 耕地的污染需要花费更多的资金去治理以恢复耕地质量。增长的农业耕地的投入成本，压缩着本就已经微薄的农业生产效益。同时不合理的化肥施用浪费了生产资源，造成了多余的成本投入，还造成了环境污染。

（二）效率因素

我国农用机械动力的不断增长，农用机械使用量的不断增加，促进我国农业机械化发展。我国小麦机械化水平最高达到90%左右，水稻次之，玉米较低，只有40%，机械化水平的增强不断提高劳动生产率、减少从事农业的劳动者，进而降低农业人工成本提高收益，解决我国劳动力转移带来的农业成本上升问题。

目前，我国农业科学技术的贡献率只有48%，最终转换率仅有30%，均低于其他发展中国家。[②] 我国在农业特别是种植业，技术上仍有较大发展空间，发达国家科技进步对农业的贡献率可达60% ~80%，而我国仅有30% ~40%，并且从事农业科研的研究人员数量只相当于美国的1/9，欧盟的1/5，研究开发经费更是处于泰国和阿根廷以外的所有粮食主要生产国之末。[③] 耕地污染的加剧、土壤环境的恶化和自然灾害往往导致粮食产量的下降。目前，我国受重金属污染的耕地面积已达2000万~2500万公顷，每年因此减产粮食约1000万吨；全国1330多万公顷覆盖地膜的耕地年均残膜率为42%，残膜量达60~90千克/公顷，而土壤残膜量为58.5千克/公顷时，可使玉米减产11% ~23%，小麦减产9% ~16%，蔬菜类减产高达14.6% ~59.2%。[④]

四、相关人口、收益的问题

（一）农业人口构成

我国农业主要是小规模家庭经营，它有着自身的局限性，由于规模小，成本

---

① 黄文芳．农业化肥污染的政策成因及对策分析［J］．生态环境学报，2011，20（1）．

② Zhang Fengyun. The Basic Path of Modern Agriculture with Chinese Characteristics-Industry Nurturing Agriculture. Asian Agricultural Research，2011，No. 7，Vol. 3.

③ 宋伟良，方梦佳．贸易自由化对中国粮食安全的影响及对策研究［J］．宏观经济研究，2012（10）．

④ 杨曙辉，宋天庆，欧阳作富等．设施农业可持续发展面临的挑战与思考［J］．农业环境与发展，2011，28（3）．

高，劳动生产率低，农民从事农业生产相对收入就低。我国是农户土地经营规模最小的国家，户均土地经营规模不到0.6公顷，生产作物主要为粮食作物，农民收入不可能有较高提升。因此，相当部分的农民放弃从事农业生产，选择进入城市打工，即使每年上亿的农民工进入城市工作，农业部门仍然滞留大量从事农业生产的农民，而且劳动力结构老龄化、女性化日益严重。

我国农业妇女和51岁以上老人就业比重在1996年第一次农业普查时分别占到47.55%和18.5%；在2006年第二次农业普查时增长到53.2%和32.5%。妇女和老人占到农业总就业人口的85%以上。与第一代农民工不同，我国第二代农民工多数没有务农经历，并且没有回到土地上从事农业生产的打算。造成这种现象的原因是种粮的直接收益随着成本的增加而减少，而且务农相对于城市务工的收入下降，从事农业生产已经不是农户的最优选择。最直接的表现就是土地的直接撂荒和农业劳动的妇女化、老龄化。

（二）成本收益问题

2011年我国每亩粮食净利润最高的是稻谷，为371.27元，最低的是小麦，为117.92元（见表9.6）。粮食收益低下是农业青壮年劳动力离地进城务工的原因。

表9.6　2011年全国每亩粮食成本收益情况

项目	单位	三种粮食平均	稻谷	小麦	玉米	大豆
主产品产量	公斤	441.95	464.45	389.17	472.24	146.32
产值合计	元	1041.92	1268.25	830.2	1027.32	610.72
主产品产值	元	1020.19	1249.67	809.06	1001.85	597.48
副产品产值	元	21.73	18.58	21.14	25.47	13.24
总成本	元	791.16	896.98	712.28	764.23	488.77
生产成本	元	641.41	737.30	583.01	603.94	315.79
净利润	元	250.76	371.27	117.92	263.09	121.95
现金成本	元	399.68	487.56	370.25	341.28	238.18
现金收益	元	642.24	780.69	459.95	686.04	372.54
成本利润率	%	31.70	41.39	16.56	34.43	24.95

资料来源：根据《2012全国农产品成本收益资料汇编》整理所得。

我国农民的收入经历了一个低水平的停滞到稳步提高的过程。在新中国成立后，由于政治和政策等原因，农民停留在解决温饱问题上，农业生产剩余用于支持工业化建设；而在改革开放后，家庭联产承包责任制等农村改革措施的出台，使农民的收入水平不断上升。然而随着时间的推移，城乡收入水平的差距也在不断拉大，成为制约我国经济社会发展的一个难题。

（三）农民收入问题

1978年我国城镇居民可支配收入为343元，农村居民可支配收入为133元，但是到了2011年，城镇居民平均可支配收入为21809.8元，而农村居民可支配收入为6977.3元。城镇和农村收入的绝对数在拉大，城镇居民可支配收入增速明显，而农村居民可支配收入曲线平缓，收入增长缓慢（见图9.4）。

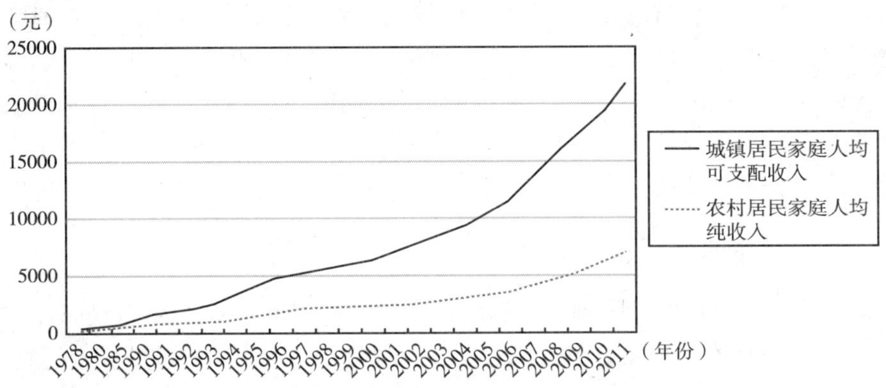

图9.4 1978～2011年我国城乡居民人均可支配收入

农村居民收入差距也有扩大趋势，而且差距大于城镇和农村居民平均可支配收入。如表9.7所示，将农村居民收入五等分，低收入组与高收入组的纯收入差额为12000元。其中高收入组的农民收入接近城镇居民平均可支配收入。农民的家庭经营收入所占比重最大，而转移性收入所占比重较低，表明农民种植作物的农产品销售价格的高低主要决定农民收入的多少，而转移性收入中主要为政府的财政性补贴，但是我国农民人口基数大，停留在农业部门就业人员占到总人口的40%左右，虽然第一产业产值占到GDP10%以下，与经济发达国家第一产业产值占GDP比重相似，但是只有产值与就业比重均低到10%甚至更低时才被认为是合理的。我国对农业支持的财政补贴连年增长，但是即使一个很大数目的财政补贴款平均到占全国一半人口的农民身上也显得很少。

表9.7 我国2010年按人均纯收入五等分分组的农村居民收入与消费统计 单位：元

指　　标	低收入户（20%）	中等偏下户（20%）	中等收入户（20%）	中等偏上户（20%）	高收入户（20%）
平均每人总收入	4420.54	6168.25	8462.41	11685.51	22278.15
现金收入	3497.95	5079.49	7227.26	10341.51	20782.53

续表

指　　标	低收入户（20%）	中等偏下户（20%）	中等收入户（20%）	中等偏上户（20%）	高收入户（20%）
平均每人总支出	5988.38	6224.84	7562.97	9486.27	15871.14
现金支出	5323.75	5557.71	6897.99	8826.03	15253.39
平均每人纯收入	2000.51	4255.75	6207.68	8893.59	16783.06
工资性收入	861.02	1792.19	2739.84	4083.7	6943.62
家庭经营纯收入	824.87	2018.59	2856.74	3947.58	7784.39
财产性收入	49.58	84.25	142.42	212.07	791.71
转移性收入	265.04	360.71	468.69	650.24	1263.35

资料来源：根据《中国统计年鉴 2012》整理所得。

五、入世后出现的新挑战

我国入世以来，农产品的供求关系不断发生变化，由于国际农产品贸易存在扭曲价格的现象，一些农产品进口大幅增加，挤占我国农产品市场和发展空间，农业市场的开放带来的波动风险增加；从城市化和工业化进程看，进口国外农产品的成本较低，导致我国某些农产品以进口为主，存在对外依存度上升，增加了国际农产品对我国发展进程的制约。

世界上的粮食贸易市场存在行业领头羊，如四大粮商等，具备寡头垄断的特征。而这些国际企业热衷于实现在他国的农产品垄断，赚取垄断利润。即使假设这些国际农业企业没有政治目的，但是少数农业企业寡头垄断一国农产品市场，会以利润为目标赚取垄断利润，而不会考虑一个国家的粮食价格是否平稳，人民生活水平等关乎民生的问题，从而对农产品市场造成冲击，引起农产品价格波动。对一个发展中国家来说，人民对粮食的消费已经占了总消费很大的比例，而粮食价格的上升会增加这一比例，吞噬这一国家过去几年甚至几十年的经济发展成果。

以我国大豆为例，我国大豆进口量连年创新高，在 2010 年达到 5480 万吨。而 ADM、邦吉、嘉吉、路易·达孚四大国际粮商控制了我国 80% 的大豆进口量，虽然国家继续执行大豆最低收购价格政策，但国内大豆收购价格高于进口大豆到港成本的状况依然存在，大豆压榨企业采购国外进口大豆的成本依然低于国产大豆，导致大豆市场价格下跌，冲击国内的粮油市场，加剧了粮油市场波动。① 在

① 张莉侠，张锦华. 跨国公司的扩张对中国粮食安全的影响与对策［J］. 农业经济，2012（10）.

粮种上，国际粮商以转基因种子控制我国的农种市场，在蔬菜种子市场中已经控制50%以上份额，东北玉米种子供应也在逐渐被国外转基因种子取代。在农业产业链经营模式上，我国企业还处于发展起步阶段，而国际粮商在产业链经营上已经驾轻就熟，在我国通过并购和拓宽产业链，逐渐达到控制农产品市场控价权的目的，我国的大豆、食用油等价格的控制权正逐渐丧失。

警惕我国变成他国农产品基地。6年前，日本三家世界500强企业共同出资在山东莱阳签订了涉及上千亩耕田的土地租赁合同，直接进入了我国农业生产环节，并拟将基地外展到3000亩，并且打算在全国“克隆”同样的项目。[①] 所以要当心国外对我国农业领域的“资本殖民活动”。

第三节　农业现代化的国际经验与教训

我国正处于农业转型阶段，闭门造车不如借鉴他国长处，这样可以少走弯路；同时要根据我国国情走适合自己的农业现代化发展之路。学习是一段取别人之长补己之短的过程，所以明确了我国农业在自然资源禀赋稀缺，存在生产效率低下的问题后，我们可以参照陷入中等收入陷阱的南美洲国家农业现代化中的问题与实现农业现代化国家的成功经验，避免农业发展中的问题，借鉴成功的方法，进而实现我国农业现代化，规避中等收入时期出现的农业与农村发展停滞与倒退。

一、走适合国情的农业发展之路

农业现代化的发展之路是由资源、人口、制度等因素共同决定的，并且随着农业化进程相应地进行调整以适应农业的发展需要。资源禀赋决定农业的发展路线，现在主要存在四种农业发展模式：美国为代表的规模机械化农业；日本为代表的集约化农业；西欧为代表的机械、集约并重农业；南美洲大农场与家庭小农并存的农业。事实证明，前三种农业发展模式均取得了成功，实现农业现代化，而南美模式是一种存在缺陷的发展模式。

美国模式。美国国土面积广阔，农业劳动力人口少，工业发达，劳工成本较高，所以走的是规模机械化发展道路。从机械化水平看，美国农业机械拥有量多，农用拖拉机多达438.9万台，收割脱粒机达34.7万台，机械化率高（见表9.8）；从集约化经营看，人均耕地面积多达65.2公顷/人，机械多使用大型农用

---

① 李伟．当前中国粮食安全形势与对策思考［J］．粮食论坛，2012（9）．

机器，每千公顷农用机械使用量较少，集约化经营程度不高（见表9.9）。这些特征均符合美国资本成本低廉而劳动力成本高的特征，适应于人少地多的国家和地区的农业发展道路。

表9.8　农业机械拥有量（2008年）　单位：万台

国家和地区	农用拖拉机	收割脱粒机	挤奶机
美　国	438.9*	34.7*	
荷　兰	14.4	0.6	3.8
以色列	2.1	0.02*	0.2*
日　本	187.7	95.7	16
韩　国	25.4	8.5	
法　国	113.5	7.7	20
德　国	76.7	8.6	25
墨西哥	23.9*	2.3*	
阿根廷	25.4	5	0.8
巴　西	77.7*	5.4*	

注：*为2007年数据。

资料来源：联合国FAO数据库。

表9.9　农业集约化经营程度（2008年）

国家和地区	平均每个农业经济活动人口耕地面积（公顷/人）	平均每千公顷耕地上拖拉机使用量（部/千公顷）	平均每千公顷耕地上收割机使用量（台/千公顷）	平均每千公顷耕地上化肥施用量（台/千公顷）
美　国	65.2	25.8*	2.0*	101.9
荷　兰	4.7	135.9*	5.3*	275.7
以色列	5.7	70.5	0.8*	272.1
日　本	2.7	433.9*	221.2*	278.2
韩　国	1.1	163.3	55	479.5
法　国	29	61.6*	4.2*	152.5
德　国	16.6	64.6*	7.2*	160.4
墨西哥	3.1	9.7*	0.9*	48.5
阿根廷	22.5	7.8*	1.5*	38.8
巴　西	5.2	12.7*	0.9*	165.4

注：*为2007年数据。

资料来源：联合国FAO数据库。

日本模式。日本国土面积狭窄，劳动力人口多，工业发达，走的是采用生物技术的集约型发展道路。从机械化水平看，农用拖拉机数量大，多达187.7万台，收割脱粒机95.7万台，机械化程度高（见表9.8）；从集约化经营看，人均耕地仅2.7公顷/人，机械种类繁多，多采用小型机具，每千公顷机械施用量大，集约化经营高（见表9.9）。这些特征适合人多地少的国家和地区的农业发展道路。韩国、荷兰也走的是这种农业发展道路。

西欧模式。西欧国家土地资源与人口数量均适中，工业发达，走的是机械与集约并重的发展道路。无论是从机械化水平看，还是从集约化经营程度看，发展水平均较平均，机械化程度高，集约化程度高于美国，但低于日本。这些特征符合人、地资源平均的国家和地区的农业发展道路。以西欧国家，法国、德国为代表。

南美模式。南美洲国家地域广阔，基本处于中等偏上收入国家水平，城市化水平高但工业化水平较低，经济发展陷入停滞。从机械化和集约化经营看，南美洲国家在国土面积较大的情况下机械使用量相对较少，机械化程度低；而单位农业用地上机械使用少，化肥量使用低，集约化程度不高，这些特征可以看出南美洲国家对农业的重视程度低，要素投入不足，农业发展也必然受阻。

从上述四种模式中可以看出，在地广人稀，工业发达，劳动力资源稀缺的国家，要从农业机械化起步，以提高劳动生产率；而在人多地少的国家中，就要节约土地资源，提高单位面积的土地产出率，所以一般采用生物技术起步；而西欧国家则介于两者之间，便可以同时采用机械化和生物技术两种方式。因此资源禀赋决定了一个国家农业的发展道路。我国人多地多，从各个特征看，我国资源禀赋特点与日本相似，所以在今后一段时期我国应当走生物技术的集约化农业。

二、拉美国家的经验教训

南美洲国家采取的大农场主与散农的道路在后来的发展中暴露出了很多缺陷，农业边缘化，农民贫困，两极分化，过度城市化等。

（一）墨西哥

墨西哥人均收入在1万美元左右，接近发达国家标准。现在墨西哥国内普遍的反应是，国内的经济增长并没有使人们得到相应的生活质量提高和社会福利增加，尤其是农民饱受农业发展的痛苦。

与现状相反的是墨西哥过去传统农产品在国际上曾经占有很大优势，例如玉米、大豆等。但是在墨西哥加入北美自由贸易区（NAFTA）后，尤其是2008年实行全面自由化政策，农产品关税进一步降低，本应从国际贸易中得到好处的墨西哥农业，优势却逐渐丧失，农业从加入协定以来严重受创，使得农业状况持续恶化。原因在于墨西哥农业无法与美国现代农业竞争，造成国内农业生产萎缩，农产品转而由美国农产品取代，墨西哥农产品从净出口国转而成为净进口国。农业的受创导致农业产业边缘化，农民教育的缺乏、科技投入少、高成本的墨西哥农业面对美国农产品低价竞争，其相对落后的农业生产方式显得不堪一击。后果也是相当严重的，一方面，农民被迫放弃农业生产，进入城市谋生，引起一系列城市和农村问题；另一方面，墨西哥国内农产品需求对国际依存度加大，国内粮食供给受制于国际市场，一旦出现国际粮价大幅上涨或者粮食短缺，对墨西哥国内的经济和社会发展都会造成极大冲击。最现实的例子便是2007年墨西哥的玉米危机，上万农民、工会代表和左派人士持续的游行示威。

墨西哥政府职能的缺失是造成农业危机和衰落的主要原因。墨西哥本着自由市场原则没有执行强有力的价格调控和管制政策，导致投机商大量囤积、哄抬价格，从而导致了玉米危机的爆发。墨西哥虽然也推出了农业支持政策，但是政策效果并不好，大部分农业补贴没有真正惠及农民，而是进入了大资本家和大农场主的手中。根据瑞兹博士的报告——《补贴的不公平性：墨西哥加入北美自由贸易区以来的玉米政策》，1994年以来，墨西哥对农民的现金直补累计达到200亿美元，是拉美国家中补贴最高的。但10%的大农场主得到80%的农业补贴，众多的小农户很难享受到农业补贴。同时，墨西哥的主要财政收入由中下层民众承担，这又加大了贫富两极分化，从而带来农民阶层的贫困与社会的不稳定。

墨西哥农业的衰落还与其不平衡发展战略相关。墨西哥的高城市化率是和农村和农业土地占用导致的失地农民相联系的。落后的农业无法保护农民对抗国际农产品竞争，而失地农民进入城市后，又没有充足的工作机会，造成失业和贫困等问题。农业化与工业化、城市化的不平衡发展战略导致了国家经济、社会结构的失衡，国家和中下层民众的长期贫困，没有了土地保障的失地农民进入城市，又缺乏必要的城市社会保障，造成了“大城市病”等问题，多数农民只能生活在与贫困相伴的贫民窟。①

（二）南美洲国家

南美洲国家自然资源丰富，尤其是用于农业生产的水、热、土地等资源。但是在这个农业资源丰富的土地上，却出现农业发展长期停滞，农民生活贫困与城市贫民窟大量出现等问题。在城市化进程中，不平衡发展似乎成为了南美洲国家的通病。

20世纪50年代，南美地区平均对农业的财政投资仅占5%，随着时间推移这一比重却一直下降，重视城市、工业发展而轻视农业的发展战略迫使农民在贫

---

① 徐世澄．墨西哥农业发展的经验与教训［N］．中国改革报，2007－04－18.

困中走进城市，农民离开农村成为向城市迁移的主体，而不平衡发展的高城市化后果就是城市贫民窟的出现。

农业、农民问题的出现还与南美洲国家普遍实行的出口替代发展战略相关，政策和资本向城市和工业倾斜，忽视了农业的发展，农业、农村地区由于缺乏政策支持和资本投入，导致了农业发展出现问题。同时期，南美洲国家的土地私有占用已经极不公平。每个国家的小农场和大庄园所占土地比例虽然不等，但都无一例外地显示小地产所占农场数量大大多于大庄园，而大庄园所占有的土地面积远远高于小地产。以哥伦比亚为例，占全国农场数只有1.3%的大庄园占有全国近一半的土地，而占全国农场数64%的小地产只占有全国土地的4.9%。这里所说的小地产大多是规模最小的农场，充其量只能为单个家庭提供就业机会。粮食及农业组织（FAO）估算，1970年前后，拉美7%的最大地主占有77%的土地，而60%的最小土地所有者仅占有4%的土地。而在乌拉圭，根据1956年人口普查提供的材料，全国有534个大庄园，每个规模都超过12250英亩，总面积覆盖了全国73.53%的土地；而面积在25英亩以下的小地产有103633个，仅占全国土地的2.34%。[①] 南美洲国家农业的问题在于少数人拥有大量土地，大片土地被闲置而不准许少地、无地农民去耕种，与其他形式的农场相比，这种大农场和家庭小农并存的大地产制极不合理，导致生产效益低下，阻碍社会生产力的发展。几百年来，尽管其经营方式有所变化，但这种土地制度二元结构几乎没有被触动。[②]

（三）经验教训总结

1. 缺乏农业政策支持。拉美国家农业均处于弱势地位，这与农业经济效益低分不开，但是农业是一个基础部门，它的发展需要国家的政策支持。政策支持包括确立农业发展地位，资金投入，财政补贴，技术支持等全方位的支持。这种支持还要随着发展的变化相应改变，例如在加入国际贸易协定后，为了应对新出现的国际农产品竞争等新情况，要出台相应的政策措施应对新问题、新挑战。缺乏政策支持的农业很脆弱，在发展中很难实现现代化，在国际竞争中也相对处于劣势，导致国家粮食安全问题突出，而立足于农业发展的农民处于贫困状态，也不利于国家的社会经济发展。

2. 城市化、工业化与农业发展不平衡。事实证明，实行不平衡发展战略是行不通的，偏向工业化、城市化而轻视农业发展的战略是存在缺陷的。高度的城市化与工业化可以带动经济增长，但部门发展的不平衡是一种无发展的经济增

① 徐明．国际反贫困经验［J］．农村工作通讯，2008（7）．

② 洪国起．拉美国家社会贫困化的历史根源刍议［J］．江汉大学学报，2006（2）．

长，农民的贫困导致失地和少地农民离开土地而进入城市，过度的城市化导致人口集中，生活环境恶化，形成“贫民窟”。而这种不平衡发展战略造成的城市、农村、农民问题就是城市、工业与农业发展不平衡的结果。

3. 农民贫困与效率低下。拉美国家农民普遍处于贫困状态，农业发展被轻视是其根源。在国际贸易竞争中或被国内大农场主垄断中逐渐衰落，这些地区自然资源条件优越，劳动力充足，但是大农场主垄断农业生产要素，而处于多数的农民逐渐失去土地，导致大片农业用地闲置，生产效率低下；而处于生活贫困状态下的农民，在科技和资金投入都有限的状况下，农业产量难以提高。农民成为贫困的主要人群，生存状态令人担忧。

三、发达国家农业化成功经验

从国际看，农业现代化不仅是物质装备和生产手段的现代化，还包括技术变革和制度革新。从已经完成农业现代化的国家的现状看，现代农业生产装备和生产技术相当完善，科技的研发和推广起了重要作用，而且形成了完备的社会化服务体系、支持和保护体系等。

（一）荷兰

荷兰农业的发展和效益的提高，得益于科技的进步和普及。农民深知科技对农业发展的重要性，农民在推动农业科技研究方面起到了重要作用。农民构成的合作组织投入很大力量参与农业科技研究，并且有专业化的研究室，研究实验室里有装备精良的仪器和完备的数据库与计算机网络。其研究层次之深甚至农渔部和国家信息系统也会从实验室中获取相关数据。荷兰在农业科技方面的投入也离不开政府的支持，荷兰农业科研经费60%以上来源于政府财政。正是有政府持续、稳定的财政支持，加上民间、企业的投入，使得农业科研技术水平持续上升。荷兰的农业科研水平达到世界先进水平，许多研究所和实验室在世界范围内享有很高的声誉，其强大的竞争力不言而喻。荷兰农业经济研究所有其独特之处，其力量之强，威信之高，甚至能直接参与国家决策。荷兰还有大量高素质农业科技人员，他们在国际学术活动中十分活跃。无论是在国际学术会议上，还是在重要的学术期刊上，荷兰学者的名字比比皆是。

农业专业化可以提高效率，只有高效率才能在竞争市场中获胜。高质量可以赢得产品，而人的知识和技能又决定产品质量，所以需要高素质的人才从事生产。荷兰国土狭小，自身资源十分有限，与周边国家资源禀赋无法相比，这些条件决定了荷兰农业生产和经营方式不同于其他欧盟国家，荷兰大部分是专业农场，其中有些小型农产组成合作社，而合作社的作用就是集合小农场的力量并以大型供货单位的面貌出现在市场上，增强了农民在市场面前的力量，使其可以获得较好的价格，赚取利润并且减少风险。合作社的种类还不仅于此，购销肥料、农药等，也都有专业合作社。农民可以同时参加许多个合作社。总的趋势是使合作社合并、扩大，以增强在市场的竞争力。如奶类合作社原来有 30 多个，现在已经大大减少，3 个最大的合作社占有市场份额将近 80%；淀粉用和种用的马铃薯各有 1 个，分别占有 100% 和 70% 的市场；肉类屠宰和甜菜各 1 个，都占了市场的 40% 以上。①

（二）以色列

以色列农业科研与推广体系是由政府主导，政府在农业科研与推广中占主体地位，也是农业科研和推广的主要执行者和融资方，采取“自上而下”运作方式。

以色列采取由全国农业科技管理委员会统一管理的科研体制，农业科技管理委员会由农业部、农业科研与技术推广机构、农民组织等机构组成，主要职责是制定全国农业科技政策、确定科研主攻方向和领域、审批全国农业科技计划。国家农业部下设农业首席科学家办公室，负责起草农业科研与发展政策草案，发布农业科研项目指南，落实、监督、跟踪、评估科研项目的执行情况。以色列农业科研机构主要由独立的公益性研究机构、农业科教机构和公司类社会研究机构组成。公益性研究机构主要有农业研究组织（ARO）、韦斯曼科学研究院以及与农业有关的专业研究所。

以色列农技推广服务体系由政府农技推广、私营农技推广、农业专业协会推广和农业教育培训机构推广系统组成。以色列政府将农技推广定性为公益性事业，政府在农技推广系统中发挥主体作用。以色列农业科技推广体系由国家农业技术推广中心和区域推广服务中心两个层次组成：国家推广中心负责收集、核查和分析各种来源的农业研究试验成果，并把这些成果传递到各区域推广中心；区域推广中心主要负责将总部确定的试验成果传递给农民，并向总部反馈推广效果和需要解决的问题。根据不同农业生态区域条件，成立了 9 个区域性推广服务中心，负责本区域的技术推广工作和与农业科研的相互衔接，在行政上和业务上接受国家农业技术推广中心的领导和指导。②

（三）日本

经过协会主导模式长期实践与发展，日本形成了以农民合作组织为纽带的农

---

① 刘从梦．荷兰农业发展的经验教训［J］．和谐论坛，2008（5）．

② 李建军．以色列农业科技简况［J］．中国农村小康科技，2007（9）．

业科研与推广体系，政府和农民合作组织相协同，采取“自下而上”的运作途径，做到农民需要什么就提供什么服务。

日本农业科研工作主要由日本农林水产技术会议进行管理与指导，其中科研经费支出是一项重要内容，对地方和其他农业科研单位给予资助；它还起到一个联系人的作用，负责对农业行政部、局与科研机构之间进行联络与协调。日本的农业科研机构主要由国立与公立科研机构、大学、企业等几大系统组成，日本农业科研机构由农林水产省农林水产技术会议直接领导和协调，具有专业齐全、布局合理等特点，在全国农业科研系统中居主导地位。日本国立农林水产研究机构是日本的国家级农业科学研究机构；地方公立农业科研机构主要是面向本地区，属于区域性应用研究开发性机构，为本区域农业发展提供技术支持和开展技术推广与服务；日本民间企业农业科研的研究范围是那些具有良好应用性的开发研究项目。

日本的农业科技推广有两套系统：一是政府机构组成的政府推广体系；二是农协推广服务机构。农协推广服务从农户的基本需求出发，做到农户需要什么就相应提供什么帮助，这种农技推广模式，有效地满足了农户的需求。在具体农业科技推广方面，农协营农指导员会深入到农业生产一线，对科技普及起着重要作用。营农指导员设定推广课题制订推广计划，按计划开展工作，然后进行评估，再将评估结果反馈到下一个推行计划之中。一方面能及时地将科研成果转化为生产力；另一方面，避免了科研、推广工作的盲目性，提高了效率。农民在使用新技术的过程中，将遇到的问题和需要改进的具体要求反馈给营农指导员，营农指导员再反馈给专门技术员，最后由专门技术员反馈到有关研究机构，经改进提高后再通过上述途径反向传回到农民手中。①

日本经济现代化程度高，成熟的工业和现代装备制造业可以补贴农业，这就为支持农业的迅速现代化提供了可能。日本是世界上少数几个对农业实行高补贴的国家之一。1986 年，世界各国政府发放的农产品价格补贴总额约为 1100 亿美元，其中日本一个国家就高达 400 亿美元，占 1/3 以上。1990 年，日本中央财政的农业预算支出为 23784. 7 亿日元，其中用于各类农业补贴的支出竟占近 70%。另据经合组织调查，2000 年日本农业的补贴占 GDP 总额的 1. 4%，而当年的农业总产值才占 1. 1%，即农业补贴超过农业总产值。从农户的年收入来看，日本农户年收入的 60% 来自政府的各种补贴。②

---

① 王建明. 发达国家农业科研与推广模式及启示［J］. 农业科技管理，2010，29（1）.

② 卢荣善. 经济学视角：日本农业现代化经验及其对中国的适用性研究［J］. 农业经济问题，2007（2）.

（四）经验教训总结

1. 农业支持政策。从上述三国中可以看出，农业部门在国民经济发展中一直处于高度重视的地位。在财政资金使用、科技投入与推广和农业补贴等方面都有很大投入，日本财政对农民的补贴总额甚至超过农民的收入；农业科技的研发与推广中，政府起到领头雁的带动作用，以国家为主体带动大学、企业和相关科研机构，而不是政府和国家包办一切；农业补贴全面，对农业的补贴包括基础设施建设、购置农业现代化设备、农业贷款、农产品价格和保险等，绝大部分由政府财政承担，需要农户支付的比重很小。

2. 促进农业科技的发展和知识创新。科学技术对提升生产效率起着举足轻重的作用，耕地产出率呈现边际递减的趋势，科技要素的投入可以提升耕地产出，提高效率，减小生产成本。发达国家均重视农业科技的研发与投入，从财政支出中就有专项的研发资金，大学、科研机构也有专门从事农业研发的实验室，其中许多研究机构不仅负责科技的研发，有的还在国家农业政策制定中拥有话语权，甚至涉及农业政策的制定、审批等。

3. 农业合作组织。农业生产最多的是小规模家庭生产，而规模化生产可以提高效率，在此情况下，要实现家庭生产的积极性和规模效率生产的结合，农业合作组织应运而生。合作社不以盈利为目的，全心全意为农民服务，有效地解决了单家独户所解决不了和解决不好的生产经营和生活问题。在分散的农户与大市场之间架起了桥梁，克服了家庭小规模经营的局限性，极大地提高了农业的经营效率。

我国未来农业的现代化发展之路，应该根植国情，吸取国内外发展的教训，借鉴发达国家的成功经验，特别是日本等资源禀赋相似国家农业的经验，在恢复和改善农业生态环境的基础上，进一步提高我国农业劳动生产率，满足我国居民需求、工业化和城市发展的农产品需求，实现现代农业持续发展。

第四节　夯实国家安全的农业措施

一、走新型农业现代化道路

（一）效率是增收的关键

加强对我国农田的改造升级工作。我国中低产田占到全国农业耕地面积的70%，仅仅将中低等地的耕地质量提升到高产田这一项措施就会大幅增加我国粮食产量，虽然耕地质量升级改造是一项涉及土、水、肥、基础设施等多项措施的综合工程，高产田改造有着分散、组织管理困难等问题，但是，我国小规模家庭经营特点和优势也在于，改造分散式耕地的工作可以采用引导方式，由农民自行升级改造耕地。这就涉及对中低产田进行清理，配套使用专项资金和人员，相应分配科技工作人员，用于建设高产田。

我国农业在投入问题上面临的重大问题之一是：劳动力的低成本优势在丧失，土地成本在上升，农业投入和机械投入成本在上升，造成中国农业的高成本。

技术进步和改进现代投入效率，可以降低农业投入成本。根据我国土地类型复杂、农村经营规模小、区域差异大、不同农产品对机械的需求不一致的特点，应制定差别化的农业机械发展政策。在生产要素投入上不能继续保留高投入高产出的错误发展观念，我国化肥使用严重超标，不仅对粮食增收效果不明显反而还造成了化肥对土地和河流的污染，如果治理土地与水污染的投入算做农业生产中，那么农业的生产成本还将会更高。所以在化肥、地膜等使用时应配备相关的科技人员走进田间地头的生产一线，指导农民进行生产。

（二）农业科研体系建设

确保农业的持续发展，保障农产品的稳定供给，最终实现农业现代化，根本方法在于科技。要加强科技的研发投入并将科技成果引入到农业生产中，让科技成为提高农产品产量和生产率的动力，就是要增加政府财政对农业科研的投入，鼓励社会资本的技术开发，最终建立以政府为主导，社会各方面广泛参与的多元化农业科技研发体系。

首先，必须明确中国农业科技机构的公益性质，并通过各级政府的财政投入，支持这些机构的发展。要明确政府对农业科研管理的领导工作，国家有关部门联合组建全国农业科研教育推广协调委员会，从宏观上协调全国农业和涉农科研教育推广单位。要制订国家农业科研计划，引导科研方向，保证科研经费，逐步通过政府和立法对农民进行教育，普及推广农业技术。为了提高农业科研的整体水平，要借鉴国外农业科研体制设置的经验，加强地方研究机构之间的横向联系，加强中央农业研究机构和高等农业院校、综合性大学、农业企业、农民组织以及国际农业研究和教育机构的联系，鼓励农业研究机构间的科研协作。通过国家农业重点实验室、重点学科建设，结合重大科技计划和人才培训计划，以任务带动人才培养。同时，加速造就一支由学术带头人、农业技术推广人才、农业科技企业家、高素质农民等组成的农业科技队伍，加强农业科研管理，采取多种形式提高农业科研力量。

其次，引导企业参与农业科研和推广。面对市场，创造条件，让企业、科研机构参与到农业科研中来，为解决这一问题，一是要从体制上解决农业科研和推广机构多头管理权责不分的问题，明确各级农业科研和推广机构由同级农业主管部门统一领导；二是要完善对农业科技机构的考评和奖励机制，推动研究和教育机构加强与企业的结合，促进科技成果转化应用；三是创造有利于企业参与公有性科研机构转制的环境，积极调动企业和农民的积极性，建立以政府为主导的多元化农业科研体系，促进科研成果的转化。

（三）坚持粮食安全战略

我国人口数量大，现在又处于工业化、城市化进程中期加速发展阶段，农业对工业、城市的支持作用显得尤其突出，农业的健康发展提供的稳定环境可以保障经济和社会发展，提供持续的动力，这就需要我们在面临各种问题时，将保障国家粮食安全放在首要位置。

要保障国家粮食安全，就必须夯实我国粮食安全的微观基础，也就是通过粮食和农业支持政策，将农户的种粮行为导向国家粮食安全的战略目标。政府应当设计一套粮食收购价格程序，以较高的价格收购农民粮食，然后以平价出售粮食。这样既避免粮价提高给整个商品体系造成过度冲击，减少对城市、工业和人民生活的影响，又能提高农民种粮的积极性，从而保障国家粮食安全。①

二、培育新型农业经营主体

发达国家的农业现代化，主要的并不在于它们家庭经营中农业手段现代化，而在于那里有发达的社会化服务体系，有活跃的各类农民专业合作社，有发达的农产品生产、加工、销售的一体化网络。

（一）合作社的必要性

我国农业生产多是小规模家庭生产，它本身有很多局限性。例如，规模小，劳动生产率低，农产品成本高，农民从事农业的相对收入低等。我国农业家庭经营存在一种趋势，随着农村劳动力持续向外转移，必然伴随一个土地不断向种田能手集中，土地经营规模逐渐扩大的过程，这是我国农业现代化的必然趋势。土地流转可以扩大土地经营规模，但在流转的过程中，不提倡工商企业大面积、长时间直接租种农户的承包地，以防止在农业人口大批转移之前大规模土地兼并在全国出现。我国从 1992 年提出了农业产业化，框架是农业龙头企业加农户，基本内涵是联合分散的农户，实现规模的生产，从而降低生产成本和交易成本，在

① 罗拥华．国家粮食安全的微观基础——农户种粮投入行为［J］．价格月刊，2012（8）．

农民生产的同时，使农业生产向下游延伸，实现农产品生产、加工、销售的一体化经营，提高生产的稳定性，从而实现农民增收的目的。

（二）合作社的职责

合作社的作用就是整合小规模的农业生产家庭。合作社以农民代理人的面貌出现在市场上，增强了农民在市场的地位和讨价能力，可以获得更高价格，并且减少风险。专业合作社分为多种，农民可以参加多个合作社，这些不同的合作社分别负责购销肥料、农药、指导种植等。合作社总的趋势是合并、扩大，以增强市场的竞争力。

合作社的作用还体现在科技的推广上。推广服务体系由政府、企业、合作社推广系统组成，其中政府在科技推广系统中发挥主体作用。国家推广中心负责收集、核查和分析各种来源的农业研究试验成果，并把这些成果传递到合作社，合作社主要负责将确定的试验成果传递给农民，并向总部反馈推广效果和需要解决的问题。根据不同区域的农业生产条件，成立多个区域性推广服务中心，中心与各个合作社相联系，负责本区域的技术推广工作和与农业科研的相互衔接，在行政上和业务上接受国家农业技术推广中心的领导和指导。

合作社要从农户的基本需求出发，起到一种按需提供服务的保障作用。在选种、购买农具、化肥、种植、科技推广使用、销售等方面提供从生产到销售的一体化服务。

（三）增加农民收入

在党的十八大发展报告中，我国 GDP 和人均收入目标要在 2010 年的基础上在 2020 年实现翻一番的目标。农村平均人均可支持收入在 2010 年约为 6000 元，那么按照规划我国农村人均可支配收入在 2020 年将达到 12000 元。GDP 增速按照平均 7.2% 发展速度可以实现翻一番的目标，那么农村居民收入至少年增长在 7.2% 的水平才可能实现。依据农村居民平均可支配数据可知，农村居民收入增长率多数在 10% ~15% 之间，远远多于 7.2% 的最低要求，所以实现 2020 年农村居民收入翻一番的目标是基本可以实现的，而且超过翻一番的目标的可能性也很大。所以农民平均可支配收入在将来的一段时期内甚至更长的时间内都将是增长的。

合理的收入不仅在于收入的持续增长，还应表现在多数人收入水平的趋同上，就是提高低收入群体收入水平，扩大中等收入群体规模，形成橄榄形社会。如果按照党的十八大提出的收入增长目标，到 2020 年，城镇居民平均可支配收入将达到约 40000 元；农村居民平均可支配收入将达到 12000 元，城镇居民和农村居民平均可支配收入的绝对差距将从 2010 年的 13000 元扩大到约 28000 元。

在收入翻一番的情况下，收入差距却翻了一番还要多出2000元。如果要使农民合理的收入要在保持增长的情况下，同时缩小与城镇居民的收入差距，这就需要农村居民的收入增长率要长期高于城镇居民的收入增长率。

三、“三化协调”与农村劳动力转移

（一）“三化协调”

南美洲国家的经验教训告诉我们，要实现经济的发展要做好农业现代化与工业化、城市化的协调工作。三个部门都很重要，发展要适应社会经济发展，而且要相互之间的配合发展，国家经济才会健康稳定。轻视农业发展会导致农民贫困，过度城市化等问题，“城市病”，贫富差距拉大，社会动荡，这些都是没能有效解决农业发展与工业、城市协调发展的问题。

我国经过长期的工业化进程，现在已经进入以工促农，以城带乡的阶段，农业部门的弱势地位决定了它在发展初期需要大量的资金、科技、人力、物力投入。农业为工业提供了原料，而工业部门可以为农业提供机械工具，它们的发展是一种相互促进的关系，工业部门与城市部门率先实现了现代化，而农业部门发展的滞后造成了南美洲国家发展的困境。所以在我国完成工业化与城市化时要争取农业现代化基本完成。这不仅是工业、城市发展对物质的需求保障问题，也是有关上亿农民的收入增长问题。

（二）做好劳动力转移工作

农业现代化进程必然伴随着农业人口向城市的转移，土地是农民的基本生产资料，起到生活保障作用。因此要解决好农民向城镇居民的转变。

农业的现代化进程可以提高劳动生产率和土地产出率，而我国停留在农业生产的人口太多，随着农业的发展，尤其是科技和机械的不断投入，劳动力还将不断地从农业部门分离出来，并进入工业部门，为工业化的发展继续提供劳动力，而农产品产量的提升也为工业部门和城市提供了更多产品。城市化进程就是不断吸收农村人口转移到城市的进程，我国在农业发展进程中，带来的劳动率的提高会不断减少对劳动力的需求，而城市化带来的居住地和生活、工作方式的改变也可以吸纳从农业分离出来的劳动人口。

将农民从农业部门分离出来是扩大农业家庭生产规模的有效方式。因此农民的转移安置工作是关键。随着我国城市化进程，大部分农民成为城市居民是大势所趋，但是相应的农村居民向城市居民身份的转换机制尚不完善，现在农民工在城镇更多的诉求是居住、社保、医疗和教育等方面与城镇居民同样的待遇。在社会转型的关键时期，农民融入城市生活是顺应社会发展要求，是大势所趋。要建立基本公共服务均等化，深化户籍制度改革，推动农民融入企业、社区、学校，农民群体真正融入城市社会的城市化。在推动农民融入城市生活中时，要加快调整产业和城镇布局，引导人口合理分布，我国农民向城市流动，不可能全部靠东部经济发达地区来吸引如此大量的农村移民，需要相应推动产业结构升级，将东部地区劳动密集型产业转移到中、西部地区和中小城市，为更多的农民就近转入城市生活创造条件。

四、坚持农业扶持政策

（一）深化支持农业政策

我国从2004年起粮食产量不断增长，实现连续九年增产，在此背后是我国的农业扶持政策作为推动力，国家每年都会出台关于农业发展措施的文件，统称为“中央一号文件”，这些对农业发展起到了指导作用。加强“三农”工作，采取取消农业税，增加良种直补、粮食直补、农机具购置补贴、农资综合补贴，实行粮食统一收购价等，形成了一系列支持粮食和农业发展的举措。我国用于“三农”的支出从2004年约1694亿元增长到2011年的1万亿元左右，年均增长20%左右。国家财政总收入已经超过10万亿元，但从总量上看农业支出比重仍然较低，应逐渐增加农业支出占财政总支出的比重，而增加总支出比重就要使财政用于农业的支持大于总财政增长率，国家财政收入平均增长率为20%左右，现在用于农业的支出增长率正好持平，所以用于农业的财政支出的增长率平均要大于20%，在支出总量上和占总支出比重上都要增长。

（二）区域间政策倾斜

我国农业发展程度地域差距大，特点鲜明。在北京、上海等地区，农业发展水平较高，机械化、现代化程度高；而东北三江地区农产区商品化、计划水平高；而中西部农业发展缓慢、水平低。东部由于土地稀缺，外来和国内资本流动充分等，农业资本投资较中西部容易，因此农业扶持政策应更多向中西部地区倾斜，尤其是中部农业主产区和东北商品粮生产基地。有的地区是在牺牲工业化发展进程的情况下进行农业生产，这种不公平发展应当在政策和财政支持中给予倾斜补偿。

（三）开拓国际生产地

我国18亿亩耕地红线不能破，而且西部尚存在未被开发的可耕土地，在提高土质和解决农业用水问题后，可将这些土地合理地开发出来用以解决粮食问题。而近年来一些粮食净进口国家为了保证本国的粮食供给，开始向其他国家购买、租用农业用地，这逐渐形成了一种解决粮食的办法。① 鉴于我国农业资源较为紧缺而许多国家农业资源较为富余的对比，我国有极大的需求和推动力推动农业“走出去”，充分利用国际上土地资源、水资源，参与国际农业分工。民企在巴西，黑龙江农民在俄罗斯，山东农民在非洲等地都有租地案例。

国际农业资源的开发使用状况是发展中国家现有可耕地面积约28亿公顷，其中已耕地种植面积为9.6亿公顷，其余的18亿公顷尚未耕种土地中，约90%集中在南美洲和撒哈拉沙漠以南的非洲地区。然而，这部分土地尚不能全部视为耕地储备，45%位于林区，12%位于自然保护区，3%位于人口居住区以及易于遭受疾病侵袭地区。剔除上述60%不太适宜耕种的耕地，发展中国家尚有7.2亿公顷可耕地，具体到国家，赞比亚有3718万公顷的土地没有开发，巴西1.5亿公顷土地尚有60%待开发，俄罗斯5000万公顷中2665万公顷未被利用。② 我国土地资源紧缺，而国外资源丰富的情况下，实现农产品来源多样化更能有效保障我国粮食安全。但是这么做也有一定风险，存在海外资产安全风险和成为外国的政治筹码的可能性。因此，需要根据我国的国际关系环境，选择风险最小化的国家和地区进行农业生产投资的可行性进行研究。

---

① 宋伟良，方梦佳．贸易自由化对中国粮食安全的影响及对策研究［J］．宏观经济研究，2012（10）．

② 国务院发展研究中心农村经济研究部课题组．中国特色农业现代化道路研究［M］．北京：中国发展出版社，2012.

第十章　促进经济、资源环境[①]协调发展　建设美丽国家

改革开放以来，我国保持了持续高速的经济增长，居民人均收入也不断提高，我国从一个人均不足300美元的低收入国家成功发展到“中上等收入”水平的国家。但是这些成就的取得是建立在高污染、高消耗的基础之上。我国在过去30年的高污染、高消耗的经济增长过程中，使土地、资源、能源等经济增长要素的成本不可避免地迅速上升，边际报酬不断下降，建立在资源环境高消耗基础上的发展模式的优势不断减少，资源环境对经济增长的约束性也表现得越加明显。这造成我国经济增长动力不足，增长方式不可持续，使我国面临着陷入“中等收入陷阱”的风险。那么我国一定会陷入“中等收入陷阱”吗？答案是否定的。我国政府已经意识资源环境的潜在危机，并对此十分重视。党的十七大时，“生态文明”已被写入报告中，十二五规划中“绿色发展”独立成章，党的十八大报告将“生态文明”纳入中国特色社会主义事业总体布局，将其提升到了更高的战略层面。我国政府对资源环境问题十分重视，并采取一系列的积极措施，这对缓解我国资源环境压力起到了一定的成效，但是仍存在不足之处。我国应该借鉴国际治理经济、资源环境失调的经验教训，尽快转变发展方式，协调经济、资源环境之间的关系，规避“中等收入陷阱”的风险。

第一节　经济、资源环境的协调发展

众所周知资源利用、环境保护和经济增长三者之间既相互支撑又相互制约。资源环境为经济系统中的生产、分配、交换和消费过程提供物质基础、能量，并且消耗分解人类活动产生的废弃物，是经济转型和经济发展的内在机制和动力。在资源环境为人类提供赖以生存的条件的同时，也影响着人们的生活、生产方

---

① 本章中资源指可耗竭性自然资源，书中对资源问题的研究主要集中在能源的可持续利用；环境指人居生活环境，主要是人对自然环境的影响。

式。资源的有限性和环境污染都制约了人类经济的发展。针对不断出现的能源短缺、气候变暖、环境污染、粮食危机等问题，国际社会提出“绿色发展”的倡议，即欲从根本上解决此问题，协调经济、资源环境和谐发展是唯一的途径。作为一个有责任心的发展中大国，我国积极响应号召，勇于承担减排责任，为全球可持续发展而努力。同时，我国的基本国情也决定了协调经济、资源环境发展是必要的。经历了30多年粗放型的经济增长，资源的有限性和环境污染对我国经济增长的约束表现得越来越明显。这使正处于“中上等收入阶段”的我国，有陷入“中等收入陷阱”的风险，我们必须转变发展方式，规避风险。

一、经济、资源环境之间的关系决定经济、资源环境协调发展

资源利用、环境保护和经济增长既相互制约又相辅相成，经济转型、经济发展与资源环境都密不可分，环境资源的可持续发展离不开经济的支持。资源环境为经济系统中的生产、分配、交换和消费过程提供物质基础、能源，并且消耗分解人类活动产生的废弃物，是经济转型和经济发展的内在机制和动力。而资源环境为人类提供赖以生存的条件时，也影响着人们的生活、生产方式。

资源对经济增长的作用，很难从单一的“正作用”或“反作用”来回答。早期有经济学家认为自然资源的丰富与否和经济增长不存在必然联系。西蒙·库兹涅茨指出，经济增长“不可能因自然资源绝对缺乏受到阻碍”[①]，因为资源可以从别的国家进口。后来很多事例证明，资源的贫乏会影响原材料的成本，从而增加生产成本约束国家的经济增长。同时，即使资源丰富的国家，也会因为对资源的过度依赖等问题，面临资源“困境”。资源对经济的影响主要表现在两个方面：第一，资源是经济增长和人类社会发展的物质基础。经济活动是人类以自然资源为物质基础和劳动对象，通过开发利用来满足自身物质和文化需要的活动。能源、土地、水、森林和矿产等自然资源是人类发展进步的源泉。从这方面来说，资源丰富的国家、地区是有发展优势的。但是大部分资源是有限的，过度的开发和利用，会使有限的资源迅速消耗，失去此优势。第二，资源可以影响一国的经济增长形态。不同的资源结构会衍生出不同的产业结构。由资源禀赋确定的产业会存在结构不均衡的问题，也会对教育、投资、创新产生挤出效应，从而对经济增长产生负面影响，这就造成了“资源诅咒”现象。

环境为经济增长提供生命支持、自然资源供给、废弃物吸收和舒适服务四项

① 库兹涅茨．经济增长理论导论［J］．见 Robert Lekachman．国内外经济福利的国家政策［M］．转引自 E．韦因·纳夫齐格．发展中国家经济学［M］．1977：331．

功能。[①] 环境为人类提供了赖以生存的生物、化学和物理系统。这些系统支持人类消费，其中大部分是人类生存不可或缺的。环境也为人类提供了自然风光及舒适感。环境还提供了直接的自然资源。当人类把生产、生活产生的废气、废水、固体废弃物、废热等排放到环境中时，环境又为人类提供了“沉淀服务”，对废弃物进行消耗、分解。但不是所有的废弃物都可以消耗分解的，并且有些废弃物的消耗分解需要较长的时间周期，与此相矛盾的是废弃物的产生周期较短。这就导致因环境所接受的废弃物的种类和数量超过其自净能力后，环境质量将急剧降低，影响到资源的存量水平和质量水平，导致资源破坏、环境污染，乃至生态系统的恶性循环，使生产效率、人类健康以及未来发展蒙受损失，反过来阻碍社会经济的健康发展。

经济对资源环境的作用也是两方面的：一方面，经济的增长可以促进物质和资金的积累，提高改造环境的技术水平。当经济发展到一定程度，才能有更多的资金投入到资源开发中去，不断提高资源利用率，促进培育可再生资源和寻找开发非再生资源，提高资源的可开采量；也只有当经济不断发展，才能够不断提高环保投资和环境改造技术水平，提高环境承载力。另一方面，经济增长过程中产生的污染为环境带来了负的外部性，使环境状况日益恶化。严重的环境污染不仅使人类无法再享受环境提供的服务，还会被环境“报复”阻碍人类的生存和发展。综上分析，资源环境与经济处于相互依赖、相互影响的统一整体之中，只有当资源环境和经济系统之间和谐一致，协调发展，才能建立一种良性循环，实现整个经济社会的可持续发展。我们应该协调好经济、资源环境之间的关系，这样才能保证可持续发展，保障我们的长久利益。

二、人类的可持续发展要求经济、资源环境协调发展

人类社会的发展历程就是科学技术不断提高，生产力持续突破的过程。从原始社会到农业文明的生产力飞跃，使人类开始定居，出现了城市。同时由于对土地的过度开垦，土地荒漠化开始出现。如果农业社会的文明被称为“黄色文明”的话，那么接下来的工业文明就是“黑色文明”。三百多年的工业文明加快了人类对自然的征服速度，工业化的发展使征服自然的文化达到极致；一系列全球性生态危机说明地球再没能力支持工业文明的继续发展。现今急需开创一个绿色的新的文明形态来支持人类的可持续发展，这就是生态文明。生态文明建设的基本要求就是经济、资源环境协调发展。

① 张亮亮．自然资源富集与经济增长——一个基于资源诅咒命题的研究综述［J］．南方经济，2009（6）．

1975年的工业革命为人类社会创造了巨大的物质财富，工业革命创造的物质财富比以前所有世纪的总和还要多得多，2012年全球各国的产出GDP总值为69.66万亿美元，高于工业革命前的数千年生产总值之和。但是工业革命也带来了资源环境危机。工业革命之初，人类认为自然资源是取之不尽用之不竭的，以为人类的生存空间是无限的。对自然资源进行了超强度的索取，致使自然资源存量锐减，同时由于环保意识不足和技术的限制，大量的生产生活废弃物直接排放到环境中去，引发了一系列的资源环境问题。随着工业革命的发展，人口剧增与粮食供求之间的矛盾日渐扩大；森林过伐、草原退化、水体污染、土地荒漠化等日益严重；能源、矿产和水资源等的供给能力日趋下降。更严重的是这些问题影响的范围在不断地扩大，很多已经酿成"全球问题"，成为人类经济、社会可持续发展的深层障碍。据统计，全世界每天有75个物种灭绝，每小时有3个物种灭绝。据中央电视台《水问》摄制组披露，我国淡水鱼与20世纪50年代相比已经灭绝30%以上；化石能源的加快消费使温室效应加剧，两极冰川不断融化，海平面持续上升。一项来自美国国家大气研究中的结果显示，即使全球温室气体排放稳定，全球气温不再增长，海平面依旧会上升几百年。到那时，海岸带30%以上的陆地将被海水淹没，而这些地方恰恰是当代经济较发达、人口栖息最稠密的地区。面对如此严峻的资源环境危机，我们不得不从深层次上反思如何解决这些矛盾。

欲化解这些问题，我们必须转变发展理念，改革传统的经济机制与发展方式，切实运用经济、资源环境的双向反馈调节机制，从根本上实现人与自然的可持续发展。可持续发展的实质是资源环境的"有极限性"和经济增长的"无极限性"两个状态的和谐的实现。这就要求经济、资源环境协调发展，促进三者向良性循环的方向转化。

全球性资源环境问题受到全球各国的关注，国际社会发出"绿色发展"的倡议，倡导绿色可持续发展。G20多伦多峰会提出"增长友好型"社会建设，受此影响，中国、韩国①、美国和德国等国家也先后作出了绿色增长战略的重要承诺。2010年5月OECD部长级会议对绿色增长进行了讨论。联合国千年发展目标明确提出了绿色发展目标——"目标七：确保环境可持续发展"。从1995年开始连续每年举行的气候大会，更是从多方面对人类所面临的环境问题进行了讨论，并且多个参会国签订了《京都协定书》，共同但有区别地承担环境保护责任。我国是经济增长的"领头羊"，也是国际环境保护的积极参与和拥护者。作为一个以推进世界和平与发展为己任的社会主义国家，我国不会选择以侵占别国

---

① 韩国绿色增长国家战略［N/OL］．2010年4月．UNEP，http：//www.docin.com/p-471988902.html.

的资源，损害世界人民共同利益的方式来获取自己的局部利益。我国会积极承担自己的环境保护责任，坚持绿色发展，推进我国资源节约型和环境友好型社会的建设。

三、我国的国情选择经济、资源环境协调发展的路径

（一）我国的基本国策决定经济、资源环境的协调发展方式

1990 年《国务院关于进一步加强环境保护工作的决定》指出："保护和改善生产环境与生态环境、防治污染和其他公害，是我国的一项基本国策。"① 1997 年全国人大通过、2007 年修订的《中华人民共和国节约能源法》第四条规定："节约资源是我国的基本国策。国家实施节约与开发并举、把节约放在首位的能源发展战略"。② 资源节约、环境保护的基本国策渗透在我国的各个发展规划中并且重要性也在不断地提升。"十一五"规划中提出资源利用效率显著提高，可持续发展能力增强的目标。2007 年 10 月，党的十七大把建设生态文明列为全面建设小康社会目标之一、作为一项战略任务确定下来。"十二五"规划中政策导向中提到，健全节能减排激励约束机制。党的十八大报告把资源节约、环境保护提到了一个新高度。党的十八大报告中提出"把生态文明放在突出地位，融入经济建设、政治建设、文化建设、社会建设各方面和全过程"，将生态文明建设正式纳入中国特色社会主义建设的总体布局中。我们应该在保护环境和节约资源的指导思想下，在建设社会主义现代化国家进程中坚持经济、资源环境协调发展。

（二）我国所处的历史阶段决定经济、资源环境协调发展的模式

据统计 2011 年我国人均 GDP 为 5414 美元，按照世界银行 2008 年公布的收入分组标准，我国已经进入"中上等收入国家"行列，我国从低中收入国家跻身中上等收入国家行列的这个过程，仅花费了 10 多年。回顾整个发展历程，我们可以看到我国经济的高速增长是建立在资源过度消耗、环境污染与环境恶化的基础之上的。现阶段，我国经济发展从总体上看处于加速工业化、城镇化阶段。该阶段钢铁、化石、建材、有色冶金等高耗能、高耗材的重化工业和机械、电子等资本与技术密集型产业成为支柱产业；农业生产在保证农产品的有效供给的同时，还要保证农民收入的增长，以期实现农业与非农业的经营利益平衡。支柱产

---

① 国务院关于进一步加强环境保护工作的决定［N/OL］. http：//www. law-lib. com/lawhtm/1990/52581. htm. 1990 - 12.

② 中华人民共和国节约能源法［N/OL］. http：//www. sei. gov. cn/ShowArticle2008. asp? ArticleID = 195565. 2010 - 4.

业所带动的经济高增长和农业的利益均衡倾向都要求资源环境系统扩大供给和作出有效应答。据我国中长期发展的战略目标和高发展速度推算，我国此阶段还要持续20年左右。如果我国不转变发展方式，而是走“先污染后治理”的路子，那么我国很可能由于资源环境过度开发而无法支撑经济的持续发展陷入“中等收入陷阱”。如果我国能够合理有效地选择建立资源环境与经济协调发展的模式，我们完全有条件规避“中等收入陷阱”的危机。

（三）转变经济发展方式的内在需求决定经济、资源环境协调发展

“十二五”规划指出“以加快转变经济发展方式为主线”，党的十八大报告也明确提出“加快转变经济发展方式”。转变经济发展方式是一个谈了多年的问题。长期以来我国经济主要通过扩大投资规模、过多依靠各种资源的大量消耗去实现经济的快速增长。由于我国装备工艺以及管理水平相对落后、地区经济发展不均衡等，工业经济中单位产出的能耗明显高于国际先进水平。我国工业经济中单位产值能耗量是发达国家的3~4倍。其中，钢铁、有色、电力、化工等8个高耗能行业单位产品能耗比世界先进水平均高40%以上；工业用水重复利用率比国外先进水平低15~25个百分点；木材综合利用率约60%，而发达国家一般在80%以上；农业灌溉用水利用系数仅为世界先进水平的50%。我国能源对国际市场的依赖程度也越来越高，2004年，我国约有50%的铁矿石和氧化铝、60%的铜资源、34%的原油依赖进口。这种粗放型的经济增长方式，不但浪费了大量的资源，加剧了资源短缺，使经济增长缺乏后劲，环境污染和损害严重，而且使经济运行成本增高，质量下降，市场竞争力低下，必须进行经济增长方式的转变。我国应该尽快转变发展方式，在经济运行的各个领域发展低投入、低消耗、低排放、高产出、高效益的产业，提高经济竞争力，建立资源环境与经济协调发展的模式。

（四）节约环境治理成本的内在要求决定经济、资源环境协调发展

从环境污染预先防治的费用方面考虑，采取“预防为主、防治结合”的方式可以节约治理费用。据有关专家分析，环境污染预先防治的费用只相当于“先污染、后治理”所需费用的1/10。如果事先加大对资源环境保护的投入，使环境污染的转折点提前到来，则环境污染治理代价可以降低数倍，例如如果环境污染转折点人均GDP降低500美元，环境污染治理代价可以降低2~3倍。同时也可以提高环境控制和资源保护的投入产出效率。1990年我国环境保护投资约占GDP的0.64%，而当年环境污染所造成的经济损失约为950亿元，占当年GDP总量的6.78%，如果没有这占GDP 0.64%的环境保护投资，则由环境污染造成的经济损失将会增加3~4个百分点。据世界银行、中科院和环保总局的预

算，我国每年因环境污染造成的损失约占 GDP 的 10%。而占 GDP 约 1% 的环境保护投资，将使环境造成的经济损失减少量占 GDP 的 5% 左右。由此可见，我国必须尽快转变增长方式，使经济、资源环境协调发展，在经济增长的过程中要更加注重增长成果的分配，分配相应的经济收入于资源环境保护，加大资源环境保护投入力度，争取为我国经济可持续发展提供有力的资源环境保障，支撑我国经济快速发展顺利过渡到高收入国家阶段。

第二节　我国的资源危机及前景

我国是世界上最大的发展中国家，也是世界上发展最快的国家。高速发展的背后是高的能源消耗。随着人口的不断增长，经济的不断发展，“资源瓶颈”现象越来越明显。目前，我国正处于“中等收入国家”阶段，能不能规避这一阶段独有的“中等收入陷阱”，资源起到很大的作用。实践证明，资源不仅仅是经济发展的物质基础，可耗竭性资源的利用方式也对经济增长起到很大的制约。处理好资源问题，有利于我国发展，有利于我国的国际地位，有利于我国国民的平安幸福。

一、我国资源危机

我国幅员辽阔，自然资源非常丰富，是世界上少数几个资源大国之一，但并不是资源强国。从资源总量上看，我国排名大多在世界前列，但是由于人口众多，导致人均拥有量很少。我国的耕地面积 142439 万亩，居世界第四位，人均耕地占有量 1.4 亩，只相当于世界人均值的 1/3。我国水资源总量为 2.8 万亿立方米，居世界第六位，但人均占有水资源量仅 2400 立方米/人，仅为世界平均的 1/4，被列为全世界人均水资源最缺乏的 13 个国家之一。我国森林面积居世界第五位，森林蓄积量列第七位。但我国的森林覆盖率只相当于世界森林覆盖率的 61.3%，全国人均占有森林面积仅相当于世界人均占有量的 21.3%。截至 2009 年我国煤炭资源总量位居世界第一，其中煤炭可采储量为 2040 亿吨，已探明的煤炭储量占世界煤炭储量的 33.8%，煤炭产量占全球的 40%，但是人均水平仅接近世界平均水平。随着人口的不断增长，对资源的日益开发，再加上我国处于加快工业化、城镇化的阶段，对资源需求量不断增大，我国的资源危机也更加凸显。资源危机主要表现在对经济增长的制约和对环境的污染两方面。

（一）资源供给和经济增长

资源供给和经济增长之间的矛盾主要在于，资源的有限供给不能满足经济增长对其需求的日益增长。再加之我国过去 30 多年粗放型的经济增长对资源的浪费和大量消耗，使资源供给和经济增长对资源的需求之间的供求不平衡矛盾更加凸显。资源供给的不足，使我国经济发展缺少了"动力"，制约未来经济增长。

1. 可供利用资源储量有限。我国是世界能源生产和消费大国。据《BP 世界能源统计回顾 2012》报告显示，2011 年我国一次能源消费 26. 132 亿万吨油当量，这是自 2009 年以来连续第三次超过美国，居世界第一位。2011 年我国一次能源生产 31. 8 亿吨标准煤，居世界第一位。按照一吨油当量等于 1. 4 吨标准煤计算，我国一次能源的缺口在 4. 78 亿吨标准煤。近年来我国能源自给率不断降低，2010 年我国能源自给率仅为 92%，8% 的能源靠进口。再加上一些主要的矿产资源开采难度越来越大，开采成本增加，资源供给不足愈加严重。

我国 1993 年成为石油净进口国；2003 年超过日本成为世界第二位的石油消费国；2008 年成为煤炭净进口国。石油净进口量由 1990 年的 755 万吨上升到 2011 年的 2. 525 亿吨；石油进口依存度 2007 年首次达到 50% 之后继续攀升，2011 年已升至 55. 2%。虽然石油进口依存度有小幅度波动，但是 2007 年之后，我国石油对外依存度均值为 52. 8%。根据可持续发展的要求，能源存量的增长率要大于能源消耗的增长率，才能保证能源的可持续供给。我国可利用资源储量有限，对外依存度的不断提高，已经危及到我国的能源安全。未来，我国能源将面临更大的挑战。据国家发改委能源所的分析预测①，我国在未来能源缺口将更大。到 2020 年，我国一次能源的需求在 25 亿 ~ 33 亿吨标准煤之间，将是 2000 年的 2 倍；2050 年，我国为实现达到中等发达国家水平的目标，人均 GDP 将达到 1 万美元，届时我国石油对外依存度将超过 55%，天然气的进口依存度为 25% ~ 40%。据对我国 45 种主要矿产可供利用储量对消费需求的保证程度的研究结果表明，2020 年可以保证需求的矿产仅为 9 种，其他 36 种矿产难以保证需求，特别是铁、锰、铬铁矿、铜、铝铁矿、钾盐等关系国家经济和安全的大宗矿产将长期短缺。

2. 资源开发的不可持续性。随着我国经济的高速发展、人口的增加和人民生活水平的提高，对资源和原材料的消耗急剧增加，每年的资源生产量也在增长。在资源的开发过程中，往往伴随着对资源所在地区环境的严重破坏和污染。以煤炭开发为例，其污染表现在以下几个方面：一是对地表水污染。煤矿生产过程中，露天开采或地下开采疏干排水和矸石淋融水都含有较高悬浮物、各种化合物和重金属等。这些污水排入地表水体后，不但造成地表水体的污染，还会影响

---

① 聚焦国家中长期科学和技术发展规划（2）：交卷倒计时：战略研究破题在即——访能源、资源与海洋发展科技问题研究组组长王大中 . http：//www. most. gov. cn/ztzl/gjzcqgy/zcqgygyjd/zcqgyzjsd/200508/t20050831_24454. htm.

水体的纳污能力，使水体更加恶化。此外，矿山疏干排水，往往使地下水位下降，造成大面积的疏干漏斗，其影响范围可达 40～50 千米的半径。二是对土壤污染和土地资源的占用。矿山开发要占用大量的土地资源，同时对所占用的土地资源会造成破坏，使土壤失去永续利用的价值。山西省因采煤塌陷造成旱地减产 20%～30%，甚至造成有些耕地无法耕种。三是对大气的污染。矿业开采废气、地下煤层气排放、矿区及运输过程中的粉尘污染、炼焦时产生的大量煤气污染等，已成为社会公害。四是对地表植被和景观的破坏。露天开采剥离植被，施工过程中对植被的压占和破坏，地下水位下降引起的植被破坏，使水土保持能力减弱，导致水土流失加剧。以上这些对矿区环境的破坏很多是不可逆转的，从而导致生态环境的不可持续发展。

3. 不可再生资源浪费严重。我国资源消耗强度大，利用效率低，严重浪费。目前我国单位 GDP 能耗是世界平均水平的 2.5 倍，美国的 3.3 倍，也高于巴西、墨西哥等发展中国家。2009 年我国单位生产总值电耗为 1.19 千瓦时/美元（按 2000 年价格计算），远远高于世界平均水平 0.47 千瓦时/美元，是 OECD 国家的 3 倍。从表 10.1 中可以看出，我国主要高耗能产品单位能耗均比日本高。2008 年，火电厂发电煤耗为 322 克/千瓦时，高于日本的 300 克/千瓦时；我国火电厂每向外提供 1 千瓦时的电能要比日本多消耗 22 克标准煤。2008 年钢可比能耗为 709 千克标煤/吨，比日本高出 83 千克标煤/吨；纸和纸板综合能耗更是差距甚大，我国为 1255 千克标煤/吨，日本为 626 千克标煤/吨，我国是日本的近 2 倍。在运输方式上面，除掉民航货运这一项，其余各项我国单位耗能均高于日本。与此高能耗不相对称的是我国能源利用率低。目前我国工业用水重复利用率不足 60%；矿产资源总回收率比国外先进水平低 15 个百分点；矿产回采率只有 40% 左右，低于美国、澳大利亚、德国、加拿大等发达国家将近 40 个百分点；木材综合利用率远低于发达国家 80% 以上的平均水平。我国再生资源回收利用率低，工业生产资料的回收量很少。资源严重浪费加上重工业加速发展对资源的需求量的增加，导致资源消耗进一步加剧。

表 10.1　2005 年和 2008 年中日主要高能耗产品单位耗能情况

指　标	中　国		日　本	
	2005 年	2008 年	2005 年	2008 年
火电厂发电煤耗（克/千瓦时）	343	322	301	300
火电厂供电煤耗（克/千瓦时）	370	345	314	310
钢可比耗能（千克标煤/吨）	732	709	640	626
纸和纸板综合能耗（千克标煤/吨）	1380	1255	640	626

续表

指标	中国		日本	
	2005 年	2008 年	2005 年	2008 年
客运小汽车（千卡/人·公里）	950	840	599	564
客运公共汽车（千卡/人·公里）	155	155	169	161
客运铁路（千卡/人·公里）	42	41	49	47
客运民航（千卡/人·公里）	481	445	433	474
货运汽车（千卡/吨·公里）	1060	1050	776	723
货运铁路（千卡/吨·公里）	68	67	60	58
货运水运（千卡/吨·公里）	327	263	239	201
货运民航（千卡/吨·公里）	5380	4980	5179	5059

资料来源：中国能源统计年鉴 2011.

4. 对清洁能源的开发利用不足。与石油、煤炭等常规能源相比，太阳能、风能、水能等绿色能源蕴含着较大的能量储备。例如，地球十天内接受到的太阳能就是全球所有化石燃料的能源储备总量。我国幅员辽阔，拥有丰富的绿色能源，但在绿色能源的开发和利用方面明显不足。我国蕴藏水能虽然分布不均衡，但蕴藏量十分丰富。我国水力资源的理论蕴藏量折合发电量约为 6.19 亿千瓦，约占世界水能资源的 20%，居世界第一，而我国实际每年水力发电不足能源生产总量的 3%。我国有广阔的海岸线，海洋管辖范围广泛，具有丰富的海洋能资源。但是对海洋能资源的利用还远不及水力资源。目前我国只拥有一批小型潮汐发电站。对太阳能的利用，主要集中在采暖和太阳能热水器等生活方面，并没有规模地用于工业生产。我国风能大约拥有 10 亿千瓦的可利用总量，2011 年我国风电并网容量新增 1600 万千瓦，累计达到 4700 万千瓦，年发电量 800 亿千瓦时。来源自太阳的能量，分布均匀、蕴藏丰富，是能够替代化石燃料的生物能源，但与其他清洁能源相比，我国对其的利用更是少之又少。据统计，我国每年产生的秸秆数量为 7 亿吨左右，但是其中只有少部分用于喂养家畜和回收造纸，大部分作为了燃料进行使用，不但产生的浓烟影响空气质量，而且能源的利用率仅为 10% ~15%。我国绿色能源由于技术限制等原因，开发利用严重不足。

（二）资源开发利用和环境污染

近日各地出现的雾霾天气成为人们话题的热点。霾，气象学用语，指原因不明的因大量烟、尘等微粒悬浮而形成的浑浊现象。霾主要由空气中的灰尘、硫酸、硝酸、有机碳氢化合物等粒子组成。而这些物质则是由于对资源的不合理开发利用引起的。在资源开发、开采的过程中，由于追求利益忽视环境成本，造成对生态环境的破坏；在资源利用的过程中，对资源的浪费和废弃物的肆意排放，造成水、大气、土地的污染。

资源开采过程中造成的社会环境成本并没有计入生产设备的生产成本中，导致产权结构不明晰，对可耗竭资源的肆意开采不仅不利于资源可持续利用，还污染了环境。2011 年 6 月 4 日，在我国建成的最大的海上油气田“渤海蓬莱 19－3 油田”发生溢油事故，至 8 月 20 日尚未能控制，至年底，据新华社报道：先后约有 700 桶（115 立方米）油溢出到海面，2600 桶（416.45 立方米）矿物油油基泥浆泄漏并沉积到海床。此次漏油事件的污染强度远超过墨西哥湾漏油事件的污染强度。墨西哥湾漏油事件造成墨西哥湾沿岸生态环境遭遇严重破坏。相关专家指出，污染可能导致墨西哥湾沿岸 1000 英里长的湿地和海滩被毁，油污清理工作将耗时近 10 年。渤海漏油事件对我国沿海影响也是巨大的，9 月岐口村近海捕捞的渔船全部停产。9 月 4 日青岛第三海水浴场出现大片黑色物体，乐亭养殖的扇贝死亡过半。所漏损的石油将继续影响生态环境，导致脆弱物种灭绝，食物链遭到污染。

资源开采中的漏损会造成严重的环境污染，有些资源在开采的同时就对环境造成了巨大的损害。以稀土矿露天开采为例，很多专家学者研究表明稀土矿露天开采过程会产生放射性污染，重金属、氟、氨氮和硫酸根污染，对周边的大气、植物、水生态系统、土壤环境都会产生影响与潜在的危害。周启星（2006）① 的研究表明稀土矿山的开采会破坏地表的形态，任意堆积的尾矿和残渣中含有大量与矿物伴生的重金属元素，如果尾矿和残渣不经妥善处理或不加防护措施，重金属势必发生迁移转化，对周边水体和土壤环境造成无法估量的严重影响。王国珍（2007）② 研究指出，矿厂附近能见度大大减低，矿厂向大气中排放的粉尘随风向迁移，使受污染的空气范围逐渐增大，更严重的是粉尘中含氟化物和高放射性元素钍。Tyler（2004）、马英军等（2004）、杨瑞东（2008）等研究表明露天开采破坏了矿山地貌和景观，导致水土流失和滑坡。徐光宪（2005）、王国珍（2006）、袁长林（2010）等学者指出稀土矿的开采过程中，会对周围水体造成严重污染。

在资源利用过程中产生的废气对环境的污染比资源开采过程对环境的影响更加严重。据 2011 年 12 月 15 日公众环境研究中心发布的《中国大气污染源定位报告》，我国空气污染源主要来自于工业。“十一五”期间，工业二氧化硫排放量占二氧化硫总排放量的 85.7%，工业烟尘排放量占烟尘总量的 75.5%，2006～2009 年，工业氮氧化物排放量占氮氧化物总量的 76.1%。2007 年全国 PM2.5 工

① 周启星．土壤环境污染化学与化学修复研究最新进展［J］．环境化学，2006，25（3）．

② 王国珍．对稀土冶炼“三废”及放射性污染治理的建议［J］．四川稀土，2007（3）．

业排放量高达905.9万吨，远远高于居民生活、交通以及生物质燃烧所产生的PM2.5排放量。对大气污染的主要污染物是二氧化硫、二氧化氮、颗粒物、一氧化碳、臭氧、铅、苯并芘等，这些主要来自于对化石能源的燃烧。由于废气的排放，我国将近三分之一国土遭受酸雨的困扰。

我国正处于大规模工业化和城市化的过程中，工业对资源的大量需求和利用，同时也造成了对土地资源和水资源的严重污染。随着城市的工业化用地需求量不断增大，工业化用地面积在不断地扩张，工业用地污染问题也越加严重。工业用地受到重金属、电子废弃物、石化有机污染物和持续性有机污染物污染，污染深度可达15米，毒性释放可长达上百年，可通过地下水危害更多的人。① 工业化中对用水的大量集中需求，导致各地水资源短缺。同时，在生产中污染的肆意排放和超量开采，使地面下沉和大面积地下水位降落漏斗形成。人们的生活饮用水情况堪忧。2011年发表的公告反映：对全国113个环保重点城市、395个集中式饮用水源地监测，在取水总量中达标水量仅占76.5%。

资源的不合理开发和利用已经对环境造成了巨大的损害，其所造成的损害中有些是不可逆转的。环境污染已经影响到人类的生活。即使工业化、城镇化完成，但是对资源的过度开发造成的资源的不可持续性、对资源的利用造成的环境污染不能解决，人们也不会享受到经济进步带来的福利，反而会被资源和环境问题困扰。

二、我国资源支撑能力和利用预期

与发达国家相比，我国是资源消耗大国，而我国可耗竭性资源的供给在不断地减少。长期来看，我国的可耗竭性资源是无法支撑我国经济发展的。国际市场方面，由于全球可耗竭性资源的快速消耗，我国的资源进口不可避免地会遭到限制。可耗竭性资源并不是发展所必要的、不可代替的资源。在能源供给、材料等方面可再生资源是可以代替可耗竭性资源的。我国国土面积广阔，地形丰富，可再生自然资源储量丰富。对可再生自然资源的开发不仅可以弥补可耗竭性资源的供应不足，支撑我国经济发展，还有利于保护我国环境。

我国可再生自然资源丰富，正在加快开发利用中，并且已经见到成效。如图10.1所示，我国对水电、风电等可再生能源的消费比例在不断地上升，且还有很大的可开发利用空间。可更新自然资源虽然遭到严重的破坏，但是我国正在采取积极的措施补救，并且初见成效。我国自然保护区个数和面积明显增多。2011年我国人工造林面积突破1.6亿亩，居世界第一位。我国最大的资源问题是不可

① 鲍小东，张馨苑．“毒地”之上，安筑广厦万千？［N］．南方周末，2011－12－22.

再生能源的供给不足。从图 10.1 中可以看到，我国的能源消费中煤炭、石油等可耗竭性能源占比较大。

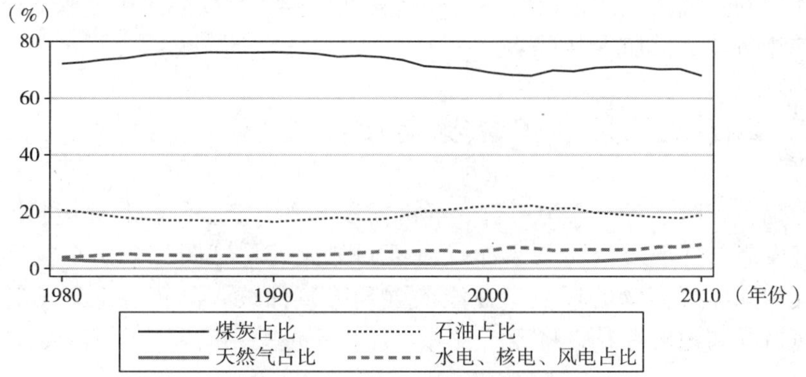

图 10.1　我国能源消费结构

资料来源：2011 年中国能源统计年鉴.

近 10 年来，随着我国经济高速发展，能源消费总量快速增加，标煤由 2001 年的 15.04 亿吨增加到 2011 年的 34.8 亿吨，增长 1.07 倍。2011 年我国万元产值能耗为 0.793 吨标煤，“十二五”期间，按单位 GDP 能源消耗降低 16% 计算，如果 GDP 年均增长 7%、8%、9%，到 2015 年，能源消费总量将分别达到 43.9 亿吨标煤、44.43 亿吨标煤和 45.78 亿吨标煤。2011 年我国能源生产总量为 31.8 亿吨标煤，按照近 10 年能源消费生产平均增长率 8.3% 计算，2015 年我国能源供给量为 43.12 亿吨标煤。考虑到我国能源消耗中可耗竭性能源占比重较大，能源生产受到能源储量的限制等因素会导致能源生产量被高估，而能源消费量则是刚性增长，未来能源供需的缺口将比估计的要大。

我国能源消费量越来越大，能源供求不平衡，已成为我国崛起面临的障碍。解决此问题，不仅可以使我国成功规避“中等收入陷阱”，还能保障我国经济健康可持续运行。如果没解决好资源问题，我国经济很可能会由于缺少基础原料陷入增长危机，陷入“中等收入陷阱”。

第三节　我国环境变动趋势

环境是我们赖以生存的场所，也为我们直接提供了一系列的服务。环境遭到破坏会直接威胁到人类的生存和发展。目前发达国家已经基本不存在环境问题。发达国家的环境污染一部分通过对污染产业的转移，转移到发展中国家，另一部分利用先进的技术消除。由于产业承接和技术水平所限，发展中国家环境问题十分突出。我国是发展中的大国，同样面临严峻的环境问题，虽然我国通过立法、环保宣传等方式在环境保护方面已经取得一定的成效，但是仍存在不少问题。如果任由环境问题恶化下去，我国经济必然受此影响，会使处于中等收入阶段的我国面临“中等收入陷阱”风险。

一、经济发展进程中环境变动的趋势

我国幅员辽阔，各省资源禀赋、经济发展水平、产业结构和环境状况差别巨大，经济发展与环境质量的关系亦有所不同。此处将试图拟合出全国和各省废水、废气和固体废弃物的环境库兹涅茨（EKC）曲线，测算各地环境趋势，并分析环境概况和地区差异，将经济发展与环境质量关系问题从国家层面向地区层面进行深化。

环境库兹涅茨曲线由美国经济学家格鲁斯曼（Grossman）和克鲁格（Krueger）首次提出。格鲁斯曼和克鲁格①（1991）在对研究环境与经济增长之间的倒U形曲线进行验证的时候发现：在经济发展初期，污染水平会随着经济的增长而扩大；当资源的消耗超过资源的再生，即经济增长到临界水平、环境质量恶化达到顶点时，经济结构就会改变，污染产业转移或停止生产，人们的环境意识也有所加强，开始利用经济发展的资本积累来治理环境，所以此时环境质量状况会趋于改善。这种环境质量或污染水平也会随着经济增长呈现“先恶化，后改善”的趋势，被称为“环境库兹涅茨假设”（Environmental Kuznets Curve, EKC）。

如图10.2，当一个国家经济水平较低时，环境质量较好；随着经济不断发展，环境污染加剧，环境恶化；当国民经济发展到一定阶段，整体环境质量又将随着经济发展而不断改善。Y^*对应拐点，拐点以前，经济收入每增加一个单位，污染物增加幅度超过一个单位；拐点以后，污染物的增加程度超过经济的增长幅度，曲线整体呈“倒U形”。1995年Grossman和Krueger②对环境库兹涅茨曲线模型进行了扩展，扩展为三次函数形式。环境库兹涅茨曲线的提出是建立在对发达国家实证研究基础之上的。从此曲线中我们也可以看出发达国家走的是先污染后治理的道路。对于发展中国家的中国，在经济发展进程中环境的变动趋势是否同发达国家一样呢？

---

① Grossman, G. M. & Krueger, A. B. “Environmental Impacts of a North American Free Trade Agreement”, National Bureau of Economic Research Working Paper 3914, NBER Camberidge MA, 1991.

② Grossman, Krueger, A. Economic Growth and the Environment [J]. Quarterly Journal of Economics, 1995, 110 (2): 353-377.

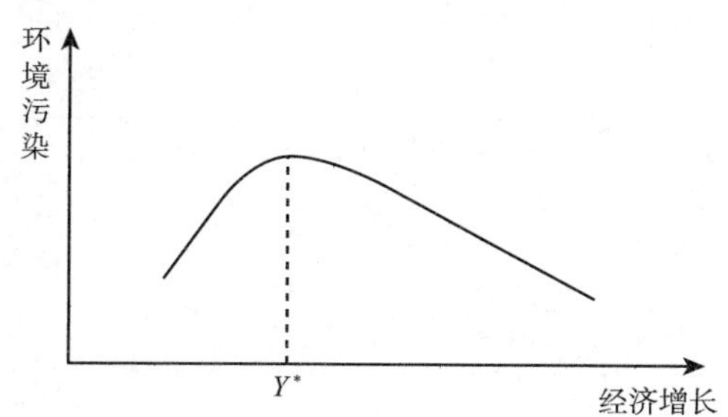

图 10.2 经济增长与环境质量关系

二、各省 EKC 曲线及拐点分析

（一）指标选择和数据来源

考虑到数据的可获得性和完整性，选取我国 1998～2011 年全国和 27 个省的数据做分析。经济增长用人均 GDP 表示（RGDP，用物价指数去除通货膨胀影响），环境质量用工业废水、二氧化硫、烟（粉）尘和工业固体废弃物排放量表示，之所以选择这四个指标是因为目前我国普遍采用它们作为环境污染程度指标，且具有长期观测值，便于进行统计分析。数据均来自历年中国统计年鉴和中国环境年鉴。

（二）模型设置

此处选用扩展后的环境库兹涅茨曲线模型，运用多元时间序列分析方法来验证各省资源环境和经济增长之间的关系。基本模型设置如下：

$$y_t = a_0 + a_1 x_t + a_2 x_t^2 + a_3 x_t^3 + \mu$$

其中，y_t 为环境质量指标，即 t 时期的"三废"排放量；x_t 为经济增长指标，即 t 时期人均 GDP；a_0、a_1、a_2、a_3 为模型待估参数；μ 为随机误差项。其中待估参数 a_1、a_2 具有非常重要的意义，其取值不同可反映经济增长与环境质量间的不同关系，也决定了 EKC 曲线的不同形状，如表 10.2 所示。

表 10.2 EKC 曲线的不同形状

序号	a_i 取值	曲线形状
1	$a_1>0$，$a_2=a_3=0$	线性，单调递增
2	$a_1<0$，$a_2=a_3=0$	线性，单调递减

续表

序号	a_i 取值	曲线形状
3	$a_1>0$，$a_2<0$，$a_3=0$	倒U形
4	$a_1<0$，$a_2>0$，$a_3=0$	U形
5	$a_1>0$，$a_2<0$，$a_3>0$	N形
6	$a_1<0$，$a_2>0$，$a_3<0$	倒N形

（三）模型模拟结果

用Stata10.0软件分别估计各省污染物的环境库兹涅茨模型，并根据1998～2011年人均GDP年均增长率测算出拐点处人均GDP和对应年份。在估计之前，对数据进行取对数处理，消除异方差，减小数据波动。在进行方程估计时，先对模型进行三次方的估计，若三次方不显著，将其删除后重新估计，若平方项不显著，则也将其剔除重新估计。各回归方程估计之前均已通过单位根检验和协整检验；*DW* 值在2左右，也不存在自相关。

1. 环境状况的地区差别。1998～2011年工业废水EKC曲线呈“倒U形”的省市共计5个，分别为：天津、江苏、福建、重庆、四川。呈“U形”的省市共计5个，分别为：北京、山西、湖北、贵州、甘肃。呈“倒N形”的省市共计4个，分别为：河北、广东、吉林、陕西。呈线性递增的省区共计9个，分别为：浙江、山东、安徽、江西、河南、内蒙古、青海、宁夏、广西。其余省份为线性单调递减。在未来趋势能实现经济增长而环境污染减轻的省份共13个省份，占统计省份的51.85%。而这其中东部省份8个（占57.14%），中部省份2个（占14.28%），西部省份4个（占28.57%）。未到达拐点，经济增长会加重环境污染的省份共计13个，其中西部地区省份4个、中部地区省份5个，中部地区所统计省份共计8个，说明中部地区工业废水污染最严重。另外3个省份目前处于经济、环境协调发展的阶段，但是有面临经济增长损害环境的危机。总体来看，我国工业废水EKC曲线呈“倒N形”，并且并没有越过第二个拐点，也就是说没有实现经济和环境的“双赢”，目前我国工业废水污染仍然在加重。可以看出，目前已到达EKC曲线拐点右半段的省份多集中在东部，说明经济发展水平相对较高的东部省份目前已基本进入经济发展与环境质量协调发展阶段；西部省份近一半已进入此阶段；情况最严重的是中部地区。如表10.3所示。

表 10.3　　我国工业废水 EKC 拟合结果

区域		a_0	a_1	a_2	a_3	F 值	形状	趋势分析
全国		110.7707	-43.4794	5.9400	-0.2687	32.34	倒 N 形	恶化
东部地区	北京	79.9436	-12.4031	0.5420		197.37	U 形	好转
	天津*	-47.6037	11.0172	-0.5261		6.49	倒 U 形	好转
	河北**	430.0743	-135.7925	14.6464	-0.5251	10.71	倒 N 形	好转
	辽宁	14.19	-0.2794			32.21	递减	好转
	上海	18.1496	-0.6774			323.58	递减	好转
	江苏	-23.786	7.1129	-0.348		15.57	倒 U 形	好转
	浙江	8.1617	0.3857			73.10	递增	恶化
	福建	-113.2486	24.541	-1.2032		282.81	倒 U 形	好转
	山东	8.031	0.3893			119.52	递增	恶化
	广东	1459.02	-443.893	45.273	-1.535	110.04	倒 N 形	好转
中部地区	山西*	43.676	-7.3241	0.4029		4.45	U 形	恶化
	吉林*	358.874	-110.1266	11.579	-0.4049	4.24	倒 N 形	恶化
	黑龙江	14.4962	-0.3964			90.10	递减	好转
	安徽	10.432	0.0754			6.27	递增	恶化
	江西	7.8015	0.3451			50.05	递增	恶化
	河南	9.3404	0.2552			127.19	递增	恶化
	湖北	37.3198	-5.3467	0.27576		37.65	U 形	好转，有风险
	湖南	13.322	-0.1867			25.19	递减	好转
西部地区	内蒙古	8.901	0.1347			7.58	递增	恶化
	重庆	-50.903	13.484	-0.7297		4.54	倒 U 形	好转
	四川	-12.825	5.4319	-0.3007		12.64	倒 U 形	好转
	贵州	51.0279	9.28026	0.5176		78.97	U 形	好转，有风险
	云南	11.6109	-0.1295			8.80	递减	好转
	陕西	214.3242	-68.207	7.5564	-0.2771	34.38	倒 N 形	好转
	甘肃	53.79878	-9.5413	0.51546		51.13	U 形	好转，有风险
	青海	4.0654	0.4988			24.73	递增	恶化
	宁夏	4.4059	0.5661			63.86	递增	恶化
	广西	6.8928	0.538			74.21	递增	恶化

注：表中 * 表示回归结果在 5% 水平下显著；** 表示回归结果在 10% 水平下显著；未加 * 的回归结果在 1% 水平下显著。趋势分析中，“好转”指 GDP 增加污染减少；“恶化”指 GDP 增加污染严重；“好转，有风险”指目前 GDP 增加污染减少，但是有 GDP 增加污染严重的趋势。

1998~2011 年工业二氧化硫 EKC 曲线呈现“倒 N 形”的省市共计 12 个，分别为：河北、辽宁、上海、苏州、浙江、吉林、河南、重庆、贵州、陕西、宁夏、广西。呈“倒 U 形”的省区市共计 11 个，分别为：天津、福建、山东、广东、安徽、江西、湖北、湖南、内蒙古、四川、云南。EKC 曲线呈线性递减的省份仅有一个北京。其余四个省份山西、黑龙江、甘肃、青海的 EKC 曲线为线性递增。全国工业二氧化硫的 EKC 曲线呈“倒 N 形”，并且现在处于经济和环境“双赢”发展的阶段，即经济增长，同时环境有所改善。有 7 个省份（河南、安徽、云南、山西、黑龙江、甘肃、青海）处在经济增长建立在环境污染之上，即经济增长使环境污染加重。这 7 个省份中 4 个是中部地区的省份，3 个是西部地区的省份。东部地区通过技术进步、产业升级等，使工业二氧化硫的排放量有所减少。中、西部地区因为承接产业转移和长期以来用丰富的自然资源换取经济发展的策略，资源依赖型的高耗能和高污染行业比重较大，而废气排放量在很大程度上与能源消耗密切相关，说明应加大对中西部地区产业结构调整和废气治理力度。如表 10.4 所示。

表 10.4　　我国工业二氧化硫 EKC 拟合结果

区域		a_0	a_1	a_2	a_3	F 值	形状	趋势分析
全国		196.48	-78.715	10.857	-0.49598	14.56	倒 N 形	好转
东部地区	北京	10.8107	-0.8054			116.64	递减	好转
	天津**	-30.2873	6.3964	-0.3062		1.97	倒 U 形	好转
	河北	22.47	-238.2716	25.4204	-0.9027	22.47	倒 N 形	好转
	辽宁	1706.47	-520.7502	53.0079	-1.795	17.44	倒 N 形	好转
	上海	3014.916	-855.161	80.9009	-2.5496	43.56	倒 N 形	好转
	江苏	2638.56	-789.792	78.7937	-2.6155	11.69	倒 N 形	好转
	浙江	945.225	-285.552	28.825	-0.9679	24.74	倒 N 形	好转
	福建	-119.877	24.225	-1.1865		47.84	倒 U 形	好转
	山东	565.062	-173.2505	17.8394	-0.6114	4.89	倒 U 形	好转
	广东	-93.909	19.472	-0.96		104.12	倒 U 形	好转
中部地区	山西	3.6636	0.1066			6.97	递增	恶化
	吉林	666.008	-213.0128	22.7369	-0.806	26.46	倒 N 形	好转
	黑龙江	-3.0716	0.6874			54.32	递增	恶化
	安徽	-25.8687	6.2555	-0.3283		38.53	倒 U 形	恶化
	江西	-61.9196	13.895	-0.7323		57.83	倒 U 形	好转
	河南	499.7137	-166.9668	18.67	-0.6923	71.01	倒 N 形	恶化
	湖北	-40.539	9.357	-0.4902		19.10	倒 U 形	好转
	湖南	-29.0616	7.1119	-0.379		18.22	倒 U 形	好转

续表

区域		a_0	a_1	a_2	a_3	F值	形状	趋势分析
西部地区	内蒙古	-32.825	7.4107	-0.3641		37.15	倒U形	好转
	重庆	-225.1816	70.938	-7.2898	0.24886	3.26	倒N形	好转
	四川	-47.7427	11.354	-0.6142		11.36	倒U形	好转
	贵州*	478.1868	-168.5456	19.9202	-0.7824	2.06	倒N形	好转
	云南	-40.8984	9.6149	-0.51709		45.89	倒U形	恶化
	陕西	221.8546	-74.0821	8.3518	-0.3118	57.96	倒N形	好转
	甘肃	1.6088	0.23455			9.20	递增	恶化
	青海	-10.5329	1.3469			66.62	递增	恶化
	宁夏	321.6132	-108.57	12.256	-0.4581	33.40	倒N形	好转
	广西	-37.84289	9.1197	-0.4904		15.37	倒N形	好转

注：表中*表示回归结果在5%水平下显著；**表示回归结果在10%水平下显著；未加*的回归结果在1%水平下显著。趋势分析中，“好转”指GDP增加污染减少；“恶化”指GDP增加污染严重；“好转，有风险”指目前GDP增加污染减少，但是有GDP增加污染严重的趋势。

1998~2011年烟（粉）尘EKC曲线呈现“倒N形”的省市共计9个，分别为：河北、辽宁、上海、苏州、福建、吉林、黑龙江、四川、广西。呈“倒U形”的省区市共计7个，分别为：山西、安徽、江西、河南、湖南、内蒙古、重庆。EKC曲线呈线性递减的省市共计9个，分别为：甘肃、天津、浙江、山东、广东、湖北、贵州、云南、陕西。青海的烟（粉）尘EKC曲线呈线性递增，宁夏的烟（粉）尘EKC曲线呈“N形”，北京的烟（粉）尘EKC曲线呈“U形”。全国的烟（粉）尘EKC曲线为线性单调递减，从全国看，我国的烟（粉）尘排放有所控制，并且效果明显。除宁夏、上海、四川、青海之外的省份，烟（粉）尘的排放均有所控制，随着经济的增长，烟（粉）尘排放量减少。如表10.5所示。

表10.5　　我国烟（粉）尘EKC拟合结果

区域		a_0	a_1	a_2	a_3	F值	形状	趋势分析
全国		9.52438	-0.2913			11.55	递减	好转
东部地区	北京	94.254	-16.377	0.721		314.20	U形	好转，有风险
	天津	6.2037	-0.3895			18.41	递减	好转
	河北	1252.76	-396.495	41.9884	-1.4821	94.67	倒N形	好转
	辽宁	1655.873	-502.165	50.8688	-1.7166	22.63	倒N形	好转
	上海	2844.198	-784.1329	72.116	-2.2112	87.15	倒N形	恶化
	江苏	818.574	-245.868	24.739	-0.8296	8.02	倒N形	好转
	浙江	11.0849	-0.7124			61.26	递减	好转
	福建	2616.84	-788.609	79.267	-2.654	6.34	倒N形	好转
	山东	11.443	-0.7126			281.88	递减	好转
	广东	10.9443	-0.6869			24.85	递减	好转

续表

区域		a_0	a_1	a_2	a_3	F值	形状	趋势分析
中部地区	山西*	-39.6078	9.9559	-0.554		12.73	倒U形	好转
	吉林*	652.14	-207.703	22.1479	-0.786	4.51	倒N形	好转
	黑龙江	1186.119	-378.234	40.3092	-1.43087	40.86	倒N形	好转
	安徽**	-29.917	7.5681	-0.4201		11.03	倒U形	好转
	江西	-41.3837	10.0259	-0.5537		3.43	倒U形	好转
	河南	-47.4917	11.7394	-0.6562		18.83	倒U形	好转
	湖北	8.522	-0.48678			17.11	递减	好转
	湖南	-60.932	14.3516	-0.7834		4.94	倒U形	好转
西部地区	内蒙古**	-24.357	5.8803	-0.3015		3.14	倒U形	好转
	重庆	-33.974	8.3308	-0.4624		30.46	倒U形	好转
	四川*	-1365.316	448.888	-48.8399	1.764089	19.28	N形	恶化
	贵州	9.461306	-0.68238			25.75	递减	好转
	云南*	6.2582	-0.32734			4.13	递减	好转
	陕西	7.6031	-0.3999			26.17	递减	好转
	甘肃	5.8872	-0.3078			16.74	递减	好转
	青海*	0.51458	0.2146			5.38	递增	恶化
	宁夏*	-757.638	247.136	-26.6867	0.9576	4.32	N形	恶化
	广西**	-43.0892	10.7329	-0.6039		3.32	倒N形	好转

注：表中*表示回归结果在5%水平下显著；**表示回归结果在10%水平下显著；未加*的回归结果在1%水平下显著。趋势分析中，“好转”指GDP增加污染减少；“恶化”指GDP增加污染严重；“好转，有风险”指目前GDP增加污染减少，但是有GDP增加污染严重的趋势。

1998～2011年工业固体废弃物排放量EKC曲线呈现“倒U形”的省市共计24个，分别为：北京、山西、甘肃、青海、河北、辽宁、上海、苏州、浙江、河南、重庆、贵州、陕西、宁夏、天津、福建、山东、广东、安徽、江西、湖北、湖南、内蒙古、四川、云南。呈“倒U形”的只有1个，为北京。EKC曲线呈线性递增的省份有吉林、黑龙江。全国的工业固体废弃物排放量EKC曲线为线性单调递减。未达到经济环境协调发展拐点的省市为：广西、重庆、陕西、福建、广东、吉林、黑龙江，其中东部省份2个（占28%），中部省份2个（28%），西部省份3个（44%）。中、西部地区工业固体废弃物可能主要来自于对矿产资源的开发，东部地区工业固体废弃物可能是由于对矿产资源的利用而产生的。随着经济发展，在生产过程中产生的工业固体废弃物较难得到妥善的处置，这种情况在发达国家也同样存在。一方面可以通过产业转移减少污染物产生，另一方面应大力发展循环经济，提高资源利用效率，从根本上实现固体废弃物减排（见表10.6）。

表 10.6　我国工业固体废弃物 EKC 拟合结果

区域		a_0	a_1	a_2	a_3	F 值	形状	趋势分析
全国		13.665	-0.8523			26.15	递减	好转
东部地区	北京	-1244.702	236.3128	-11.133		5.11	倒 U 形	好转
	天津	—	—	—	—	—	—	—
	河北	-959.495	199.1686	-10.1937		24.87	倒 U 形	好转
	辽宁	-883.9498	177.6472	-8.8092		9.54	倒 U 形	好转
	上海	—	—	—	—	—	—	—
	江苏	—	—	—	—	—	—	—
	浙江	-1059.993	207.339	-10.038		23.39	倒 U 形	好转
	福建	-1238.13	246.973	-12.2029		18.2	倒 U 形	恶化
	山东	-954.883	194.104	-9.7785		8.76	倒 U 形	好转
	广东	-1073.797	210.7084	-10.217		23.82	倒 U 形	恶化
中部地区	山西	-857.938	183.771	-9.6578		46.23	倒 U 形	好转
	吉林	-61.9359	7.4746			28.51	递增	恶化
	黑龙江	-57.511	6.666			16.05	递增	恶化
	安徽*	-539.746	120.113	-6.6116		2.92	倒 U 形	好转
	江西	-672.471	144.29	-7.599		33.68	倒 U 形	好转
	河南	-706.2148	151.6446	-8.0167		38.53	倒 U 形	好转
	湖北	-929.895	194.0425	-9.9914		22.19	倒 U 形	好转
	湖南	-792.87	169.169	-8.8704		31.36	倒 U 形	好转
西部地区	内蒙古	-469.944	97.489	-4.9149		26.48	倒 U 形	好转
	重庆	-646.7696	136.5865	-7.0461		50.80	倒 U 形	恶化
	四川	-855.7918	187.4199	-10.0969		26.37	倒 U 形	好转
	贵州	-562.056	129.8386	-7.30615		24.01	倒 U 形	好转
	云南	-935.9673	206.2012	-11.187		26.68	倒 U 形	好转
	陕西	-487.746	105.026	-5.5028		30.84	倒 U 形	恶化
	甘肃	-731.372	162.814	-8.9021		20.84	倒 U 形	好转
	青海	-549.2767	116.743	-6.0885		14.61	倒 U 形	好转
	宁夏	-619.317	132.3157	-6.938		31.23	倒 U 形	好转
	广西*	-10114.65	3252.281	-347.612	12.365	29.82	倒 N 形	恶化

注：表中*表示回归结果在5%水平下显著；**表示回归结果在10%水平下显著；未加*的回归结果在1%水平下显著。趋势分析中，“好转”指 GDP 增加污染减少；“恶化”指 GDP 增加污染严重；“好转，有风险”指目前 GDP 增加污染减少，但是有 GDP 增加污染严重的趋势。“—”表示因污染物排放量多年份为0，数据太少，没有进行回归。

2. 结论。综上所述，我国环境污染和经济增长之间的关系与发达国家相似，走的是“先污染后治理”的道路。从考察的污染指标看，75%的指标显示，我国环境和经济呈现“双赢”的趋势。其中，污染状况最严重的是水资源。工业废水的排放量，随着经济的发展而持续增加。其余三种污染物都随着经济的增长而排放量有所减少。由于自然界对污染物的分解周期较长，前期排放的污染物仍会对我国环境造成巨大的影响。笼罩在烟雾中的城市、大面积国土遭受酸雨的现状，干旱、洪涝等环境灾害近年来频发，给我国带来巨大的经济损失，同时阻碍了当地经济发展。由于我国幅员广阔，各地区发展程度也不尽相同，中西部地区发展较慢，且环境问题更加突出。引起此现象的原因可能有两点：一是由于本身传统的高污染、高能耗产业为其支柱产业；二是承接东部地区产业转移过程中，加重了其环境污染。

由于环境是人类赖以生存的场所，“环境的短板”会影响人们的健康和福利，引发一系列的社会问题。环境的污染有损人们的健康，即使经济有所增长，收入增加，但是没有良好的健康状况，人们根本不可能享受到经济增长的福利所在。污染物的随意排放会造成负的外部效应，生产者得到利益的同时，却损害了社会大众的利益，造成社会公共资源占用不公。同时，环境作为资源的产生和承载场所，环境污染影响环境的自净能力，导致资源的减少。因此，对环境问题的全面治理，早日全面实现我国环境、经济之间的“双赢”，是我国规避“中等收入陷阱”的风险关键性举措。

第四节　国际治理经济、资源环境失调的经验教训

资源环境对经济发展重要吗？对于这个看似简单的问题，却不容易给出一个满意的答案。说资源环境不重要，为什么国家之间为争夺资源反目成仇？为什么发达国家把高污染、高耗能的产业转移到发展中国家？说资源环境重要，为什么一些资源相对丰富的国家却一直发展不起来，反而资源相对贫乏的国家发展起来了？早期经济学家认为资源和经济发展之间并不存在必然的联系，因为资源贫乏的国家可以通过进口满足其经济增长。历史上也有很多实例证实了这个观点。例如日本、瑞士、韩国、中国香港等国家和地区资源匮乏但经济发展迅速。相反，有许多资源丰富的国家如赞比亚、玻利维亚、毛里塔尼亚等，经济发展缓慢甚至停滞不前。尽管这样，资源丰富无疑是经济发展中的一个优势，虽然它不能保证一个国家的物质财富一定增加。但相对于资源匮乏的地区，它拥有良好的物质基础。如果对这个优势没有进行很好的利用，那么就会出现“荷兰病”，遭遇“资源诅咒”。环境污染问题是每个国家在发展过程中都会遇到的。几乎每个发展中

国家都会遭遇严重的环境污染问题。同资源优势相似，如果能很好地解决环境问题那么完全有可能化危机为机遇，如果没有很好地解决，无疑环境会减缓经济发展，甚至使经济倒退。我国用30多年的时间，实现了许多国家100年的发展，这30年的污染程度也相当于别国的数倍。对于处于中等收入阶层的我国，资源环境问题的解决与否成为我国跨越中等收入阶层的关键因素。我国应该借鉴各国的经验教训，协调经济、资源环境发展。

一、资源型经济的困扰和转型

资源型经济，是指通过大规模动用可耗竭的矿物资源，所形成的经济快速繁荣及其引发的贸易条件变化、产业结构变动等现象。[①] 资源型经济是一种经济类型，本身是比较普遍的。无论大国小国，无论是发达国家还是发展中国家，都有资源型经济的存在。但是如果资源开发失当和资源管理缺位就会带来经济发展的问题，为国家或地区发展带来负面的影响，也就是资源型经济的病态表现。例如奥蒂（Auty）提出的“资源诅咒”[②]，即丰裕的资源对一些国家的经济增长并不是充分的有利条件，反而是一种限制。资源型经济的困扰主要也就是由资源型经济的病态所导致的。资源型经济在产业结构、资本形成、外部不经济等方面也存在问题，依据经济要素的递进理论，经济发展的主导和动力必然不断从资源、劳动力向资本，再向技术、管理和知识的方向演进，所以资源型经济的转型是必然的。如果转型得当，将可以摆脱“资源诅咒”，还会化劣势为优势，促进发展。如果不转型或是转型不得当，将会陷入“资源诅咒”。

（一）资源型经济的困扰

资源型经济是普遍的，但是资源型经济的困扰并不是每个国家和地区都必须经历的。资源型经济的困扰主要表现为资源丰富的国家和地区陷入“资源诅咒”，因此阻碍经济发展。其中最为典型的就是“荷兰病”。20世纪50年代，已是制成品出口主要国家的荷兰发现大量石油和天然气，荷兰政府大力发展石油、天然气业，出口剧增，国际收支出现顺差，经济显现繁荣景象。可是，蓬勃发展的天然气业却严重打击了荷兰的农业和其他工业部门，削弱了出口行业的国际竞争力，到20世纪80年代初期，荷兰遭受到通货膨胀上升、制成品出口下降、收入增长率降低、失业率增加的困扰，国际上称为“荷兰病”。

---

① 张复明．资源型经济——理论解释内在机制与应用研究［M］．中国社会科学出版社，2007：21.

② R. M. Auty. Sustaining Development in Mineral Economies［M］. The Resource Curse Thesis, London: Routledge, 1993.

有同样遭遇的，至今经济发展仍然缓慢的是尼日利亚。尼日利亚迄今探明石油储蓄270亿桶，居世界第九位；天然气储量也很丰富，已探明天然气储量达3.4万亿立方米，居世界第五位和非洲第一位。丰富的资源并没有为尼日利亚经济带来好运，20世纪70年代到80年代中期，尼日利亚出现了严重的经济困难和危机。这主要源自于70年代早期的石油繁荣。在1960年独立的时候，主要经济部门大多与土地有关，除粮食生产之外，棕榈农作物、可可粉、橡胶、棉花和花生的出口也占重要地位。1958年开始生产和出口石油，1970年以来石油出口逐渐成为该国的主要经济来源。1974年达到石油业繁荣的顶峰，当年石油部门占国内生产总值的份额为31%。石油的繁荣，石油部门的高收入吸引了其他产业部门的劳动力和资金，制约了制造业的发展，改变了原本以农业为主导的经济结构。1950~1975年大量农村劳动力迁移到城市，并选择基于石油的城市部门就业，导致农业失去了原有的优势地位。1960年农业出口量占到总出口的81%，1965年锐减到58%，1970年跌到30%，到1985年，相继失去了棕榈油和可可粉出口的领先地位。到1986年，尼日利亚58%的食物、72%的工业原料依靠进口，经济结构严重失调。同时，高额的外汇收入，提高了尼日利亚本国货币的价值，抑制了制成品出口，刺激和扩大了制成品的进口，导致了制造业严重萎缩，并引起了通货膨胀、失业、国际收支不平衡、收入差距扩大等社会问题。经过短暂的石油繁荣，70年代后期，尼日利亚经济发展出现严重倒退，80年代尼日利亚同样遭受了“荷兰病”折磨。

（二）资源型经济的转型

资源型经济转型最为成功的国家是荷兰。荷兰通过改革福利制度，成功地使失去活力的经济部门复苏，告别“资源诅咒”，实现从“荷兰病”到“荷兰奇迹”转变。荷兰的主要措施有三点：工资适度、缩减公共开支和削减税收负担、福利瘦身。1982年社会伙伴达成了一个名叫“中央推荐的就业政策关心要点”的文件。协议实质上是让各类商会承担起工资适度的义务，使工资谈判分散化。政府通过削减社会保障系统和紧缩公共开支，积极回应了这一工资协议。通过缩短失业救助补偿的时段，强化了失业者寻找工作的欲望和动机。同时政府紧缩公共开支和削减税收负担，促进中小企业发展。通过福利制度改革降低了社会负担。三大政策的实施，使荷兰宏观经济指标出现了明显改善。现今荷兰经济结构合理，农业、工业、旅游观光业都十分发达，是西方十大经济强国之一。

与荷兰这样的高福利国家不同的地区，则是通过产业结构调整、产业升级的方式转变资源型经济。德国的鲁尔地区煤铁资源丰富，曾经产煤量占德国的80%以上。20世纪50年代，能源结构的变化和合成材料的出现，部分地区用这些新材料取代了煤炭和钢铁；运输成本的增加导致鲁尔地区丧失了煤炭、钢铁的区位优势；采煤效率的提高，减少了采煤的就业岗位，鲁尔地区陷入了结构性危机之中，出现了主导产业衰退，经济增长速度放缓，同时引发了失业、生态恶化等问题。针对此1966年鲁尔煤管区开发协会编制了第一个总体发展规划，并于1969年成为第一个具有法律效力的区域整治规划。主要的措施是：对煤炭工业采取补贴措施，调整企业结构，整合机械化水平高的大矿井，关闭小矿井。政府资助职业教育，推动工人职业转换。改造传统产业，发展多元化经营的企业。促进小企业发展，加快新产品开发、革新，发展新技术产业。大力发展以贸易为核心的第三产业，调整产业结构。经过长达30多年的转型，鲁尔地区最终凭借新兴产业、传统产业改组、产业结构多样化、完善基础设施等方式，使资源型经济成功转型为创新和知识驱动型经济。与此类似的还有日本产煤地域和法国洛林地区。日本的北九州地区，在20世纪60年代由于煤炭资源趋于耗竭、开采成本上升，且受到廉价石油的冲击，煤炭工业大幅度下滑，产煤地区出现了严重的经济衰退。北九州地区通过建立和完善经济设施，以优惠的产业和布局政策吸引三菱重工、日产汽车、日本电气等知名企业入驻，实现产业和就业的转换，70年代建立机场、发展交通，良好的环境使其逐步向技术密集城市迈进。同样的，法国的洛林地区也是通过技术改造、科技创新、污染治理等方式，恢复了该地区的经济和环境。

可以看到，能够摆脱资源型经济困境的国家和地区都得到了健康稳定的经济增长，不能摆脱资源型经济困境的则经济增长迟缓甚至倒退。我国是一个资源稀缺的国家，过去30年的快速发展并不代表我国已经摆脱了资源型经济的困境，而是在利用有限的资源进行极限式增长，资源型经济困境离我们越来越近。由于资源的有限性和对资源的浪费，导致资源供给不足，目前我国的资源型经济正在逐渐失去比较优势。我国已经认识到这个问题，越来越多地考虑到经济增长的质量、效率和可持续性。我们应该看到尼日利亚的教训，向日本、荷兰、法国等国家学习规避“资源型经济困境”的经验。缩减传统高耗能产业，利用高新技术改造传统产业，大力发展新产业，逐步调整产业结构，大力发展职业培训。

二、环境问题带来的危机和机遇

环境为资源和人类活动提供了空间。环境问题主要来源于两个方面：一是资源的消耗，资源的消耗过程中产生的废气、固体废弃物、有害物质等；二是人类的日常活动，人类在消费工业产品时产生的废弃物，和人类对自然无限的索取。从国家的发展历程来看，都会存在环境问题。一个国家在较低发展水平上，环境状况比较好，自然界基本保持原始状态。当经济起飞时，一方面对资源的消耗急剧增加，导致了生态系统的破坏；另一方面工业企业数量的增长和居民消费的激增，产生了大量污染物，超过了环境的吸纳能力，使环境恶化。但实现工业化之后，人们对环境的要求提高，环保意识也逐渐强烈，促使产业结构调整，由高耗能、高污染产业向服务业和节能环保产业转变，或是把高耗能、高污染的产业转移至发展中国家和地区，如国际产业转移中经济较发达国家把高污染产业转移到国外。第一次国际产业转移主要是英国制造业向法国、德国等欧洲大陆国家及北美转移。第二次国际产业转移主要是美国将钢铁、纺织等传统高污染产业转移到日本和联邦德国。第三次国际产业转移是日本、美国把纺织、服装等轻纺类劳动密集型工业和部分耗能多、污染大的重化工业，转移到“亚洲四小龙”和部分拉美国家。我国大陆承接了国际第四次产业转移。承接产业转移的国家可以从中受益，但是也为本国发展带来了环境问题。对环境问题处理得好的国家，借着产业转移的机遇得到了较快的发展，例如美国和日本；处理不好环境问题的国家，则面临环境危机，阻碍本国经济发展，例如马来西亚。

（一）环境问题带来的危机

环境问题是各种各样的，有影响范围比较大的全球性的问题，如全球变暖、生物多样性丧失等；也有影响范围比较小的在工业化进程中产生的环境问题，如二氧化碳排放、光化学烟雾、酸雨以及城市的有毒废料等。这里主要描述工业化进程中产生的环境问题给经济发展带来的危机。工业化和城市化进程的加快，人们不断增长的消费需求，加大了人们对自然的索取和破坏，造成环境污染。污染的环境反过来会“报复”人类，影响人类健康，阻碍社会经济发展。历史上这类事件屡见不鲜。1952 年 12 月 4 日至 9 日，英国伦敦被黑黄色毒雾笼罩了 5 天，造成 4700 多人因呼吸疾病而死亡。大雾之后几个月，又有 8000 人因此类疾病而陆续死亡。大雾笼罩期间，伦敦从一个喧闹的城市一下变成了死城，整个城市交通瘫痪，工厂、机关、商店、学校、银行、邮局等基本都关门。这次因工厂和家用燃煤壁炉排放的煤烟、粉尘引起的毒雾事件，给伦敦造成了重伤。马来西亚也曾因环境问题，长期徘徊在中等收入国家阶段。

马来西亚在 1981 年人均 GDP 就达到了 1960 美元，达到中上等收入国家水平，但是伴随其经济发展出现了严重的环境问题。因忽视农业和林业，森林遭到了大面积的毁坏。在第二个马来西亚计划时期，新开垦土地 100 多万亩，第三个马来西亚计划时期（1976～1980 年），又新开垦土地 100 多万亩，平均每年毁掉森林 20 多万亩，再加上全国大面积的土壤和水体被污染，导致森林和野生动物减少，破坏了生态环境。马来西亚工业的发展，使水质遭到了更严重的污染。1976～1980 年全国有 170 座棕榈油加工厂和 375 座橡胶厂，其排放的污水使河流的生化需氧量（BOD）大为升高，经治理浓度有所降低后仍高达 500 毫克/升。有一些河流被工厂所排放的废水中的汞、镉、铅、铬等重金属所污染。大气污染主要来源于工厂废气和汽车尾气，主要污染物是粉尘、硫氧化物、碳氧化物等。在第三个马来西亚计划时期，政府制定了经济的环境政策，其主要精神是使经济发展和环境保护相平衡。但是由于法律体系不健全，导致政府在实际执行过程中往往把经济增长放在优先地位。随后，马来西亚经济增速放缓，甚至出现反复，长期徘徊于中等收入阶段。东南亚很多发展中国家也面临着同样的情况。由于环境保护不到位，工业化造成的污染严重影响经济社会的发展。菲律宾自然资源丰富，为经济发展提供了有利条件。然而由于任意的开发和过度的开采，环境逐渐恶化。工业发展带来的污染也是不容忽视的，据《首都马尼拉地区大气质量研究》提供的资料，在奎牙坡出现了一氧化碳最高纪录是 36ppm（百万分之一）①。1982 年菲律宾被世界银行列入中等收入国家的行列，但至今菲律宾人均收入只有 2233 美元。

（二）环境问题带来的机遇

东亚一些国家和地区在进入工业化中后期以后，深知资源环境恶化对经济社会协调发展的影响。利用环境政策和立法，成功地化环境危机为机遇。既解决了环境问题，又促进了本国经济的增长，成功跨越“中等收入陷阱”。在这方面日本的经验是值得借鉴的。1955～1973 年是日本经济高速发展期，发展方式为大量生产、大量消耗、大量废弃、严重污染的粗放型发展模式，这一时期日本集中爆发了一批环境公害事件，如位列世界八大公害事件的哮喘病事件、水俣病事件、痛痛病事件和米糠油事件，引发持续的环保运动。为了应对日益严峻的资源环境形势，日本政府主要通过制定法律，从法律的层面约束企业并以此来回应遭遇公害的国民对政府的压力。日本于 1971 年成立了环境厅，加强了环境立法，支持环境保护。同时，加快产业结构调整，明确了促进高能耗产业向节能型产业转变，以此来突破经济增长的资源环境制约，减轻环境污染的压力。从 20 世纪 70 年代起，日本开始实施《公害对策基本法》、《废弃物处理法》和《资源有效利用促进法》，以及严格的技术法规和技术标准等一系列环保法律法规，将污染治理和环境保护作为基本国策，依法对企业进行严格管理，促使企业加大环保投入。1973 年的“石油危机”促使日本采取更严格的环保措施，并积极实施“阳光计划”和“光计划”，使新能源和节能技术迅速发展，产业结构逐渐从高投入、高产出转向重视节能降耗等资源节约型发展模式。环境质量随之大为改善。同时，节约能源与资源、发展循环经济成为日本和“亚洲四小龙”等东亚先进

---

① ppm 表示一氧化碳在空气中的含量，其浓度为 50ppm 是成年人置身其中所允许的最大含量，持续 2～3 小时吸入空气中 200ppm 浓度的一氧化碳，人会有轻微的头痛、头晕、恶心症状。

国家和地区技术发展的方向。以汽车工业为例，日本制定了曾经被认为可以“扼杀”汽车工业尾气排放的标准，迫使企业工业加快技术革新。到80年代，日本汽车以“节能、优质”称霸世界。严格的环境标准不仅未给日本经济带来损害，反而促进了技术进步，增强了国际竞争力。90年代政府在制定和完善环保法规的基础上，继续重视提高企业和国民环保的积极性，大力推行环保消费，同时推出可回收利用的新能源产品，提高企业利润和环保效益。进入21世纪以来，日本提出建立循环性社会，把环保事业提升到国家战略高度。目前日本单位GDP资源消耗仅为美国的一半，得益于强有力的资源环境政策，日本之所以仅用8年时间便跨越中等收入阶段，在亚太地区乃至全世界，进入高收入经济体行列，都是通过环保规制和经济增长方式转变实现经济增长与环境保护双赢的最好的例子。①

同马来西亚和菲律宾相似，日本走的也是“先污染后治理”的路子，但是日本在环境保护方面取得了令人瞩目的成就。这归功于法律制定和体系的健全，全民参与环境保护管理机制的建设等。我国正处于工业化进程中，面临着严峻的环境保护形势。虽然我们已经做了大量工作，但还有很多不足的地方。我国应该借鉴成功改善环境危机的国家和地区的经验，解决我国环境问题。首先，国家必须加强环保立法，增加环保工作的法律体系建设，使环境立法和经济发展同步，做到有法可依，对违反法律的污染企业要严惩不贷。其次，加强环保知识宣传，普及环保知识，增加全民的环保意识，鼓励民间组织积极参与环保宣传工作和环保质量监督管理事务。最后，鼓励企业改进和开发环保技术，转变生产方式，走出一条中国特色的新型工业化道路。

第五节　包容性增长战略规避经济增长的生态制约

包容性增长是建设资源节约型、环境友好型社会，规避“中等收入陷阱”的重要战略。节约资源，环境保护，降低能源能耗，提高环境质量，发展循环经济，积极应对气候变化，促进经济社会发展与人口资源环境相协调，是我国经济有质量、有效率可持续发展的重要保障。面对日趋强化的资源环境约束，必须增强危机意识，坚持发展为人民的理念，以节能减排为重点，健全激励和约束机制，加快构建资源节约、环境友好的生产方式和消费模式，增强可持续发展能力。同时强化生态保护和防灾体系建设，坚持保护优先和自然恢复为主，从源头上扭转生态环境恶

---

① 李晓亮．切实落实环保“十二五”规划　助力中国跨越中等收入陷阱［J］．环境保护，2012(8)；栾春玉．日本节能环保法律、政策的经验与启示［J］．税务与经济，2012(6)．

化趋势，让发展更注重质量和效率，让更多的人从发展中受益。

一、加快产业升级，减轻资源环境负担

我国处于全球产业链的低端，被称为“世界工厂”，多数企业只承担全球价值链中低端的、资源密集的、劳动密集的生产、加工的一端，技术含量低、附加值低，而产业价值链的高端大部分在外商手中。这种低度化的产业结构和技术结构，阻碍了我国经济发展方式向资源节约、环境友好型转变。因此加快改善产业结构，提高产业素质和效率，推动产业升级，有利于减轻资源环境的负担。产业升级一是能源和各产业的绿色化、低碳化，即采用清洁能源，提高能源效率，优化产业布局，在发展中节约资源保护环境；二是广泛应用新技术、新工艺，提高产品附加值；三是产业高集约化，即产业组织合理化，有较高的规模经济效益；四是产业关联协调化，即各产业间量的比例和质的匹配平衡协调，互相适应。我国可以通过以下路径，建立一个资源节约型和环境友好型的生态化的新型产业体系。首先是优化三次产业结构的比例和质量，加速第三产业特别是现代服务业的发展，提高第三产业比重，逐步降低第二产业比重，尤其是以煤炭消耗为主的传统工业，同时提升现代农业的质量，夯实现代农业的基础。其次是对高污染、高能耗的产业进行绿色改造，在企业中推行清洁设计、清洁生产、清洁管理、清洁消费和循环经济模式，同时利用信息技术和新能源、新材料、新工艺彻底改造传统工业；再次是大力培育和发展高新技术产业，使之成为可持续发展的战略性支柱产业，特别是现代信息产业、生物技术产业、新能源产业、新材料产业、健康与环保产业、航天与海洋产业、绿色交通产业等，以信息化带动工业化；最后是大量发展生态工业，建立生态工业园区，加强行业间交流与合作，鼓励对废弃物回收利用技术的开发，各部门共同努力打造工业生态清洁循环网络。我国应坚定不移地走新型绿色工业化道路，减少生产所造成的污染，减轻环境压力。

二、以企业绿色科技创新，支撑可持续发展

科技创新是可持续发展能力的核心因素，在知识经济时代，科技创新是经济增长的动力源泉。绿色科技创新是国家、企业、科技创新本身可持续发展及人类社会全面可持续发展的有力保障。当前我国正处在必须推进经济结构调整才能实现可持续发展的重要阶段，资源和环境的瓶颈制约十分突出，为促进我国经济社会又好又快发展，提高企业绿色科技创新能力是十分必要的。我国要通过机制设计改变目前绿色科技创新资源的政府主导投资体制，建立一个竞争性的、以效率为导向的创新资源分配体制，促进科技创新资源向高效率的企业流动。要逐步减

少政府对科技创新的直接投入，政府的投资重点应该是科技创新的基础设施、外溢性的知识产品和战略性的高新技术行业和绿色科技领域，在竞争性、盈利性的行业要使企业成为创新的主体，减少政府投入的激励扭曲。我国应该从以下几个方面做起：一是确立合理有效的知识产权制度，在保护发明者利益的同时，提高知识的传播效率。主要办法是知识的有偿扩散，专利占有者可以通过产权转让或出租获取租金，而专利使用者可以获取经济效益。二是优化知识流动的制度环境，颁布合适的法规和产业政策促进知识、技术和人才的转移和流动。三是提升我国科技创新资源投入，加快转变科技创新模式。优化科技创新投资结构，把科技创新投资与产业布局和战略联系在一起，以进一步推动经济增长。加大基础研究投入，加强同高校、科研院所的合作，缩短创新到实际应用的周期。四是对“绿色化”创新给予高度的支持。绿色技术是一类技术的总称，特点是低排放、低消耗和环境友好性。要将高碳产业为主导的传统工业改造成为科技含量高、经济效益好、资源消耗低、环境污染少、人力资源优势得到充分发挥的新型工业，绿色技术是基础。对于“绿色化”创新，不仅要给予其他创新同等优惠政策，还要在金融方面给予支持，在税收方面，通过减免税费给予鼓励。

三、开发绿色替代能源，减少二氧化碳排放

以煤为主体的高碳能源结构及其技术基础是制约我国建设资源节约和环境友好型社会的重要因素，但是碍于我国生产方式和发展阶段限制，以煤为主的能源结构短期内很难有明显改变。与此相矛盾的是我国幅员辽阔，风能、太阳能、潮汐等低碳绿色能源储量丰富。根据我国技术水平，我国发展绿色低碳能源要从三方面着手：一是在现有的基础之上，推广节能。其重点内容是研发和推广以煤、石油等化石能源为基础的先进节能减排、循环利用、清洁生产技术，提高能效，减少废弃物排放。比如在电力生产领域，我国现阶段依然以火电为主，通过大力淘汰小机组，采用超临界以及超超临界发电机组等，能有效降低单位发电量的排放量；在水泥、造纸、化工、钢铁等高能耗高排放行业，也存在提高能源利用效率，促进先进技术推广应用的巨大空间；此外，在建筑领域，采用建筑节能减排设备和技术，将能大幅度提升建筑节能潜力；在交通领域，大力发展公共交通和新能源汽车，提高燃油经济性和废气排放标准，能大量减少交通领域的温室气体排放。二是建立推广低碳绿色能源的政策。对绿色能源进入生产领域进行补贴，以较高的利润吸引企业开发绿色能源。例如，对绿色能源开放电网，降低绿色能源产生的电力的入网费用。三是继续加大对可再生能源的开发和利用。我国在水电方面已经有不错的发展，但是在风能和太阳能的利用方面还是有所欠缺。我国应该继续大幅度提高技术水平，降低可再生能源的利用成本，进一步加大在太阳

能、风能、生物质能以及核能等领域的技术研发与推广应用的投入，培育和壮大具有自主知识产权的可再生能源技术和产业。

四、建立资源节约、环境保护的绿色消费方式

在人类发展已经超越环境承受能力，传统的消费模式已经不能满足经济可持续发展需要的情况下，我们需要对传统的消费文化、价值取向进行重新审视，在消费的理念、消费文化以及消费机制的设计上探讨全新的消费模式。可持续消费首先是消费对象的健康，主要是选择无污染或者有助于提升健康水平的绿色产品，从源头上减少危害健康的风险；其次是消费过程健康，主要是转变消费的观念，注重消费过程中资源的节约和环保，注重人在消费过程中的心理反馈；最后是消费结果的健康，消费过程不只注重消费者本身，还应注重消费的综合效应，即经济实惠、生态效益、节约资源、减少污染等多重效应。总之绿色消费是一种可持续消费、理性消费、公平消费，它充分考虑了消费者同外部环境的和谐，以及整个社会的和谐。我国目前处于发展时期，庞大的人口和资源的稀缺要求我们必须采取可持续的消费模式，我们应通过非正式制度的自我规范和正式制度的引导保证可持续性消费机制的实现。从非正式制度来讲，我们要更新消费理念，确立与生态文明相协调的积极的、和谐的消费观念。以“统筹人与自然和谐发展”为目标，以理性消费、科学消费为主要内容，以“生态和谐消费观”和自然生态和谐为物质基础建立起“人际和谐的消费观”，生态和谐是人际和谐的物质基础，人际和谐是生态和谐的体现。从正式制度来讲我们要通过一系列法律法规和税收政策的机制设计引导可持续性消费。例如，对于不利于可持续性和公平性的消费，或者负外部性较强的消费征收高消费税，同时，对有利于节能环保和可能引领未来主流绿色消费的消费模式和产品少征税或者给予补贴。

五、将资源环境纳入考核指标，推动绿色经济

目前我国的政绩考核体系是以 GDP 衡量地区发展状况，各级政府为追求政绩，不惜成本地追求 GDP 的增长，而不考虑增长中的资源环境问题。出于对自己利益的维护，政府官员在执行环境政策和法规时，更是以经济增长优先，不计成本发展经济，导致经济与资源环境失调。政府的考核体系不应该仅仅追求 GDP 的增长，而应该更多地关注经济、资源环境协调发展。把资源环境纳入考核体系，有利于地区的和谐发展，推动经济社会发展。建立以绿色发展、低碳发展为重要内容的综合考核体系，形成新的政绩考核制度，进一步落实环保责任，有利于转变经济发展方式，提高竞争力。新的考核体系可以建立资源、环境和经

济三个子系统，每个子系统中包含相应的指标。资源子系统可以选取建成绿化覆盖率、森林覆盖率、人均水资源量、电力消费量等作为指标；经济子系统可以选取GDP、第三产业比例、固定资源投资总额、人均GDP等作为指标；环境子系统可以选取工业废水排放总量、废气排放总量、固体废弃物排放总量、自然保护区面积、工业污染治理投资等作为指标。在进行核算时，可以根据三个子系统的情况，对子系统赋予权重，然后对各个指标进行标准化处理，最后计算总的得分。这样做可以更加清楚地反映一个地区的发展水平，也可以促进当地官员在制定经济政策时，更多地从经济、资源环境协调的角度出发；推动绿色经济的发展，更好地维护人类生存环境，合理保护资源、能源以及更有益于人体健康。现今，我国很多省市已经意识到协调经济、资源环境发展的重要性，尝试把部分环境资源指标纳入到政绩考核体系中并建立政府绿色采购体系。首先建立政府的绿色采购制度有利于对当地消费形成一种先导、示范效应。其次政府加大对绿色、环保产品的采购，有利于企业增加对绿色技术、设备的投资，加大对绿色产品的生产，也有利于促进环保组织、科研院所对环保技术的研发，增加环保技术与设备的供给。最后政府在执行绿色采购制度的过程中，一定要增强采购人员的环保意识，提高其节能环保的知识素养。

六、明确资源环境产权，严格落实污染责任

我国的资源环境大多都属于公共物品，没有明确的产权，例如土地。公共物品具有非排他性、效用的不可分割性、消费的强制性和消费的不竞争性。正是这些特征，加重了我国资源的浪费和环境的污染。由于资源环境是每个人都可以使用的，但是如果出现问题，每个人都不用承担责任。所以造成了人们对“免费”资源的索取，而不计后果。例如，在一个村庄中有一块空的草地，如果这块草地没有明确的产权，是属于全村共有的，那么人们会争先恐后地到草地去放牧，在短期内获取自己利益最大化，不会考虑草地的恢复能力，这块草地也会因为过度的利用，加快其荒漠化。如果这块草地是属于某个村民的，这个村民在使用草地时，会有计划、有安排，尽量延长草地的可使用年限，以获取长远的利益。因此我国建立规范、统一、竞争、有序的产权交易市场体系是十分必要的。产权交易机制建设主要做好以下几方面工作：第一，政府要出台规范我国产权交易的实施细则，根据我国产权交易体系的问题，提出整改意见，关键要做到有针对性和切实可行性，从制度层面推动产权市场的改革与完善；第二，明确企业产权交易的主体，即充分界定企业产权的归属问题，这是实现产权交易的前提和基础，在市场不完全的情况下，清晰的产权关系对企业环境保护技术的创新、管理流程的改造、环境保护责任的明确以及市场交易效率的提升都是非常重要的；第三，产权

交易要充分发挥市场配置资源的作用，政府的主要职责是宏观调控、为产权交易提供良好的软环境，产权交易则由市场完成，我们可以培育一批专门从事产权交易运行、企业资产重组的社会中介机构，利用机构的规范性、专业性，广泛收集企业产权信息，构建中介机构的产权交易信息网，实现信息共享，保证信息的时效性，缩短交易时间，降低企业的产权交易成本，提高产权交易的效率，更好地发挥产权市场的载体和服务平台的作用。

严格落实污染责任，使有关部门和责任人清醒地认识到减排和环保的形式，增强责任感和紧迫感，采取切实有效的措施完成环保任务。加强对火电、水泥、纺织、钢铁等高污染的传统产业的监管和环保建设。制定减排目标责任书，责任书中应该包括减排目标，具体实现的时间、责任单位等，明确企业、政府部门的具体任务，让减排任务落实到位。同时对于环保任务完成较好的应给予奖励，树立“环保英雄”的形象，进一步促进责任单位完成环保任务的积极性。

七、进一步完善环保立法，加大执法力度

环保立法的健全、完善不仅有利于推动我国环保事业，还在我国发展中占有重要的地位。对环保立法的进一步完善有利于我国做好经济、资源环境协调发展，有利于落实科学发展观，保障经济可持续运行从而规避“中等收入陷阱”。随着我国可持续发展理念的建立，社会发展与自然资源利用、环保工作之间影响和作用及其相互关系越来越密切，越来越急需相关政策法规制定与实施，进一步加强科学性、协调性、实效性、可操作性。目前我国关于资源节约和环境保护的立法工作已经取得了一定的成就，但是还不健全。目前我国的环境政策主要定位在政策层面，注重政府管制作用。在环保政策定位上，偏向于强调环境与经济的相对平衡。在实施手段上，偏向于强调命令型手段和引导性手段的并重和结合。而我国 2003 年 3 月全国人大通过的《立法法》中，在立法的基本原则上，庄严地宣告“立法要以经济建设为中心”。这就意味着，经济发展是主旋律，环境保护也要围绕经济建设这个中心。这就导致在环境保护和资源节约相关政策和法规的执行中，往往会为经济建设而让步。针对此情况，我国应该坚持依法治国和依政策治国相结合的战略，建立一部从宏观方面调整国家基本政策的法规。统一行政机关在环境保护方面的目标和程序，把环境价值纳入行政机关的决策过程，为经济发展和环境保护提供内部和外部条件。

另外加快完善地方环境法规。国家政策主要是全局调控，而地方环境法规可以根据地方的个性，结合实际情况，从局部进行调控。我国幅员辽阔，不同的地方有不同的环境特征，因而形成的地方经济也有很大的不同。制定地方环保法规有利于发挥地方优势，搞好环保工作；有利于因地制宜进行环保工作；有利于尽

快建立我国的环境法体系。例如针对江苏、浙江水系发达的省份水域污染严重的情况，可以建立地方水源保护条例。地方环保法律不仅让地方环保有法可依，还能调动当地居民对家乡环保事业参与的积极性，进一步增强环保法治意识。

八、完善资源环境税，建设生态社会

资源环境税是通过立法解决资源环境问题的重要而有效的手段，我国现有的消费税、资源税、增值税、所得税等都与生态环境有关。但是这些税并没有起到保护环境的预期，主要是由于其征收目的主要是为了增加财政收入。目前我国控制污染的主要手段是各地环境保护部门征收排污费，受地方利益干扰，效果也很不理想。面对日趋严峻的资源环境状况和实现节约型社会建设目标，迫切需要完善我国资源环境保护税收制度。完善我国资源环境税的主要思路是：一方面是扩大资源税征收范围，开征排污税，使其成为资源环境税的主体税种。将现行税制中的资源税、资源补偿费和环境破坏补偿费合并为资源税，把征收对象从少数矿藏资源，扩大到多数矿藏资源和非矿藏资源，最终实现对自然资源普遍征税。将现行资源税按销售量计征改为按实际产量计征，以减少积压浪费，提高资源利用率。推行税费改革，将排污税纳入资源环境税的主体税种，对排放的难以降解的、不可回收利用的废水、废气、固体废弃物进行征税。同时要制定严格的排污标准，刚性执行标准，对达不到标准的企业给予处罚。另一方面是完善税收减免规定，引导产业、产品结构调整和消费行为，形成覆盖面广、负担合理的资源环境税收体系。政府对无污染、低污染企业的生产和消费行为给予税收减免，对不同污染危险等级的企业实行差别税率。例如，对于企业在投资中用于治理污染和环境保护的投资允许抵扣，对因有偿转让环保科研成果及提供相关的技术咨询、技术培训而取得的收入，减征或免征所得税。同时倡导绿色经营和绿色消费理念，不但可以把污染的可能性遏制在萌芽状态，还可以鼓励企业积极开发先进的环保技术，增强社会公众的参与环保意识。

参 考 文 献

[1] Aghion P. Howitt P. Endogenous Growth Theory [M]. Cambridge: Cambridge University Press, 1998.

[2] Atkinson A. B. On Intergenerational Income Mobility in Britain [J], Journal of Post Keynesian Economics, 1980, 3 (2): 194 -215.

[3] Berkel, Rik Van, Iver Hornemann Moller and Colin C. Williams. The Concept of Inclusion/Exclusion and the Concept of Work [A]. In Rik Van Berkel and Iver Hornemann Mollered. Active Social Policies in the EU [C], Bristol: The Policy Press, 2002.

[4] Bian, Yanjie, Ang, Soon. Guanxi Networks and Job Mobility in China and Singapore. Social Forces. Mar. 1997, Vol. 75, Issue 3, pp. 981 -1005.

[5] Bovenberg A. L. , Smulders, S. A. Environmental Quality and Pollution Augmenting Technological Change in a Two-sector Endogenous Growth Model [J]. Journal of Public Economics, 1995, 57: 369 -391.

[6] Chadwick, Laura and Solon. Intergenerational Income Mobility Among Daughters. American Economic Review, 2002, 92 (1): 335 -344.

[7] Christopher D. Carrog, David N. Weil. Saving and Growth: A Reinterpretation, 1994.

[8] D'Arge, Ralph C. Essay on Economic Growth and Enivronmental Quality [J]. The Swedish Jour-nal of Economics, 1971, 73 (1): 25 -41.

[9] Dasgupta P. S. , Heal G. The optimal depletion of exhaustible resources [M]. Cambridge: Cambridge University Press, 1979.

[10] Forster, B. A. A Note on Economic Growth and Environmental Quality [J]. The Swedish Journalof Economics, 1972, June: 281 -85.

[11] Forster, B. A. Optimal Capital Accumulation in A Polluted Environment [J]. Southern EconomicJournal, 1973, 39: 544 -47.

[12] Grimaud , A. and L. Rouge , Non-renew able Resources and Growth with Vertical Innovations: Optimum, Equilibrium and Economic Policies. Journal of Environmental Economics and Management, 2003, 45, 433 -453.

[13] Habor, Stephen. Crony Capitalism and Economic Growth in Latin America,

Hoover Press, 2000.

[14] Hausman, Daniel. Problems with Supply-side Egalitarianism. In Samuel Bowles and Herbert Gintis, Recasting Egalitarianism, London and New York: Verso, 1998.

[15] Johann Heinrich Von Th LI hen. The Isolated State, 1966.

[16] Kelly M. Inequality and Crime, The Review of Economics and Statistics, 2002, 82 (4): 530 -539.

[17] Knight J. Yueh. Job Mobility of Residents and Migrants in China. Journal of Comparative Economics, 2004, 32 (4), pp. 637 -660.

[18] Krueger, Anne O. Virtuous and Vicious Circles in Economic Development, American Economic Review, 1993, 83.

[19] Kuznets S. Economic Growth and Income Inequality, American Economic Review, 1955, 45 (1) .

[20] Lucas R. On the Mechanics of Economic Development [J]. Journal of Monetary Economics, 1988, 22 (1), pp. 3 -42.

[21] Michael Gavin, Ricardo Hausmann and Ernesto TalviSaving. Behavior in Latin American Development Bank, 1997.

[22] Mrdal G. Economic theory and underdeveloped region, Duckworth, 1957.

[23] Murphy M. , Shleifer A. and Vishny R. Income Distribution, Market Size and Industrialization, The Quarterly Journal of Economics, 1989, 104 (3) .

[24] Nathan, Nunn. The Importance of History for Economic Development, Annual Review of Economic, 2009, 1.

[25] P. M. Romer, H. Sasaki. Scarcity and Growth Reinterpreted: Endogenous Technological Change and Falling Re-source Price [Z]. Rochester Center for Economic Research Working Paper, 1986, (19) .

[26] Romer P. Endogenous Technological Change [J]. Journal of Political Economy, 1990, 98: 71 -102.

[27] Romer P. Increasing Returns and Longrun Growth [J]. Journal of Political Economy, 1986, 94 (5) : 1002 -1037.

[28] Stiglitz J. Growth with Exhaustible Natural Resources: Efficient and Optimal Growth Paths [J]. Review of Economic Studies (Symposium), 1974, 41: 123 -137.

[29] Stokey N. L. Are There Limits to Growth [J]. International Economic Review, 1998, 39: 1 -31.

[30] Tobin J. On Limiting the Domain of Inequality, Journal of Law and Economics, 13, P. 266.

[31] WCED. Our Common Future [M]. World Commission on Environment and

Development, Oxford: Oxford University Press, 1987.

[32] Zhang Fengyun The Basic Path of Modern Agriculture with Chinese Characteristics-Industry Nurturing Agriculture. Asian Agricultural Research, 2011, No. 7, Vol. 3.

[33] 巴曙松，王志峰．区域发展结构、城镇化与中国经济结构调整 [J]．西南金融，2010 (4).

[34] 白素霞，蒋同明．我国城乡居民收入差距问题 [J]．公关经济管理，2013 (1).

[35] 保罗·罗默．收益递增经济增长模型 [J]．政治经济学期刊，1986.

[36] 北京大学中国国民经济核算与经济增长研究中心．2011 年中国经济增长报告——克服中等收入陷阱的关键在于转变发展方式 [M]．北京：中国发展出版社，2011.

[37] 蔡昉．城乡收入差距与制度变革的临界点 [J]．中国社会科学，2003 (5).

[38] 蔡昉．大国发展的挑战与路径：大国经济的刘易斯转折点 [J]．广东商学院学报，2010 (1).

[39] 蔡昉．如何通过扩大就业保持经济可持续增长 [J]．探索与争鸣，2008 (2).

[40] 蔡昉．提高全要素生产率，跨越中等收入陷阱 [J]．经济参考网，2011.

[41] 蔡昉．中国经济如何跨越"低中等收入陷阱" [J]．中国社会科学院研究生院学报，2008.

[42] 蔡昉等．中国劳动力市场转型与发育 [M]．北京：商务印书馆，2005.

[43] 蔡昉，都阳，王美艳．户籍制度与劳动力市场保护 [J]．经济研究，2001 (12).

[44] 蔡虹．对日本科技政策形成机制改革的分析及其思考 [J]．中国软科学，2002 (8).

[45] 常江昆．浅析现阶段我国金融体制改革 [J]．中国科技博览，2011 (7).

[46] 陈彩娟．借鉴日韩新发展经验跨越"中等收入陷阱"发展研究 [J]．未来与发展，2012 (6).

[47] 陈利．我国农业生态环境现状及保护措施 [J]．农业科技与装备，2011 (6).

[48] 陈其荣．技术创新的哲学视野 [J]．复旦大学学报（哲学社会科学

版)，2001（19）.

[49] 陈舜英．经济发展与通货膨胀（拉丁美洲的理论和实践）[M]．北京：中国财政经济出版社，1990.

[50] 陈锡文．工业化、城镇化要为解决“三农”问题作出更大贡献[J]．经济研究，2011（10）.

[51] 陈湘源．国外应对“中等收入陷阱”的经验与教训[J]．当代世界，2011（12）.

[52] 陈志伟．小流域土壤侵蚀遥感监测新技术研究[J]．亚热带水土保持，2008，20（4）.

[53] 成思危．转变经济发展方式规避“中等收入陷阱”[J]．拉丁美洲研究，2011（3）.

[54]“城镇化进程中农村劳动力转移问题研究”课题组．城镇化进程中农村劳动力转移：战略抉择和政策思路[J]．中国农村经济，2011（6）.

[55] 丹尼森．美国经济增长因素和面临的选择[M]．商务印书馆，1991.

[56] 丹尼森．美国经济增长核算1929～1967年[M]．布鲁金斯研究所，1974.

[57] 黄思宁．日美两国居民收入与经济发展协调增长及其对北京的启示[J]．调研世界，2012（3）.

[58] 董向荣．列国志——韩国[M]．北京：社会科学文献出版社，2009.

[59] 杜传忠，刘英基．拉美国家“中等收入陷阱”及对我国的警示[J]．理论学习，2011（6）.

[60] 樊纲，张晓晶．“福利赶超”与“增长陷阱”：拉美的教训[J]．管理世界，2008（9）.

[61] 弗·斯卡皮蒂．美国社会问题[M]．北京：中国社会科学出版社，1986.

[62] 傅静．从性别歧视的角度简析女大学生就业问题[J]．河海大学学报（哲学社会科学版），2009（3）.

[63] 付尧，赖德胜．劳动力市场分割对区域经济增长的影响——以广东、上海为例[J]．北京师范大学学报（社会科学版），2007（2）.

[64] 高发．中国居民收入差距——基于制度变迁视角的分析[M]．北京：知识产权出版社，2008.

[65] 高永进，葛兆强．金融危机的反思与我国金融体制改革的深化[J]．中州学刊，2009（1）.

[66] 龚维斌．有“阶层”不可怕，可怕的是“阶层复制”．世界知识，2011（7）.

[67] 辜胜阻，李华，易善策．大都市与中小城市协调共进的均衡城镇化研究 [J]．人口研究，2010 (5)

[68] 辜胜阻，易善策，郑凌云．基于农民工特征的工业化与城镇化协调发展研究 [J]．人口研究，2006，30 (5)．

[69] 谷慎．中国农村金融体制改革的最优路径选择 [J]．西北大学学报（哲学社会科学版），2006，36 (6)．

[70] 关于做好 2013 年全国普通高等学校毕业生就业工作的通知 [R]．（国发 [2013] 35）．

[71] 国家发改委宏观经济研究院课题组．产业结构调整对我国就业的影响研究 [J]．经济学动态，2008 (6)．

[72] 郭虹．城乡统筹与农民工的城市融入 [J]．社会科学研究，2011 (6)．

[73] 郭田勇．中小企业融资的国际比较与借鉴 [J]．环球金融，2003 (11)．

[74] 郭旭，叶万普．我国第三次分配的现状、存在的问题及解决思路 [J]．西安邮电学院学报，2009 (3)．

[75] 国家统计局国际统计信息中心．世界主要国家和地区社会发展比较统计资料 [M]．北京：中国统计出版社，1991.

[76] 国务院发展研究中心农村经济研究部课题组．中国特色农业现代化道路研究 [M]．北京：中国发展出版社，2012.

[77] 国务院关于落实《政府工作报告》和国务院第一次全体会议精神重点工作部门分工的意见 [R]．（国发 [2013] 17）．

[78] 韩琪，郑宝银．中国经济论纲 [M]．北京：对外经济贸易出版社，1998.

[79] 郜风涛，张小建．中国就业制度 [M]．北京：中国法制出版社，2009.

[80] 何伟．论股份制与社会所有制 [M]．北京：经济科学出版社，2008.

[81] 何伟．关于经济体制改革的几个问题的探讨 [J]．经济纵横，2012 (6)．

[82] 何英，王东升．财政投入支持公共就业服务的对策建议 [J]．山东劳动保障，2009 (11)．

[83] 洪国起．拉美国家社会贫困化的历史根源刍议 [J]．江汉大学学报，2006 (2)．

[84] 洪丽．20 世纪 30 年代末以来英国居民收入差距的历史变迁及现状评价 [J]．湖北经济学院学报，2008 (5)．

[85] 侯炬凯. 平均（边际）消费倾向的国际比较——来自世界银行分类方法的实证研究 [J]. 现代经济信息，2012（8）.

[86] 黄菁. 环境污染治理与经济增长：模型与中国的经验研究 [J]. 南开经济，2011（1）.

[87] 黄文芳. 农业化肥污染的政策成因及对策分析 [J]. 生态环境学报，2011，20（1）.

[88] 凯恩斯. 就业、利息和货币通论 [M]. 北京：商务印书馆，1981.

[89] 孔泾源. 中国居民收入分配年度报告 [M]. 北京：经济科学出版社，2005.

[90] 赖德胜，孟大虎. 替代还是互补——大学生就业中的人力资本和社会资本联合作用机制 [J]. 北京大学教育评论，2012（1）.

[91] 雷朴实、吴敬琏. 论中国经济体制改革的进程 [M]. 北京：经济科学出版社，1998.

[92] 李宏. 公共就业服务体系建设与发展——问题分析与政策建议 [J]. 北方经贸，2007（1）.

[93] 李宏彬，孟岭生. 父母的政治资本如何影响大学生在劳动力市场的表现 [J]. 经济学（季刊），2012（4）.

[94] 李红波. “出国留学潮”的经济学分析 [J]. 辽宁教育研究，2004（2）.

[95] 李嘉图. 政治经济学及赋税原理 [M]. 北京：商务印书馆，1976.

[96] 李建军. 以色列农业科技简况 [J]. 中国农村小康科技，2007（9）.

[97] 李建民. 中国劳动力市场多重分割及其对劳动力供求的影响 [J]. 中国人口科学，2002（2）.

[98] 李克强. 在改革开放进程中深入实施扩大内需战略 [J]. 求是，2012（4）.

[99] 李侍兵，赵定涛. 环境污染约束条件下经济可持续发展内生长模型 [J]. 预测，2008（1）.

[100] 李伟. 当前中国粮食安全形势与对策思考 [J]. 粮食论坛，2012（9）.

[101] 李霞. 个体私营经济：发展经历、当前困难与“五个转变”[J]. 理论探索，2010（1）.

[102] 李晓浩. 产业集群与县域经济发展 [D]. 中共中央党校，2006.

[103] 李晓宁，姚延婷. 劳动力转移与工资差距同时扩大的“悖论”研究——基于市场分割的视角 [J]. 当代财经，2012（4）.

[104] 李正. “国进民退”之争的回顾与澄清——国有经济功能决定国有企业必须有“进”有“退”[J]. 沈阳：社会科学辑刊，2010（5）.

[105] 李中建．基于劳动力视角的经济发展方式转变．现代经济探讨，2012 (1).

[106] 李子联．收入分配如何影响经济增长——一个基于需求视角的分析框架 [J]．财经科学，2011 (5).

[107] 林毅夫．发展与转型：思潮、战略和自生能力 [M]．北京：北京大学出版社，2008.

[108] 梁亚民．经济增长质量评价指标体系研究 [J]．西北师大学报（社会科学版），2002 (2).

[109] 林岗．迈过"中等收入陷阱"的中国战略 [M]．北京：经济科学出版社，2011.

[110] 刘从梦．荷兰农业发展的经验教训 [J]．和谐论坛，2008 (5).

[111] 刘桂芬．德国高等教育分流现状及对我国的启示 [J]．现代教育科学（高教研究），2007 (4).

[112] 刘萍．中国粮食安全问题与制约因素分析 [J]．经济研究导刊，2012 (18).

[113] 刘伟．中国经济增长与宏观调控 [J]．新华文摘，2010 (9).

[114] 刘旭．浅谈失业和再就业问题 [J]．劳动保障世界，2008 (2).

[115] 刘永军等．中国居民收入分配差距研究 [M]．北京：经济科学出版社，2009.

[116] 龙其玉．中国收入分配制度的演变、收入差距与改革思考 [J]．东南学术，2011 (1).

[117] 卢荣善．经济学视角：日本农业现代化经验及其对中国的适用性研究 [J]．农业经济问题，2007 (2).

[118] 陆鸣．玻璃幕墙下的劳动力流动——制度约束、社会互动与滞后的城市化 [J]．南方经济，2011 (6).

[119] 陆鸣．重构城市体系——论中国区域和城市可持续发展战略 [J]．南京大学学报，2010 (5).

[120] 陆鸣，蒋世卿．重构"铁三角"：中国的劳动力市场改革、收入分配和经济增长 [J]．管理世界，2007 (6).

[121] 陆万军．收入分配对经济增长的影响机理与传导机制 [J]．经济学家，2012 (5).

[122] 罗尔斯．正义论 [M]．北京：中国社会科学出版社，1998.

[123] 罗拥华．国家粮食安全的微观基础——农户种粮投入行为 [J]．价格月刊，2012 (8).

[124] 马克思．资本论（第一卷）[M]．北京：人民出版社，2004.

［125］马克思恩格斯选集（第2卷）［M］. 北京：人民出版社，1995.

［126］马克思恩格斯选集（第3卷）［M］. 北京：人民出版社，1995.

［127］马晓河. 迈过"中等收入陷阱"的结构转型——国际经验教训与中国挑战［J］. 农村经济，2011（4）.

［128］马晓河. 迈过"中等收入陷阱"的需求结构演变与产业结构调整［J］. 宏观经济研究，2011（11）.

［129］马晓河，胡拥军. 中国城镇化进程、面临问题及其总体布局［J］. 改革，2010（10）.

［130］马歇尔. 经济学原理（下卷）［M］. 北京：商务印书馆，1965.

［131］马新平. 我国教育经费来源结构分析与国际比较［J］. 北京：商业时代，2010（27）.

［132］马岩. 中等收入陷阱的挑战及对策［M］. 北京：中国经济出版社，2011.

［133］毛礼锐，沈灌群. 中国教育通史（第六卷）［M］. 济南：山东教育出版社，2005.

［134］聂盛. 我国经济转型时期间的劳动力市场分割：从所有制分割到行业分割［J］. 当代经济科学，2004，26（6）.

［135］彭刚，彭忆欧. 中等收入陷阱的国际视角与中国对策［J］. 重庆社会科学，2011（10）.

［136］彭水军，包群. 环境污染、内生增长与经济可持续发展［J］. 数量经济技术经济研究，2006（9）.

［137］蒲艳萍. 有效就业与经济增长的关系——基于时间序列数据的协整检验［J］. 人口与经济，2010（1）.

［138］蒲勇健. 经济增长方式的数量刻画与产业结构调整：一个理论模型［J］. 经济科学，1997（2）.

［139］乔宇. 发展中国家落入"中等收入陷阱"的原因与中国对策［J］. 生产力研究，2012（5）.

［140］秦勇，裴育. 城乡背景与大学毕业生就业——基于社会资本理论的模型及实证分析［J］. 经济评论，2011（2）.

［141］深圳发展银行—中欧国际工商学院"供应链金融"课题组. 供应链金融［M］. 上海：上海远东出版社，2009.

［142］深圳就业歧视状况调查报告. 深圳衡平机构，2010-05.

［143］史仕新，金周英. 教育促进经济发展的作用机制分析［J］. 经济问题探索，2005（11）.

［144］世界银行. 2006年世界发展报告：公平与发展［M］. 北京：清华大

学出版社，2006.

[145] 宋伟良，方梦佳．贸易自由化对中国粮食安全的影响及对策研究[J]．宏观经济研究，2012 (10).

[146] 苏丹丹．经济增长决定因素的理论阐述与中国的选择 [J]．市场论坛，2009 (7).

[147] 孙浩进．中国收入分配不公平问题分析及制度思考 [J]．学习与探索，2009 (1).

[148] 孙洁，高博．我国失业保险制度存在的问题和改革的思路 [J]．西北师大学报，2011，48 (1).

[149] 孙劲悦．关于就业年龄歧视原因的调查分析 [J]．财经问题研究，2004 (4).

[150] 孙久文．我国城镇化发展中的区域协调问题 [J]．生态经济，2008 (11).

[151] 谭晶，韩娜．从“十二五”规划展望中国金融体制改革 [J]．新财经，2011 (3).

[152] 谈儒勇．中国金融发展和经济增长关系的实证研究 [J]．经济研究，1999，9.

[153] 唐华俊．中国居民合理膳食模式下的粮食供需平衡分析 [J]．农业经济问题，2012 (9).

[154] 田莉．我国城镇化进程中喜忧参半的土地城市化 [J]．城市规划，2011，35 (2).

[155] 王波．韩国跨越中等收入陷阱的经验和教训 [J]．当代世界，2012 (1).

[156] 王传涛．论拉美国家“中等收入陷阱”及对我国的启示 [J]．中国特色社会主义理论与实践，2012 (28).

[157] 王大鹏．我国劳动力市场行业分割问题研究 [J]．现代管理科学，2006 (11).

[158] 王国刚．城镇化：中国经济发展方式转变的重心所在 [J]．经济研究，2011 (12).

[159] 王海建．资源环境约束条件下的一类内生经济增长模型 [J]．预测，1999 (4).

[160] 王宏锐．不同受教育程度劳动力对经济增长的贡献 [D]．北京信息科技大学，2008.

[161] 王建明．发达国家农业科研与推广模式及启示 [J]．农业科技管理，2010，29 (1).

[162] 王静．我国科技创新方法存在五大问题［J］．发明与创新（综合版），2009（12）．

[163] 王新新．“中等收入陷阱”的挑战及破解对策研究［J］．改革研究，2012（12）．

[164] 王一鸣．跨越“中等收入陷阱”的战略选择．中国投资，2011（3）．

[165] 王勇．亚洲金融危机十年祭［J］．亚太经济，2007（4）．

[166] 韦恩·厄本．美国教育：一部历史档案（第三版）［M］．北京：中国人民大学出版社，2009.

[167] 为“二代”构建公平的竞技场［N］．人民日报，2010－07－01.

[168] 卫兴华．关于坚持和完善中国特色社会主义经济制度的几个问题［J］．社会科学辑刊，2012（1）．

[169] 我国农民工工作“十二五”发展规划纲要研究课题组．中国农民工问题总体趋势：观测“十二五”［J］．改革，2010（8）．

[170] 吴敬琏．发展中小企业是中国的大战略［J］．宏观经济研究，1999（7）．

[171] 吴敬琏．中国增长模式抉择［M］．上海：上海远东出版社，2006.

[172] 吴红涛．金融深化理论与我国金融体制改革［J］．科技进步与对策，2001，18（8）．

[173] 吴培新．评卢卡斯论经济发展机制［J］．外国经济与管理，1995，4.

[174] 吴忠民．论就业的社会意义［J］．中国党政干部论坛，2002（11）．

[175] 夏普等．社会问题经济学［M］．北京：中国人民大学出版社，2000.

[176] 晓亮．关于民营经济的几个理论问题［J］．中国流通经济，2010（10）．

[177] 晓亮．完整准确的理解马克思的所有制理论［J］．经济经纬，2001（6）．

[178] 谢嗣胜，姚先国．我国城市就业人员性别工资歧视的估计［J］．妇女研究论丛，2005（6）．

[179] 谢禹．解决我国收入分配不合理问题的思考［J］．经济研究参考，2011（65）．

[180] 新时期中国城镇化融资模式实践与创新．中国经济分析与展望（2011－2012）．

[181] 徐光宪，师昌绪，王淀佐等．关于保护白云鄂博矿钍和稀土资源避免黄河和包头受放射性污染的紧急呼吁［J］．中国科学院院刊，2005，20（6）．

[182] 徐礼红．中国应对“中等收入陷阱”的见解［J］．社会科学家，2011（5）．

[183] 徐明．国际反贫困经验［J］．农村工作通讯，2008（7）．

[184] 徐世澄．墨西哥农业发展的经验与教训［N］．中国改革报，2007-04-18.

[185] 徐维祥．产业集群与城镇化互动发展机制及动作模式研究［D］．浙江大学，2005.

[186] 徐晓军．大学生就业过程中的双重机制：人力资本与社会资本［J］．青年研究，2002（6）．

[187] 许经勇，曾芬钰．竞争性的劳动力市场与劳动力市场分割［J］．当代财经，2000（8）．

[188] 杨承训．科学技术创造新产业核心的产业结构［J］．河北大学学报（哲学社会科学版），2006（4）．

[189] 杨承训，张新宁．《制度优势：破解“中等收入陷阱”之本》［J］．思想政治理论导刊，2011（8）．

[190] 杨曙辉，宋天庆，欧阳作富等．设施农业可持续发展面临的挑战与思考［J］．农业环境与发展，2011，28（3）．

[191] 杨伟国，王飞．大学生就业：国外促进政策及对中国的借鉴［J］．中国人口科学，2004（4）．

[192] 杨宜勇．城市社区就业发展前景巨大［J］．理论与改革，2002（1）．

[193] 姚先国，来君．二元社会结构中的工资决定模型与人口流动［J］．财经研究，2005（8）．

[194] 姚先国，乔明睿，来君．城乡劳动力流动模式的影响因素分析——基于杭州市外来务工人员的调查［J］．重庆大学学报（社会科学版），2009，15（1）．

[195] 姚洋．包容性增长避免陷入中等收入陷阱［J］．人民论坛，2011（4）．

[196] 姚远，李效顺，曲福田等．中国经济增长与耕地资源变化计量分析［J］．农业工程学报，2012（14）．

[197] 仪明金、郭得力、王铁山．跨越“中等收入陷阱”的国际经验及启示［J］．经济纵横，2011（3）．

[198] 尹成远．中国人身保费收入的实证分析与预测［J］．保险研究，2008（1）．

[199] 尹虹潘，刘姝伶．中国总体基尼系数的变化趋势——基于2000~2009年数据的全国人口细分算法［J］．中国社会科学，2011（4）．

[200] 叶文振，刘延华等．女大学生的"同民同工"——2002年大学本科毕业生就业调查的启示 [J]．中国人口科学，2002 (6).

[201] 臧佩红．日本近现代教育史 [M]．北京：世界知识出版社，2010.

[202] 曾湘泉．变革中的就业环境与中国大学生就业 [J]．经济研究，2004 (6).

[203] 张景华．迈过"中等收入陷阱"的战略选择 [J]．工业技术经济，2011 (10).

[204] 张莉侠，张锦华．跨国公司的扩张对中国粮食安全的影响与对策 [J]．农业经济，2012 (10).

[205] 张茉楠．人均GDP超4000美元后需转变国家盈利模式：飞越"中等收入陷阱" [J]．中国经济周刊，2011 (36).

[206] 张清，陶小马等．碳减排约束条件下的内生经济增长机制研究 [J]．经济理论与经济管理，2010 (11).

[207] 张青松，刘飞，辉建春等．．农业化肥面源污染现状及对策 [J]．亚热带水土保持，2010 (6).

[208] 张世伟，郭凤鸣．城市劳动力市场中性别工资差异的变动 [J]．经济评论，2010 (4).

[209] 张涛．经济持续增长的要素分析 [J]．数量经济技术经济研究，2001 (4).

[210] 张衔．马克思对"斯密教条"的批评及现实意义 [J]．教学与研究，2004 (2).

[211] 张学清，胡适耕，王海军．一个带有污染的随机内生增长模型 [J]．华中科技大学学报（自然科学版），2005 (5).

[212] 赵崔莉，刘新卫．基于城镇化视角的中国农村土地制度改革 [J]．中国人口·资源与环境，2011，21 (1).

[213] 赵净．中国特色社会主义经济制度三题 [J]．中共山西省委党校学报，2012 (2).

[214] 赵人伟，李实．中国居民收入分配再研究 [M]．北京：中国财政经济出版社，1999.

[215] 郑秉文．应对七挑战　跨越"中等收入陷阱" [N]．中国证券报，2011，3.

[216] 郑秉文．中等收入陷阱与中国发展道路——基于国际经验教训的视角 [J]．中国人口科学，2011 (1).

[217] 郑洁．家庭社会经济地位与大学生就业——一个社会资本的视角 [J]．北京师范大学学报（社会科学版），2004 (3).

［218］周冰、郭凌晨．论国有企业的功能定位［J］．财经科学，2009（1）．

［219］周峰．水土流失现状及保持对策［J］．水利科技，2010（6）．

［220］周天勇．结构转型缓慢、失业严重和分配不公的制度症结［J］．管理世界，2006（6）．

［221］周天勇．论实现社会公平的基础［J］．中共珠海市委党校珠海市行政学院学报，2006（3）．

［222］周肇光．中国金融体制改革要处理好五大关系［J］．武汉金融，2007（3）．

［223］朱力．户籍制度对城乡差距的影响及对策探讨［J］．重庆科技学院学报（社会科学版），2008（4）．

［224］宗寒．我国所有制结构中的三大矛盾［J］．中州学刊，2012（1）．

后　　记

随着中国进入中等收入阶段以来，以世界银行为代表的专家们提出了发展中国家应及时规避“中等收入陷阱”风险问题，引发了国内学术界的热烈讨论与持续研究。本人自2011年关注这一问题，并发表了一系列的论文，随着研究的深入，愈发觉得这一问题带有综合性质：规避中等收入陷阱风险，需要一系列的社会制度重构，才能及时消除和弥合因发展方式调整滞后而导致的各种社会断裂。经过进一步的思索，觉得应该用包容性增长的理念来统领未来的经济社会改革思路，将我国的收入分配体制、就业体制、教育体制、金融体系、自主创新体系、城乡关系、城镇化道路、人口资源环境关系均纳入到中等收入陷阱问题的研究中，于是便有了写作本书的愿望。

本书的写作历时一年有余，期间因教学和其他科研活动的影响，但自始至终坚持将原初的写作初衷贯彻到底，在这一过程中，学院领导和同事们给予了充分的理解、鼓励和支持，在工作安排上给予了相对充分的空间。在写作过程中，我的学生徐景霞、董旭、朱洁萍、王赛、刘一楠、李翌宸、郑军威、李崇权、朱夕子等参与收集了大量国内外的素材，为本书的撰写提供了许多材料，更难能可贵的是，这些青年学子通过这一过程，全面锻炼了学术能力，形成了良好的学术规范，许多已经到更知名的学府深造，这是此书出版的另一个可喜成果。

“中等收入陷阱”问题的研究，目前正处于深化和提高期，本书写作过程中，大量参考了国内外的相关研究成果，虽然参考文献中作了详细列举，但难免有疏漏之处，在此对前期研究者致以衷心的感谢。本人以为，任何国家的经济社会发展，都不可能永远是凯歌猛进和一帆风顺的，正如唯物辩证法所预示的波浪式前进和螺旋式上升一样，社会进步和民族复兴更有赖于有识之士的清醒研究与真知灼见。

经济科学出版社的白留杰老师，对学术研究热情支持，修书严谨负责，敬业而执著。在此向其及工作团队的辛勤工作致以诚挚的敬意。

李中建

2013年8月